Titre original : Insight Guides, Greece

1ER Dépôt légal : février 1989
Dépôt légal : septembre 1989
N° d'édition : 47069
ISBN 2-07-071420-9
Imprimé à Singapour

BIBLIOTHÈQUE DU VOYAGEUR

LE GRAND GUIDE DE LA GRÈCE

Traduit de l'anglais par Dominique Saran,
Sara Oudin et Chantal Le Restif.
Poèmes traduits du grec par Xavier Bordes.

GALLIMARD

CEUX QUI ONT FAIT CE GUIDE

De gauche à droite : MM. Stewart, Constantine, Mazower, Vlavianos, Mackridge et Kindersley ; Mmes Van Dick (chef de publication) et Cowan ; assis, N. Moe (secrétaire de rédaction), fêtent le bouclage du Grand Guide de Grèce.

Ce livre aura eu presque autant d'auteurs qu'il aura de lecteurs ! La matière en a été recueillie à partir de conversations à bâtons rompus dans les cafés, d'articles de journaux, d'œuvres littéraires et de récits de voyages, puis mise en forme avec compétence et amour par au moins trente rédacteurs et une quinzaine de photographes. Il a donc vu le jour dans l'enthousiasme. On peut dire que l'ambition de tous les collaborateurs a été de restituer, par un dialogue constant entre le texte et les illustrations, un tableau vivant de la Grèce à un moment donné.

Voici tous ceux qui ont mis en commun leurs efforts pour que cet ouvrage voie le jour, dans l'espoir de vous faire découvrir — ou redécouvrir — leur pays d'élection.

- **Katerina Anghelaki-Rooke** est née à Athènes, mais c'est à Nice et à Genève qu'elle a suivi une bonne partie de ses études. Elle traduit en grec des textes russes et anglais. Elle a aussi publié des poèmes, couronnés en 1986 par le prix de Poésie du gouvernement grec.

- **David Beatty,** né à Londres, est photographe indépendant : il part, au gré de son humeur, pour l'Afrique, l'Inde, Ceylan ou la Grèce. Ses reportages sont publiés en particulier par les éditions Time-Life.

- **John Chiole,** professeur aux universités d'Athènes et de New York, est l'auteur d'une version d'*Antigone* qui a été créée au festival Shakespeare de New York.

- **Kay Cicellis** a passé en Grèce la majeure partie de sa vie. Elle est à la fois écrivain et traductrice.

- **David Constantine** enseigne l'allemand à Oxford. Il a publié des travaux universitaires sur Hölderlin et sur les premiers voyageurs qui ont redécouvert la Grèce; il écrit aussi des romans et de la poésie.

- **Jane Cowan** est née aux Etats-Unis, dans le Midwest. L'émotion qu'elle a ressentie, à l'âge de dix-sept ans, en Inde — son premier voyage à l'étranger — a fait naître en elle le goût de l'anthropologie, qui a fini par devenir son métier. Depuis 1975, elle se partage entre les recherches sur le terrain, en Grèce, et l'enseignement qu'elle dispense à l'université d'Indiana.

- **Sean Damer** est écossais. La rencontre de ses deux passions, la sociologie et la montagne, ont dernièrement donné naissance à un livre sur la Crète, où il s'est établi.

- **Markos Dragoumis,** né en 1934, a étudié la musique byzantine à Oxford. Il est responsable d'un département de musique grecque populaire et enseigne au conservatoire d'Athènes.

- **Dimitri Gondicas** a fait ses études au M.I.T. et à Princeton, où il enseigne aujourd'hui le grec moderne. Alpiniste chevronné, il a escaladé la plupart des montagnes de Grèce.

- **Hans Hoefer,** photographe de renom, a plus d'une fois quitté l'Allemagne, son pays natal, pour voyager de par le monde. Son Grand Guide de Bali, premier titre de la collection Bibliothèque du Voyageur, a inauguré une nouvelle approche de la littérature de voyage.

- **Kerin Hope,** archéologue de formation, est devenu le correspondant à Athènes de l'agence Associated Press.

- **Nakos Kasdaglis** habite à Rhodes. Il a publié de nombreuses nouvelles.

- **Richard Kindersley,** né à Londres, a passé son enfance en Egypte. Il a servi dans l'armée britannique au cours de la campagne de Yougoslavie. Depuis 1967, il est maître de conférence à Oxford, spécialisé dans la politique soviétique et l'eurocommunisme.

- **Michele Makrakis,** photographe, a obtenu une bourse pour mener à bien une étude sur les travaux quotidiens des vignerons en Crète. Elle travaille pour le *New York Times,* l'agence Reuter…

- **Peter Mackridge** est maître de conférence en grec moderne à Oxford, et il est l'auteur de *Modern Greek Langage* (1985). Il a beaucoup voyagé en Grèce et en Turquie afin de transcrire des dialectes en voie d'extinction.

- **Mark Mazower** est né à Londres. Il a étudié la littérature classique et la philosophie à Oxford, Bologne et Athènes, et s'apprête à soutenir une thèse de doctorat sur l'histoire économique de la Grèce moderne. Actuellement, il est chargé de recherches à Oxford.

Anghelaki-Rooke

Beatty

Cicellis

Dragoumis

Gondicas

Hope

Kasdaglis

Loomis

Macrakis

- **Nelson Moe** est né dans l'Iowa. Après ses études aux Etats-Unis, il part pour la Grèce puis pour l'Italie du Sud. Il est actuellement professeur à l'université de Naples. Il a contribué à donner son unité à ce Grand Guide.

- **David Ricks** a terminé ses études classiques à Oxford par une thèse sur la littérature grecque contemporaine, qu'il a soutenue à Londres. Il est aujourd'hui chercheur à l'université de Birmingham dans le domaine de la littérature grecque médiévale et moderne.

- **Kathy Ricks,** en même temps qu'elle termine à Oxford une thèse de doctorat,

Ricks

Rubis

Rushton

Stenzel

Weil

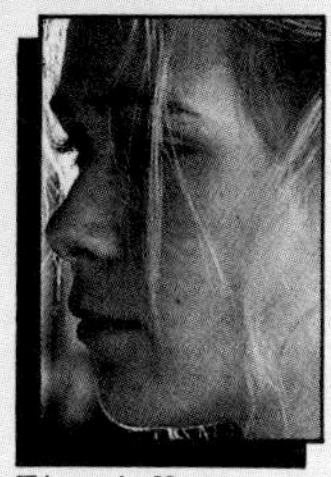

Zinovieff

enseigne l'anglais à Birmingham.

- **Anastasia Rubis,** née aux Etats-Unis de parents grecs immigrés, se rend souvent en Grèce. Elle est chef de publicité, mais sa vraie passion est l'écriture.

- **Lucy Rushton** est née au Pays de Galles et a été élevée dans le Devon. Elle mène des recherches d'anthropologie religieuse en Grèce du Nord pour l'université d'Oxford.

- **Samantha Stenzel** est née à Chicago, «ville du sang, de la viande et de l'argent». Elle a étudié la littérature anglaise et la rhétorique. Elle vit aujourd'hui en Grèce, tient la chronique cinématographique d'un journal en langue anglaise et participe à des séminaires.

- **Karen Van Dick** étudie et traduit la poésie grecque depuis sa première visite en Grèce en 1977. Elle ne manque jamais une occasion de faire connaître tous les poètes grecs qu'elle apprécie. Parallèlement, elle prépare, à Oxford, une thèse sur la poésie grecque depuis la dictature des colonels.

- **Haris Vlavianos** est né à Athènes mais il a suivi ses études d'économie politique et de philosophie en Angleterre. Il prépare une thèse sur la politique du parti communiste grec durant la guerre civile. Il traduit également Ezra Pound.

- **Amanda Weil** exerce la profession de photographe à New York. Elle partage son temps entre les reportages photographiques et les travaux personnels en studio.

- **Fay Zika,** née à Athènes, a étudié les sciences politiques, la philosophie et l'économie à Oxford. Elle prépare une thèse à l'université de Thessalonique. Elle est, en outre, une grande voyageuse.

- **Sofka Zinovieff,** née à Londres, a suivi des études d'anthropologie sociale à Cambridge. Elle prépare une thèse sur la Grèce, et vit donc sur place.

Le poème d'Olga Broumas cité dans «Bienvenue en Grèce» est extrait du recueil *En commençant par O* (Yale University Press). Quant au poème final, *Forme le voeu que le chemin soit long* (p. 95), il est extrait d'un recueil du même titre, de Constantin Cavafy. Ils ont été tous deux traduits du grec moderne par Xavier Bordes.

Table des Matières

HISTOIRE ET SOCIÉTÉ 15-84

ITINÉRAIRES 95-269

CULTURE ET ENVIRONNEMENT 271-309

Table des Matières

CARTES ET PLANS

Fournies gracieusement par l'Office national du tourisme grec

INFORMATIONS PRATIQUES 311-355

GROCERY STORE

FOOD STORE

HISTOIRE ET SOCIETE

Bienvenue en Grèce ! Que vous arriviez par bateau, par train ou par avion, le soleil sera toujours le premier à vous accueillir sur le sol grec. Miroitant sur l'eau, réfléchi par les murs peints en blanc ou de pierre blonde, projetant mille ombres, l'astre méditerranéen est omniprésent. Sa lumière éclatante vous imprègne à votre insu et aussitôt, à la seconde même où vous posez le pied sur le sol grec, vous faites partie du paysage. Un paysage dont vous resterez indissociables, quel qu'en soit le décor : le ciel bleu et le sable blanc, les marbres du Parthénon, les oliveraies, une mosquée délabrée, ou encore celui d'une fête où le vin coule à flots, au son des bouzoukis.

Ce pays n'est pas seulement un lieu de vacances, susceptible de satisfaire vos moindres désirs, mais aussi le cadre de vie d'une population de dix millions de personnes qui travaillent, mangent, aiment discuter, danser. Les Grecs vous initieront aux gestes de leur vie quotidienne, à la splendeur de leurs montagnes, de leurs temples antiques et de leurs plages de galets. Autant de souvenirs qui resteront inoubliables. Lorsqu'une femme âgée vous offre un brin de basilic, geste traditionnel d'hospitalité, elle vous ouvre la porte de son univers et vous invite à y pénétrer. Il est impossible, ici, d'échapper à la vie quotidienne, vous êtes y conviés, et vous pouvez vous y plonger, tous vos sens en éveil.

Un poète grec l'a formulé ainsi :

Quand la mer grecque
était d'un calme exceptionnel,
le soleil, descendu quelque peu de son pinacle,
n'était qu'effluve de lumière,
votre regard et le ciel noyés à l'horizon, parfois

vous plongiez
d'un flotteur, de la jetée, du promontoire
de pierre, dans une eau si surprise
qu'elle gardait en elle la trace de votre plongeon...

Oui, tout vous autorise à contempler la vie quotidienne, à la sentir, à l'écouter, à la toucher, à la goûter, à la considérer d'un œil neuf. Roulez le basilic entre vos doigts, respirez son parfum accueillant, échangez un sourire avec cette femme généreuse qui vous a fait entrer dans son univers. Si la Grèce est bien souvent aux origines de la civilisation occidentale, elle retiendra à son tour la trace de votre passage. La grandeur de son histoire serait incomplète sans vous et tous ces voyageurs qui vous ont devancé. Soyez donc le bienvenu en Grèce, vous contribuez à l'histoire qui va vous être racontée.

CHANGEMENTS ET CONTINUITE

Le passé de la Grèce classique vous assaille de toutes parts. Dans un pays dont le langage diffère peu de celui de Périclès et dont les habitants aiment à rappeler leur héritage antique, il est tentant, au premier abord, de penser qu'Athènes, telle que nous la connaissons aujourd'hui, est une pure émanation du monde classique. Mais en y regardant de plus près, on y fait des découvertes historiques et linguistiques surprenantes. Par exemple, une maison du XVe siècle en ruine, dans le quartier de Plaka, évoque l'empire ottoman ; au sud de la ville, des communautés d'anciens réfugiés d'Asie Mineure parlent encore turc ; dans certaines banlieues du nord, on peut entendre parler albanais ; bien plus au nord, encore, on rencontre des bergers nomades ; dans une des îles des Cyclades, on peut voir une église catholique romane ; et, à Thessalonique, un cimetière juif.

Les siècles écoulés depuis l'Antiquité reviennent ainsi sur le devant de la scène. La Grèce d'aujourd'hui leur doit autant qu'à son héritage classique. Quant à ses habitants, nombre d'entre eux sont de souche étrangère.

Migrations et invasions

L'histoire de la Grèce est celle d'un déplacement incessant de populations. Les invasions furent parfois de courte durée (les incursions par mer des Sarrasins du VIIIe au Xe siècle, par exemple), et parfois progressives, amenant de nouveaux colons, tels les Doriens, il y a trois mille ans, ou, plus récemment, les Slaves.

Face à ces invasions, des populations entières abandonnèrent villes et villages. L'invasion slave effaça toute trace de vie urbaine dans la Grèce méridionale. D'autre part, les attaques des Sarrasins entraînèrent l'abandon en masse d'Egine en 896, tout comme celles des Turcs chassèrent les habitants de Samos au XVe siècle. En 1821, les habitants de Chio, fuyant les Turcs, se réfugièrent à Syros, emportant avec eux la recette des loukoums, qui demeurent l'une des principales productions de l'île.

Pages précédentes, le basilic, symbole de l'hospitalité ; l'île d'Amorgos ; le petit port de Kastellorizon ; moulins à vent ; un Crétois ; les clochers du monastère Haghios Ioannis Théologos, à Patmos ; ombres de passagers débarquant d'un ferry. A gauche, commerçant de Syros montrant une photo de lui, enfant. A droite, la même photo agrandie.

L'économie souffrit de ces dépeuplements. Les efforts entrepris pour préserver l'empire d'Alexandre affaiblirent la Macédoine pour des générations. Voulant assainir le pays, les souverains byzantins et ottomans organisèrent des transferts massifs de colons. Ils accueillirent favorablement les étrangers, tels les Albanais dans le Péloponnèse en 1338, à condition qu'ils combattent pour le souverain local et cultivent les terres qu'il leur donnait.

Deux autres groupes nomades importants, les Valaques et les Sarakatsanides (venus du nord des Balkans), s'installèrent en Grèce. Le XVIIIe siècle fut une époque particulièrement prospère pour les Valaques, qui comptèrent plusieurs poètes et hommes politiques célèbres.

Ces grandes migrations se sont poursuivies jusqu'à une époque récente. Au début du siècle, la surpopulation et la misère économique du Péloponnèse entraînèrent un vaste courant d'émigration vers les Etats-Unis. Et en 1923, un demi-million de musulmans durent quitter la Grèce pour la Turquie tandis que près de 1 500 000 Grecs orthodoxes affluèrent d'Asie Mineure.

La vie quotidienne inchangée

Si, au cours des siècles, les invasions successives ont permis à de nouveaux peuples de s'assimiler et ont introduit des coutumes différentes, la vie quotidienne a en revanche très peu changé. Durant la majeure partie de son histoire, la Grèce a connu une vie sociale précaire, sans cesse menacée. Notre époque est pour ainsi dire la seule exception.
Au XVIIIe siècle, les pirates du Mani (région du Péloponnèse), selon les récits de voyageurs français, « *faisaient des prisonniers en tous lieux, vendant les chrétiens aux Turcs et les Turcs aux chrétiens...* » ils imitaient en cela leurs prédécesseurs homériques qui infestèrent les mêmes régions. Ils opéraient sur une grande échelle en toute impunité. Pour éviter leurs attaques, les Génois durent transférer les habitants de Samos à Chio. Et, au VIIIe siècle, des Sarrasins venus d'Afrique du Nord laissèrent Paros dans un tel état de désolation que l'île devint une réserve de chasse d'où l'on venait par bateau depuis l'Eubée pour y traquer l'abondant gibier.

La vie sur la Grèce continentale n'était guère plus facile. Les villages côtiers étaient à la merci des pirates, qui débarquaient de préférence le jour, quand les hommes étaient aux champs. Quant aux voyageurs, ils étaient continuellement en butte aux voleurs de grand chemin.

Dans un pays de montagnes et de forêts extrêmement pauvre, les vols et les actes de piraterie constituaient un moyen d'enrichissement difficile à enrayer. Les mesures prises par les autorités étaient rudimentaires. Un voyageur anglais du XVIIe siècle témoigne : « *Pour assurer la sécurité des voyageurs, des tambours ont été placés aux passages dangereux ; et dans un défilé étroit de la Macédoine, j'ai aperçu un vieil homme jouant du tambour au faîte d'une colline ; nous en avons déduit que la voie était libre.* » Durant les brèves périodes où un pouvoir central parvint à se maintenir, ses moyens étaient si limités qu'il n'était pas vraiment en mesure de faire respecter la loi. A la fin du siècle dernier, le gouvernement ottoman interdit aux trains de traverser la Macédoine la nuit, faute de pouvoir les protéger. Les Allemands eux-mêmes en firent l'expérience lorsqu'ils occupèrent la Grèce durant la Seconde Guerre mondiale.

Les communautés locales devaient se débrouiller seules. Ce qui explique qu'un grand nombre de villes et de villages soient situés à l'écart des routes principales, à l'abri des contreforts montagneux. Quant aux agglomérations côtières, elles se développaient souvent à une distance respectueuse du rivage, sur une hauteur. Lorsque les temps devinrent plus sûrs, elles s'étalèrent le long des pentes, vers le port ou la route.

Malgré les dangers et les violences, les Grecs obéissaient à un code de conduite et d'honneur rigoureux. Même la *vendetta*, très active dans certaines parties de la Grèce, obéissait à des règles strictes qui se modifièrent au cours des siècles. Dans l'Epire du XVIIIe siècle, comme dans la Grèce d'Homère, un ennemi n'avait rien à craindre tant qu'il était aux travaux des champs, mais, dès qu'il ramassait ses armes, il devenait une cible toute désignée. Dans le Péloponnèse méridional, les combats ne concernaient que les hommes.

Les pirates, eux-mêmes, observaient un code strict. Au début du XIXe siècle, lorsque la rançon d'un aristocrate européen eut été

payée, ses ravisseurs changèrent d'attitude : « *Le baron Stäckelberg fut alors rasé par l'un des membres de la bande, un cérémonial qu'ils respectaient scrupuleusement en cette occasion, puis il fut rendu à ses amis. Tous furent instamment conviés à partager un agneau rôti et à prendre part à la fête... Les voleurs leur souhaitèrent ensuite un bon voyage et exprimèrent leur souhait de les capturer de nouveau ultérieurement...* »

De tels récits sont bien entendu très romancés. Si les pirates respectaient leur parole, les responsables politiques y manquaient souvent. Durant la domination turque, on tint à un voyageur les propos suivants : « *...Dans vos petits royaumes et Etats, les hommes sont jugés et condamnés, ce qui est incompatible avec la survie de notre grand empire ; si le sultan réclamait aujourd'hui ma tête, je devrais m'y résigner sans en demander la raison... Dans ce pays, nous devons être... résignés.* »

Durant des siècles, la résignation fut le lot de la plupart des Grecs. Si leur village était épargné par la guerre, les voleurs ou les collecteurs d'impôts, ils restaient toujours à la merci d'une mauvaise récolte. Que l'on évoque le terrible hiver de 1941, qui affama les Athéniens, ou que l'on remonte le cours de leur histoire, c'est toujours le même spectacle d'une population menacée par la famine.

Les pages qui suivent retracent l'histoire mouvementée des dynasties et des royaumes qui ont marqué le destin de la Grèce. Mais l'histoire d'un pays ne se résume pas qu'à cela ; ce sont les générations anonymes de ses habitants qui en fournissent l'indispensable toile de fond. Leur existence même a suscité d'innombrables changements, imperceptibles à l'œil, mais qui n'en constituent pas moins les origines réelles de la Grèce moderne.

A gauche, eau forte représentant la ville d'Ermoupolis, à Syros, bâtie sur une colline à cause de la menace des pirates. Ci-dessus : brigands avant... et après leur capture.

LA GRECE ANCIENNE

Le thème de la précarité de la vie civilisée domine l'histoire de la Grèce classique et moderne.

Le style de vie des Grecs du XXe siècle puise son origine vers 3000 av. J.-C., lorsque les colons quittèrent les plaines du Nord-Est pour les régions plus montagneuses du Péloponnèse et des îles, et qu'ils commencèrent à planter des oliveraies et des vignes, outre les céréales qu'ils cultivaient déjà. Un peu plus tard, une civilisation prospère s'affirme en Crète et étend son influence à travers le monde égéen. La civilisation minoenne, que nous découvrons partiellement à travers la légende de Thésée et de sa lutte avec le Minotaure dans le Labyrinthe, a laissé la trace de son génie architectural dans les vestiges des palais de Cnossos et de Phaistos. Marins intrépides, il semble qu'ils aient préféré le commerce à l'agriculture. Ils établirent des avant-postes dans le Péloponnèse et eurent des contacts avec les Egyptiens. L'âge d'or de cette civilisation se situe vers 1500 av. J.-C. A peine un siècle plus tard, et pour des raisons encore inexpliquées, la plupart de leurs centres politiques et économiques furent incendiés et abandonnés. La colonie de Théra (Santorin) est détruite, elle, par une éruption volcanique. Mais les causes de l'effondrement de la civilisation minoenne restent mystérieuses. Toujours est-il qu'elle décline au profit de Mycènes, austère citadelle du Péloponnèse.

Il est difficile de dire si Mycènes a étendu son influence sur le reste de la Grèce continentale. Dans l'*Iliade,* Homère dépeint Agamemnon comme le personnage le plus puissant des armées grecques ; la cité-Etat jouirait donc d'une autorité incontestée. A son apogée, l'empire mycénien compte des sujets assez riches pour commander à des artisans l'exécution d'imposants tombeaux en pierre et des travaux d'orfèvrerie fine. Les souverains dans leurs palais sont servis par une armée d'administrateurs et de scribes qui contrôlent la vie économique de l'Etat, exigent le paiement des tributs, perçoivent les impôts, rationnent les métaux rares. En dépit d'échanges commerciaux avec des pays éloignés tels que l'Italie et la Syrie, cette civilisation conservatrice reste rétive au changement.

Les lois de Gortyne, en Crète ; elles se lisent de gauche à droite, puis de droite à gauche, alternativement.

Le Moyen Age hellénique

Au XIIIe siècle av. J.-C., Mycènes périclite à son tour. Son déclin coïncide avec l'invasion des Doriens, mais il n'y a pas de liens évidents entre ces deux événements.

Les nouveaux envahisseurs, comme d'autres plus tard, arrivent par le nord-ouest et redescendent le long de la chaîne du Pinde jusqu'au Péloponnèse. Ce peuple grec sans doute nomadisant et peu cultivé parle un dialecte qui lui est propre et qui fait souche dans ses colonies les plus importantes, alors que, dans l'Attique, les îles égéennes et les colonies ioniennes, on continue d'utiliser les dialectes de la Grèce orientale. S'ils s'intègrent dans certaines régions, en d'autres, ils exercent leur souveraineté en cultivant leurs différences. La rivalité future entre Athènes et Sparte se nourrira en partie de cette division entre Ioniens et Doriens.

L'invasion dorienne coïncide avec le début de ce que l'on appelle le « Moyen Age hellénique ». Bien que les preuves historiques tiennent du puzzle inachevé, à l'évidence la civilisation grecque régresse entre le XIe et le VIIIe siècle ; l'art graphique est oublié, les échanges commerciaux diminuent et les communautés s'isolent. Quant à la construction en pierre, elle exige un trop grand effort pour ces petites colonies pastorales. Dans l'*Odyssée,* Homère décrit une société simple dans laquelle les puissants eux-mêmes s'adonnent à des tâches domestiques et où la richesse se mesure à l'importance des troupeaux.

Renaissance

Le VIIIe siècle montre des signes de renaissance. Le commerce s'étend à des contrées lointaines. Des contacts sont établis avec des civilisations plus avancées, les Etrusques à l'ouest, les Phéniciens et les Egyptiens à l'est. La céramique et le travail des métaux s'ouvrent aux influences orientales. L'art graphique resurgit — avec une importance accrue — grâce à l'adoption de l'alphabet phénicien.

Les Grecs empruntent également aux Phéniciens leur concept de la cité-Etat (*polis*). Durant la période du Moyen Age hellénique, les petites colonies isolées ont eu tendance à se regrouper pour former des royaumes plus importants. Ce système survit dans la Grèce occidentale et septentrionale, à l'époque classique, lorsque Thucydide écrit que « *la nation étolienne, bien que nombreuse et guerrière, habitait dans des villages non fortifiés très éloignés les uns des autres* ».

Ailleurs, le regroupement de plusieurs villages donne naissance à de petits Etats indépendants. Avec l'explosion démographique du VIIIe siècle, de grandes conurbations se forment. La pratique de la culture intensive s'accompagne d'une hausse du prix des terrains, alors qu'auparavant la baisse démographique avait entraîné l'abandon des terres arables, les fermiers préférant se consacrer à l'élevage. Désormais, le phénomène s'inverse. Les terres disponibles ne suffisent plus, la population émigre massivement. Les colonies grecques se multiplient le long des côtes italiennes et siciliennes, qui ne comptent jusqu'ici que des comptoirs isolés.

La distinction entre *polis* et *ethnos* (cité-Etats et royaumes) demande à être nuancée. Il existe d'une part, dans des régions parlant généralement le dialecte dorien, des Etats régnant sans partage sur une population de serfs (c'est le cas de Sparte, une cité-Etat de premier plan, et du royaume de Thessalie), et d'autre part des Etats comme Athènes, dont le gouvernement repose sur une représentation plus large des habitants. Cette nouvelle distinction n'est pas toujours évidente. Il est intéressant de noter que Sparte et la Thessalie privilégient plus que tout autre Etat les valeurs militaires et perpétuent des cérémonies monarchiques tombées ailleurs en désuétude.

De la royauté à l'aristocratie

Les rois mentionnés par Homère ont pour la plupart été remplacés par une forme de gouvernement aristocratique vers la fin du Moyen Age hellénique. Mais à mesure que le peuple s'enrichit par la terre, il veut des réformes constitutionnelles. Aristote semble à juste titre relier la nécessité de telles réformes aux changements intervenus dans la technique militaire. « *Lorsque les Etats ont commencé à s'agrandir et que le poids de l'infanterie s'est accru, davantage de personnes ont pu bénéficier de droits politiques* », écrit-il. De même que le glissement de la monarchie vers l'aristocratie s'est accompagné de l'abandon des chars de combat pour la cavalerie, désormais l'infanterie supplante la cavalerie. Or, les hommes acceptent de servir dans les nouvelles armées à condition d'obtenir certains droits politiques.

Le pouvoir militaire échappe aux aristocraties— Chalcis, Erétrie, Thessalie— traditionnellement tournées vers l'élevage des chevaux, au profit de Corinthe, d'Argos et surtout de Sparte, qui possède une infanterie de soldats en armure composée d'un corps de citoyens entraînés dès la naissance au métier de la guerre. Forts de leur supériorité technique, les mercenaires grecs sont de plus en plus nombreux à combattre en Egypte ou ailleurs.

Les réformes radicales nécessaires rencontrent souvent des obstacles. L'élégie du poète Théognis illustre bien l'attitude des aristocrates : « *Ceux qui auparavant ne connaissaient ni la justice ni les lois, mais portaient sur eux des peaux de chèvre et avaient leur pâturage hors de cette cité, comme les serfs, sont devenus des hommes respectables ; ceux qui occupaient antérieurement un haut rang sont à présent déchus. Qui pourrait tolérer pareil spectacle ?* » Cependant, certains aristocrates plus clairvoyants reconnaissent ce besoin de changement. L'un d'entre eux, Solon, est élu archonte à Athènes, au VIe siècle, pour changer radicalement la constitution. Comprenant que la puissance de la cité dépend de l'organisation du corps des citoyens, il permet aux plus pauvres de faire partie de l'Assemblée et recourt à différents moyens pour relâcher l'emprise que la classe supérieure exerce sur eux. Ces mesures, combattues de tous côtés, favorisèrent néanmoins l'extension de la puissance athénienne au siècle suivant.

Les tyrans

Ces tensions politiques engendrent des périodes de tyrannie. Pour les anciens Grecs, le mot « tyran » n'a rien de péjoratif ; il se réfère simplement à un dirigeant qui jouit d'un pouvoir usurpé. Au VIe siècle, des tyrans prennent le pouvoir dans plusieurs Etats. Ce sont en général des aristocrates dissidents qui bénéficient du soutien des classes inférieures contre la promesse de changements radicaux ; ainsi, au milieu du VIIe siècle, Cypsélos de Corinthe aurait, dit-on, redistribué les terres de ses semblables. Dans la mesure où la citoyenneté dépend de la possession de terres, ces réformes permettent d'élargir le corps des citoyens.

Il serait pourtant faux de considérer les tyrans comme de grands innovateurs. Loin d'être à l'origine des bouleversements sociaux, ils en sont des symptômes manifestes. Conscients de leur propre vulnérabilité, ils recourent à des expédients pour assurer leur pouvoir, le plus efficace étant la propagande religieuse. Les tyrans introduisent des cultes étatiques et des fêtes civiques ou les remettent au goût du jour. C'est ce que fait Pisistrate avec la célébration des Panathénées. De nombreuses fêtes auxquelles on a attribué des origines mythiques ont, en réalité, vu le jour à cette époque.

Page de gauche, vase à figures noires (Thésée tuant le Minotaure) ; vase plus ancien (pieuvre peinte). Ci-dessus, une pieuvre au marché au poisson d'Héraklion, en Crète.

La religion ne constitue pas seulement un outil de propagande, c'est aussi un facteur économique important. Si les fêtes religieuses et les jeux rapportent de l'argent à la cité (des sommes énormes dans certains cas), les temples, les sacrifices et autres rites sont très coûteux. Les guerres mises à part, les constructions de temple représentent la plus lourde ponction sur les ressources communautaires. A la période archaïque (VIIIᵉ-VIᵉ siècle av. J.- C.), de nombreux progrès techniques sont accomplis grâce au rôle moteur de la religion, avec l'épanouissement de la maçonnerie, du travail des métaux et de la poterie.

Epanouissement artistique

Bien que le Vᵉ siècle soit le siècle de l'art, les innovations décisives dans l'évolution de la céramique et de la sculpture sont antérieures.

Si la sculpture monumentale est un art venu d'Egypte, à la fin du VIᵉ siècle, les artistes grecs ont réussi à s'affranchir des poses rigides de leurs prédécesseurs pour adopter un style moins architectural et plus expressif. Les figures rouges des vases peints remplacent les figures noires dans la seconde moitié du VIᵉ siècle. A la fin du siècle, le nombre des édifices publics et des projets artistiques réalisés dans les « cités-Etats » prouve l'importance des ressources accumulées durant les trois siècles précédents. Un commerce florissant favorise les déplacements des artistes. Les différences régionales de style qui caractérisent les débuts de l'art archaïque commencent à s'estomper.

Grecs et étrangers

La naissance d'une culture artistique ignorant les frontières des Etats semble s'accompagner d'un processus d'unification politique. Les cités prennent conscience de leur culture hellénique commune. L'historien Hérodote, partisan éclairé d'une Grèce unie, affirme que les Grecs forment « *une race unique, car ils ont le même sang, les mêmes coutumes, la même langue et la même religion* ». La place grandissante des fêtes et des jeux panhelléniques à caractère religieux renforce ce point de vue.

Mais le meilleur allié de cette unité vient de la menace extérieure : l'essor de l'Empire perse. Au milieu du VIᵉ siècle, Cyrus a conquis les cités grecques établies sur le littoral d'Asie Mineure ; par la suite, Darius (521-486 av. J.-C.) annexe la Thrace, soumet la Macédoine et,après avoir réprimé une révolte ionienne en Asie Mineure, envoie un corps expéditionnaire en Grèce. Athènes demande l'aide de Sparte, mais triomphe seule des Perses à Marathon. Par cette victoire qui sauve l'Attique, Athènes devient le chef de file dans la lutte contre les lutte contre les Perses. Consacrant ce rôle, une frise représentant les guerriers tués à Marathon (à une trentaine de km d'Athènes) sera exécutée autour du Parthénon dans les années 440 av. J.-C. Désormais, Athènes est une puissance avec laquelle il faut compter. A partir du Ve siècle, les mines d'argent du Laurion produisent suffisamment de minerai pour financer un vaste programme de construction navale. Mais il faudra attendre encore deux siècles pour qu'Athènes évince Egine de sa position commerciale dominante dans le golfe Saronique.

Dix ans après Marathon, Xerxès, fils de Darius, prépare une seconde attaque contre les cités-Etats ralliées autour de Sparte. Si Athènes possède la marine de guerre la plus importante, les Spartiates disposent, avec la ligue péloponnésienne, qu'ils dirigent, de forces terrestres considérables. Sous le commandement de Sparte, les Grecs remportent la bataille navale décisive de Salamine en 480 av. J.-C. et la victoire sur terre de Platées, l'année suivante. Sitôt la Perse vaincue, l'alliance grecque, compromise par la méfiance réciproque d'Athènes et de Sparte, se désagrège.

C'est la « guerre froide » : Athènes étend son hégémonie sur le monde égéen en créant en 478 la ligue de Délos. Cette initiative, entreprise officiellement pour libérer les Grecs de l'Est et poursuivre la lutte contre les Perses, est en réalité dirigée contre Sparte. Elle dispose ainsi d'une force essentiellement navale, face aux forces terrestres de la ligue péloponnésienne, dominée par Sparte. Mais la création d'une marine demande une organisation à long terme, une coordination centrale, et se révèle coûteuse. Peu à peu, les petites villes renâclent à équiper leurs propres bateaux au bénéfice de l'alliance et finissent par verser une contribution monétaire aux Athéniens. La puissance d'Athènes se renforce au détriment de ses alliés.

A gauche, course dans le stade antique de Delphes. Ci-dessus, vase à figures rouges (danseurs). Les jeux et les fêtes religieuses étaient fréquents, sous la domination des Tyrans de 800 à 600 av. J.-C.

Le péril perse est conjuré depuis longtemps quand la paix est officiellement signée en 449 av. J.-C. A cette date, la ligue de Délos est devenue synonyme d'empire athénien. Ses ressources servent les intérêts de la cité. Entre 460 et 446, Athènes mène une série de guerres contre ses voisins pour affermir sa suprématie. Des puissances navales rivales telles qu'Egine sont des cibles idéales.

Tout naturellement, les ennemis d'Athènes se tournent vers Sparte. S'étant révoltés contre Athènes, les habitants de l'île de Thasos reçoivent le soutien de Sparte. Les deux puissances s'affrontent directement en Béotie et à Delphes. En 446, ils concluent une « paix de Trente Ans » qui n'ira pas à son terme : la guerre éclate à nouveau en 430, lorsque Corinthe, attaquée par Athènes, demande l'aide de la ligue péloponnésienne. Cette seconde guerre du Péloponnèse se prolonge durant des années, car aucun des deux principaux belligérants n'est capable de porter le coup fatal à son adversaire. La guerre se poursuit par épisodes, principalement dans la région d'Athènes. La paix signée par le général athénien Nicias en 421 av. J.-C. n'apporte qu'une trêve de six ans. Grâce au soutien financier de la Perse, les Spartiates infligent à la flotte ennemie une formidable défaite qui contraint Athènes à capituler.

Effondrement de la vie sociale

Si la littérature et les arts continuent à s'épanouir durant ces temps de luttes incessantes, il n'en va pas de même de l'activité économique. Dans un monde où chaque *polis* est déterminée à préserver son indépendance, quel qu'en soit le prix, la guerre revêt un aspect endémique. La guerre coûte cher aux sociétés encore largement agricoles de l'Antiquité. Au temps de la Grèce classique, la plus grande entreprise industrielle d'Athènes (après les mines) utilise 120 esclaves pour fabriquer des boucliers. La ville possède des mines d'argent, mais d'autres Etats n'ont pas cette chance. Mais même pour les Athéniens, dont les ambitions sont vite ravivées, l'effort de guerre continuel finit par peser lourd.

Malgré leurs visées expansionnistes, ces cités-Etats ne prennent pas les mesures qui s'imposeraient. Contrairement à Rome, elles refusent d'accorder la citoyenneté aux populations soumises. L'empereur Claude observera avec justesse que les Etats grecs échouèrent en tant que puissances impériales car ils « *traitaient leurs sujets en étrangers* ». La politique impériale d'Athènes n'étant pas à la mesure de sa force militaire, conquêtes et révoltes se succèdent indéfiniment. Les Spartiates ont, en outre, à faire face aux fréquentes révoltes de leurs serfs, les ilotes, qui constituent une large fraction de la population.

La première moitié du IVe siècle reste fidèle à ce schéma. Corinthe tombe dans un déclin irréversible et Athènes lutte en vain pour retrouver la première place. Sparte demeure la puissance suprême jusqu'en 371 av. J.-C., date à laquelle elle est vaincue par Thèbes à Leuctres.

Les structures de la cité-Etat se désagrègent peu à peu. Une armée de métier s'appuyant sur des mercenaires entraînés supplante l'armée traditionnelle. Aristote note que « *lorsque les Spartiates étaient seuls à exercer leur discipline militaire rigoureuse, ils étaient supérieurs à quiconque, mais à présent ils sont battus par tout le monde ; la raison est qu'auparavant ils s'entraînaient, ce que ne faisaient pas les autres* ».

Cet afflux de mercenaires reflète en réalité les problèmes économiques du IVe siècle. Comme l'émigration ou la piraterie, c'est un exutoire. Durant la période archaïque, les mercenaires venaient des régions arriérées ; au IVe siècle, ils sont de plus en plus recrutés dans les grandes villes.

Comme jadis, ces changements militaires sont liés à des bouleversements politiques. Le déclin de l'armée civile coïncide avec un dérapage de la démocratie vers une forme de gouvernement plus autocratique. Le pouvoir change de mains : il passe des cités-États de l'Attique et du Péloponèse à la Thessalie, un Etat-*ethnos,* et par la suite à la Macédoine, un royaume traditionnel.

Contrairement à l'Attique, ces deux régions rurales possèdent des terres fertiles en abondance, et ont pu éviter les troubles politiques internes qui éclatent périodiquement dans les cités-Etats du Sud. Les succès militaires du tyran thessalien, Jason de Phères, au début du IVe siècle, témoignent de l'assurance grandissante dont font preuve ces nouveaux venus.

Quelque temps plus tard, Philippe II de Macédoine étend son royaume vers le sud, contrôle le défilé stratégique des Thermopyles, et, après s'être rendu maître de la Thessalie, remporte une victoire contre l'alliance de Thèbes et d'Athènes à Chéronée en 338 av. J.-C. Regroupées dans la ligue de Corinthe, les cités-Etats grecques doivent reconnaître que le pouvoir suprême est désormais en Macédoine.

A gauche, sol en mosaïque d'une maison romaine. La scène représente un habitant de Cos qui accueille Esculape, dieu de la médecine, tandis qu'Hippocrate, songeur, est assis sur les marches. Ci-dessus, drachme antique.

La Grèce au temps d'Alexandre

Dans *La République,* Socrate affirme : « *Lorsque les Grecs combattent les barbares,..., nous dirons qu'ils guerroient, qu'ils sont ennemis par nature,..., mais s'il arrive quelque chose de semblable entre Grecs, nous diront qu'ils sont amis par nature, mais qu'en un tel moment la Grèce est,..., en état de sédition, et nous donnerons à cette inimitié le nom de discorde.* »Ce passage reflète trois sentiments de plus en plus partagés au IVe siècle : tout d'abord, que les Grecs appartiennent tous à une même race ; en second lieu, que les guerres entre les cités-Etats ne sont pas souhaitables ; enfin, qu'il est naturel pour eux de combattre leurs ennemis de l'Est. Ironie de l'histoire, c'est sous le commandement de la Macédoine, une puissance traditionnellement marginale, qu'est entrepris avec succès le seul effort concerté contre les Perses.

L'ascension rapide de l'empire asiatique d'Alexandre le Grand modifie radicalement les limites du monde grec. Les cités-Etats de la Grèce continentale n'occupent plus le centre de la scène. La consolidation de l'empire grec vide le continent de ses forces vives. Parallèlement, le monde intellectuel et religieux s'ouvre à de nouvelles influences. La communauté grécophone s'étend et acquiert en même temps sa cohésion. Au IIIe siècle, la culture macédonienne s'hellénise et ses dieux cèdent leurs cieux aux divinités de l'Olympe. L'argent occupe désormais une place prépondérante dans les tractations commerciales. Désormais la drachme frappée en Attique sert de monnaie d'échange d'Athènes à la mer Noire et de la Cappadoce à l'Italie.

Mais cette évolution a ses limites, les cités-Etats se cramponnent jalousement à leurs particularismes. Les taxes locales, les droits de douane ou le calendrier leur en offrent l'occasion. A Athènes, l'année commence en juillet ; à Sparte, en octobre ; à Délos, en janvier !

Les philosophes débattent sur des idées, tel le loyalisme à l'égard de la communauté, qui transcendent les anciennes limites du discours civique. Peut-être est-ce une façon d'exprimer la réalité géopolitique. L'école philosophique la plus influente, le stoïcisme, met l'accent sur le concept de la fraternité universelle et s'intéresse à un Etat mondial gouverné par un pouvoir suprême. De telles idées se trouvent à l'état fragmentaire dans la pensée grecque antérieure. Mais, par son éthique, le stoïcisme est bel et bien un produit de la période hellénistique, et il rapproche la philosophie grecque des doctrines religieuses juives et babyloniennes.

Progressivement, inexorablement, l'expansion de la Macédoine grignote l'autonomie politique des cités-Etats. Au IIIe siècle av. J.-C., celles-ci se regroupent dans des fédérations et s'efforcent d'exploiter les querelles entre les *diadoques* (généraux), héritiers de l'empire d'Alexandre. Une politique vouée à l'échec, en raison des ressources militaires dérisoires dont disposent les ligues grecques. Au début du IIe siècle, des conflits entre les cités provoquent, pour la première fois dans l'histoire grecque, l'intervention de Rome, qui, en l'espace de vingt ans, triomphe de la Macédoine, puis de la Confédération achéenne. Pour ôter aux Grecs toute ardeur guerrière, le consul Mummius célèbre sa victoire en pillant Corinthe, tuant les hommes et vendant comme esclaves femmes et enfants. La Grèce devient province romaine sous le nom d'« Achaïe », en 27 av. J.-C., à la proclamation de l'Empire romain.

L'ombre de Rome

Le déclin de la civilisation grecque devient le leitmotiv des cercles cultivés. Au Ie siècle av. J.-C., Sénèque déplore l'anéantissement de tout ce qui a fait la gloire des cités d'Achaïe. Il est vrai que la Grèce n'est plus le centre du monde civilisé. Les principales routes vers l'Orient, par voie de terre, traversent la Macédoine, et par mer passent par l'Egypte. La Grèce est réduite à jouer un rôle commercial de second plan. Mais ce déclin est relatif : les cités le long du littoral sont encore florissantes. Les *polis* demeurent en grande partie ce qu'elles furent durant la période hellénistique, et les autorités romaines leur accordent une certaine autonomie politique. Mais elles ne représentent plus aucun poids politique. Toutefois, les empereurs romains (et plus tard les empereurs byzantins) font tout ce qui est en leur pouvoir pour éviter qu'elles ne périclitent, car elles représentent un rouage essentiel dans l'infrastructure administrative impériale. Aux yeux des Grecs cultivés, elles représentent encore le symbole de la société idéale.

C'est l'époque des grands mécènes. Hadrien et Hérode Atticus ornent Athènes de monuments. Afin de garantir la stabilité sociale, les riches se montrent généreux ; ils ravitaillent la ville en cas de mauvaise récolte, et participent aux projets architecturaux.

L'invasion des Goths au IIIe siècle de notre ère succède à deux siècles de relative tranquillité. L'ennemi est repoussé avec succès, mais non sans avoir entamé la confiance des vainqueurs. L'économie se dégrade. Deux autres siècles s'écoulent avant que les autorités impériales et l'Eglise suscitent de nouvelles œuvres architecturales. A cette époque, beaucoup de choses ont changé. L'empereur Constantin a transporté sa capitale de Rome à Constantinople. Le christianisme devient la religion officielle de l'Empire à la fin du IVe siècle. La transition de Rome vers Byzance est commencée.

Un ange copte qui n'est pas sans rappeler saint Georges tuant le dragon ; mais ici, l'ange est du sexe féminin.

LA GRECE BYZANTINE

En 968, un incident révélateur survient à la cour byzantine de Constantinople : des légats du saint Empire romain germanique sont porteurs d'une lettre pour Nicéphore, « Empereur des Grecs », de la part d'Othon « Auguste Empereur des Romains ». La cour de Byzance est scandalisée. Nicéphore, « seul et unique empereur universel des Romains », ne saurait partager son titre avec un « barbare ».

Pour comprendre cette explosion de mépris, il faut tenir compte de l'étrange fusion des cultures qui ont forgé la tradition byzantine. Du monde hellénistique, les Byzantins ont gardé la conviction de la supériorité des Grecs sur les étrangers —les barbares ; de Rome, un profond sentiment de loyauté à l'égard de l'Empire et de son empereur ; et du christianisme, la foi en la supériorité morale de *leur* Empire qu'ils considèrent comme étant le seul véritable. Cette farouche conviction reste solidement enracinée. Après la mise à sac de Constantinople par les croisés, en 1204, un auteur byzantin s'exclame : « *Ces maudits Latins (...) convoitent nos possessions et cherchent à détruire notre race... Mais nous les foulons aux pieds par la puissance du Christ, qui nous donne le pouvoir d'écraser la vipère et le scorpion.* »

Les sujets de cet empire ne s'appellent entre eux ni Grecs ni Byzantins, mais *Romeii* (Romains). Pourtant ils se distinguent de plus en plus en ce qu'ils parlent grec et appartiennent à l'Eglise orthodoxe.

La fin du monde antique

La vraie rupture avec le monde antique survient au cours du VIe siècle, lorsque les Grecs sont, d'abord attaqués, puis colonisés par des peuples slaves. Ces invasions marquent la fin de la tradition classique grecque, de la civilisation urbaine et, avec elle, de la culture romaine et chrétienne. Un chroniqueur du VIIIe siècle rapporte que les Slaves ne sont « *ni les sujets de l'empereur des Romains ni de qui que ce soit d'autre* ». L'Empire résiste pourtant. Les missionnaires chrétiens convertissent les Slaves dans le Péloponnèse tout en leur enseignant le grec. Si la langue survit, l'ancienne culture urbaine disparaît, et « *polis* » finit par ne désigner que Constantinople. Une petite élite persiste à étudier et écrire en grec ancien, mais elle n'a guère d'influence sur l'ensemble de la population ; sa production littéraire n'atteint sans doute pas plus de 300 lecteurs. L'histoire des siècles antérieurs devient confuse dans l'esprit des nouvelles générations. Les paysans évitent de fréquenter les monuments anciens, qu'ils croient habités par des démons.

Quand l'archevêque de Constantinople arrive à Athènes en 1182, il espère bien découvrir des vestiges de l'ancienne gloire de la cité. Il sera amèrement déçu. Privée de ses « Longs Murs », la *polis* n'est plus qu'une forteresse médiévale semblable à Mystra, près de Sparte, une cité de second plan. Les arts qui contribuèrent à son renom sont délaissés. Même en période de relative prospérité, la campagne grecque reste dépeuplée. Albanais et Valaques s'y installent.

Faiblesse de l'autorité byzantine

L'Empire byzantin n'a pas les moyens de contrôler efficacement l'ensemble de son territoire. Il est entouré au nord par les cités italiennes et les royaumes slaves, et à l'est par les Perses et les Turcs. Les provinces grecques sont moins vitales que l'Anatolie, qui approvisionne Constantinople en céréales, aussi tombent-elles plus facilement aux mains des autres puissances.

La période glorieuse de l'Empire, pendant laquelle se succèdent plusieurs empereurs macédoniens, ne dure que du milieu du IXe siècle au milieu du XIe siècle. Cette prospérité est brusquement stoppée en 1071, lorsque des Turcs venus d'Asie centrale, les Seldjoukides, mettent l'armée byzantine en pièces à Manzikert, en Anatolie. La menace occidentale ne tarde pas à se préciser également : au XIIe siècle, le normand Roger de Sicile envahit la Grèce et saccage Thèbes et Corinthe. Mais ce n'est que l'avant-goût d'un plus grand désastre. En 1204, lors de la quatrième croisade en Terre sainte, Constantinople est à son tour pillée. L'empire se fractionne et donne naissance au despotat d'Epire et aux empires de Nicée et de Trébizonde. La Grèce elle-même est divisée en petits royaumes : le duché d'Athènes échoit au Bourguignon Othon de la Roche, la principauté d'Achaïe à Villehardouin, des aventuriers italiens se partagent les îles, et Venise met la main sur les ports de première importance de la côte occidentale.

L'empire byzantin renaît dans la seconde moitié du siècle, avec la reprise des combats en Grèce continentale et la reconquête de Constantinople par les Paléologues, qui règnent à Nicée. Mais la Grèce occidentale passe brièvement sous contrôle serbe, et la Thessalie devient une principauté valaque. La Grèce méridionale et insulaire reste occupée par les successeurs des croisés jusqu'à ce que les Paléologues rétablissent la présence byzantine à Mystra, au XIVe siècle. Cette confusion politique permet à des ethnies très diverses de se mélanger.

Des mercenaires turcs participent aux luttes continuelles qui opposent ces communautés les unes aux autres, car l'Empire byzantin, comme l'Empire romain, manque de combattants. Les Turcs servent à contenir la poussée serbe et bulgare. Ils parviennent à écraser les Bulgares sur la rivière Maritza en 1371, et les Serbes à Kosovo en 1389. Les Grecs n'ont guère le temps de se réjouir de ces victoires. Ils vont être les prochaines victimes de l'expansionnisme turc. Les alliances diplomatiques entre les princesses ottomanes et les princes grecs ne réussissent pas à désamorcer la menace de cette nouvelle puissance. En 1400, l'empire se réduit à Constantinople, Salonique et au Péloponnèse. Les incursions mongoles dans les territoires ottomans, à l'est, donnent un sursis à l'Empire. Mais, en avril 1453, le sultan Mehmet II s'empare de Constantinople après un siège de deux mois. Huit ans plus tard, l'ensemble de la Grèce continentale a succombé à son tour. Les îles égéennes résistent plus longtemps — Tinos jusqu'en 1715 —, mais la Grèce continentale est désormais absorbée dans l'Empire ottoman.

La nouvelle de la chute de « la Cité » se répand à travers toute l'Europe. Avec elle, ce sont les derniers vestiges de l'Empire romain qui succombent. Si l'Occident y voit l'aboutissement inévitable du déclin byzantin, pour les Grecs, la prise de Constantinople revêt une signification bien plus dramatique : la perte de leur liberté.

Bas-Relief de la ville byzantine de Mystra représentant, de façon plus habituelle, saint Georges tuant le dragon du haut de son cheval.

La reprise de Constantinople deviendra la mission essentielle du peuple grec. Mais pour l'heure, comme le suggère une chanson populaire de l'époque, le monde grécophone est tout simplement en état de choc :

« *Une vieille femme cuisait un poisson dans sa casserole/ quand une voix céleste lui parvint :/ « Quitte tes fourneaux, la vieille, les Turcs ont pris la Cité »/« Si mon poisson ressuscite et s'envole, les Turcs prendront la Cité »/Le poisson frétilla et s'envola au loin/Et l'émir en personne survint en trombe sur son cheval.* »

LA GRECE OTTOMANE

Comme d'autres peuplades avant eux, les Turcs ottomans qui contrôlent à présent les Balkans ont émigré d'Asie centrale vers l'ouest. Peu nombreux, mais extrêmement mobiles, ils s'affirment par des conquêtes militaires.

De Constantinople, le sultan s'efforce de régner sur son vaste empire. Pour éviter la rivalité des pouvoirs locaux, il mute les gouverneurs de place en place et récompense les fonctionnaires musulmans zélés avec des terres qui retournent à l'empire au décès de leurs propriétaires. Les Turcs sont peu soucieux de préserver ou développer les régions annexées. La police locale est si démunie qu'elle loge ses officiers dans la demeure des criminels. Les routes ne tardent pas à se détériorer.

Reconnaissant les minorités religieuses, les autorités turques accordent à leurs communautés une relative autonomie. L'Eglise orthodoxe grecque obtient ainsi certains privilèges qui lui permettent d'exercer une autorité à la fois religieuse et civile.

La population grecque, dans une large mesure, conserve son style de vie. Les habitations, comme celles des Turcs, ressemblent à des forteresses en miniature bâties sur deux étages autour d'une cour centrale. La plupart des ingrédients de la cuisine grecque contemporaine sont déjà couramment employés, du *resinato*, ce vin si peu apprécié des étrangers, au café particulièrement fort avec lequel Ali Pacha, le « Lion de Ioannina », empoisonna son rival, le pacha de Vallona. Les pommes de terre apparaîtront plus tard (les prêtres grecs s'y étant longtemps opposés, car ils prétendaient que c'était dans une pomme de terre, et non dans une pomme, qu'Adam et Eve avaient croqué).

L'autonomie dont jouissent les Grecs n'exclut pas l'oppression. Lorsque à partir du XVIIe siècle, le pouvoir central s'affaiblit, les administrateurs locaux se livrent à des abus. De multiples révoltes éclatent dans les Balkans, notamment celle de 1805, qui aboutit à la renaissance d'un Etat serbe. Le sultan est fréquemment prié d'intervenir contre des propriétaires fonciers ou des évêques corrompus. Inversement, des régions comme Chio, traditionnellement acquise à la famille du sultan, connaissent la prospérité et sont soumises à une administration disciplinée.

L'Empire ottoman est continuellement menacé par de puissants ennemis tels les Vénitiens, et plus tard les Français. A l'intérieur de l'empire, les farouches Albanais, véritable ossature de l'armée ottomane, ont leurs propres revendications territoriales. Les conflits qui en résultent affaiblissent davantage encore la Grèce. En 1537, l'armée turque s'en prend à la colonie vénitienne de Corfou. Après l'attaque, l'île ne compte plus qu'un sixième de la population qu'elle avait au temps de l'Antiquité. Théâtre de batailles entre ces mêmes belligérants, le Péloponnèse est également décimé. Il est ravagé par les Albanais combattant pour les Ottomans en 1715, et de nouveau dans les années 1770. D'autres carnages font suite à l'insurrection de 1821. Les Grecs massacrent des Turcs à Tripolis, tandis que les Turcs font subir le même sort aux Grecs de Chio. Enfin, les troupes égyptiennes commandées par Ibrahim Ali dévastent le Péloponnèse.

Brigands et pirates font régner un perpétuel climat de violence. Des régions entières, et notamment la Thessalie, sont évitées par les voyageurs. Lorsqu'au XVIIe siècle l'Empire ottoman cesse de s'étendre, de nouvelles menaces surgissent. Les collines et les montagnes, qui ont toujours échappé au contrôle des Turcs, sont devenues le repaire de bandes de brigands connus sous le nom de *klephtes*. Bien qu'ils s'attaquent autant aux villages grecs qu'aux propriétés des musulmans, ils finissent pourtant par symboliser dans l'esprit populaire la résistance grecque à l'autorité ottomane.

La montée du nationalisme grec

Le développement du nationalisme grec doit peut-être plus encore à l'apparition d'une communauté commerçante. Méprisant le commerce, les Grecs byzantins, puis les Turcs, ont laissé cette activité aux étrangers, une activité assurée à présent par les Grecs, les juifs et les Arméniens. Grâce aux liens commerciaux qu'elle entretient avec les Européens, une nouvelle classe aisée s'initie à leur style de vie, s'ouvre à leur culture et à leurs idées politiques. Le philhellénisme et le nationalisme font de nombreux adeptes parmi la jeunesse grecque instruite de la seconde moitié du XVIIIe siècle.

Pour prévenir toute amorce de rébellion, les Turcs ont favorisé certains Grecs. Des postes élevés de l'administration ottomane leur ont été confiés. A Constantinople, les familles aristocrates, les *phanariotes*, ont tissé des liens très étroits avec la cour impériale. L'Eglise orthodoxe bénéficie également des avantages de cette politique. Ainsi, ces deux puissants pôles de la communauté grecque sont acquises à l'autorité turque.

C'est la révolution française qui va jouer le rôle de catalyseur, mais le terrain a été préparé grâce à la propagation des idées nationalistes parmi les chrétiens de l'Empire ottoman. En 1814, trois négociants grecs d'Odessa créent une organisation secrète, la Société des amis, pour favoriser la renaissance de la nation. Elle se constitue très vite un réseau de sympathisants à travers l'empire. Après avoir en vain recherché des appuis puissants et déterminants, elle voit ses efforts enfin récompensés par l'insurrection de 1821.

La lutte pour l'indépendance dure de 1821 à 1832, dans un environnement politique complexe. La propagande grecque passe sous silence les difficultés qui attendent un mouvement nationaliste dans une société kaléidoscopique. Luttant contre les Turcs, se retrouvent pêle-mêle toutes les composantes sociales du pays, tout aussi ardentes à défendre leurs propres intérêts que la cause grecque et prêtes à se retourner les unes contre les autres à la moindre accalmie. Les philhellènes étrangers, tel Byron, venus au secours des Grecs, ont la conviction qu'il s'agit seulement d'une lutte nationale. Leurs témoignages apportent aux Grecs le soutien de l'opinion publique occidentale. Les grandes puissances, d'abord réfractaires à cette utopie hellénique, finissent par intervenir, à la fois militairement et diplomatiquement, pour obtenir des Turcs la reconnaissance de l'autonomie grecque. La destruction en 1827, de la flotte turque à Navarin par les escadres de la Triple-Alliance (France, Angleterre, Russie) est un tournant décisif.

La même année, le comte Kapodistrias, diplomate grec et ancien ministre du tsar, est élu président par une assemblée nationale. Il engage les forces grecques à poursuivre la lutte au nord du Péloponnèse. En 1829, la conférence de Londres fixe les frontières septentrionales du nouvel Etat sur la ligne Arta-Volos. Mais de nombreux Grecs critiquent son gouvernement et le suspectent de vouloir imposer une autocratie. Il est assassiné en 1831 à Nauplie par deux chefs d'un clan influent du Péloponnèse. Tandis que les puissances européennes recherchent un prétendant idéal au trône grec, le pays sombre dans l'anarchie et la guerre civile.

Repas dans une maison grecque, à Chrissa, en 1801 : œuvre peinte par Dodwell durant son voyage, et reproduite dans son livre Views of Greece (Images de la Grèce).

LA GRECE MODERNE

Ce nouvel Etat est fragile, désespérément pauvre, infesté de bandes de brigands armés, assailli par les querelles des factions politiques. La rébellion qui éclate en 1834 se termine par la défaite des troupes gouvernementales et le renvoi des soldats dans leurs foyers, délestés de leur équipement militaire. Peu de ports ou de routes sont vraiment utilisables. Athènes demeure la misérable ville de province que Byron a visitée. La situation intérieure du pays est pire que sous l'administration ottomane.

La monarchie absolue bavaroise a sa part de responsabilité. La mort de Kapodistrias a confirmé qu'aucun Grec n'acceptera l'autorité d'un autre Grec. La Couronne du nouveau royaume, offerte à différents prétendants, échoit finalement à Othon, fils de Louis Ier de Bavière, qui débarque à Nauplie en 1833. trop jeune pour régner : plusieurs régents se succèdent sur le trône. Tous négligeront les demandes répétées du peuple en faveur d'une constitution. En 1843, un sanglant coup d'Etat à Athènes oblige Othon à destituer ses conseillers bavarois et à opter pour un gouvernement parlementaire et une constitution.

La constitution de 1844, puis celle de 1864 dotent la Grèce d'une infrastructure démocratique moderne. Mais le parlement grec reflète l'étrange situation du pays : les différentes classes n'y sont représentées par aucun parti politique, on y trouve seulement des factions constituées autour de personnalités influentes. Leurs points de divergence recouvrent généralement des questions de politique étrangère. Ainsi, les trois principaux partis empruntent leur nom aux puissances étrangères qui les soutiennent — l'Angleterre, la France et la Russie.

La « Grande Idée »

Le nouveau royaume reste amputé de toute une population grecque vivant au Proche-Orient. « Libérer » les Grecs ottomans, créer un nouvel Empire byzantin en reprenant Constantinople et se venger de l'humiliation de 1453, telle est la « Grande Idée » qui soulève l'enthousiasme du peuple autant que des politiciens. Ces derniers y voient un excellent dérivatif aux problèmes intérieurs.

La « Grande Idée » n'est guère inspirée par une politique réaliste, car l'armée grecque, privée d'alliés, n'est pas de taille en face des Turcs. Pourtant, malgré des humiliations successives, elle resurgira, même après les défaites de 1897 et de 1922. Le roi Georges Ier qui succède au malheureux Othon destitué en 1863, devient, selon la nouvelle constitution, non pas « roi de Grèce » comme son prédécesseur, mais « roi des Hellènes ».

Le politicien Théodore Deligiannis encourage plusieurs expéditions téméraires en Thessalie et en Crète à la fin du XIXe siècle. Plus clairvoyant, son rival Charilaos Tricoupis se rend compte du danger d'une telle politique. Tant que l'économie dépend des capitaux étrangers, toute initiative en matière de politique étrangère reste aux mains de ses créanciers.

Tricoupis se met donc à l'œuvre pour relancer l'économie. Il améliore l'état des routes et le réseau ferroviaire, et ordonne la construction du canal de Corinthe. Le Pirée se développe rapidement et devient l'un des ports méditerranéens les plus actifs. Les investisseurs étrangers participent à des opérations bancaires et minières.

Mais, en dépit de l'essor timide des industries textiles et alimentaires, l'activité industrielle en général reste sous-équipée jusqu'à la Première Guerre mondiale. La Grèce est un pays rural, une nation de petits cultivateurs. La plupart des paysans demeurent excessivement pauvres, trop pauvres pour adopter des méthodes d'exploitation modernes. L'exportation des raisins de Corinthe enrichit le pays un certain temps, mais la récession de 1893 met l'économie en faillite. Les paysans émigrent par milliers. En 1912, de nombreux villages ne survivent que grâce aux sommes envoyées des Etats-Unis par des jeunes Grecs émigrés.

Ces problèmes intérieurs semblent renforcer l'enthousiasme des Grecs pour la « Grande Idée ». Le congrès de Berlin permet à la Grèce d'élargir ses frontières en 1881. Profitant des troubles qui éclatent en Crète ottomane en 1897, la marine de guerre grecque met le cap sur l'île tandis que l'armée remonte vers le nord ; mais elle est arrêtée par les Turcs, qui pénètrent en Grèce. La défaite est humiliante.

L'autorité turque s'effrite en Crète et en Macédoine. Mais la venue sur la scène politique de nouveaux Etats balkaniques — Serbie et Bulgarie — vient gêner les ambitions grecques. La Macédoine est un *melting-pot* de différentes races et chaque Etat limitrophe la revendique pour sienne.

En Grèce, les changements politiques sont

bien souvent suscités par des coups d'Etat militaires. C'est le cas en 1843, 1862, et de nouveau en 1909, à l'instigation de jeunes officiers qui offrent le pouvoir à un Crétois de réputation radicale, fin diplomate et pourvu d'un grand charme, Eleuthérios Vénizélos. Son propre parti libéral va dominer la vie politique durant un quart de siècle et traduit les aspirations de la bourgeoisie. Avec le soutien financier étranger, il réorganise et modernise l'armée.

Une décennie en guerre

Lorsqu'en 1912 éclatent les guerres balkaniques, la Grèce est suffisamment forte pour prendre aux Turcs le sud de la Macédoine. Elle est alors alliée à la Serbie, contre la Bulgarie. Les combats de 1912 à 1913 lui permettent de récupérer également l'Epire, la Crète et les îles égéennes orientales, doublant ainsi sa superficie et sa population. Ces nouveaux territoires sont à peine annexés lorsque le pays se trouve entraîné dans la Première Guerre mondiale. La Grèce va en réalité connaître une guerre sans répit durant presque une décennie. Elle en ressortira financièrement appauvrie et politiquement divisée.

Sur la politique à adopter, Vénizélos et le roi Constantin s'opposent. Le Premier ministre souhaite apporter son soutien actif à l'Entente (Grèce-Serbie-Bulgarie), alors que le roi est partisan de la neutralité. Ce désaccord soulève un problème constitutionnel de première importance : qui, du roi ou du Parlement, a le dernier mot en matière de politique étrangère ? La querelle débouche sur une guerre civile qui se termine en 1917 par l'exil de Constantin et l'entrée en guerre de la Grèce.

Vénizélos espère que l'Entente va accorder à la Grèce de nouveaux territoires en échange de son soutien. Les Anglais lui ont promis durant la guerre de lui donner le port de Smyrne, en Asie Mineure, et son arrière-pays. En 1919, les troupes grecques occupent la région et y établissent un gouvernement provisoire. La « Grande Idée » va-t-elle enfin voir le jour ?

En 1921, un gouvernement royaliste remplace le parti libéral au pouvoir. La lutte contre les Turcs se poursuit néanmoins, d'autant plus que le roi Constantin semble, par son nom, prédestiné à conquérir Constantinople.

Double page précédente, gravure de Panagiotou Zographou illustrant le livre de Makriyannis sur la guerre d'indépendance. Ci-dessus, à gauche, Ioannis Kapodistrias, homme d'Etat qui joua un rôle déterminant dans la lutte des Grecs pour l'indépendance ; à droite, lithographie en couleur intitulée : Un Musicien Grec, *parue dans le journal satirique* New Aristophanes *(Athènes 1888-1895).*

Encouragées par leurs alliés, les troupes grecques stationnées à Smyrne se portent à la rencontre des nationalistes turcs commandés par Mustafa Kemal, un général rebelle. Mais l'expédition traîne en longueur. En septembre 1922, à 80 km seulement d'Ankara, les Turcs repoussent les Grecs, et c'est la déroute. Militaires et civils fuient et Smyrne capitule sans combat.

Le traité de 1923 met un terme à la guerre et fixe les frontières entre les deux pays. Elles ne changeront plus, à l'exception des îles du Dodécanèse, occupées à cette époque par les Italiens. Un transfert massif de population oblige un demi-million de musulmans à quitter la Grèce pour la Turquie et plus d'un million de Grecs orthodoxes à faire le chemin en sens inverse. La présence grecque en Asie Mineure aura duré plus de deux mille ans.

Les années de répit

Secoué et appauvri par dix années de guerre, le pays fait face à un véritable casse-tête : comment intégrer dans une nation déjà surpeuplée ces nouveaux venus qui ont tout perdu ? Si l'économie et l'industrie naissante bénéficient de cette nouvelle main-d'œuvre bon marché, l'arrivée des réfugiés accroît les tensions sociales. Plus d'un demi-million d'entre eux s'installent dans les régions urbaines, là où les attendent des travaux sous-payés, souvent dans de sordides bidonvilles.

Après le « désastre » de 1922, le roi Constantin est contraint une nouvelle fois à l'exil. La république parlementaire qui lui succède ne dure que douze ans. C'est une suite de coalitions éphémères et de gouvernements minoritaires interrompus épisodiquement par des dictatures militaires et des tentatives de coups d'Etat. Chaque nouveau gouvernement modifie le système électoral en sa faveur pour se maintenir au pouvoir. La seule période de stabilité — les années de pouvoir de Vénizélos de 1928 à 1932 — s'achève par le contrecoup d'une crise économique internationale. Le parti royaliste succède aux libéraux en 1933. Comme son prédécesseur, il fera preuve d'aussi peu d'imagination en matière de politique économique et sociale et sous-estimera les conséquences de l'inégalité sociale grandissante.

Privé du soutien populaire, le gouvernement parlementaire reste vulnérable aux pressions militaires. En 1935, la monarchie est restaurée. L'année suivante, le roi dissout le Parlement et offre le pouvoir à un politicien d'extrême-droite, le général John Métaxas, un fervent royaliste. La même année, Métaxas réprime une vague de grèves en faisant appel à l'armée et en instaurant la loi martiale. Sa dictature s'inspire des régimes totalitaires. Bien que le peuple soit lassé de l'instabilité parlementaire, il n'a guère d'enthousiasme pour le régime du « Premier Paysan », comme Métaxas aime être appelé.

Guerre mondiale et résistance

La politique étrangère de Métaxas consiste à ménager autant les Anglais que les Allemands. Si ces derniers s'affirment de plus en plus dans les Balkans, les Anglais sont présents en Méditerranée avec leur flotte. Mais l'Allemagne n'est pas la seule puissance à s'intéresser aux Balkans. En avril 1939, l'armée de Mussolini pénètre en Albanie. Dix-huit mois plus tard, elle traverse la frontière albano-grecque. Métaxas ne peut plus prétendre à la neutralité. A l'ultimatum fasciste énoncé par l'ambassadeur italien, il répond par un « Non ! » sans appel. L'événement est commémoré le 28 octobre, surnommé jour *Ohi* (jour du « Non »).

Combattant seuls dans les montagnes de l'Epire, les Grecs repoussent les Italiens à l'intérieur de l'Albanie. Mais, au printemps de 1941, les troupes hitlériennes, préparant l'invasion de l'Union soviétique, envahissent les Balkans. Les Anglais ont bien envoyé des renforts pour soutenir les Grecs, mais un manque de coordination entre les deux alliés permet aux Allemands d'atteindre Thessalonique sans rencontrer de résistance. Leur victoire est rapide. Entrés en Grèce le 5 avril, le 30 ils choisissent pour Premier ministre le général Tsokaloglu, qui a signé l'armistice avec eux.

Les armées allemandes et italiennes occupent le pays jusque vers la fin de 1944. Leur présence, souvent discrète dans la campagne, reste forte dans les villes. Ce sont les zones urbaines qui souffrent le plus de la famine, surtout durant le terrible hiver de 1941-42. Malgré les protestations des Grecs et de certains Italiens, les Allemands déportent les communautés juives des villes. Le roi Georges II et son gouvernement ont quitté le pays en 1941 et bénéficieront pendant toute la guerre de la protection anglaise. Lorsqu'un mouvement de résistance s'organise enfin à l'abri des collines, la plupart des politiciens d'avant-guerre restent à l'écart, dans les villes. Le premier groupe à se constituer, le Front national de libération (en grec, « EAM ») est aussi

A gauche, groupe de réfugiés à Salonique, en 1922, après la tragédie d'Asie Mineure. Ci-dessus, carte retraçant l'évolution historique de la Grèce moderne.

le plus important. Organisé au départ par le parti communiste, sa base s'ouvre rapidement à d'autres Grecs patriotes et anti royalistes. D'autres groupes se forment. S'inspirant de la résistance traditionnelle des montagnards klephtes, ils organisent des raids en plaine. Malheureusement, de fréquents heurts surviennent entre les différents groupes.

La prépondérance de l'EAM embarrasse les Anglais, dont les contacts avec la résistance s'établissent à partir de 1942. Fort de plus de un million de membres et sympathisants, l'EAM est en mesure d'inquiéter les troupes allemandes, mais le gouvernement britannique le soupçonne de vouloir créer un Etat communiste après la guerre, aussi arme-t-il les autres groupes pour faire contrepoids. L'EAM, de son côté, se méfie. Churchill, en effet, n'éprouve guère de sympathie pour les partisans, qu'il compare à de pitoyables bandits, et soutient le régime monarchique avec force.

La guerre froide

Durant l'automne 1944, l'armée allemande bat en retraite. Les troupes anglaises lui succèdent. C'est à l'Angleterre, puis aux Etats-Unis, après mars 1947, que revient la charge difficile de former un gouvernement civil. Se défiant des alliés, les groupes de résistance refusent de rendre leurs armes. Redoutant le spectre du communisme, les alliés confient le pouvoir à des politiciens modérés qui se voient obligés de s'appuyer sur une milice de droite pour maintenir l'ordre. C'est dans un tel contexte que le roi revient en Grèce en septembre 1946, à l'issue d'un plébiscite âprement disputé. L'inflation se développe, le marché noir est florissant et la violence s'étend rapidement à travers le pays.

La guerre civile éclate au grand jour. La Grèce va jouer un rôle dans la guerre froide entre les grandes puissances. Comme le gouvernement ne peut survivre que grâce aux prêts étrangers, les hommes politiques exagèrent la menace communiste afin d'obtenir davantage d'aide de la part des Américains.

En réalité, l'armée gouvernementale abandonne de vastes parties du territoire aux insurgés. Ainsi, Kenneth Matthews, correspondant de la BBC capturé par la guérilla, découvre avec surprise qu'un gouvernement provisoire a été mis en place dans les montagnes du Péloponnèse.

Appuyée par les Américains, l'armée grecque vient à bout des rebelles dans la région montagneuse du Nord-Ouest en octobre 1949. Mais la victoire entraîne l'arrestation d'un très grand nombre de Grecs, suspectés de sympathie pour la gauche, et l'évacuation forcée de villages entiers. La violation des droits civils jointe à l'activité nouvelle d'un nouveau et puissant service de sécurité vont se prolonger au-delà de 1950. La politique intérieure est à nouveau bipolaire, mais cette fois, l'ancien clivage entre royalistes et républicains fait place à une opposition droite-gauche.

La Grèce se tourne vers l'Occident

La démocratie survit de peu à la guerre civile. Une certaine stabilité semble s'instaurer entre 1952 et 1963, sous le gouvernement des deux Premiers ministres conservateurs successivement au pouvoir. Mais elle est fragile. Le Parti communiste est interdit et la moindre opposition au régime vite découragée.

La Grèce adhère à l'OTAN en 1951. Sa politique étrangère pro-occidentale lui apporte le soutien financier des Etats-Unis. Mais, lorsque se pose la question de Chypre en 1954, les Grecs refusent de prendre part aux manœuvres de l'OTAN. Cet incident préfigure les difficultés attendant les futurs gouvernements, qui devront définir le rôle de la Grèce en Europe. La querelle à propos de Chypre se résout provisoirement en 1960 par l'instauration d'une république sur l'île. Les liens de la Grèce avec l'Occident se renforcent lorsqu'en 1962 elle devient un partenaire privilégié de la CEE.

Un « miracle » embarrassant

La dépendance étroite de la Grèce vis-à-vis de l'environnement économique international a deux effets : d'une part, elle renforce sa vulnérabilité, mais de l'autre, elle lui permet de bénéficier de la moindre relance de l'activité économique dans le monde. C'est ce qui arrive dans les années 50 et 60. A l'instar de l'Italie et de l'Espagne, elle connaît un « miracle économique ».

Athènes attire de plus en plus de jeunes et connaît une croissance anarchique. La ville compte bientôt presque un tiers de la population nationale. Les jeunes partent de plus en plus nombreux travailler en Allemagne de l'Ouest. La vie s'améliore, et pas seulement matériellement.

Les femmes ont connu jusqu'ici une existence pénible et sans horizon. En quittant leur village pour la ville, elles font le lent apprentissage de leur nouvelle liberté. Dans le Mani, l'une des régions les plus conservatrices de la Grèce, les

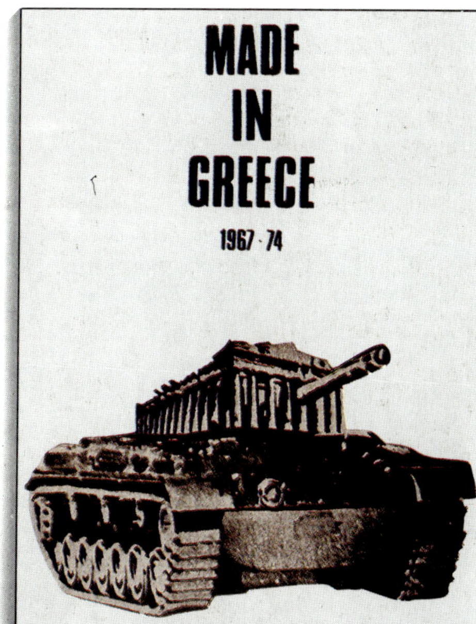

A gauche, de nombreuses jeunes femmes quittèrent leur village pour rejoindre la Résistance dans les montagnes, durant la guerre civile. Ci-dessus : affiches contre la dictature.

jeunes femmes sont si nombreuses à quitter le pays que les hommes doivent s'en remettre fréquemment à des agences matrimoniales d'Athènes pour trouver une épouse. Désormais des communautés qui, la plupart de l'année, ne comptent que des fermiers locaux et quelques personnes âgées, se repeuplent durant les mois d'été, lorsque les familles ouvrières viennent passer leurs vacances dans leur village natal.

Les anciennes structures administratives adaptées aux petites communautés rurales sont inadaptées. La nouvelle bourgeoisie urbaine considère que les conservateurs au pouvoir ont une vue rétrograde et passéiste de la société grecque — alors que le pays est entré dans l'ère moderne.

Les élections de 1961 voient la résurgence d'un mouvement centriste à la tête duquel se trouve l'ancien libéral Georges Papandréou ; mais c'est Caramanlis qui remporte les suffrages. Papandréou dénonce la fraude électorale et les intimidations policières.

La rumeur publique évoquant les liens qui existeraient entre le parti au pouvoir et les actes de violence commis par l'extrême droite s'amplifie avec l'assassinat en mai 1963 de Georges Lambrakis, un député de gauche, alors qu'il participe à un rassemblement pour la paix à Thessalonique. Peu de temps après, Caramanlis démissionne et l'Union centriste de Papandréou gagne les élections à la fin de la même année. C'est la première fois depuis plus de dix ans qu'un parti centriste est au pouvoir.

Si les conservateurs acceptent de perdre le pouvoir, les groupes d'extrême droite appartenant aux milieux militaires se sentent menacés dans leurs intérêts. Lorsque Papandréou demande le départ de certains officiers supérieurs, son propre ministre de la Défense et le jeune roi Constantin II s'y opposent. Comme Papandréou s'est entendu avec l'opposition conservatrice pour organiser des élections en mai 1967, une nouvelle victoire semble acquise à l'Union centriste. Le roi demande alors à l'armée d'intervenir. Mais un groupe d'officiers soutenus par l'OTAN devance leurs plans par le coup d'Etat du 21 avril 1967. La loi martiale est proclamée, les partis politiques sont dissous. La junte des colonels est au pouvoir.

Les colonels

La junte est motivée par des intérêts personnels et un nationalisme assez flou. Ce mélange n'est pas nouveau : dans la période entre deux guer-

Meeting politique rassemblant les partisans du Premier ministre socialiste, Papandréou, juste avant sa réélection en 1985.

res, les responsables militaires se sont retranchés plusieurs fois derrière le thème du salut national pour éviter une purge qui aurait pu leur être fatale.

Issus de la paysannerie ou de la petite bourgeoisie, les colonels incarnent une réaction de la province au « nouveau monde » des citadins. Ils défendent avec force les valeurs morales et religieuses traditionnelles. A cause sans doute de la censure et de la suppression de toute dissidence, l'opposition au régime reste discrète.

Les premiers signes d'un mécontentement général coïncident avec le recul économique de 1973. Les étudiants se retrouvent à la tête de ce mouvement de protestation, mais l'occupation des universités en mars et novembre est sauvagement réprimée. Après les combats sanglants ayant opposé l'armée aux étudiants occupant l'Ecole polytechnique d'Athènes, le colonel Papadopoulos, figure principale de la junte, est renversé par une fraction de l'armée au profit d'un personnage encore plus sinistre, Dimitrios Ioannidis, chef de la police militaire.

Mais c'est le problème chypriote qui va être fatal à la junte. A la suite d'un coup d'Etat organisé par des nationalistes grecs contre l'archevêque Makarios, président de Chypre, l'armée turque débarque au nord de l'île. La mobilisation décrétée par Ioannidis s'effectue d'une manière si désordonnée que nombre de commandants refusent d'obéir. Les pressions s'accentuent en faveur d'un retour au gouvernement civil. L'ex- Premier ministre, Caramanlis, en exil à Paris, est alors rappelé à Athènes le 24 juillet 1974 pour rétablir une démocratie parlementaire.

Une nouvelle chance pour la démocratie

La transition vers une démocratie s'effectue en douceur. Conscient de sa vulnérabilité, Caramanlis se garde d'exiger trop vite la démission des collaborateurs de l'ancien régime. Son parti, la Démocratie nouvelle, remporte une écrasante majorité aux élections de novembre 1974, bien que beaucoup d'électeurs aient voté pour Caramanlis uniquement parce qu'il incarne à leurs yeux la stabilité.

Caramanlis bénéficie d'un excellent contexte politique pour engager toutes les réformes politiques nécessaires, car, un mois après les élections, un référendum a aboli la monarchie. Caramanlis la remplace par une présidence aux pouvoirs considérables. Tout semble indiquer qu'en cas de nouvelle victoire de la gauche il renoncerait à son siège parlementaire pour assumer la présidence.

Cette éventualité paraît se préciser après les gains considérables du Mouvement socialiste panhellénique (PASOK) d'Andréas Papandréou aux élections de 1977. Le fils de Georges Papandréou représente la nouvelle génération de l'après-guerre. Ancien professeur d'économie aux Etats-Unis, il est tout désigné pour diriger un parti de technocrates. A cette époque, il passe encore pour un radical, condamne du reste violemment la politique de Caramanlis et prône une attitude beaucoup plus ferme vis-à-vis de la Turquie. Le programme de son parti prévoit de soumettre à un référendum populaire le retrait de la Grèce de l'OTAN et de la CEE. Ses positions évolueront une fois au pouvoir. En 1980, environ un an avant les élections, Caramanlis démissionne de son poste de Premier ministre pour être élu président par le Parlement.

Après la victoire du PASOK aux élections d'octobre 1981, grâce à une campagne basée sur un unique slogan : *Allagi* (le « Changement »), Papandréou forme le premier gouvernement socialiste de l'histoire de la Grèce. Mais, plus que son socialisme, du reste bien tempéré, c'est sa remarquable capacité à interpréter les comportements de sa génération qui donne à l'homme toute sa dimension. Dans les années 80,son discours s'appuie toujours sur une clientèle de gauche, ou plutôt une bourgeoisie de gauche , qui recherche la sécurité économique, la stabilité, et un « meilleur avenir » pour ses enfants. Ce slogan, associé à l'image d'une petite fille, répond aux désirs abstraits de paix et de prospérité communs à toutes les classes de la société ; il permet au PASOK de remporter les élections de 1985.

Les événements survenus depuis1974 suggèrent que la Grèce a peut-être, pour la première fois de son histoire, engendré un système politique tripartite viable, reposant sur la Démocratie nouvelle (les conservateurs), le PASOK (les socialistes) et le KKE (les communistes). Ces grands partis survivront-ils à leurs leaders ? Telle est la question cruciale pour la Grèce. Le KKE l'a prouvé depuis longtemps et la Démocratie nouvelle en a fait la preuve également. Mais quel sera l'avenir du PASOK, dont le recentrage est étroitement associé à la personnalité charismatique de Papandréou ? Connaîtra-t-il le même sort que le Parti libéral, dont le fondateur, Vénizélos, fut une figure très comparable à Papandréou, ou saura-t-il se remettre de la disparition de son leader ?

LA GRECIA
VNIVERSALE ANTICA
Paragonata con la Moderna da
Giacomo Cantelli da Vignola
Con le direttioni delle Carte Migliori e de piu accre-
ditati Scrittori di Geografia. data in luce da Gio:
Giacomo Rossi in Roma alla Pace l'anno 1682.
con Priu. del S. Pont.
DALMATIÆ PARS
ALBANIA PARS ILLYRIDIS
MACEDONIA
ALBANIA
TESSALIA
EPIRO
ACHAIA
PELOPONNESUS
MOREA
MARE IONIO O DI GRECIA
MARE DI SAPIENZA
Ponente
Settentrio
Mezzogi
Giorgio Widman Sculp.

Thraciæ Pars oggi Romania
Bistones
Mare di Marmara olim Propontis
Mysia Minor
Anatolia propria
Mysia Maior
Natolia
Arcipelago oggi Mar Bianco anticamente Ægæum Mare
Metelino I. olim Lesbos
Scio I. et Chius
Icarium Mare
Nicaria I.
Samo I. et Samos
Cara et Lydia
Asia Minor
Aidinelli
Caria
Doris
Insulæ Cyclades
Spora des Insulæ
Andro I. et Andros
Tine I. et Tenos
Delos grande
Nicsia I.
Paris I. et Paros
Morgo I.
Lero I.
Lango I.
Milo I.
Stampalia I.
Santorini
Mare di Candia ol. Creticum Mare
Scarpanto I. et Carpathus
Mare di Scarpanto olim Carpathium Mare
Isola di Rodi ol. Rhodus
Candia olim Creta
Scala

A

JOURNEY

INTO

GREECE,

BY

George Wheler Esq;

In Company of

Dr SPON of LYONS.

In Six Books.

CONTAINING

I. A Voyage from *Venice* to *Constantinople*.
II. An Account of *Constantinople* and the Adjacent Places.
III. A Voyage through the *Lesser Asia*.
IV. A Voyage from *Zant* through several Parts of *Greece* to *Athens*.
V. An Account of *Athens*.
VI. Several Journeys from *Athens*, into *Attica*, *Corinth*, *Bœotia*, &c.

With variety of Sculptures.

LONDON,

Printed for *William Cademan*, *Robert Kettlewell*, and *Awnsham Churchill*, at the *Popes Head* in the *New-Exchange*, the *Hand* and *Scepter* in *Fleetstreet*, and the *Black Swan* near *Amen-Corner*.

MDCLXXXII.

VOYAGES A TRAVERS LES SIECLES

Les anciens Grecs avaient un sens très aigu de leur identité. Des temps homériques à l'effondrement de l'empire d'Alexandre, ils eurent le sentiment d'être un peuple à part. Pour désigner tous les autres peuples, ils employaient le terme de « barbares », c'est à dire de « non-Grecs ». Partageant une culture et un langage communs, ils avaient conscience d'être grecs malgré leur diversité et leur dispersion géographique.

Selon la légende, la déesse Athéna choisit de faire vivre son peuple favori en Grèce à cause de la situation idéale du pays entre les terres gelées du Nord et les contrées torrides du Sud. Les civilisations postérieures, et particulièrement celles du Nord, étaient persuadées que les Grecs jouissaient des bonnes grâces de la Nature.

Les poètes grecs ont toujours célébré leur terre, bénie des dieux. On a comparé la fin du monde antique à un immense naufrage. Des fragments épars sont venus s'échouer sur les rives des siècles ultérieurs — noms de cités, de montagnes, de rivières, de plaines et d'îles, parties infimes d'un univers disparu qui en restituent la vision globale. Nulle géographie ne saurait être plus évocatrice. Les épithètes dont usait Homère en décrivant Troie venteuse, Pylos sablonneuse, Mycènes riche en or, se sont avérées exactes et révélatrices. Pindare, Sophocle et Euripide restituent d'éclatantes visions du monde grec : le mont Tmolos et le Pactole charriant son or à l'est, l'Etna à l'ouest (où se retranchèrent les Titans), et Colone, Thèbes, le Cithéron et Delphes, au centre. Parmi les héros mythiques, certains furent des voyageurs hors du commun : Ulysse mit dix ans pour rentrer dans sa patrie après la guerre de Troie ; les travaux d'Héraclès l'amenèrent aux confins du septentrion, chez les Hyperboréens, et à l'extrême ouest, dans le jardin des Hespérides ; Jason fit voile vers la Colchide à travers la mer Noire, à la recherche de la Toison d'or.

Double page précédente, carte italienne du (XVIIe siècle) de la Grèce antique. A gauche, page de titre du célèbre livre de Wheler sur son voyage en Grèce en compagnie de Jacob Spon.

Entre le mythe et la réalité

Le sens quasi mythique et religieux que les Grecs avaient de leur géogaphie a d'une certaine manière survécu, et il enrichit désormais la vision des voyageurs. Comment ne pas s'enthousiamer à l'idée que ces lieux mythiques sont bel et bien réels ! L'Hélicon, le Parnasse ou l'Olympe sont de vraies montagnes, on peut les escalader, non sans une certaine excitation et un sentiment de profanation étrangement mêlés. L'Achéron se jette toujours dans le Cocyte près du *Nékromanteion* de Perséphone et Hadès, juste à l'est de Parga. Ancien village de pêcheurs, Parga est aujourd'hui un lieu de vacances, dont la rue principale regorge d'agences de voyages qui vous proposent toutes de vous emmener par bateau jusqu'à l'entrée de l'Hadès — retour dans la journée.

Les anciens Grecs situaient le cadre de leurs légendes avec une grande précision. La difficulté des voyages ne les décourageait pas, ils se déplaçaient et vaquaient à leurs affaires quotidiennes dans un pays illuminé par les mythes. Cette coexistence du quotidien et du mythe semblait naturelle. Si l'on en juge par les tablettes oraculaires de plomb déterrées à Dodone, le peuple se rendait souvent au sanctuaire consulter l'oracle. Les questions transmises à Zeus par ses prêtres, qui dormaient sur le sol et marchaient pieds nus, étaient souvent très terre à terre : « Est-ce une bonne chose d'acheter le petit lac près du sanctuaire de Déméter ? » « Est-il possible de reporter mon embarquement pour Syracuse à plus tard ? » Et le bruissement des feuilles du chêne sacré livrait les réponses.

Ce sens du mythe et de la religion coexista très tôt avec le souci de l'exactitude topographique. Erudits et voyageurs du XVIIIe siècle découvrirent qu'Homère avait situé son épopée avec précision. Certains, comme Schliemann, un ancien négociant fortuné reconverti dans l'archéologie en 1868, entreprirent des fouilles dans la plaine de Troie en s'appuyant sur les indications mentionnées dans l'*Iliade*. On en vint à des relectures « intéressées » des textes, ce qui s'avéra fructueux. Echappant à un classicisme intemporel, l'œuvre d'Homère fut resituée — et restituée — dans son contexte spatio-temporel réel.

Mais l'historien Hérodote, le géographe Strabon et le célèbre voyageur Pausanias étaient des guides plus sûrs. Les deux derniers, notamment, sont souvent cités dans les premiers écrits touristiques des temps modernes consacrés à la Grèce. La raison en est simple : jusqu'à l'apparition d'une véritable littérature touristique, les voyageurs à la recherche des sites célèbres de l'Antiquité se fondaient sur les témoignages des anciens. En effet, des monuments tels que le temple de Zeus Olympien, à Athènes, celui d'Artémis, à Ephèse, ou même des sanctuaires et des cités de premier plan comme Delphes, Milet et Sparte avaient disparu sinon de la face de la terre, du moins de la mémoire nationale. Pour les situer et les identifier, il fallait se fier aux indications des anciens (en convertissant les stades en kilomètres et en tenant compte des changements intervenus entre-temps dans le paysage) et espérer découvrir quelque inscription révélatrice.

Les écrits des anciens restaient donc à cette époque les meilleurs guides de voyage. Tout en se gardant de faire une distinction radicale entre les poètes et les topographes ou les historiens (Homère passait pour être exact, Hérodote honore les mythes et met en valeur le charme des lieux), on peut remarquer que la lecture des textes permettait de localiser les sites tout en suscitant une émotion. Les connaissances acquises par les voyageurs reposaient, à des degrés divers, autant sur les faits que sur l'imagination. Ainsi, l'approche moderne est presque inévitablement d'ordre sentimental ; elle baigne dans un climat de nostalgie.

Le modèle suprême

Cette nostalgie se développa à mesure que les nations plus récentes reconnaissaient la valeur de l'ancienne civilisation grecque. Les premiers voyageurs des temps modernes (Anglais, Français, Italiens) à venir en Grèce appartenaient à des cultures énormément redevables au monde classique. Cette influence affecta à des degrés divers leur approche. Dans l'Europe de la fin du XVIIIe siècle, et particulièrement en Allemagne, cette nostalgie était une véritable souffrance pour certains écrivains, parce qu'à leurs yeux la supériorité de la Grèce, à travers ses réalisations inégalées, était d'une évidence flagrante.

Mais cette nostalgie pour la Grèce existait déjà, bien qu'à un degré moindre, au temps des Romains et d'Alexandre. Ces deux époques furent dans une certaine mesure fascinées par cette ancienne civilisation jugée supérieure à la leur. Les voyageurs européens du XVIIe et du XVIIIe siècles partagèrent encore plus

Statue d'Ulysse découverte dans une grotte du sud de l'Italie. Ce héros symbolise aux yeux des Occidentaux l'archétype du voyageur.

intensément ce sentiment, avec le recul du temps.

Pausanias, sans être lui-même taxé de sentimentalisme, favorise cette nostalgie, car, lorsqu'il parcourut la Grèce du IIe siècle, nombre des monuments et sanctuaires qu'il décrit étaient déjà en ruine ou avaient perdu leur importance. Lorsque, 1500 ans plus tard, des voyageurs familiarisés avec l'œuvre de Pausanias partirent à la recherche de Rhamnonte et d'Orchomène, l'ampleur des nouvelles pertes constatées raviva peut-être leur nostalgie.

Avec la multiplication des voyages en Grèce, chaque nouvel explorateur put se référer aux descriptions *de visu* de ses prédécesseurs, voire les corriger, sans pour autant négliger les textes anciens, qui continuèrent à faire autorité durant les XVIIIe et XIXe siècles (et leur influence s'exerce peut-être encore aujourd'hui). Les voyageurs découvrirent les célèbres sites grecs à travers l'éclairage projeté par la littérature classique.

A la recherche de la Grèce « authentique »

Il fallut attendre la fin du XVIIe siècle pour que l'on commençât à s'intéresser sérieusement à la Grèce. De nombreux obstacles s'y opposaient, le premier d'entre eux étant que le pays dépendait presque entièrement de la Turquie depuis la fin du XVe siècle. Par ailleurs, les motivations culturelles manquaient encore aux Occidentaux. Tout en puisant une grande part de ses connaissances dans Platon et Aristote, l'Europe médiévale et chrétienne ne s'intéressait pas à la Grèce — si ce n'est, comme les croisés et autres chevaliers aventuriers, pour s'y tailler un fief. Une civilisation chrétienne, confiante en ses propres ressources, n'avait aucune raison de se tourner avec nostalgie vers la Grèce. La géographie, plus métaphorique qu'empirique, se passait par conséquent fort bien du tracé rigoureux des pays lointains.

La *Mappa Mundi* (v. 1290) de la cathédrale d'Hereford illustre bien cet état d'esprit. Le monde y figure d'une façon presque entièrement imagée : Jérusalem est au centre, la Rivière de la Mort à la périphérie. Celui qui cherche à localiser le monde classique sur cette carte sera fort surpris par les tracés et les emplacements fantaisistes des pays concernés. La Grèce elle-même n'est pas désignée, si ce n'est peut-être par le terme *ICAYA* (Achaïe). De nombreuses confusions ont été faites : l'Athos a été confondu avec l'Atlas, Delphes avec Délos, Thasos et Patmos se retrouvent plus au nord, dans la mer Noire, le Péloponnèse, baptisé *INSULA,* présente une curieuse protubérance, quant à la Chersonèse de Thrace, elle doit sans doute sa forme de cœur au nom de Cardia, sa capitale.

Deux siècles et demi plus tard, les milieux lettrés ne connaissaient guère mieux la Grèce. Martin Crusius, un érudit allemand du XVIe siècle, demanda à un correspondant en Grèce s'il était exact qu'Athènes n'existait plus. Le trafic commercial évitait la ville et son port. Les bateaux doublant le Péloponnèse mettaient ensuite le cap sur Smyrne en coupant à travers les îles. Athènes figura sur les cartes modernes sous le nom de Stines — car, lorsque les Grecs disaient *Stin Athina* (« dans Athènes »), les Européens ne retenaient que *Stin.* A cause de cette appellation erronée, tous les liens avec l'ancienne cité furent bel et bien tranchés. En Hollande et en Allemagne, les cartographes des XVIe et XVIIe siècles établirent des cartes de Grèce à partir de leurs connaissances livresques, uniquement d'après les textes classiques. L'un d'entre eux, Christophe Cellarius, titulaire d'une chaire à Halle, passait pour n'avoir pour ainsi dire jamais voyagé durant ses quatorze années d'enseignement. De tels travaux prouvent l'influence de la Grèce sur la Renaissance, mais en même temps une indifférence presque moyenâgeuse à l'égard de la connaissance empirique.

Le changement intervenu par la suite fut incarné par des personnalités telles que Joseph Pitton de Tournefort, chargé par l'Académie royale, en 1700, de vérifier sur place les écrits des anciens géographes et botanistes. Il fallait une motivation culturelle pour organiser des voyages en Grèce, et la Renaissance n'en manqua pas, mais aussi une nouvelle approche du monde, une reconnaissance de la valeur de l'analyse critique et de l'investigation empirique. La victoire turque de 1669, à Candie, qui mit provisoirement fin à la guerre, favorisa le commerce et les voyages touristiques ou à but scientifique.

L'idéal hellénique

La Grèce n'est pas un pays comme les autres. C'est le site d'une civilisation qui fut en son temps admirable et qui exerça une influence considérable sur l'Occident. Bien sûr, la Grèce ne se réduit pas à son passé classique, qui du reste, n'a pas toujours été un avantage, car il lui a valu bien des fois de subir les convoitises extérieures. Mais, pour le meilleur et pour le pire, la Grèce demeure cette nation dont les réalisations ont déterminé l'évolution de nos disciplines scientifiques et artistiques ainsi que nos choix politiques. Pour l'Occident, elle ne saurait être un terrain neutre. Les premiers explorateurs, ou du moins ceux qui décidèrent sciemment de visiter Athènes, Delphes ou Délos, ne firent pas un choix impartial. Même les plus « raisonnables » et les plus « scientifiques » d'entre eux avaient certaines idées en tête, voire un idéal, qui faussèrent dans une certaine mesure leur perception sur place. Fort heureusement, l'hellénisme est un idéal à multiples facettes, et ceux que l'on pourrait regrouper par commodité sous le vocable d'hellénistes étaient mus par des intérêts et des aspirations très divers. D'une façon générale, c'étaient de grands admirateurs du passé. Les Grecs des temps modernes n'ont pas eu la vie facile, car les hellénistes se sont toujours attendus à ce qu'ils se montrent à la hauteur de leur gloire passée.

L'ère de l'ouverture

La Grèce s'ouvrit aux Occidentaux à mesure que leur intérêt pour son passé augmentait. L'expérience des voyages suscita un intérêt nouveau. Ce phénomène est particulièrement évident au XVIIIe siècle, où les récits de voyages représentaient un genre populaire important. Ceux qui évoquaient la Grèce jouissaient d'une large diffusion, ils étaient réédités plusieurs fois et rapidement traduits. Profitant de ce marché, les éditeurs engageaient des auteurs à s'inspirer des récits les plus intéressants pour en tirer de larges extraits et les restituer dans de nouveaux volumes condensés. *The Travels of the late Charles Thompson Esq.* (*Les voyages de Charles Thompson*), par exemple, entraient dans cette catégorie et connurent un vif succès en 1774. Ces compilations avaient leur utilité. Dans l'exemple cité, l'auteur emprunta à Tournefort, Wheler, Pococke et d'autres et confectionna une sorte de résumé indigeste des connaissances de l'époque.

Les meilleurs livres furent écrits par des hommes tels Spon, Tournefort, Wood ou Chandler, qui transmirent leurs connaissances acquises en explorant la Grèce. Eux-mêmes bénéficièrent des informations et de l'aide d'Occidentaux établis en Grèce. Ainsi, les capucins résidant à Athènes logèrent les premiers voyageurs européens, leur montrèrent

Un Turc et un Grec : illustration de Relation d'un voyage au Levant, *de Tournefort, publié en 1718.*

les monuments encore visibles et leur fournirent des cartes.

L'un d'entre eux, le père Jacques Babin, en poste à Negroponte (Eubée), écrivit à la suite d'un séjour à Athènes le premier texte vraiment moderne sur la cité — *Récit de l'état présent de la ville d'Athènes* (1674). Cet opuscule singulièrement touchant (on y sent l'admiration sincère de l'auteur pour tout ce qu'il découvre) fut adressé à Jacob Spon, à Lyon, qui l'édita. Guillet de Saint-Georges, un voyageur en pantoufles avec qui Spon polémiqua par la suite, obtint un immense succès avec son *Athènes ancienne et nouvelle* (1765), ouvrage dans lequel il exploitait les renseignements fournis par des capucins de Patras et d'Athènes.

Les pionniers

Les premiers explorateurs appréciaient ces contacts sur place grâce auxquels ils obtenaient des informations sur les lieux qu'ils n'avaient pas la possibilité de visiter. Les marchands, amenés à se déplacer par leur profession, leur apportaient à cet égard une assistance précieuse, pour peu qu'ils fussent des observateurs éclairés. Les consuls étaient encore plus intéressants à fréquenter. Ainsi, le consul Giraud, qui servit les intérêts français, puis anglais durant une trentaine d'années à Athènes, avait l'habitude d'héberger les voyageurs et de leur faire visiter les sites alentour. Spon bénéficia avec reconnaissance du fruit de ses recherches personnelles. Personnage puissant de l'époque, le marquis de Nointel, ambassadeur de France à Constantinople, considérait que voyager à travers la Grèce faisait partie de ses obligations diplomatiques ; entouré d'une cohorte nombreuse, il collectionna les curiosités et décrivit les monuments antiques découverts au cours de ses déplacements ostentatoires. Un peintre flamand de sa suite dessina les frises du Parthénon ; ces esquisses ont un grand intérêt, car elles ont été réalisées avant les bombardements de 1687, qui firent d'immenses dégâts. Lorsque Spon et Wheler arrivèrent en Grèce, Nointel leur montra ses notes et s'efforça de faciliter leur visite.

Diplomates, commerçants et religieux firent d'importantes recherches sur place, mais ce sont des voyageurs comme Spon et, plus tard, Chandler qui en publièrent les résultats. Le Marseillais Pierre-Augustin Guys constitue une exception. Ce marchand épris de la Grèce, de son peuple et de son passé classique y passa une grande partie de sa vie. Homme riche et cultivé, il correspondait avec Winckelmann, dont il admirait les travaux sur l'esthétique. A l'égard des paysages, du peuple, des coutumes et du climat grecs, il eut un regard aussi bienveillant et passionné que ce dernier, qui ne visita jamais la Grèce. Sa vision était originale pour l'époque, car, là où d'autres ne voyaient que bouleversements et divergences, il décela la continuité, la survivance et la cohérence d'une civilisation. En refusant d'admettre que les Grecs modernes étaient irrémédiablement coupés de leur passé héroïque, il contribua modestement à l'émergence d'une espérance et d'une confiance nouvelles qui eurent finalement raison des Turcs. Guys fut toujours le bienvenu à Athènes grâce à ses descriptions appréciées de la Grèce contemporaine.

Spon et Wheler visitèrent la Grèce en 1675-76. Leurs écrits, publiés séparément, constituent la première étude cohérente sur la Grèce destinée à l'Europe des temps modernes. Spon écrivit en tant qu'érudit et helléniste ; Wheler s'efforça de le suivre dans cette voie. Quand il renonça au monde pour l'Eglise, en 1685, il fit don des fragments de marbres qu'il avait rapportés de ses expéditions au tout nouveau Ashmolean Museum, qui possédait déjà la collection d'Arundel. Spon, quant à lui, recopia des milliers d'inscriptions. Dès le début, les expéditions organisées en Grèce eurent pour but de rapporter des informations, mais aussi tout ce qui pouvait s'emporter facilement. Les collectionneurs anglais et français avaient en Grèce des agents chargés d'obtenir par l'argent, la persuasion ou le vol un maximum d'antiquités destinées à décorer leurs manoirs et leurs cabinets d'objets d'art. De nombreuses années s'écoulèrent avant que l'on songe à critiquer ce trafic. Byron fut l'un des premiers à le dénoncer. L'argument pour justifier de telles pratiques était simple : les œuvres anciennes pâtissaient de la négligence des Grecs et des mauvais traitements des Turcs. Il était, par conséquent, du devoir des Occidentaux de sauver les précieuses reliques.

Comptes rendus de voyages

Les premiers voyages en Grèce furent, dans certains cas, inclus dans le grand tour au-delà de l'Italie. Spon, qui avait sans doute l'intention d'aller en Grèce depuis très longtemps, forma un petit groupe composé de Wheler et de deux autres Anglais rencontrés à Rome. Wheler avait sillonné la France en compagnie de son directeur d'études à Oxford, afin de parfaire son éducation. Il avait de l'argent, et Spon, de son côté, ne manquait ni d'érudition ni d'enthousiasme. Ils formaient une intéressante association.

En réalité, Wheler préférait la Restauration anglaise à la Grèce et même à l'Athènes de Périclès telle qu'un helléniste pouvait se l'imaginer. Sans grande ouverture d'esprit, il voyageait pour se conforter dans ses préjugés avant de retrouver avec soulagement son foyer, sans avoir vraiment évolué.

voyageur éclairé, vif d'esprit, sociable et sensible. Il inclut dans son voyage d'études la visite des sites classiques. Son livre, *Voyage du Levant* (1717), est peut-être le plus intéressant parmi ces premiers récits, pour un touriste qui s'intéresse à la Grèce en général. Il y décrit les régions telles qu'elles sont à son époque et telles qu'elles furent par le passé, leurs ressources, leur système fiscal et administratif, le style de vie de la population, l'emplacement des ports principaux. Il n'hésitait pas à payer de sa personne, ou à demander à parler aux *papas* (popes) et aux anciens des villages pour obtenir un surcroît d'information. Les récits de voyages ultérieurs se référèrent longtemps à son œuvre.

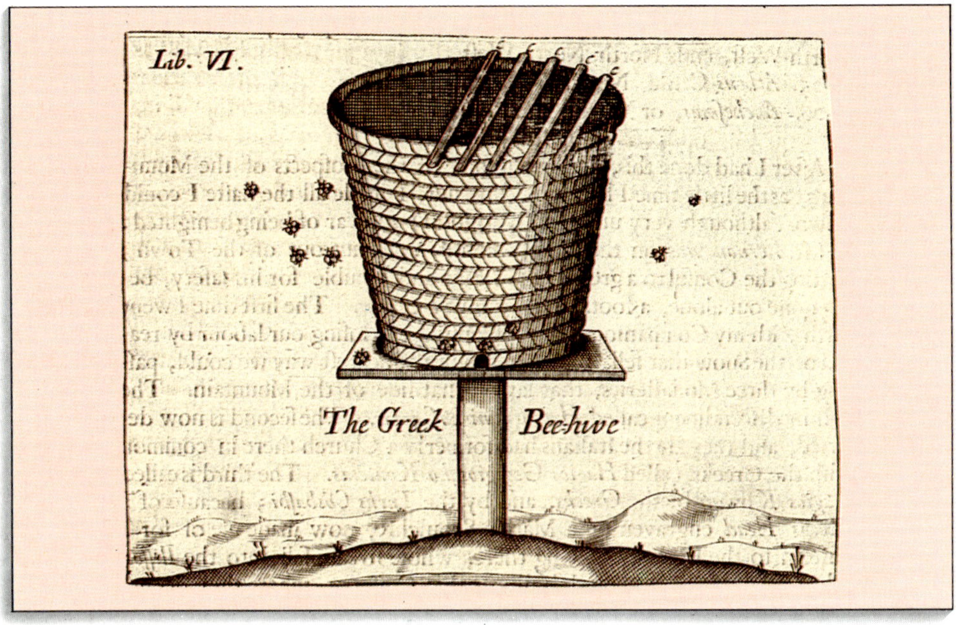

Spon était un voyageur plus éclairé. Sans être tout à fait impartial, il ne se laissait pas aveugler par sa passion pour la Grèce.

Contrairement à cette première expédition privée, les voyages de Tournefort et de l'abbé Fourmont furent organisés et financés par le gouvernement français, respectivement en 1700 et 1728. En France et en Angleterre, des organismes publics et quelques particuliers s'intéressèrent fort heureusement aux projets sérieux qui n'auraient pu se concrétiser sans leur aide. Les premières expéditions en Grèce coïncidèrent avec l'ouverture des premiers musées publics.

Tournefort, botaniste avant tout, était un homme d'une très grande érudition, un

Expéditions culturelles

Lorsque la Société londonienne des dilettantes organisa une expédition en 1764, ses intentions étaient plus spécifiquement hellénistes. Fondée en 1731, dans l'intention de proposer des loisirs à ses membres, la société s'adapta au milieu du siècle à la nouvelle demande culturelle. Elle se lia en 1751 à deux architectes débordants d'activité, James Stuart et Nicholas Revett, qui s'étaient rendus eux-mêmes à Athènes pour relever les proportions des monuments. L'association finança la publication des résultats de leurs travaux — *Antiquities of Athens (Monuments antiques d'Athènes)* — contribuant ainsi à promouvoir le style architectural grec. En 1764, Robert Wood, alors directeur de la société, chargea un groupe d'experts de localiser les vestiges antiques de Grèce et d'Asie Mineure et d'en faire une description détaillée.

Le compte rendu en deux volumes que Chandler publia à la suite de ce voyage en 1775 et 1776 fit autorité au XVIIIe siècle, de pair avec l'ouvrage de Tournefort. Son intérêt est d'un autre ordre, tout comme le voyage qu'il décrit poursuivait un but différent. Chandler savait, au départ, ce qu'il allait chercher. Bien que le ton de ses livres reste constamment neutre et dépourvu d'effets de style, il met néanmoins sa plume au service d'un amour et par une citation de Pausanias, ce qui replace ses observations personnelles dans le temps en indiquant ce qui a changé ou disparu. Il mentionne également certaines remarques de ses prédécesseurs — Wood, Pococke et très souvent Wheler — et les commente.

Avec Chandler, l'exploration archéologique en Grèce acquit désormais une dimension professionnelle. Il remit à jour les connaissances en ce domaine, et ces publications jointes à d'autres, diffusées à l'initiative de l'association, constituèrent une base d'érudition solide qui permit à des successeurs consciencieux de poursuivre ce travail au siècle suivant.

d'une admiration authentiques pour la Grèce ancienne, sentiments tout à fait partagés par l'association qu'il représente.

Lorsque Chandler et son groupe s'embarquèrent en 1764, il existait déjà une tradition des voyages en Grèce. Ses ouvrages la renforcèrent ; ils reflétaient les talents d'un compilateur et d'un rédacteur exceptionnel. Chandler commence souvent les chapitres de ses livres

A gauche, les récits de voyage du XVIIIe siècle livrent de nombreux renseignements sur les coutumes locales, ici, l'apiculture. Ci-dessus, carte de la Grèce, gravure sur bois réalisée en 1545.

Des détails pratiques

Les récits de voyage consacrés à la Grèce étant surabondants, nous ne pouvons en évoquer que quelques-uns. Outre leur personnalité marquante, Spon, Wheler, Tournefort et Chandler sont des figures représentatives en ce domaine. Leur exemple permet de donner un aperçu des conditions dans lesquelles on voyageait à une époque où il n'était pas facile de se déplacer en Grèce.

Rome cessa progressivement d'être l'ultime étape pour devenir au contraire le point de départ vers Athènes. La redécouverte et le recouvrement de la Grèce, après l'ombre que lui avait porté Rome, prirent beaucoup de temps. La Société des dilettantes joua un rôle important dans cette évolution. Les chefs-d'œuvre classiques, les édifices majestueux, ne manquaient pas à Rome, et l'amateur éclairé pouvait contempler dans les musées nombre de sculptures antiques. La plupart d'entre elles étaient des copies romaines de copies hellénistiques de la période classique, ce qu'on ignorait, car les sculptures originales n'avaient pas encore été découvertes. Lorsqu'on put enfin voir les marbres du Parthénon, les connaisseurs habitués à l'Apollon du Belvédère furent stupéfaits. Même si, faute de participer aux fouilles, beaucoup passèrent à côté des grands chefs-d'œuvre, la Grèce prit peu à peu la place de Rome dans la culture moderne de l'Europe de l'Ouest.

Au milieu du XVIIIe siècle, on rencontrait à Rome des gens revenant de Grèce. Winckelmann, qui n'y alla jamais lui-même, commerçait avec eux, et, en tant que conservateur des antiquités romaines, avait accès aux découvertes ramenées par bateau, de Grèce et d'Asie Mineure. On les expédiait sur les marchés de Londres et de Paris, après les avoir — hélas ! — restaurées et « parachevées ».

C'est à Rome que Spon et Wheler firent leurs préparatifs pour partir en Grèce, même s'ils embarquèrent à Venise. Avoir de l'entregent était indispensable, et ils eurent la chance de bénéficier de la protection de Nointel. Tous deux voyagèrent nantis d'un passeport français délivré par l'ambassadeur à Constantinople. Les Turcs, dont dépendait la Grèce, n'avaient pas la réputation d'être faciles. Dans les années 1670, Nointel jouissait des faveurs de la Sublime Porte, contrairement à sir John Finch, son homologue anglais. Pour voyager, les Occidentaux devaient avoir des laissez-passer délivrés par le sultan ou des responsables locaux ; mais, dans les parties les plus reculées de l'empire, ces sauf-conduits s'avéraient parfois sans valeur. Pour corser le tout, les fréquents conflits entre potentats locaux ne rendaient pas la circulation aisée.

Malentendus

Ni les Grecs ni les Turcs ne comprenaient la raison de ces voyages. L'intérêt manifesté par les étrangers pour l'archéologie se heurtait à l'incompréhension et à la méfiance des autorités. Lorsque Stuart et Revett voulurent utiliser

Stuart et Revett ont reproduit minutieusement les ruines classiques qu'ils visitèrent (ici, le temple de Corinthe). Deux siècles plus tard, leur livre Antiquities of Athens *reste un ouvrage de référence indispensable.*

des échelles et des échafaudages, les pachas s'y opposèrent, de peur que, de cette hauteur, les Européens n'en profitent pour espionner leurs harems.

L'armée turque occupait très souvent les sites intéressants. L'Acropole d'Athènes était devenue une citadelle turque, le Parthénon un magasin de poudre et de munitions que l'Italien Morosini fit bombarder. Aux yeux des Turcs, dessiner et prendre des mesures, comme le faisaient les visiteurs étrangers, était extrêmement suspect. Francis Vernon, autre membre du groupe Spon et Wheler, échappa de justesse à la mort grâce à l'intervention du consul Giraud : on lui tira dessus alors qu'il était en train de visiter le théâtre de Dionysos, au pied de l'Acropole. Les cartes des capucins furent dessinées subrepticement, ce qui explique en partie leurs inexactitudes ; elle circulaient sous le manteau.

Les étrangers avaient parfois leurs propres cartes. Nous savons que Chandler visita la Troade en 1764 avec une carte réalisée par un Français, carte que Wood avait emportée en 1726. Combien de livres pouvaient-ils prendre avec eux ? Wood raconte que ses compagnons et lui emportèrent « *une bibliothèque comprenant principalement tous les historiens et poètes grecs, quelques livres traitant de l'art antique et les meilleurs auteurs de récits de voyages* ». Une telle collection de livres était sans doute inhabituelle, mais la présence dans leur groupe du richissime James Dawkins facilitait les choses. Au moment d'appareiller pour la Grèce, Spon et Wheler reçurent un exemplaire d'*Athènes ancienne et nouvelle* (du plagiaire Guillet), qui venait de paraître. Ils purent ainsi vérifier sur place ses descriptions, qu'ils trouvèrent, selon les termes de Vernon, « *très loin de la vérité* ».

Certaines équipes s'entouraient de guides et d'interprètes. Leurs escorte s'occupait également du ravitaillement et du logement (très souvent misérable). En de nombreux endroits, les voyageurs n'avaient pas seulement besoin de guides, mais de gardes armés. Bocher, qui voyageait seul, fut assassiné. James Stuart fut attaqué et volé plusieurs fois. Pour voyager dans la région de Smyrne, infestée de bandits, il était préférable de se joindre à une caravane de marchands escortée par des janissaires. Pour apprécier à leur juste valeur les travaux accomplis par les voyageurs occidentaux, il faut se rappeler les difficultés qu'ils eurent à surmonter. Ils n'eurent pas toujours la possibilité d'aller où ils voulaient ni de voir ce qu'ils recherchaient. L'équipe de Chandler dut renoncer à monter sur le Parnasse devant l'attitude menaçante d'un détachement albanais qui campait à proximité. Ils évitèrent Rhamnus à cause du « *très mauvais caractère* » des Turcs.

D'autres épreuves

Il faut aussi mentionner les dangers de la mer. Spon et Wheler, qui s'étaient embarqués à Constantinople, furent ballottés par les flots durant trente sept jours. Vernon fut capturé par des pirates et dépouillé de tout ce qu'il possédait (il en réchappa pour mourir en Perse, quelques mois plus tard, lors d'une rixe).

Sir Giles Eastcourt, le quatrième membre de l'équipe de Spon, mourut sur la route de Delphes, près de Naupacte. James Bouverie, l'ami de Wood, trouva la mort à Magnésie du Méandre. Chandler et ses compagnons passèrent ainsi trois mois dans un village situé au-dessus de Smyrne, contaminée par une épidémie.

Ces voyages forgèrent leurs propres traditions. On commémora le destin des prédécesseurs. Tournefort apprit les détails de la mort de Vernon du consul anglais en poste à Ispahan, et les rapporta à son tour. Chandler chercha avec succès les noms d'Eastcourt et de Vernon griffonnés sur le mur sud du Théseum (où on peut encore les voir).

Sans parler des moustiques, de la chaleur, de la poussière et de la voracité des chiens sauvages, voyager rima souvent avec danger et fut toujours synonyme d'inconfort. Si certains étaient nés pour l'aventure, d'autres ne virent dans ces expéditions qu'un intermède, voire la seule escapade de leur vie, avant de retourner dans leurs universités, leurs carnets pleins d'anecdotes et de souvenirs palpitants.

L'expérience du voyage

Découvrir ! Suprême couronnement des premiers voyages en Grèce. Pour ces hommes cherchant à identifier un site célèbre de l'Antiquité, après un intervalle de près de deux mille ans, le succès devait en effet apporter une immense satisfaction. Ils ne creusèrent pas la terre à la recherche du masque mortuaire d'Agamemnon ou des trésors d'Hélène, mais, riches de leurs connaissances livresques, ils abordèrent des lieux comme Marathon, Mystra ou Delphes avec le plus grand respect et une sincère émotion. Ils se retrouvèrent dans un paysage tout à fait différent de ce qu'ils connaissaient. Les peintres des XVIIIe et XIXe siècles raffolèrent des scènes qu'ils découvrirent : les ruines parsemées d'oliviers ; les fragments de colonne dressés sur un promontoire, en plein soleil ; les animaux paissant dans des champs jonchés de blocs de marbre. Mais ils ne s'intéressèrent pas uniquement aux vestiges antiques. Guys remarqua perfidement, à propos de Spon, qu'en suivant les traces de la Grèce ancienne il n'avait trouvé que des pierres. Lui-même observa les habitants dans leur vie quotidienne, même si Homère et Théocrite lui mirent un voile devant les yeux. Les premiers peintres occidentaux à venir en Grèce découvrirent les paysages à travers les yeux de Claude Lorrain. Notre regard est aujourd'hui plus rigoureux et notre point de vue plus historique, mais les images du XVIIIe siècle gardent leur attrait.

Des bouleversements considérables, parfois irréparables, se sont produits depuis les premiers voyages en Grèce. De ce passé, les hommes ont arraché à la terre et à la mer des œuvres tels les superbes bronzes du Musée national, l'or de Mycènes ou les palais de Crète, que les premiers explorateurs n'ont jamais vues. Certains sites ont connu une merveilleuse résurrection. On peut à présent voir beaucoup plus de choses à Délos, Delphes, Olympie et Athènes. Chandler découvrit Olympie, Spon et Wheler, Delphes, mais, à l'époque, les trésors de ces lieux antiques étaient enfouis. Quand on considère l'ensemble des richesses mises à jour à Délos, il est difficile d'imaginer qu'au XVIIIe siècle l'île ne semblait pas mériter le détour.

Nous connaissons mieux aujourd'hui la période antique, les musées sont plus riches, les sites plus importants. Mais peut-on encore se représenter ce que furent les premiers voyages en Grèce, à moins peut-être de s'y rendre hors saison, et fuir les hauts lieux touristiques ? A Dion, par exemple, près du mont Olympe, ou à Gortyne, au centre de la Crète. Et quand vous vous y attendrez le moins, la découverte soudaine d'un ancien mur de quelques mètres, de vieux canaux d'irrigation ou de niches dans la grotte d'un chevrier vous aideront à comprendre ce que fut l'expérience des générations antérieures.

L'ancienne Ionie devenue turque recèle d'importants vestiges du passé. Dans les marécages qui bordent Ephèse, des piliers effondrés, des architraves brisées et de belles sculptures affleurent parmi les joncs. Les ruines du temple d'Artémis, l'une des sept merveilles du monde, gisent sur un lugubre terrain marécageux qui sert à la fois de pré communal, de terrain de football, de pâturage et de dépotoir. Les pourtours du temple disparaissent dans un marais insalubre, et les blocs et les tambours des colonnes, véritables repaires pour les tortues d'eau douce, émergent ou s'enfoncent au gré des saisons. Selçuk a été bâti sur les ruines d'Ephèse. Les remparts du château ont été élevés avec les pierres et les colonnes des édifices publics et des temples d'Ephèse. Et les piliers de l'aqueduc romain qui traverse la ville portent des inscriptions gravées à l'envers.

Parmi les épineux et les chênes verts, Téos, livré à la solitude, est en ce sens un site classique. Les champs alentour produisent une abondante moisson de... tessons de poterie. Du haut de sa colline, Priène contemple Milet par-delà la plaine alluviale où jadis s'étendait la mer. L'ancienne Pergame, elle, est victime d'une barbarie digne de ce que durent affronter les premiers découvreurs. Pour accéder au sanctuaire d'Asclépios, dieu de la Médecine, il faut franchir des barbelés, devant des soldats armés. Il est interdit de prendre des photos du célèbre panorama que l'on découvrait du théâtre, car la vue donne à présent sur un camp militaire. La voie sacrée qui reliait le sanctuaire à l'acropole est barrée par un grillage.

J'ai consacré ce chapitre au récit des premiers voyages accomplis en Grèce par les Occidentaux, sans cacher mon admiration pour ces hellénistes convaincus. D'autres vinrent en Grèce pour des raisons différentes — commerciales, diplomatiques, militaires, mais ils ne laissèrent pas de témoignages écrits. La documentation que nous possédons sur ces premiers voyages traduit bien l'importance que représentait la civilisation grecque pour ces explorateurs et, selon eux, pour la culture de leur pays. Je ne suis pas sûr que, de nos jours, on puisse se défaire tout à fait de ce sentiment. Les mythes sont plus nécessaires que jamais, et certains plus féconds que d'autres. Nous savons ce que les pires d'entre eux signifient, mais, en Grèce, il est encore possible d'entrevoir les meilleurs.

Les premiers voyageurs localisaient difficilement les sites classiques. Les ruines ressemblaient plus à des décombres qu'aux temples rebâtis que l'on découvre aujourd'hui.

Themistocles for his Meat, as *Lampsaca* was for his Wine, and *Magnesia* for his Bread. Although *Strabo* here brags to be so exact in his Geography; yet he and *Ptolomy* do not agree concerning the Bounds of *Ionia* and *Caria*. For *Ptolomy* makes the *Meander* to part *Ionia* and *Caria*; and also placeth *Pyrrha*, *Heraclea*, and *Miletum* in *Caria*: whereas *Strabo* makes this part of the *Meander* to be in *Ionia*; and also placeth *Pyrrha*, *Heraclea*, and *Miletum* in *Ionia*; as also, *Myuns*: about half a Mile beyond which begins *Caria*, at a little Village called *Thymbræa*. But both of them put Mount *Latmus* between *Heraclea* and *Miletum*; and so far agree in the *Topography*, or Order of placing them. However the question, *viz.* Whether *Palatsha* we were now speaking of, be the antient *Miletum*, or *Pyrrha*, must remain still in doubt. For *Pliny* placeth *Miletum* at ten *Stadia* distant from the Mouth of the *Meander*; but yet placeth *Mons Latmus* after it.

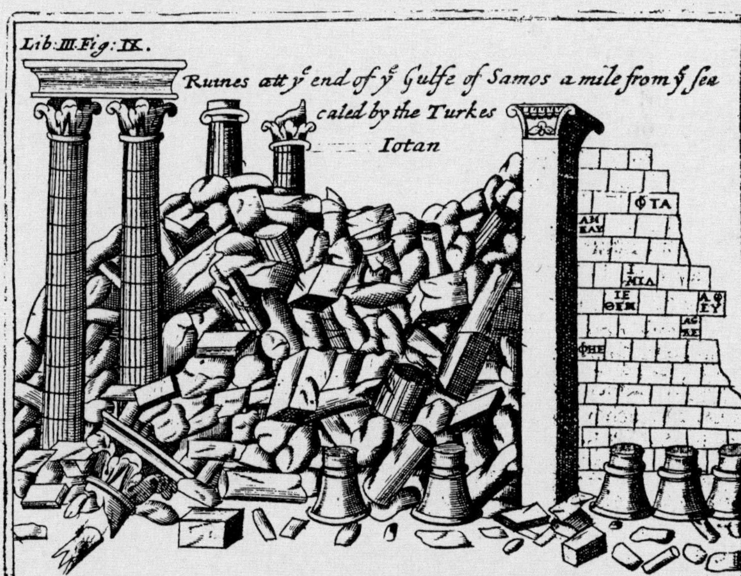

About five in the Afternoon they parted from *Palatsha*, and about two hours after came to a *Greek* Village, where they lay; from whence two hours more in the Morning, brought them to the bottom of a Bay, which they call the *Gulph of Samos*; perhaps formerly *Latmicus Sinus*: going on still by the Sea-side, they found the Ruins of a vast Structure, called by the *Turks*, *Jotan*. Dr *Pickering* was of opinion, JOTAN.
That it was the Sepulcher of *Mausolus*, built by *Artemisia* to the Honour of her Husband at *Halicarnassus*, and one of the Seven Wonders of the World. For it is yet most splendid in its vast Ruins, built of white Marble, and adorned with Pillars of all Orders; of which two only were entire of the *Ionick* Order, with an Architrave on them. But I believe the Doctor was short a great way, in his Conjecture of that *Mausolum*, as will appear further. I suppose it to be only the Ruins of

LA GRECE QUOTIDIENNE

Nos chansons folkloriques grecques est une émission programmée tous les dimanches après-midi par la chaîne publique sur l'ensemble du territoire. Consacrée aux folklore grec, elle fait revivre ces danses traditionnelles qui font désormais partie des souvenirs pittoresques. La clarinette à la sonorité profonde, le costume typique, le paysage alpestre, la solennité de la danse *berati*, évoquent clairement pour les Grecs l'Epire, mais cette région s'individualise de nos jours, avec moins de relief. Dans le milieu des années 80, la conscience régionale flirte avec le *folklorismos* sentimental. Cela tient du jeu de société, on sait que les Grecs de Kalymnos enveloppent les *dolmadhes* dans les feuilles de chou — et non dans les feuilles de vigne —, que des pommes de terre dans une « salade » indique que le chef de cuisine est originaire d'une île des Cyclades, que le romancier Kazantzakis est Crétois, ou que le chanteur populaire Kazantzidhis, adulé des ouvriers et des immigrés, vient d'Asie Mineure.

Mais le régionalisme n'a pas toujours été affaire de chansons et de spécialités culinaires. A propos de la renaissance de l'unité italienne, D'Azeglio admit qu' « *[u]ne fois l'Italie créée, il restait à inventer les Italiens* ». La Grèce était-elle si différente ? L'écrivain Patrick Leigh Fermor voyait dans le monde grec « *une inépuisable boîte de Pandore, source de toutes les singularités* ». Le morcellement extrême de ce territoire relativement petit s'y est certainement prêté. Les bergers au parler valaque des montagnes de Macédoine avaient peu de contacts et peu de choses en commun avec les constructeurs de bateaux de Chio ou les marchands juifs de Ioannina. Si les communautés n'étaient pas toutes géographiquement isolées, elles avaient néanmoins tendance à se replier sur elles-mêmes. *Xénos,* l'« étranger », est un terme élastique : les femmes mariées originaires d'un village voisin restaient toute leur vie des étrangères dans le village de leur mari.

La nature n'était pas le seul obstacle entre les Grecs, car ils se différenciaient aussi par le langage, la culture, la religion et l'éducation. Les bergers kousovalakias étaient polyglottes ; ils parlaient leur propre langage poétique entre eux, le grec, quelques mots d'albanais et de macédonien, et suffisamment de turc pour berner le fonctionnaire ottoman. La tolérance des Turcs favorisa l'épanouissement d'une pléthore de communautés ethniques et religieuses différentes : des orthodoxes de langue grecque, des orthodoxes de langue macédonienne, des musulmans de langue bulgare, des juifs romaniots et séfarades, des fermiers turcs, des Tziganes, des catholiques franco-levantins (dans les Cyclades), des protestants convertis par des missionnaires américains en Asie Mineure, des bergers albanais orthodoxes... et la liste n'est pas exhaustive. C'est en tenant compte de cette multiplicité que le peuple du nouvel Etat grec officiellement laïc dut trouver sa nouvelle identité.

Double page précédente, une vendeuse d'oranges du Pirée. A gauche : pope et Rayban. A droite, la plupart des kiosques vendent des bibelots, telles ces poupées en costume national grec.

L'homogénéité culturelle qui existe indéniablement aujourd'hui représentait autant un objectif et une conséquence de ce nouveau nationalisme que la condition indispensable à sa création. Gardant un œil sur le passé, l'autre sur la modernité occidentale, les gouvernements grecs successifs se sont longtemps employés, sinon à gommer, du moins à estomper les différences de langues, de dialectes et de coutumes. Celles qui menaçaient l'intégrité de l'Etat — le slavo-macédonien, par exemple — furent systématiquement supprimées. Plus insidieusement, le refus traditionnel des investisseurs privés et de l'Etat à développer l'économie régionale a accru la pauvreté et engendré une émigration massive vers Athènes et l'étranger.

Cependant, cette vision monolithique d'un gouvernement qui se réclame de Périclès et de Colocotronis a toujours été insensiblement remise en cause par la base. Le « peuple », cette entité fictive qu'implique la nouvelle nation, et qui signifiait — jusqu'à ce que le PASOK s'approprie le mot — « tout le monde à l'exception des Athéniens », refuse de se fondre dans une masse indistincte, et reste obstinément accroché à ses différences. *« Les doigts d'une même main sont-ils tous identiques ? »*, disent-ils. A bien des égards, c'est entre Athènes et

le reste du pays que subsiste aujourd'hui la distinction la plus flagrante. L'« austère » fermier des plaines le « crédule » Ponte, l'insulaire de Chio à l'« esprit borné », ces stéréotypes employés pour décrire les groupes ethniques coexistent avec d'autres évoquant les régions et leur topographie. Dans une société fascinée par les « apparences », le stéréotype devient une part de la réalité. Pour voir les montagnes, les plaines et les îles avec les yeux des Grecs, il faut voyager à travers leur paysage culturel.

Si le pittoresque naît d'un sol accidenté, la Grèce est de ce point de vue un véritable paradis. Des collines broussailleuses de la Grèce centrale aux pics élancés et aux larges vallées boisées du Pinde majestueux, le pays n'est qu'ondulations à perte de vue, même en plaine — encore que le terme soit relatif, car on ne saurait trouver l'équivalent des vastes étendues de la Beauce —, et la montagne se profile presque toujours à l'horizon. Le comportement des Grecs, en bien des points, doit beaucoup, bien certainement, à ce relief accidenté.

Le refuge des montagnes

L'implantation de la population dans les régions montagneuses n'a jamais été stable et régulière. On peut parler de tradition à condition de ne pas remonter trop loin dans le temps. Bien sûr, certaines communautés descendent des Byzantins ou des Francs. Et les tribus de bergers nomades sarakatsanides, karagounides, koutsovalakias et arvanitovalakias ont probablement toujours parcouru les régions balkaniques. Les Sarakatsanides exceptés, ils se sont tous établis dans des villages de montagne, confiant la garde de leurs foyers à leurs femmes et aux vieillards, quand ils redescendaient leurs troupeaux en hiver. D'autres villages abritaient une population sédentaire aux coutumes turques.

Durant les cent premières années de la souveraineté ottomane, comme les paysans bénéficiaient d'un degré de justice et de prospérité bien supérieur aux conditions de vie des serfs dans la société féodale européenne, les sommets inaccessibles des montagnes n'attiraient guère. Mais lorsque le centralisme administratif — et la sécurité qu'il apportait — commença à s'effondrer, la situation des paysans chrétiens et musulmans devint de plus en plus précaire. Ils furent exploités de tous côtés : par les Turcs propriétaires de leurs terres ; par des bandes de brigands locaux ; par des janissaires peu scrupuleux « offrant » leur protection contre un tribut. Dès le XVIIe siècle, de vastes régions se dépeuplèrent. Les paysans lassés fuyaient vers les villes et dans les montagnes. Les implantations humaines dans les montagnes se multiplièrent.

toujours la convoitise des brigands et des administrateurs ottomans, les communautés se replièrent sur elles-mêmes, socialement et physiquement. C'est dans ce contexte que les villages ont développé une éthique et un style de vie que les étrangers, et les Grecs eux-mêmes, considèrent comme typiquement « grecs ».

Villages de montagne et montagnards hantent l'imagination de la Grèce moderne. Pour les Grecs d'aujourd'hui, la montagne n'évoque pas simplement la mythologie olympienne, mais une succession d'images et d'idées riches d'un contenu autant historique qu'émotionnel.

Dans certains villages déjà établis, la population vivait (parfois aisément) non seulement de l'agriculture et de l'élevage, mais de toutes sortes de travaux itinérants ou exerçait une activité artisanale dans les régions plus riches de l'Empire. Obligés de payer la dîme annuelle au sultan, les nouveaux montagnards aménagèrent en terrasses les flancs rocheux de la montagne et vécurent chichement de l'élevage de leurs troupeaux, de la culture de leurs jardins et de leurs petits vergers. Excitant

A gauche, un berger crétois portant le foulard traditionnel. Ci-dessus, deux sœurs s'animent en racontant une histoire.

Le village de montagne « typique »

Chaque année, à Pâques, des millions d'Athéniens quittent leur ville pour l'un de ces innombrables villages. Quinze jours plus tard, ils retournent dans la capitale, leurs paniers remplis d'huile d'olive, de fromages et de pains qu'ils ont cuits eux-mêmes. Chaque Athénien, chaque Thessalonicien vénère « son » village de montagne.

Le village de montagne typique comprend un groupe de maisons, souvent mitoyennes, autour d'une église centrale et d'une place. Cette disposition révèle une sorte de géographie morale, car la limite entre l'espace dit « civilisé » et l'étendue sauvage et profane qui fourmille de dangers humains et surnaturels est marquée par un cercle de petites chapelles. Unis au sein de l'Eglise orthodoxe, partageant un même style de vie, les villageois formaient néanmoins une société cloisonnée. La cellule familiale, plus que l'individu, était — et reste encore — à la base de la société grecque. Ses membres vivaient dans une très grande interdépendance économique, sociale et affective, et, quelle que fût l'harmonie ou la mésentente interne, vis-à-vis de l'« extérieur », la « maison » demeurait unie. Liées par leurs sentiments religieux et patriotiques (un patriotisme purement local), ces familles dont la survie dépendait de la terre, de l'eau et des pâturages rivalisaient pour s'assurer une maigre subsistance et préserver leur honneur. Les anthropologues ont vu dans ces notions d'« honneur » et de « honte » les valeurs morales essentielles de la Grèce. La femme étant traditionnellement considérée comme un être sensuel, aguichant — ce que confirmait l'enseignement orthodoxe —, il était indispensable, pour préserver l'ordre social, de dresser une barrière insurmontable entre hommes et femmes sans lien de parenté, et de définir des tâches typiquement « masculines » et « féminines ». Cette ségrégation se relâchait uniquement durant les fêtes et les mariages. Les jeunes filles et les femmes devaient pouvoir justifier de leur conduite à tout moment. En contrepartie, il incombait aux hommes de la famille de défendre, voire de venger par le sang, celle dont la réputation avait été insultée.

Mais l'image de la faible femme recluse dans sa maison et soumise à un mari protecteur est à la fois dépassée et caricaturale. En outre, la notion même de « conduite honorable » varie d'une communauté à l'autre, et en fonction de la fortune personnelle et du sexe. Aujourd'hui, *filotimos,* le culte de l'honneur, renvoie à quelque chose d'aussi vague qu'une « bonne » conduite, même si cela présuppose une connaissance approfondie de ce que la communauté considère comme tel. Pour les Grecs, seul le jugement d'autrui sanctionne une conduite honorable, il faut donc qu'une telle conduite soit vue. Dans ces conditions, la réputation, basée sur des faits connus de tous, devient essentielle.

Une fête sarakatsanide

Des terres du monastère où croissent une cerisaie et une châtaigneraie jusqu'au campement des Sarakatsanides, il y a moins d'une heure de marche. Par un après-midi d'août, nous nous faufilons sur un sentier désert à demi étouffé par la végétation, le long du versant de la montagne. On jurerait qu'il n'y a pas âme qui vive en ces parages. Tassoula, la fille d'un restaurateur, nous guide. Elle est fiancée à un policier sarakatsanide dont la famille campe dans la montagne. Un jour, il est venu avec elle pour la leur présenter. La jeune femme les a trouvés pittoresques et originaux. Tandis que nous avançons sur le chemin ombragé, elle se met à nous parler des femmes sarakatsanides. « *Elles ne connaissent rien du sexe,* dit-elle. *Même avec leurs bébés, elles sont toujours vierges !* »

Nous émergeons de la voûte feuillue pour déboucher sur un plateau sans arbres sur lequel nous découvrons trois huttes faites de branchages, un four en terre et un feu. Une femme en fichu invite en riant notre petit groupe à s'approcher du camp.

et les montagnes, mais, nous avoue-t-elle, elle veut être secrétaire.

Comme nous sommes le 15 août, les trois Maria de ce campement de 19 personnes sont en train de célébrer l'Assomption de la Vierge Marie. Vers la fin de l'après-midi, l'espace central entre les huttes voit converger une foule d'enfants crasseux et d'adultes.

Trois jeunes gens se joignent à nous par la suite. Ils sont couverts de poussière et sentent le mouton et le tabac turc. Ce sont trois cousins qui vont prochainement faire leur service militaire. La place centrale se transforme bientôt en piste de danse, et, en l'absence de musique, nous nous mettons à chan-

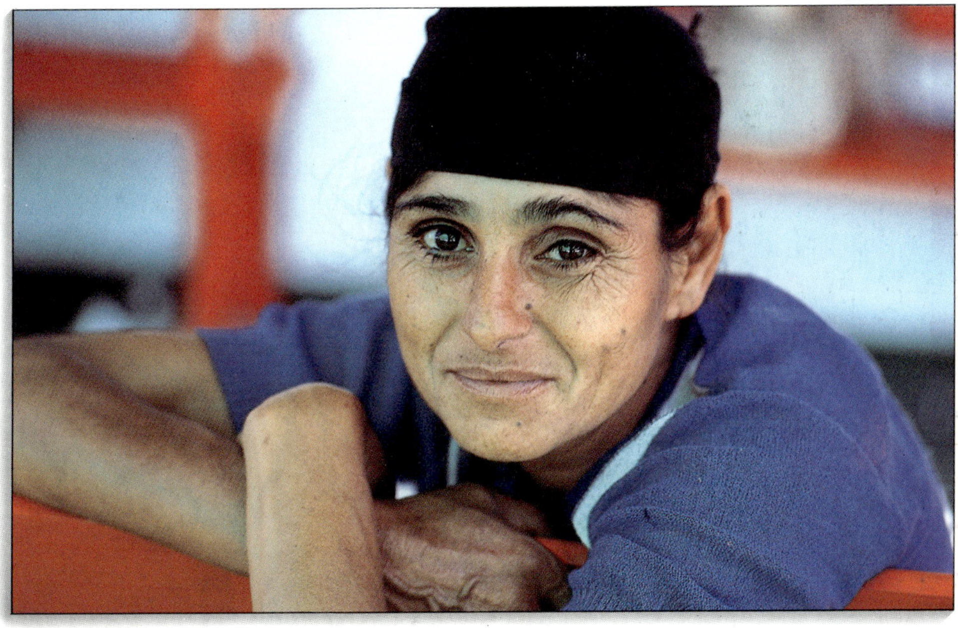

Nous allons passer l'après-midi, serrés les uns contre les autres, sur un lit de branchages recouvert de couvertures tissées et de *flokatis* (peaux de mouton), à manger de savoureux gâteaux au fromage juste sortis du four, en bavardant avec les femmes et les jeunes filles. Eleni, quinze ans, est en vacances scolaires. Elle suit des études secondaires à Larissa, dans les plaines de la Thessalie, où elle vit les mois d'hiver avec des parents qui ont renoncé à la vie difficile de berger. Elle aime les moutons

A gauche, les Tziganes, travailleurs saisonniers, lors d'une pause à l'heure du pique-nique. A droite, un sourire pour le photographe.

ter. Les jeunes se tiennent par les épaules, et, d'une voix aux modulations graves un peu forcées, ils entonnent un air simple : *Quand je serai une hirondelle, je m'envolerai en Arabie...* Les filles se donnent la main et reprennent les paroles en canon. *Je m'envolerai en Arabie pour épouser un Arabe noir, il me dira comment on apprivoise le grand amour. On part des yeux, on descend vers les lèvres, des lèvres on va vers le cœur.* (La chanson se poursuit jusqu'à ce que l'air effarouché des filles y mette fin.)

La danse est soudain interrompue par un vieux camion qui roulait sur une route invisible et qui vient de freiner bruyamment derrière les huttes. Le jeune conducteur est accueilli par des cris joyeux et il est instamment prié d'allumer sa *kaséta.* Il tourne le bouton de son poste à fond, et une musique déformée par les parasites envahit le plateau, mais au son de laquelle, nous continuons désormais à danser. Epuisés, nous nous asseyons sur le sol et les jeunes gens entament une chanson à la gloire du roi Constantin, puis une autre sur les « garçons de vingt et un ans », en tapotant la mesure sur une boîte de lait.

Le mythe du montagnard

La mythologie des montagnes est franchement masculine. Comme toute personne romantique, les Grecs prêtent volontiers au montagnard les vertus des grands massifs : une fierté « sauvage », un caractère « rugueux », une « pureté » morale. Ils admirent par-dessus tout les féroces clans du Mani et de Crète qui tinrent constamment les Turcs en échec, et les femmes souliotes qui aimèrent mieux se jeter dans le gouffre que de se soumettre aux Turcs victorieux. Ils célèbrent chez les *klephtes* l'héroïsme volontaire, même si leur surnom signifie « voleurs », ce que les historiens confirment.

Ces hors-la-loi cherchaient à se bâtir un empire local comme il pouvait en exister dans les Balkans, fondé sur l'exploitation des faibles et le favoritisme. Mais, dans la mythologie nationale, les *klephtes* devinrent un symbole de la résistance à « *l'oppresseur Turc abhorré de tous* ». Si le mythe glorifie un patriotisme klephte désintéressé, les Grecs ne manquent sûrement pas d'apprécier l'habileté avec laquelle ce patriotisme peut tourner au profit d'un intérêt personnel. Sur les pentes du mont Ida, en Crète, les bergers se volent mutuellement des moutons pour défendre leur honneur et prouver leur hardiesse. Ils prétendent que leur style de vie préserve un idéal menacé par la bureaucratie athénienne laxiste et corrompue.

Pendant l'occupation allemande, les résistants ont vécu comme les héros klephtes, en petits groupes errants, et lancèrent leurs attaques des montagnes. Les *capitans,* leurs chefs, bénéficièrent de cette réputation héroïque et maintinrent leur autorité dans les régions montagneuses sur une « Grèce libre » et démocratisée, longtemps après le départ des Allemands. Pour beaucoup, les capitans faisaient revivre le rêve d'une Grèce libérée de toute domination étrangère.

La génération de l'après-dictature : La fureur de vivre ? *Coincée entre l'Est et l'Ouest, la jeunesse grecque lutte pour trouver sa nouvelle identité.*

Les Valaques et les montagnes abandonnées

Le terme *Vlachos,* qui désigne à la fois une ethnie regroupant de nombreux bergers grecs pratiquant la transhumance et la fonction de berger elle-même, est un rien méprisant. C'est l'équivalent du mot français « péquenaud ». D'autre part, *Vlachos* a presque la même sonorité que *vlakos,* « idiot ». Les *Vlachi* font les frais d'un nombre incroyable d'histoires drôles où ils apparaissent, tout en muscles, bornés et taciturnes.

Cette face cachée du mythe est intéressante parce qu'elle révèle un certain mépris plus pour un style de vie que pour une ethnie. Délaissant les montagnes pour échapper à la famine, les Grecs se sont réfugiés à Athènes, Chicago ou Vancouver. Ils ont renié leur passé et l'« héroïque » berger est devenu à leurs yeux un personnage fruste, inculte et un tantinet ridicule. Les nouvelles conditions d'existence d'une nation en développement donnent de la vie à la montagne une image particulièrement ingrate : les services sociaux n'y existent pas ; les frontières nationales, jadis ouvertes à la contrebande, sont à présent étroitement surveillées ; les bergers se querellent avec les fermiers à propos des terres à mesure que les pâturages rétrécissent ; et la bureaucratie athénienne, qui accepte mal ces communautés pastorales semi-nomades, invente sans cesse des lois et des règlements pour mieux les contrôler. Même s'il y avait assez de pâturages pour faire paître les immenses troupeaux de jadis, les jeunes ne resteraient pas. Ils vont à présent dans les villes à la recherche d'un travail moins ingrat, qui leur apporte une meilleure sécurité et les valorise davantage.

Les Grecs des villages situés à plus faible altitude subsistent en combinant le métier de berger et d'éleveur à une petite échelle avec la culture des céréales et d'un tabac d'excellente qualité. Ils plantent aussi des vergers parfaitement acclimatés (pêches, pommes, poires, cerises, noix et châtaignes). Les plus pittoresques de ces villages attirent les touristes, pour peu qu'ils soient d'un accès relativement facile. On y trouve les productions d'un artisanat local : pull-overs, articles tissés, houlettes sculptées dans le bois. Le gouvernement socialiste a tenté d'encourager le développement d'une industrie à domicile et de coopératives, mais, après des décennies d'indifférence, c'est trop peu et trop tard. Ces villages seront peut-être redécouverts par des citadins désireux de rénover une maison en ruine pour y passer leurs vacances. (Du reste, le paysage environnant, autrefois désert, est aujourd'hui parsemé de chalets préfabriqués en béton.) Trop de villages deviennent par la force des choses des « foyers de personnes âgées ». Si l'on y célèbre encore des mariages, ce sont ceux de la nouvelle génération dont les parents ont émigré à la ville, qui vient renouer avec la tradition. Lors des enterrements — de loin supérieurs en nombre aux mariages —, les vieilles femmes pleurent non seulement sur leur défunt parent, mais aussi sur les maisons vides « abandonnées par Dieu ».

Dans les plaines

Les plaines, ou *kambi,* comme les Grecs les appellent, n'occupent aucune place sacrée dans la mythologie du pays. Marécageuses, propices au paludisme, moites en été, bourbeuses en hiver, elles ont rarement inspiré les poètes. Invisibles sur les affiches touristiques, leur existence paraît presque incongrue. Tirées de l'oubli grâce à de fort curieuses réalisations humaines (les innombrables éoliennes de la plaine du Lassithi, en Crète) ou à la proximité des montagnes (le massif du Parnasse dominant les plaines de la Béotie), les *kambi* éveillent l'intérêt, mais non les passions.

Les régions de plaine ont pourtant toujours suscité la convoitise des envahisseurs. Les Ottomans savaient reconnaître leur valeur. Durant l'essor de l'empire au XVe siècle, ils récompensaient les guerriers *(spahi)* loyaux par des parcelles *(timar)* de ces terres réputées pour leur grande fertilité. Ceux-ci la défendaient et la géraient (sans la posséder, puisque tout appartenait à Allah, donc au sultan, son représentant sur terre), et, en contrepartie, ils étaient autorisés à prélever une dîme fixe sur les paysans chrétiens et musulmans qui conservaient le droit de la cultiver. Ce système visait à empêcher le développement d'une puissante aristocratie terrienne (comme celle qui avait contribué à la perte de l'Empire byzantin), et il était assez favorable aux paysans. Mais, lorsque la cohésion de l'Empire fut menacée par des difficultés internes et externes, la condition des paysans se dégrada.

A partir du XVIe siècle, la pratique du *timar* céda progressivement à celle, beaucoup plus oppressive, du *chiflik.* Ce nouveau système, qui permettait la transmission par héritage des biens fonciers, avait originairement pour but de rendre à la culture des terres inexploitées. Cette forme d'accession à la propriété, d'abord restreinte, finit par dominer en englobant les terres *timar* et en s'étendant aux régions fertiles des plaines du Péloponnèse, de Thessalie, de Macédoine et de Thrace. Ce système des *chiflikia,* dont l'Administration ottomane ne reconnut jamais la légalité, enrichit les propriétaires et appauvrit les paysans métayers en les rendant plus vulnérables encore, leur laissant parfois à peine un tiers de leur récolte. Souvent contraints d'emprunter au propriétaire, ils étaient constamment criblés de dettes et, comme les serfs, liés à la terre.

Nombre d'entre eux renforcèrent les rangs des premiers combattants pour l'indépendance nationale, au début du XIXe siècle, dans l'espoir d'obtenir une parcelle des terres reprises aux Turcs. En réalité, une partie de ces domaines fut partagée entre de puissants propriétaires grecs et une autre revint à l'Etat. De nombreuses familles acquirent de petits lopins de terre en les « squattérisant ». L'incapacité du gouvernement, en 1905 et 1910, à redistribuer les *chiflikia* des plaines fertiles de la Thessalie annexée à la Grèce en 1871 engendra des révoltes paysannes réprimées dans le sang. Soucieux d'épargner à son pays une grave révolution sociale, Vénizélos proposa en 1909 une série de réformes radicales, incluant des réformes agraires. Malheureusement, la guerre des Balkans empêcha l'achèvement de ce programme. Les transferts de population, en 1923, entre la Grèce et la Turquie obligèrent le gouvernement à changer de politique. Des milliers de réfugiés allèrent repeupler la Macédoine et la Thrace, prenant possession des *chiflikia,* abandonnés par les Turcs. Les grandes réformes agraires furent achevées sous la dictature du général Métaxas, dans les années 30.

Des temps incertains

L'agriculture a toujours constitué la ressource principale des Grecs des plaines. Malgré la richesse des terres, la plupart des cultivateurs sont demeurés pauvres. Il ne faut pas en rechercher les causes tant dans les superstitions et le fatalisme paysans, ni même dans le rôle primordial joué par la famille, que dans une combinaison de facteurs complexes.

Il y a toujours eu trop de cultivateurs en Grèce, par rapport aux terres disponibles. L'exiguïté des terres et des méthodes d'exploitation peu efficaces favorisèrent un style de vie marginal qui offrit peu d'échappatoires, du XIXe siècle au début du XXe, à ceux qui ne purent émigrer aux Etats-Unis. La petite industrie naissante avait été laminée par les prix peu élevés des articles de série anglais et les grandes fortunes de la diaspora grecque qui contrôlaient la quasi-totalité des capitaux grecs privés étaient peu enclines à investir dans l'industrie. De nos jours, ce secteur économique reste sous-développé. En fait, la situation créée au XVIe siècle par une Europe important les produits agricoles bon marché (on pourrait même ajouter une main-d'œuvre) de la Grèce en échange de ses produits manufacturés n'a pas fondamentalement évolué.

Les conditions historiques ont contribué à façonner le paysage agricole. Les grandes exploitations sont rares ; les cultivateurs ont traditionnellement regroupé leurs demeures dans des villages, d'où ils gagnaient à pied (et maintenant à dos d'âne ou en tracteur) leurs champs dispersés dans les environs. Le droit à la succession, bien que différant quelque peu d'une région à une autre, a généralement permis aux terres d'un chef de famille et à celles apportées par la dot de sa femme d'être réparties équitablement entre les enfants, sans oublier la part retenue pour la dot des filles, ou son équivalent. Les conditions d'exploitation (fertilité, protection contre les vents, accès à l'eau) variant d'un champ à l'autre, il n'était pas rare qu'un lopin soit morcelé en lots eux-mêmes redivisés à chaque génération.

Ce système n'est pas aussi absurde qu'il paraît. Si l'on pense que seule les grandes exploitations et la monoculture sont rentables, il est surprenant d'apprendre que quelques misérables parcelles exploitées en polyculture constituent une solution viable dans des régions où les précipitations sont imprévisibles et le sol réputé difficile. « Un petit peu de chaque chose » s'avère préférable à une énorme récolte gâchée... Incontestablement, les cultivateurs grecs ont, dans tout le pays, tourné à leur avantage le morcellement, et ils ont habilement su tirer parti des terres arables les plus modestes et les moins bien exposées. Leur ingéniosité est particulièrement remarquable dans les régions montagneuses où le relief accidenté impose les petits jardins en terrasses.

La salade grecque avec du fromage blanc, des olives et du pain frais constitue un agréable repas à tout moment de la journée.

Mais le démembrement progressif de la terre a parfois été poussé à l'excès. Il n'est pas rare, dit-on, qu'une quinzaine de cousins au deuxième ou troisième degré se partagent un unique olivier ou noyer. D'autre part, les lopins sont si minuscules et si éparpillés qu'ils ne peuvent faire vivre toute une famille. Les villages servent de cadre aux rivalités et aux querelles entre cultivateurs. Un paysan qui, pour rien au monde, ne volerait de l'argent à son voisin, n'hésitera pas à empiéter de quelques centimètres sur ses terres s'il pense pouvoir le faire en toute impunité.

Les grands domaines agricoles existent également, héritage de l'époque ottomane ou fruit d'une redistribution plus récente. Les propriétaires des plantations d'agrumes de Nauplie, des vergers de pêchers de Naoussa ou des champs de coton de Thessalie font appel, lors de la récolte, à des saisonniers dont les Tziganes constituent un noyau important. Malgré de bas salaires, ce travail leur permet de préserver leur indépendance. Tandis que leurs compatriotes (environ 100 000 Tziganes en Grèce) vivent de leur musique ou du commerce ambulant, eux se déplacent en fonction des récoltes, installant leurs campements le long des routes.

Comme dans tout autre pays, les agriculteurs grecs demeurent exposés à toutes sortes de catastrophes. Ils sont perpétuellement endettés, que ce soit au près de leurs fournisseurs ou de la Banque agricole nationale (créée en 1929).

Ces rapports difficiles entre les agriculteurs et l'Administration constituent l'une des constantes de la vie paysanne. Traditionnellement, la fonction publique était le seul secteur plus encombré que l'agriculture. Lorsque l'appareil de l'Etat se développa après 1830, politiciens et juristes « au bras long » fournirent d'innombrables petits emplois à leurs électeurs fuyant la misère rurale. En 1880, la Grèce avait sept fois plus de fonctionnaires (pour 10 000 habitants) que la Grande-Bretagne. C'est ainsi que se forma une bureaucratie surpeuplée de paysans pratiquement illettrés, originaires du Péloponnèse, région qui dominait alors la scène politique. Aujourd'hui encore, les fermiers des plaines du Nord se montrent méprisants à l'égard des méridionaux qui, il n'y a pas si longtemps, semblaient occuper avec toute la suffisance dont ils étaient capables la majeure partie des postes administratifs. La plupart des terres arables étant en Thessalie, en Thrace et en Macédoine, leur attitude trahit en fait une double opposition : Nord contre Sud et fermiers contre fonctionnaires. *Palioelladhitis !,* disent ironiquement les agriculteurs, en faisant un jeu de mots. Le terme fait allusion aux piètres dimensions de la Grèce avant l'annexion des régions du Nord à partir de 1871, et à la dépravation du méridional. Surnommer quelqu'un de *palioanthropo* équivaut à le traiter de « vieil homme crasseux », de sangsue, de parasite honteux ; les Grecs du Nord aiment dire que leurs pauvres, mais puissants compatriotes du Sud vivent sur les richesses du Nord. « *La fonction publique est une grosse vache,* expliquent-ils, *et nous, les Macédoniens, nous sommes l'herbe qu'elle broute à n'en plus finir. Et lorsqu'elle s'arrête, les politiciens viennent lui prendre son lait jusqu'à la dernière goutte, et elle est*

si contente qu'elle en laisse tomber une grosse bouse sur nous ! »

Aux yeux des fermiers, la bureaucratie anonyme était aussi arbitraire que n'importe quel administrateur ottoman, et infiniment moins compréhensive. Le système hiérarchique était tel que les employés subalternes refusaient de s'occuper de la requête la plus ordinaire sans l'aval de leur supérieur direct. Dans l'attente, les demandes s'entassaient sur le bureau de celui-ci. Le paysan avait affaire généralement à un fonctionnaire borné dont l'assistance restait superficielle. Les fermiers se tournaient vers ceux susceptibles de pouvoir intervenir à un plus haut niveau. Le politicien local, le juriste ambitieux, le docteur influent, « aidaient » les plus démunis, en échange de leur vote ou de leur clientèle. Une telle situation engendra un népotisme endémique. En apportant des solutions individuelles à des problèmes de structure, la pratique du népotisme a contrecarré l'action collective des fermiers. Ces abus engendrèrent un profond mécontentement ; l'engagement du PASOK à faire la guerre aux rousfeti, « ceux qui tirent les ficelles », joua pour beaucoup dans sa victoire aux élections de 1981.

A gauche, la moisson est bonne. Ci-dessus, des ouvriers agricoles savourant la pause du matin.

Un village de réfugiés en Macédoine

Au sud de la Macédoine, dans cette région au nom mélodieux de Roumlouki, on a récemment construit une agglomération de 800 réfugiés dans le style typique des « nouveaux » villages. Les maisons sont ordonnées en rangées symétriques au bord de la plaine. A l'ouest, juste derrière le village, s'élèvent les pentes verdoyantes de la montagne. Les habitations sont orientées vers la mer invisible, à l'est, mais c'est une immense étendue plate et brumeuse qui s'offre à la vue. Cette ancienne terre *chiflik* produisait jadis du tabac ; à présent, on y a planté des pêchers et on y cultive également du blé. Dans un guide touristique, le village est décrit comme *insignifiant*. Il ne peut sans aucun doute prétendre rivaliser avec les spectaculaires ruines antiques découvertes à proximité. Et, bien qu'en été des cars entiers de touristes y convergent, seul un archéologue y séjourne en hiver, en compagnie d'une équipe de surveillance. Inconscient de sa renommée, le village vit à son rythme ordinaire.

Comme d'autres dans la région, sa population est partagée : on y trouve pour moitié des Macédoniens, dont l'accent est à la fois appuyé et heurté, et des réfugiés « pontes » venus de la mer Noire. Les Pontes forment un peuple remarquable. Cultivés, progressistes au sens ancien du terme et solidaires, ils écrivent des pièces de théâtre et réalisent des séries télévisées dans leur dialecte. Leurs danses aux rythmes grisants sont populaires dans toute la campagne du Nord. Pourtant, ils continuent de jouer un rôle de bouc émissaire auprès des Grecs. Les Macédoniens, bien que plus pauvres, voient dans leur statut d'indigènes — *dopyi,* « d'ici » — une supériorité morale irréfutable, et assimilent les autres, ces intrus au langage étrange, à des « Turcs ». Bien que leurs enfants fassent leurs études ensemble et parfois se marient entre eux, les adultes d'un certain âge fréquentent plus volontiers ceux de leur propre communauté, et s'observent prudemment de la terrasse du café.

Amalia, une jeune fille de quinze ans, plutôt rondouillette, dont le nom est celui de la première reine bavaroise de Grèce, est la seule fille dans le *Paradis,* un café austère et glacé. Yannis, son frère de dix-sept ans, assis à la table d'à côté, la « chaperonne ». Comme nous sommes en hiver, les jeunes gens ont déserté les champs et les vergers et se retrouvent ici, sans pour autant jouer aux cartes ou discuter politique (contrairement à leurs pères). Ils se contentent d'attendre, en fumant, que quelque chose se passe.

Stavroula, la mère d'Amalia, a grandi dans le village. Ses parents étaient des réfugiés pontes. Le père d'Amalia, Yorgos, est lui-même fils de réfugiés originaires de Bursa qui s'étaient fixés en 1923 dans un village proche de Verria. Le père de Yorgos, qui vendait des tissus avant le drame de 1922, n'a jamais pu s'adapter à sa nouvelle condition de fermier. Yorgos, lui, aimait cultiver la terre, mais les ravages de la guerre joints aux aléas de la vie rurale le découragèrent. En 1953, il alla travailler en Allemagne dans une usine de matières plastiques. Il revint en 1963 pour se marier et ouvrir un petit café à Verria. Mais, gardant la nostalgie de la campagne, il se rendait souvent dans le village natal de sa femme, pour planter des pêchers sur les terres qu'elle avait héritées de son père. En 1982, il décida de s'y installer définitivement, et tous deux ouvrirent, à la sortie de la ville, une petite rôtisserie que la vaillante Stavroula dirige. Ils se font construire dans la plaine une maison en béton dont le sol est en marbre, mais qui n'a pas de toilettes.

Sans le *Paradis,* Amalia serait malheureuse. Les filles de son âge n'y viennent jamais, leurs pères le leur interdisent, ou bien elles préparent l'examen d'entrée à l'université. Selon elle, les gens d'ici sont « *méchants* » et ne font que cancaner.

Mais elle ne sera pas obligée de rester là toute sa vie. Ses parents lui ont déjà prévu un appartement à Verria, en guise de « dot ». Ils souhaitent pour gendre non pas un fermier mais un caissier de banque, ou le propriétaire d'un fonds de commerce. Par exemple, celui qui possède un magasin de matériel audiovisuel et réalise des enregistrements pirates pour la discothèque du *Paradis,* où, tous les samedis soir, les adolescents des villages alentour se retrouvent et s'observent en dégustant de la bière et du whisky. On a peine alors, à s'imaginer à la lisière d'une plaine du Roumlouki. Puis la musique change et les jeunes danseurs d'une troupe de danse folklorioque locale guident une longue file de corps serrés les uns contre les autres à la découverte des petits mouvements énergiques du *tik.*

coquettes sommes que les fermiers partis travailler (seuls ou avec leur famille) en Allemagne et en Australie, dans les années 50 et 60, ou dans les gisements pétrolifères d'Arabie Saoudite, dans les années 70, envoyaient à leur village. Parents et voisins eurent souvent la possibilité d'exploiter en fermage ou en métayage les champs abandonnés.

La modernisation engendre ses propres contradictions : selon un schéma tiers-mondiste, du fait de la mécanisation de l'agriculture, les femmes se trouvent fréquemment marginalisées, leur travail et leur savoir-faire étant devenus désuets. Bien qu'elles n'aient pas totalement délaissé la terre, elles se trouvent

Les plaines font peau neuve

En traversant les villes et les villages de la plaine, on est frappé par le nombre des nouvelles constructions et l'importance des équipements agricoles. L'aide économique accordée à la Grèce à la fin de la guerre a certainement contribué à remodeler le paysage. Mais l'embourgeoisement évident des villages les plus prospères doit également beaucoup aux

Le tabac est à présent cultivé dans les plaines du Nord. A gauche, une femme assemble des feuilles pour les sécher. Ci-dessus, gros plan sur des feuilles de tabac.

emprisonnées dans des tâches domestiques que leurs mères n'ont pas connues. Si elles se souviennent sans tendresse du caractère pénible et ingrat des travaux des champs avant l'apparition des tracteurs, la remarque fréquente selon laquelle une ménagère « *se contente d'être assise* » leur rappelle qu'elles dépendent économiquement de leur mari. L'inflation élevée et le désir d'un meilleur confort matériel impliquent que les femmes apportent un salaire au foyer, mais, dans les villages agricoles, les possibilités restent limitées. Les femmes peuvent toucher un petit revenu en travaillant à la pièce pour des fabricants de vêtements, ce qui résout les problèmes de garde d'enfants, mais ne leur apporte aucune garantie d'emploi et pratiquement aucune couverture sociale. D'autres travaillent dans des boutiques familiales ou des petites entreprises.

Une telle carence professionnelle explique en partie l'avenir que les parents souhaitent à leurs enfants : un gendre de la ville pour les filles, et, pour les fils, un vrai métier. Pour favoriser plus qu'anticiper cet avenir, l'appartement en dot a toutes les chances de se trouver à Athènes, à Thessalonique ou dans l'une des autres grandes villes. Il arrive souvent qu'au lieu d'un appartement les parents préfèrent payer des études à leurs filles afin de leur assurer une meilleure sécurité financière tout

en leur permettant d'épouser un homme d'une condition sociale plus élevée.

Certains villages agricoles semblent plus prospères qu'auparavant, et les agriculteurs ont parfois de meilleurs revenus, mais leurs conditions de travail restent encore médiocres et imprévisibles. L'horizon professionnel demeure limité, tout comme les loisirs et les activités culturelles. Les enfants se marient de plus en plus en dehors de leur village et la population continue d'émigrer vers les villes. Le projet de décentralisation du PASOK (qui prévoit la création de petits hôpitaux, de centres de soins journaliers, de centres de formation pour adultes et une plus grande autonomie administrative pour les régions rurales) et la dégradation accélérée des conditions de vie à Athènes seront-ils des facteurs suffisants pour renverser le courant ?

Dans les îles

Humble mer, toi qui as noyé
L'époux de la jeune femme,
Ramène-lui son amour, ses ailes d'oiseau.
La fille est si jeune,
Le noir ne lui va guère,
Humble mer.

(Thallasaki, chant kalymnien)

Lorsque les premiers étrangers ont commencé à visiter les îles, d'abord en petits groupes puis en foule, c'est peut-être leur vénération pour la mer qui a surtout étonné les insulaires. Les touristes se prélassent sur les plages en recherchant les faveurs du soleil — il n'y a pas si longtemps, un bronzage mordoré représentait pour l'aristocratie des îles la marque roturière des travailleurs — dans de petites tenues inconcevables pour les autochtones aux coutumes puritaines.

Quand le tourisme commença à se développer, peu d'insulaires savaient nager et les enfants qui s'aventuraient trop loin dans la mer étaient empoignés énergiquement par des parents mécontents. Trois choses sont à craindre dans le monde, dit un vieux proverbe, le feu, la femme et la mer. La noyade évoque autant de souvenirs que d'appréhensions dans l'âme d'une population qui vit, hiver comme été, sur le littoral. Ils connaissent les bourrasques hivernales, la danse diabolique du vent et de la pluie qui surviennent sans prévenir et ballottent les *caïques* comme des petits bateaux dans une baignoire. La mer donne la vie, avec ses poissons et ses éponges, mais elle peut aussi la reprendre.

Du point de vue géologique, les 1 425 îles recensées dans les eaux territoriales grecques sont nées de la rencontre de la mer avec les montagnes : elles constituent la partie visible, la crête, des chaînes montagneuses à présent submergées. Environ un dixième d'entre elles sont habitées, certaines uniquement par des moines et des chèvres. Chaque île se distingue par une architecture, des costumes et un dialecte particuliers, signes apparemment révélateurs d'un isolement commun avec les villages de montagne. Pourtant, ces particularités ne sont pas dues à l'isolement. Au contraire, les îles ont toujours développé entre elles de fréquents et étroits contacts ; un futur époux va parfois chercher sa femme au sein d'un même groupe d'îles — les Cyclades centrales, le Dodécanèse à l'est, les Sporades au nord ou les îles Ioniennes le long de la côte occidentale —, les chants populaires y circulent librement et le style des maisons y garde un air de ressemblance. Mais c'est sur les visages de ses habitants, dans leurs conversations et dans leurs demeures que chaque île a laissé l'empreinte de son histoire individuelle.

Grâce à leur économie prémoderne, piraterie, construction navale, armement d'une importante marine marchande, pêche aux éponges, commerce, les régions insulaires comptèrent jusqu'au XXe siècle parmi les territoires les plus riches et les plus convoités du monde méditerranéen. La domination ottomane y fut bien plus fragile et épisodique que sur le continent. Des hospitaliers de Saint-Jean-de-Jérusalem aux Vénitiens et aux Génois en passant par les Français et les Britanniques, les puissances européennes cherchèrent à contrôler politiquement la région afin de profiter de la position stratégique de certaines îles et à s'octroyer des privilèges commerciaux. Une partie des îles restèrent cependant aux mains d'une petite élite indigène qui possédait des terres (dans les îles Ioniennes, par exemple) ou des bateaux et des chantiers navals (sur les îles disséminées entre Chio et Hydra), et coopérait souvent avec les Européens, à leur

A gauche, nettoyage d'une pieuvre. Ci-dessous, le séchage des pieuvres.

mutuel avantage. A la fin du siècle, de nombreuses îles possédaient une hiérarchie sociale bien distincte.

Sur les îles au sol fertile et aux ressources en eau suffisantes, certains fermiers bénéficiaient — et bénéficient encore — de conditions à peu près similaires à celles de leurs compatriotes continentaux. Raisins, melons, figues, tomates, oranges et citrons sont parfaitement acclimatés aux étés secs que connaissent un grand nombre de ces îles, et même les haricots et les oignons peuvent y être cultivés. Les aristocrates de la fertile Corfou confiaient l'exploitation de leurs terres à des métayers, selon un système assez semblable aux *chiflikia* turcs.

Les collines rocheuses de Tinos, dans les Cyclades, étaient partagées entre les insulaires et un puissant monastère. Le paysage agricole variait considérablement, mais même les îles les plus désolées possédaient en général leurs vignobles et leurs oliveraies.

A bien des égards, la particularité de chaque île passe aujourd'hui à l'arrière-plan. Mis à part celles qui ont une réelle vocation agricole, ainsi que de l'essor du tourisme. Les élégantes maisons situées au flanc des collines qui dominent le port de Simi témoignent de l'incroyable richesse des marchands, des armateurs, des constructeurs de bateaux et de certains pêcheurs d'éponges. Mais ces maisons à présent vides ne sont plus que les témoins muets d'une époque révolue. Les capitaux se sont retirés à Athènes, à Tarpon Springs (Floride) ou en Argentine. Un nouvel âge économique est en train de se bâtir sur les décombres de cette ancienne prospérité. Les agences de tourisme ont su exploiter le « pittoresque » de ces demeures austères, mais splendides, et de ces ports abandonnés pour attirer une clientèle étrangère.

Kalymnos et le mythe de la virilité

On pouvait voir en novembre 1984, sur l'île de Kalymnos, dressées sur le quai central, les carcasses enchevêtrées d'un scooter et d'un tracteur. En les exposant publiquement, les autorités tenaient à ce que les conséquences fatales d'un acte irresponsable et suicidaire ayant entraîné la mort de deux hommes et l'invalidité d'un troisième servent d'exemple à tous. Dans la ville, chacun se racontait l'histoire de ce jeune homme myope (et sans lunettes) qui décida d'enfourcher son scooter pour faire de la vitesse en pleine nuit. Avec un ami cramponné derrière lui, il roula à tombeau ouvert (c'est le cas de le dire), sur une route non éclairée, et se précipita littéralement sur un tracteur venant en sens inverse. Cette tragédie est malheureusement coutumière, en effet, le nombre des accidents mortels dus à l'imprudence est anormalement élevé à Kalymnos. Conduire sa motocyclette à toute allure n'était qu'une nouvelle bravade destinée à prouver sa virilité, comme l'exige le vieux code de bravoure masculine.

Les Kalymniens aiment passer pour des hommes rudes et ils méprisent la vie confortable des fermiers de Cos, baptisés méchamment *Kotes,* les « poules ». Ce genre de fanfaronnades doit certainement beaucoup à leur gagne-pain. Pêcheurs d'éponges, ils risquent quotidiennement leur vie (à cause des accidents de décompression) en plongeant.

Le commerce des éponges est moins important aujourd'hui, mais les Kalymniens ont d'autres occasions de prouver leur *andrismos,* cette version grecque du « machisme ». Les moins imaginatifs se contentent de jouer les *kamaki* en été (voir pp. 283-284), d'autres montrent ce dont ils sont capables par des exploits bien plus dangereux. On honore les Kalymniens disparus en mer en lançant des bâtons de dynamite du haut des montagnes. C'est aussi le seul hommage digne de la mort d'un ancien plongeur. Dans le respect de la bruyante tradition grecque, Pâques s'annonce dans les coups de tonnerre des explosifs. Il y a quelques années, il y eut un accident qui coûta la vie à quatre jeunes gens. Les politiciens locaux demandèrent qu'on arrête cette folie meurtrière, mais les parents et amis des défunts furent parmi les plus acharnés à défendre le maintien de la tradition.

Peu d'hommes plongent encore pour remonter des éponges ; beaucoup préfèrent s'engager dans la marine marchande pour plusieurs années. Par ce rite initiatique, l'insulaire va entrer dans la société des hommes, en partageant généreusement son temps entre l'alcool, les femmes et la rude vie de marin, jusqu'au moment où il décidera de rentrer chez lui pour se marier. A partir des années 50, des centaines d'hommes ont quitté leur foyer pour aller travailler à l'étranger. Ils sont absents durant cinq à 25 ans. Les Kalymniens sont si nombreux à Darwin (Australie) que les chauffeurs de taxi australo-grecs appellent la ville simplement *Kalymnos.* Ils ont parfois épousé une Kalymnienne avant de partir avec elle fonder une famille à l'étranger (laquelle retournera à Kalymnos une génération plus tard). Bien souvent, ils ont émigré seuls avec leurs cousins et leurs compatriotes, laissant aux femmes le soin de diriger leurs affaires, comme leurs pères et leurs grands-pères l'ont fait avant eux.

A gauche, poisson chargé sur un ferry assurant la liaison entre Kastellorizon et Rhodes. Ci-dessous, kafeneion *(un café) désert, dans la lumière d'une fin d'après-midi ; un pêcheur.*

Le mythe de la femme des îles

Dans la mythologie grecque, le montagnard se réalise complètement grâce à la femme insulaire. Les Grecs du continent opposent la « virilité » des massifs à la « féminité » des îles. Les danses insulaires ont des mouvements souples, onduleux et très rapides, tandis que leurs propres danses se caractérisent par des gestes nets, décidés et fiers. (Ils oublient le *zonaradhiko* mesuré, vif et entraînant que l'on danse sur les collines de Thrace.)

Quant à la musique, ils la trouvent *« charmante »*. Qu'importe si le piano électrique omniprésent s'est infiltré dans les *nisiotika* des mélodieux s'entendent encore dans le monde égéen, aux distiques moqueurs improvisés, les *pismatika,* très populaires dans les Cyclades et le Dodécanèse.

Les continentaux attribuent des qualités « féminines » aux îles en partie parce qu'ils soupçonnent les femmes d'y faire la loi. Et de fait, en l'absence prolongée des hommes, plus d'une île s'est « féminisée ». Si le tourisme a permis à beaucoup d'hommes de revenir travailler au pays, les femmes exercent toujours leur emprise. *« L'homme est un étranger dans sa propre maison »,* dit un proverbe grec que les insulaires sont les premiers à reprendre à leur compte. Quant aux continentaux, ils

cassettes populaires, il ne peut détruire la légèreté de la musique des îles, dont le genre populaire s'est développé dans les ports florissants de la mer Egée, et jusqu'en Asie Mineure, dans les villes de Smyrne et Constantinople, où la Grèce joua un rôle dominant. Cette musique utilise un ensemble d'instruments à cordes : le violon aux accents plaintifs et obsédants ; le santouri, sorte de tympanon oriental, dont les cordes, par leur résonance, engendrent une cascade de sons ; et l'*ud* turc (en grec, uti) à la sonorité profonde, ou, version plus petite, le lauto. Les chants des îles, qui évoquent la poésie courtoise, célèbrent l'amour et la beauté : cela va des romances crétoises, ou *érotokritos,* dont les couplets

laissent entendre sournoisement que non seulement les femmes règnent en maître sur les îles, mais qu'en outre elles trompent leurs maris.

Sur certaines îles, les familles veillent sur la réputation des filles célibataires avec une détermination que l'on ne trouve pratiquement plus sur le continent. A Kalymnos, par exemple, les habitants se sont très longtemps opposés à la mixité des établissements secondaires. Les adolescents des deux sexes se retrouvent dans les mêmes classes depuis seulement quelques années. Certains parents ne croient guère à l'innocence des rapports amicaux entre ces *parées* (étudiants mélangés). Tenant compte de la nature traditionnellement fougueuse des femmes grecques, la morale et le conservatisme religieux parviennent à des compromis surprenants : au nom des « coutumes » locales, la communauté qui demande aux autorités religieuses des dispenses permettant aux parents de marier leurs filles à quatorze ans — avant qu'elles perdent leur sacro-sainte virginité — tolère depuis 25 ans la liaison extra-conjugale d'une *nikokira* (maîtresse de maison) en mal d'amour.

Le terme *nikokira* traduit bien la réalité, car, dans la Grèce insulaire, les maisons appartiennent aux femmes. Si, sur le continent, les jeunes mariées habitaient, selon la coutume, sous le toit de leur belle-mère, dans les îles, c'est la mère qui cède encore sa maison à sa fille aînée lorsque celle-ci se marie, se contentant désormais avec son mari d'un espace réduit. La cadette et la benjamine, qui jadis ne pouvaient guère compter sur une dot importante, reçoivent à présent un appartement elles aussi.

Aujourd'hui, cette jeune femme mariée sous-loue très souvent une ou deux chambres l'été à des touristes. Locataires et propriétaire peuvent éventuellement se croiser dans le couloir, mais leur univers reste bien séparé. Notre jeune femme vend des cartes postales aux touristes dans la boutique familiale, tandis que son mari travaille sur le chantier où se construit un nouvel hôtel.

A gauche, musiciens donnant une sérénade pour un couple de jeunes mariés. Ci-dessus : portraitiste croquant une touriste.

Dans la capitale

Vue des contreforts du mont Pentélique, à l'est, Athènes ressemble à une multitude de dés éparpillés à travers la plaine de l'Attique. Avec ses innombrables cubes de béton plus ou moins similaires de six étages (on les appelle en Grèce des « habitations multiples »), la ville ne risque pas de figurer parmi les plus belles capitales d'Europe. Compte tenu de la rapidité avec laquelle la ville s'est développée, les problèmes d'urbanisme ont été remis à plus tard. Avec une population de quatre millions d'habitants — en comptant la grande banlieue —, Athènes est une forêt de béton. Urbanistes et hommes politiques s'efforcent de rendre la ville plus séduisante en protégeant les maisons à l'architecture intéressante, en aménageant certaines artères en voies piétonnières ou en transformant d'anciens lotissements en terrains de jeux pour enfants. Ces initiatives tardives et encore bien timides pour rendre la vie à Athènes plus supportable s'avèrent néanmoins politiquement payantes.

Mais tout cela n'a jamais empêché quiconque de visiter la capitale et d'y apprécier son séjour. Derrière sa façade hideuse, Athènes cache un visage humain, et une âme.

L'humeur changeante de ses habitants est caractéristique de la ville. On puise un réel plaisir à se promener parmi une population qui agite comiquement ses mains en tous sens, qui est à la fois capable des pires impolitesses et des manifestations de gentillesse les plus inattendues, et surtout qui aime rire et discuter. Les Athéniens extériorisent volontiers leurs sentiments, si bien que leurs états émotionnels s'avèrent souvent plus efficaces que les mots lorsqu'il s'agit de communiquer. Vous aussi, peu à peu, vous exprimerez spontanément vos sentiments, aussi bien par la mimique que par la parole. Aristote y voyait les effets d'une représentation dramatique sur les spectateurs et nommait ce phénomène *catharsis*.

Le développement tentaculaire d'Athènes est un phénomène très récent que nul n'a pu prévoir. La capitale s'est transformée et agrandie du quart de sa superficie du jour au lendemain, en 1923, avec l'afflux des réfugiés grecs d'Asie Mineure. Les nouveaux venus étaient totalement démunis, n'ayant en bien des cas que leurs vêtements sur le dos. Ils furent tout d'abord installés dans des baraquements de fortune à la périphérie de la ville, dans des quartiers surnommés Nouvelle Ionie ou Nouvelle Smyrne, en mémoire de leur terre d'origine. L'expansion urbaine était ainsi amorcée. Parallèlement, d'autres facteurs tels que la misère régnant dans le centre de la ville, le sombre milieu de la pègre (*manges*) et la musique *rembétika* (voir pp. 297-298) allaient contribuer à former l'image de la capitale.

La population d'Athènes est passée de 453 000 habitants en 1920 à 3 027 331 en 1981, soit une augmentation de 568 % sur une période durant laquelle le taux démographique à l'échelon national n'a progressé que de 93 %. L'exode rural n'est pas non plus étranger à cette évolution.

L'extrême densité de la population provoque deux fois par jour, et quatre fois lorsque les Athéniens profitent des nocturnes pour faire leurs courses, des embouteillages monstrueux. La circulation automobile est la principale cause du *néfos* (brouillard) qui enveloppe la ville en l'absence de vent. Son acidité a corrodé la pierre de monuments athéniens vieux de plusieurs millénaires. Pour remédier à ces problèmes, les autorités ont récemment décidé de restreindre la circulation dans un secteur proche du centre ville. Selon le numéro (pair ou impair) de leur plaque minéralogique, les voitures peuvent y circuler un jour sur deux. C'est une aubaine pour les taxis, malheureusement trop peu nombreux et qui sont pris d'assaut aux heures d'affluence. Attendez-vous à partager le prix de la course avec les

personnes qui feront éventuellement une partie du trajet avec vous.

Les plaques minéralogiques ont également une autre fonction. Vous verrez peut-être des policiers, tournevis en main, en train de les ôter de certaines voitures en stationnement. Cette mauvaise farce est en réalité le seul moyen de s'assurer que les automobilistes en tort viendront au poste de police payer leur amende.

Ces inconvénients ne découragent pas le moins du monde les Athéniens. Ils aiment leur capitale. L'air y est électrique. Une fois habitué à la foule, à l'excitation ambiante, au mouvement et à l'anonymat (contrairement à l'atmosphère des villages ou des villes de province), il semble difficile d'envisager de vivre ailleurs qu'ici.

L'attirance de la ville

Si les inconvénients de la métropole sautent aux yeux des touristes, les avantages dont jouissent les Athéniens sont peut-être moins évidents. Il y a ici plus de médecins, de spécialistes et de lits d'hôpitaux disponibles que dans toutes les autres parties de la Grèce. Les possibilités d'éducation y sont également supérieures, et, lorsque les jeunes ont terminé leurs études, ils ont plus de chances de trouver du travail. En outre, les salaires y sont généralement plus élevés.

Deux types de self-service ; à gauche, l'italien propose des glaces et des loukoumades *(beignets grecs) ; à droite, l'athénien traditionnel et ses* koulouri *(le petit déjeuner favori des Athéniens).*

50 % des entreprises du pays (employant au moins dix personnes) sont situées dans la capitale ou à proximité. Tous les secteurs y sont représentés, des chocolateries et des brasseries aux énormes chantiers navals et raffineries situés le long de la côte à Pérama, Scaramanga ou Elefsina... La route qui relie Athènes à Corinthe traverse bel et bien le cœur industriel de la Grèce.

Ceux qui achèvent leurs études avec le diplôme d'une grande école peuvent accéder à des postes administratifs élevés. De telles places sont intéressantes, car les salaires sont indexés sur l'indice du coût de la vie et progressent chaque année. Et surtout, elles offrent la sécurité d'emploi et permettent de cotiser à une caisse de retraite. Ces avantages n'ont pas de prix dans une société qui, il n'y pas si longtemps encore, reposait essentiellement sur l'agriculture : jusqu'en 1960, plus de 50 % de la population vivait du travail de la terre.

Si, à une époque antérieure, un père pouvait

espérer que son fils s'occuperait un jour de sa ferme et de ses champs, les jeunes villageois d'aujourd'hui excluent une telle possibilité. Le berger fruste, capable de subvenir lui-même aux besoins de sa famille grâce au lait, au fromage et à la viande que lui procure son troupeau, est tombé de son piédestal. Il est à présent supplanté par l'image du fonctionnaire ou de tout homme instruit possédant une solide formation. Certains fonctionnaires vont jusqu'à laisser pousser l'ongle de leur auriculaire pour montrer qu'ils ne sont pas des travailleurs manuels.

La valeur de l'éducation est reconnue par tous puisqu'elle facilite l'ascension sociale.

Cette lutte pour l'accès à la connaissance et la fascination pour les produits et les idées venus de l'étranger — la *xenomania*, comme disent les Grecs — sont caractéristiques des pays en voie de développement. Les Grecs recherchent les emplois de bureau parce qu'ils représentent à leurs yeux le comble de la modernité. Et pourtant, la Grèce ne possède encore ni l'infrastructure industrielle ni le PNB qui encourageraient de telles aspirations. Si l'on tient compte du PNB, il y a en Grèce deux fois plus de jeunes qui poursuivent des études supérieures qu'aux Etats-Unis. Comme la plupart des entreprises sont d'origine familiale, les places de cadres sont rares. A la sortie de leurs études, nombre de jeunes diplômés sont obligés d'accepter des emplois inférieurs à leur qualification. Certains se retrouvent enseignants dans l'un des *frontistiria* (établissements privés qui préparent aux examens d'entrée à l'université d'Etat) qui pullulent dans la banlieue d'Athènes. Beaucoup d'étudiants doués poursuivent leurs études à l'étranger, et choisissent bien souvent d'y rester. Qui peut les en blâmer si, à en croire certaines estimations, il y a plus de juristes à Athènes que dans toute la France ?

Athènes est le centre de la vie politique, commerciale et culturelle. Plus de 17 grands quotidiens y sont publiés, ce qui représente 90 % de la diffusion nationale. La chaîne de télévision nationale, dépendante du gouvernement, émet également depuis la capitale, comme l'indiquent les publicités et les bulletins de la météo, qui concernent dans une très large mesure les Athéniens. Vivre dans la cité apporte la sensation d'être « en prise directe » avec le monde hellénique. Il n'est pas facile de s'en détacher.

Carrefour de l'Orient et de l'Occident

Athènes est la principale porte de la Grèce. En 1981, près de deux millions de touristes, soit la moitié de ceux qui arrivent en Grèce par avion, ont atterri à l'aéroport d'Hellénikon, près de la capitale. A bien des égards, Athènes est le trait d'union entre la Grèce et le reste du monde. C'est ici que les villageois des régions rurales reculées rencontreront pour la première fois la culture européenne et internationale. C'est ici également que la plupart des Européens retireront une première impression de la culture grecque.

On dit parfois qu'Athènes incarne, pour le voyageur venu de l'Orient, la première ville européenne, et la première ville orientale pour celui qui vient de l'Occident. Cette combinaison d'influences réciproques caractérise le paysage urbain et la population. La place Syndagma, siège des compagnies aériennes internationales, des hôtels de luxe et du Parlement, représente bien le pôle occidental de la ville. L'élégance européenne y a pignon sur rue. Dans ce quartier où l'anglais est la langue obligée, Gucci, Saint-Laurent et Chanel rivalisent dans le cœur des Athéniens. Ce n'est pas sans une certaine crainte que les campagnards s'aventurent dans ce secteur, car rien, ici, ne leur rappelle leur univers.

La place Omonia, à moins de 2 km, constitue le pôle oriental d'Athènes. Vous pourrez savourer un café turc dans l'un des *kafeneion* que l'on trouve, du reste, dans tout le pays. On y sert également les femmes, mais on ne peut s'empêcher de remarquer qu'elles constituent une minorité dans ce lieu typiquement masculin. La place Omonia est envahie par des marchands ambulants qui vendent aussi bien des montres-bracelets que des gâteaux de riz. A la tombée de la nuit, on vous propose du *tsélépi* dans de grands samovars en cuivre. Cette boisson chaude et crémeuse, légèrement épicée avec du gingembre, passe pour être un excellent antidote contre les rhumes imminents. Dans ce quartier, ce sont les touristes qui se sentent les étrangers.

Omonia et Syndagma symbolisent bien les deux visages d'Athènes, et même, pourrait-on ajouter, de l'identité grecque. Ces deux natures, l'une vouée à la tradition, l'autre au modernisme, transparaissent dans chaque individu et constituent en quelque sorte sa bipolarité culturelle. Imaginons un instant que deux Grecs aient décidé de visiter Athènes. Le premier est un *Romios,* attaché aux traditions, et l'autre un Hellène. Le *Romios*, qui souhaite se rendre de la Plaka à la place Omonia, va passer par la place Mitropoléos, où se trouve la cathédrale d'Athènes et la Petite Métropole, puis s'engager dans un quartier de petites boutiques de vêtements, de bijoux, d'articles ménagers et religieux, à moins qu'il ne choisisse la rue Athinas, qui ressemble à un immense bazar. L'Hellène préférera sans doute se promener du côté de la place Syndagma avant de remonter la rue Stadiou, où de nombreux cinémas affichent des films étrangers en v.o. ; il longera également des grands boulevards et pourra déambuler dans des galeries marchandes. En chemin, il découvrira la statue de Colocotronis, héros de la guerre de l'Indépendance, dressée à côté d'un musée d'art folklorique. A ses yeux, le traditionalisme grec est une curieuse arriération mentale et une preuve gênante de l'influence orientale. Sa place est dans les musées.

Ces différents itinéraires possibles montrent à quel point les Grecs peuvent avoir de leur capitale — et de la vie en général — deux visions dissemblables. Ce mélange de l'Orient et de l'Occident explique certainement la popularité dont jouit la Grèce en période estivale, et l'attrait particulier qu'exerce Athènes. Après avoir goûté des sortilèges de l'Orient, l'Occidental trouve un refuge dans le charme européen d'une ville plus familière.

A gauche, Athènes : une ville où s'affairent des Grecs originaires de toutes les régions et des étrangers venus des quatre coins du monde ; à droite, le modernisme de la guerre des étoiles est parvenu jusqu'aux plus petites villes.

ATHINA, MA GRAND-MERE

Dans un recueil de nouvelles intitulé *Athina, ma grand-mère,* Costas Taktsis, l'un des meilleurs écrivains grecs de sa génération, montre que, malgré l'importance de son secteur industriel, Athènes a su conserver l'amour de ses habitants. *Athina* est à la fois le nom de la grand-mère de Taktsis et celui de la grande ville qu'il adore. Qu'importent sa pollution et ses vacarmes, Athènes a le sang grec, et, par conséquent, on lui pardonne toutes ses contradictions et ses côtés déplaisants, on les apprécie même. L'histoire de Taktsis, élevé par sa grand-mère Athina, dans une *Athina* qui grandit autour de lui, joue sur des sentiments contradictoires que la plupart des Athéniens éprouvent pour leur cité : fierté et mélancolie. Les dernières pages, notamment, donnent une vision de l'intérieur de cette capitale qui ne cesse de s'étendre.

« Je suis athénien, et réellement l'un des rares à descendre de cinq générations d'Athéniens. Durant les quelque quarante dernières années, j'ai vu *Athina* changer, en mal. C'est une chose d'apprendre certains faits à travers les livres, « *Peut-être Socrate et Phèdre se sont-ils assis ici où nous nous tenons maintenant* », c'en est une autre, fort différente, de pouvoir dire : « *Vous voyez cette artère animée, grouillant d'automobiles et de gaz d'échappement ? Quand j'étais enfant, c'était un ravin plein d'ordures où un mince ruisseau arrosait les rares platanes capables d'y survivre.* » J'entends par là que je vois *Athina* au travers du temps, d'une manière qui serait impossible aux provinciaux ou aux étrangers, et dans la même perspective temporelle où je me vois moi-même... Les années passant, je commence à me sentir, non plus simplement Athénien, mais pour ainsi dire une parcelle d'*Athina,* une sorte de minuscule monument archéologique en mouvement. Certains soirs, quand je sors sur ma terrasse arroser mes fleurs — géraniums, jasmin, basilic et hibiscus — et que je vois les provinciaux et les touristes penchés au clocher de Saint-Georges pour mieux profiter du panorama d'*Athina,* j'ai le sentiment étrange et condescendant d'être une carte postale.

J'ai vécu dans bien des villes. A quelques-unes — Sydney, New York — je suis assez attaché pour avoir plaisir à les revoir de temps en temps, ne serait-ce que tous les cinq ans. Mais j'aurai, plus que partout ailleurs, aimé vivre ici en cette *Athina,* et, le temps venu, c'est ici que j'aimerais mourir. D'ailleurs, sauf imprévu, mon vœu se réalisera : le jour où je mourrai, la population comptera dans les cinq millions d'âmes (cinq millions et demi, en pleine saison touristique). A ce moment, me dis-je parfois, plus rien ne restera de *mon Athina,* l'*Athina* que j'aimais. Mais quelque chose en moi me souffle que les faits pourraient me donner tort. Car — sauf cas de tremblement de terre —, pour longtemps encore, à jamais j'espère, existeront les collines de Philopappos et du Lycabette. Elles seront alors, naturellement, devenues « zones protégées » de quelque tentaculaire organisation municipale ou d'Etat, et auront été clôturées de fil barbelé. Mais les enfants et les amoureux trouveront toujours une ouverture, un trou juste assez grand pour s'y faufiler. Qu'importe le taux de pollution de l'air, le suave automne athénien ne changera pas pour autant, ni l'aimable hiver, peuplé de martins-pêcheurs, ni l'enivrant printemps, ni l'été narcotique, avec son peu de brises impalpables. Que le golfe Saronique devienne encore plus trouble, il y restera toujours quelques endroits clairs pour nager. Et la magie du clair de lune quand il point de derrière le mont Hymette sera toujours la même...

Deux ou trois fois, j'ai récemment laissé, tard le soir, ma voiture me conduire jusqu'à Saint-Jean-de-Rendi. Entre les usines qui crachent leurs vapeurs infectes et les blocs d'HLM., il reste encore quelques carrés de choux... Au retour, j'ai dépassé le cimetière du Kerameiko où je jouais enfant. Un jour, je n'ai pu résister à la tentation : j'ai garé la voiture en face de la nouvelle église chrétienne de style kitsch et j'ai marché jusqu'à la grille. J'avais les yeux fixés à l'endroit où se trouvait le mémorial funéraire de Fgesus, et soudain, je le jure, j'ai vu ma grand-mère — Dieu ait son âme — bien vivante : elle m'observait avec un air d'indulgent reproche, comme pour dire : « *Ainsi te voilà : du moins n'as-tu pas l'air d'avoir trop mal tourné...* » Puis elle disparut. Grâce à elle, peu importe ce que prétendent mes papiers d'identité, je suis Athénien. Grâce à elle, j'aime *Athina.* Certains disent qu'elle est en bonne voie de devenir la capitale la plus laide du monde. Je n'en sais rien, et cela n'est pas mon affaire. Belle ou laide, pour moi elle est unique. Elle est la ville où je suis né, où j'ai vécu et où grand-mère est morte. Naturellement, je dois admettre qu'à certains égards, tout comme *Athina* la ville, elle fut un monstre, et qu'elle m'a fait une vie d'enfer durant une grande partie de mon enfance et adolescence, mais, que dire ? Elle est la seule femme... que j'aie jamais aimée.

Tous les jeunes Grecs doivent faire deux ans de service militaire.

ΣΤΡΑΤΟΝΟΜΙΑ

TOTAL

N.K.
96

ITINERAIRES

Forme le vœu que le chemin soit long !
Nous vous proposons, ici, dix itinéraires qui correspondent à la région de Grèce que chacun des rédacteurs de cette partie connaît le mieux. En partant de l'extrême nord-est, près des frontières turque et bulgare, on redescend vers la Crète par des chemins détournés, vous constaterez que l'histoire, la géographie et la culture de chaque région ont été traitées en détail. Que vous utilisiez ce guide pour préparer votre voyage ou pour évoquer vos souvenirs, la richesse des photos, des anecdotes et des informations qu'il contient saura vous inspirer. Ces dix itinéraires sont conçus pour des circuits de deux semaines environ, mais bien entendu, si vous disposez de davantage de temps, ce sera d'autant mieux. Comme l'écrivit un jour Constantin Cavafy, le poète d'Alexandrie :

Quand tu prendras la route pour Ithaque,
forme le vœu que le chemin soit long,
plein d'incidents, plein d'expériences.
Que les Lestrygons, les Cyclopes,
les fureurs de Poséidon n'aient rien pour t'effrayer :
tu n'en rencontreras jamais sur ton chemin
si ta pensée reste élevée, si tu choisis
les émotions touchant ton esprit et ton corps.
De Lestrygons et de Cyclopes,
d'aigre Poséidon : tu n'en croiseras point,
si tu n'en avais pas d'abord chargé ton âme,
si ce n'est pas ton âme qui les dresse devant toi.

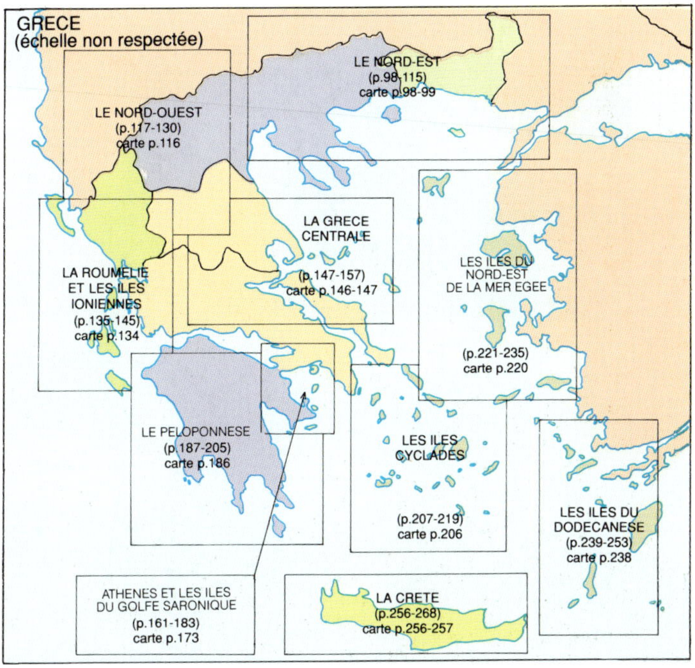

LE NORD-EST

Deuxième ville de Grèce, Thessalonique est située à peu près à mi-chemin entre la mer Ionienne, à l'ouest, et la rivière Evros, à l'est. En traçant une ligne vers le nord, on atteint la frontière commune à la Yougoslavie, la Bulgarie et la Grèce. Cette ligne sépare la Macédoine en deux régions, est/ouest, et isole l'Epire à l'ouest et la Thrace à l'est.

L'histoire du Nord-Est est liée aux déplacements de tribus et de peuples à travers son territoire. La population locale, macédonienne et thrace, fut soumise à des invasions et des migrations constantes. L'immense armée perse de Xerxès longea la mer Egée au nord, à la fois par terre et par mer, pour marcher sur Athènes et Sparte. C'est de là qu'Alexandre le Grand partit conquérir l'Orient, et là encore que les Romains créèrent la *via Egnatia* qui reliait la côte adriatique à l'Hellespont (les Dardanel-

les).

les). Plus tard, l'Empire byzantin en déclin dut affronter les incursions continuelles des peuples slaves venus du nord. Et les Ottomans, arrivés par l'est, progressèrent à travers les Balkans, conquirent d'abord la Macédoine et la Thrace avant de redescendre sur Constantinople.

Le Nord-Est est facilement accessible par la mer même si, à cet endroit, la côte égéenne semble se dérober. Les cités grecques du sud, notamment Athènes et Chalcis, commencèrent leur colonisation de la Chalcidique par la mer dès le VIIe siècle av. J.-C. Plus tard, lorsque Thessalonique fut devenue la deuxième ville de l'Empire byzantin, les Vénitiens, les croisés et autres aventuriers des mers, à destination ou en provenance de Constantinople, avaient coutume de longer la côte.

Le Nord-Est ne possède pas d'importants sites archéologiques ou de superbes temples, comme on en voit en Grèce centrale et méridionale. Néanmoins, du fait de sa proximité avec les autres Etats balkaniques et de son annexion tardive,

cette région offre une plus grande diversité ethnique et sa beauté naturelle est encore bien préservée. Mais ces avantages sont de plus en plus menacés par la modernisation et par l'apparition d'une culture nationale uniforme. La frontière du nord longe les chaînes balkaniques aux versants recouverts de forêts. D'ouest en est s'étendent des plaines fertiles, traversées par quatre principaux fleuves. Deltas, lagunes et lacs ont donné naissance à des marécages où vient se nicher une grande diversité d'oiseaux. Moins découpé qu'ailleurs, le littoral bénéficie de très belles plages. En de nombreux endroits les civilisations successives ont laissé leurs traces, notamment à Thessalonique.

Thessalonique (Thessalonikê)

Si vous arrivez par bateau, vous allez découvrir une ville moderne dont le front de mer aligne une rangée d'immeubles typiques du pourtour méditerranéen. Au début du siècle, le panorama était différent : on voyait se profiler au loin l'élégante silhouette des minarets détruits par la suite, lors du gigantesque incendie de 1917 (près des trois quarts de la ville brûlèrent) ou par des nationalistes grecs en représailles contre la profanation de leurs églises par les Turcs. Derrière ces hautes façades du bord de mer, vous attend, à l'abri des remparts romains et byzantins, la richesse historique de Thessalonique. Ruines romaines, églises byzantines, édifices turcs et tombes juives se cachent derrière la décoration végétale des places ou les demeures colorées du vieux quartier **Ano Poli** (la ville haute).

Thessalonique fut fondée en 315 av. J.-C. par Cassandre, roi de Macédoine, qui lui donna le nom de sa femme. La ville joua un rôle mineur durant la formation de l'Empire macédonien, au IVe siècle av. J.-C. Son **musée archéologique** est riche en antiquités macédoniennes, hellénistiques et romaines, provenant des fouilles entreprises dans toute la région, y compris dans les sites remarquables de **Sindos** et de **Verghina** (entre autres, le fabuleux trésor qui proviendrait peut-être de la tombe royale de Philippe II).

Pages précédentes, petites filles durant une procession de Pâques ; bateaux de pêche à Kalymnos ; la ville de Kastraki en Thessalie ; oliviers sur l'île de Crète, lever de soleil au Cap Sounion ; et une aquarelle d'Edward Lear, représentant Salonique.

Sites macédoniens alentour

Ils sont plus ou moins éloignés de Thessalonique. Il y a **Philippes** (Philippoi), au nord de Kavalla, fondée par Philippe II lui-même, la ville se développa surtout à l'époque romaine. Verghina, sur la route de Verria, capitale de la Macédoine avant Pella, abrita la nécropole royale. Les fouilles se poursuivent toujours dans la tombe de Philippe de Macédoine, découverte en 1977. Mais on peut visiter d'autres tombes ainsi que les ruines d'un palais dont il ne reste que les fondations. Les rois de Macédoine consacrèrent **Dion,** fondée au pied du mont Olympe, au culte de Zeus olympien. Des épreuves sportives, des sacrifices et une fête qui durait neuf jours s'y déroulaient. Alexandre le Grand vint y offrir un sacrifice à Zeus avant de partir à la conquête de l'Orient. La ville resta prospère durant l'époque romaine et les débuts de l'ère chrétienne.

Sur la route d'Edessa, arrêtez-vous à **Pella**. Sa superficie plutôt réduite et son emplacement près de la route ne rendent pas compte de sa gloire passée. Les gracieuses colonnes ioniques autour de la cour de la **Maison de la chasse au lion,** et les superbes pavements en mosaïque (que l'on retrouve in situ ou dans le musée local) rappellent qu'ici se tenait la cour impériale qui régna sur le monde grec au IVe siècle av. J.-C. C'est ici aussi que Philippe de Macédoine prépara la conquête de la Grèce, et que son fils Alexandre le Grand apprit le métier des armes et eut pour précepteur le philosophe Aristote. Après la conquête romaine de la Macédoine au milieu du IIe siècle av. J.-C., la ville fut supplantée par Thessalonique. Les mosaïques avec leur juxtaposition des galets polychromes sont inoubliables. On peut les comparer aux magnifiques mosaïques murales byzantines de Thessalonique.

Thessalonique (appelée aussi Salonique), connut son âge d'or à l'époque byzantine. Vous pourrez voir une exposition très intéressante retraçant l'histoire de la ville, dans la **tour Blanche,** sur le front de mer. Bâtie au XVe siècle, cette tour servit de prison sous la domination turque. En 1826, les janissaires (gardes du

A gauche, quiétude sur le front de mer de Thessalonique. Ci-dessous, pêcheurs enroulant leurs filets à Kavalla.

sultan) y furent massacrés. Pour effacer ce souvenir, la « tour de Sang » fut par la suite blanchie à la chaux. Aujourd'hui, elle ne mérite guère son nom car elle a perdu sa blancheur. Des profondes fenêtres des escaliers intérieurs, on découvre des vues partielles de la ville et du golfe, et du haut des remparts, un vaste panorama.

Il est possible de visiter le musée archéologique et la tour Blanche le même après-midi, d'autant plus qu'ils ferment respectivement à 19 h et 21 h. Les églises, elles, sont fermées entre 13 h et 17 h.

Des ruines romaines jalonnent les deux principales avenues menant au front de mer. Il s'agit du **Forum,** du **petit Odéon** et du **palais de Galère**. L'empereur Galère les fit construire au début du IVe siècle, lorsqu'il choisit de résider à Thessalonique. Il se rendit tristement célèbre en persécutant les chrétiens, et fut notamment responsable du martyre de saint Démètre, le saint patron de la ville. Les ruines du palais, éparses sur la place Navarinou, alternent avec les tavernes et les snack-bars. L'**arc de Galère** commémore la victoire de l'empereur sur les Perses.

Les églises

La **Rotonde**, ou église Saint-Georges, est sans aucun doute l'édifice le plus important de cet ensemble architectural. C'est l'un des rares exemples d'architecture romaine circulaire qui nous soit resté. Endommagée par le tremblement de terre de 1978, elle est en cours de restauration. Galère souhaitait en faire son mausolée, mais il mourut à la guerre et ses ennemis ne retournèrent jamais son corps. Avec l'expansion du christianisme, elle fut transformée en église et décorée avec de magnifiques mosaïques murales dont il reste des fragments dans la partie supérieure de l'édifice. Elle est flanquée d'un minaret à demi en ruine, témoin de l'époque où elle servait de mosquée.

La petite église d'**Hosios David**, datant elle aussi des premiers temps de l'ère chrétienne, est reléguée dans le vieux quartier de la ville haute, sur la colline.

On a prétendu qu'elle fut construite par Théodora, la fille de Galère, qui selon la légende, fut secrètement baptisée en l'absence de son père, parti à la guerre. La mosaïque du Ve siècle, dans l'abside, est l'une des plus anciennes de ce genre. La description naïve de la vision du prophète Ezéchiel, la représentation d'un Christ jeune — ce qui est rare — le ton des couleurs et le symbolisme étudié concourent à faire de cette mosaïque une véritable merveille.

Pour compléter votre visite des principaux monuments byzantins de la ville, vous avez à présent le choix entre deux itinéraires : l'un vous mène aux basiliques du Ve au VIIIe siècle, en redescendant la colline ; l'autre aux églises du XIVe siècle, en suivant un long demi-cercle à travers la vieille ville.

Les premières basiliques chrétiennes étaient de simples édifices rectangulaires. D'une certaine façon, elles étaient bâties sur le plan des temples grecs classiques, les colonnades extérieures étant remplacées par des murs. L'église d'**Acheiropoiétos** du Ve siècle et l'église **Saint-Démètre** en sont de bons exemples. Toutes deux sérieusement endommagées par un incendie, sont en grande partie restaurées. Vous trouverez les seules mosaïques restantes sous les arcades de la première, et sur les piliers latéraux de la seconde. La crypte de Saint-Démètre est censée avoir été construite à l'emplacement du bain romain où le saint fut martyrisé. L'église **Haghia Sophia** (Sainte-Sophie ou Sagesse divine) illustre la première tentative visant à transformer le plan basilical en structure à coupole. L'intérieur de la coupole, qui figure la voûte céleste, est orné d'une immense mosaïque étonnamment bien préservée, qui représente l'Ascension du Christ et porte l'inscription suivante : « *Hommes de Galilée, pourquoi contemplez-vous le ciel.* »

À gauche, échange d'opinions. Ci-dessous : scène du marché de Thessalonique.

Querelles religieuses

Au cours de la période byzantine, il y eut deux grands affrontements théologiques. La querelle iconoclaste fit rage aux VIIIe et IXe siècles, en réaction à l'adoration

excessive des icônes. Si Constantinople fut le foyer principal de cet affrontement, au XIVe siècle, la querelle des *hésychastes* (moines contemplateurs) eut pour cadre Thessalonique. L'*hésychasme* recruta ses partisans auprès des moines du mont Athos. Ceux-ci prétendaient qu'« *en maîtrisant sa respiration, en permettant à l'esprit de réintégrer l'âme et en regardant fixement son nombril,* (on pouvait) *parvenir à la vision de la lumière incréée qui brilla sur le mont Thabor* ».

Ce credo fut tourné en ridicule par Barlaam, un moine de Calabre, chef de l'opposition zélote. La lutte qui s'en suivit fut aussi bien sociale et politique que théologique. Le grand théoricien des *hésychastes,* Grégoire Palamas, était aussi l'archevêque de Thessalonique. Son reliquaire est dans la cathédrale de la ville.

En suivant le second itinéraire qui part de l'église Hosios-David, vous traversez le pittoresque Ano Poli. Il vous faudra vingt minutes du centre de la ville basse pour arriver à ce quartier qui vit encore à l'heure d'un village. Ici comme sur l'Acropole, la ville haute entourée de remparts, vous trouverez de bonnes tavernes. Des petits monastères qui s'étageaient sur la colline au XIVe siècle, il ne reste plus que quelques chapelles. L'église **Haghios Nicolaos Orphanos** possède de belles fresques. Les églises du **Prophitis Ilias** et **Haghia Ekatérini** marquent une évolution architecturale intéressante qui culmine avec l'église en croix grecque d'**Haghii Apostoli** (les Saints-Apôtres). La coupole et les voûtes de la croisée sont ornées de mosaïques illustrant des scènes de la vie du Christ.

Influences diverses

Thessalonique fut conquise par les Turcs en 1430, soit 23 ans avant la chute de Constantinople. Les églises se transformèrent facilement en mosquées : les décorations intérieures furent recouvertes et on construisit des minarets à côté. Les édifices ottomans du XVe siècle s'inspirent des dernières églises byzantines aux coupoles minutieusement travaillées. Deux anciennes mosquées sont particulièrement inté-

A gauche, pope faisant ses courses ; à droite, mosaïque chrétienne à Hosios David

ressantes : l'élégante **Alaja Imaret**, devenue salle d'exposition, et **Hamza-bey-Jami** qui est aujourd'hui une salle de cinéma et de théâtre du nom d'Alcazar.

Marchands de nouveautés et orfèvres vendent leurs articles comme jadis dans le **Bedesten,** un marché couvert à six dômes. Le **Yahoudi**, jadis un hammam, abrite un marché aux fleurs en plein air et une petite taverne réputée pour son poisson. Le marché central voisin est abondamment achalandé et propose aussi des objets artisanaux.

La maison natale de Mustafa Kemal abrite aujourd'hui le consulat turc. Connu par la suite sous le nom de Kemal Atatürk, il dirigea le mouvement des « Jeunes-Turcs » qui renversa le sultan, instaura en 1928 la République turque.

Une autre culture a laissé son empreinte. Au XVᵉ siècle, près de 20 000 juifs chassés d'Espagne s'établirent à Thessalonique, bénéficiant de la tolérance du régime turc. Au milieu du XVIᵉ siècle, ils constituaient la fraction la plus importante de la population, et la plus aisée. Mais l'incendie de 1917 détruisit la presque totalité des quartiers proches du front de mer où ils vivaient. La plupart d'entre eux connurent, durant la Seconde Guerre mondiale, une fin tragique dans les camps de la mort de Pologne. Quelques pierres aux inscriptions hébraïques sont disséminées parmi les pavés de la ville ; elles proviennent de l'ancien cimetière juif où se trouve à présent le campus universitaire.

L'ère moderne

La ville actuelle s'étend bien au-delà des vieux remparts de la cité. L'université apporte l'animation d'une vie estudiantine concentrée la nuit dans les bars du front de mer et dans le quartier de la tour Blanche. Grâce à la Foire internationale d'octobre, la ville joue un rôle commercial important dans les Balkans. A l'est, le long des quais, des immeubles modernes alternent avec de somptueuses demeures anciennes. L'une d'entre elles abrite le musée d'Art populaire qui vous fera découvrir les différentes ethnies de la Grèce du Nord-Est.

Carte de Constantinople, ville revendiquée, aujourd'hui encore, par de nombreux Grecs.

LE MONT ATHOS

« Que puis-je pour vous si vous tenez à l'habit honteux de la chair, à ne pas dévoiler vos pensées ni mettre à nu votre âme, si vous restez enfouis sous les ténèbres sans avoir la force de tourner vos yeux vers la lumière ? »

Siméon le Mystique (plus connu sous le nom de saint Siméon le Stylite, qui vécut près d'Antioche, sur le mont Admirable).

Le mont Athos se dresse dans une splendide solitude à l'extrémité de la péninsule à laquelle il a donné son nom. C'est son importante communauté monastique qui lui confère sa célébrité et qui lui a valu le qualificatif de « saint » : *Haghion Oros,* la « Montagne Sainte ».

La « sainte » communauté fait remonter son origine à la visite de la Vierge dont le bateau aurait été détourné par les vents sur Athos. A sa vue, les idoles païennes de l'île se seraient brisées d'elles-mêmes. La Vierge aurait alors fait de la montagne son jardin privé. Mais en fait, l'histoire de cette communauté commence avec la venue d'ermites vers le milieu du IXe siècle, cent ans environ avant la fondation du premier monastère. saint Pierre l'Athonite, l'un des premiers moines et parmi les plus célèbres, aurait vécu dans une grotte pendant cinquante ans. Le premier monastère, la **Grande Lavra**, fut fondé en 963 av. J.-C. par saint Athanase, ami et conseiller du premier protecteur du mont Athos, l'empereur Nicéphore Phocas. Par la suite, les fondations se multiplièrent grâce à la protection des empereurs byzantins qui leur octroyèrent argent, terres et trésors.

Les monastères partagèrent ainsi un riche héritage. Le souvenir des empereurs est encore commémoré dans leurs églises, et les chartes impériales sont jalousement gardées dans la bibliothèque de chaque couvent.

Monastères et ermitages

Il existe deux sortes de monastères : les cénobites et les idiorrythmes. Dans les premiers, les moines obéissent à des règles

très strictes sous l'autorité d'un *hygumen* (abbé). Les biens sont partagés et les repas sont pris en commun dans la *trapeza* (réfectoire). Dans les monastères idiorrythmes (**Lavra**, **Vatopédi** et **Iviron**) la propriété reste individuelle, et chaque moine s'habille et se nourrit avec ses propres ressources. Tous les monastères sont grecs à l'exception de **Pantéleïmon**, **Chilandari** et **Zographou**, respectivement russe, serbe et bulgare. A part Vatopédi, ils suivent tous le calendrier julien, en retard de 13 jours sur notre calendrier, et vivent selon les heures byzantines qui commencent au lever du soleil, et varient donc chaque jour.

Les monastères ne forment néanmoins qu'une partie de cette « sainte communauté ».

Un grand nombre de moines préfèrent vivre à l'écart, dans les *skites* ou les *kelliès* qui parsèment la péninsule. Les *kelliès* abritent un petit groupe de moines vivant dans des cellules et possèdent une chapelle. Les *skites* sont des villages monacaux constitués de quelques maisons autour d'une église centrale. *Skites* et *kelliès* dépendent de l'un ou l'autre des vingt monastères. D'autres moines choisissent de vivre en ermite, selon la tradition de saint Pierre l'Athonite, dans des *Isihastérion,* des cabanes, souvent perchées au bord d'une falaise, ou situées dans des grottes. Les ermites vivent dans une grande pauvreté et restent la plupart du temps invisibles.

Outre le cadre spectaculaire et l'exceptionnelle richesse artistique et culturelle du mont Athos, véritable musée byzantin, la fascination singulière qu'il exerce est surtout due au fait qu'il prétend incarner la plus haute forme de vie spirituelle de toutes les traditions chrétiennes. A travers une discipline rigoureuse qui concerne autant l'action extérieure que la prière, les moines aspirent à purifier leur corps et leur âme des divers attachements étrangers qui les entravent, pour arriver pas à pas, grâce à des pratiques ascétiques et à la contemplation la plus éthérée, à leur « déification ».

Domaine et jardin de la Sainte Vierge, comme dit le poète, le mont Athos bénit de son ombre ceux qui ont eu la chance de naître mâle et d'acquérir ainsi le privilège de pénétrer en ce lieu saint.

uche, le astère ophon. essous, le t Athos au du soleil.

Plus à l'est, la banlieue de **Kalamaria** est réputée pour ses restaurants de fruits de mer. **Panorama**, une banlieue résidentielle du Nord-Est, justifie tout à fait son nom. On peut y acheter de délicieuses spécialités, les *trigona,* pâtisseries à la crème en forme de triangle. Par temps clair, du bord de mer, ou, du chemin sinueux qui vous mène à la ville haute, on aperçoit parfois, la silhouette massive du mont Olympe barrant l'entrée de la baie.

Plusieurs routes mènent vers l'est au départ de Thessalonique. L'une d'entre elles remonte d'abord vers le nord, en direction de Kilkis et du lac Doiran (mitoyen avec la Yougoslavie), puis s'achemine dans la montagne jusqu'au col du Rupel (l'unique accès routier à la Bulgarie), avant d'atteindre **Serrès**, plus à l'est.

Mais la route la plus directe pour Serrès bifurque vers le nord-est une dizaine de kilomètres après Thessalonique. Serrès et **Drama**, plus à l'est, aujourd'hui des bourgs provinciaux florissants, étaient des villes importantes aux époques byzantine et ottomane. Ce sont de commodes bases de départ pour partir en randonnées ou aller skier dans les montagnes voisines. Réduite en cendres lors de la retraite de l'armée bulgare en 1913, Serrès fut entièrement rebâtie. Il reste néanmoins deux églises byzantines importantes : l'église des **Saints-Apôtres**, qui date du XIe siècle, et l'église **Saint-Nicolas**. L'édifice du centre ville, coiffé d'un dôme ottoman, abrite le musée local.

Jusqu'à la mer, le paysage au sud de cette région est essentiellement agricole. Les bourgs sortent de leur torpeur à l'occasion de fêtes. Ainsi, les bergers nomades sarakatsanides se réunissent tous les étés non loin de Serrès et de Drama, à l'occasion de leur *panayiri* (foire). Le 21 mai, on peut voir des villageois de **Langadas** marcher nu-pieds sur des charbons ardents. Ces *Anasténarides* (d'*anastenazo* signifiant « gémir ») sont les descendants de réfugiés thraces qui sauvèrent des flammes les icônes de leurs églises. Ils imitent les gémissements des icônes, soumises aux flammes. Quant au carnaval de **Sohos**, il se déroule en février.

L'aqueduc de Kavalla.

La Chalcidique

La route principale qui longe les lacs Koronia et Volvi, à l'est de Thessalonique, délimite à peu près la frontière nord de la Chalcidique. Cette grande péninsule en forme de patte dont les trois doigts s'avanceraient dans la mer Egée n'était guère peuplée avant l'essor touristique. Peu de choses évoquent encore son rôle important durant la période classique, lorsque les colonies des cités grecques méridionales servaient de champs de bataille à la guerre du Péloponnèse entre Athènes et Sparte. Potidée, sur la presqu'île de Cassandre, provoqua la déclaration de guerre de Sparte en 432 av. J.-C. ; la bataille d'Amphipolis mit localement un terme au conflit, dix ans plus tard. Les armées s'affrontèrent sur terre, et sur mer. Dans son *Histoire de la guerre du Péloponnèse,* Thucydide évoque la vie et l'activité militaire de cette région aujourd'hui abandonné à ses villages endormis. **Polyghyros**, le chef-lieu, possède un musée de fouilles.

La péninsule porte aussi la marque des temps plus lointains : dans les **grottes de Pétralona**, on a découvert des fossiles et un crâne de Néandertal. A **Stagira**, une statue moderne en marbre, tournée vers le golfe de Hiérissos, commémore le lieu de naissance d'Aristote. Le canal de Xerxès, aujourd'hui comblé, fut construit vers 482 av. J.-C. pour éviter à la flotte perse de faire naufrage comme elle l'avait fait lors d'une campagne antérieure, en voulant contourner le mont Athos. Pour les Grecs, cet ouvrage comme le pont qui franchissait l'Hellespont témoignaient de la mégalomanie des Perses « *marchant sur la mer et naviguant sur la terre* ». Le canal médiéval de **Potidée** existe toujours, il sépare la langue de terre du continent et sert de lieu de mouillage pour les bateaux de pêche.

Les magnifiques pentes boisées du mont Holomon et d'onduleuses collines constituent le paysage de la péninsule. En roulant vers **Cassandre** ou **Sithonia** vous découvrirez les petits villages pittoresques de l'intérieur alternant avec les hameaux de pêcheurs, les hôtels luxueux avec les terrains de camping, les criques solitaires

Retour de pêche, au petit matin.

avec les plages de sable, les pinèdes des pentes avec les promontoires désolés. De la plage de **Sarti** on aperçoit la silhouette du mont Athos qui s'élève comme une pyramide au-dessus de la brume dont le golfe se drape. Les femmes et les enfants devront se contenter de cette image, car l'accès à la « Montagne Sainte » leur est interdit, depuis l'édit de l'empereur Constantin IX.

D'Amphipolis à Kavalla et Philippes

La route principale, qui va vers l'est, longe les plages populaires du golfe du Strymon avant d'atteindre **Amphipolis**. La ville fut fondée par les Athéniens au Ve siècle av. J.-C. à l'emplacement des « Neuf Voies », un site thrace. Son nouveau nom, qui signifie « la ville entourée », est dû à sa position stratégique dans une boucle du fleuve Strymon ; la ville contrôlait ainsi les plaines intérieures, l'embouchure du fleuve et les mines d'or tant convoitées du Pangée.

Le pont qui enjambe le Strymon est gardé par le **Lion d'Amphipolis**, reconstitué à partir de fragments datant des IVe et IIIe siècles av. J.-C. Deux routes mènent ensuite vers **Kavalla**. La plus ancienne traverse la vallée verdoyante qui borde le Pangée, et vous amène dans des villages d'où la vue est magnifique. La nouvelle nationale, plus rapide mais moins pittoresque, suit le littoral.

Kavalla s'étage en amphithéâtre entre le port et des collines plantées de pins. Son superbe emplacement et ses dimensions humaines en font l'une des villes les plus charmantes de Grèce. Ancienne colonie de Thasos sous le nom de **Néapolis** dans l'Antiquité, son port joua un rôle important aux époques romaine et chrétienne. Aujourd'hui, Kavalla exporte le tabac des plaines alentour. Le musée local possède des antiquités provenant des fouilles de Néapolis et d'Amphipolis.

Le port se divise en deux : la partie moderne et le vieux port de pêche avec ses petits restaurants de poissons et son marché adossé aux arches d'un aqueduc du XVIe siècle. La vieille ville entourée de remparts byzantins est construite sur un

A gauche, l'u des rares juif grecs ayant survécu à l'Holocauste. A droite, femmes pomaques au marché de Xanthi.

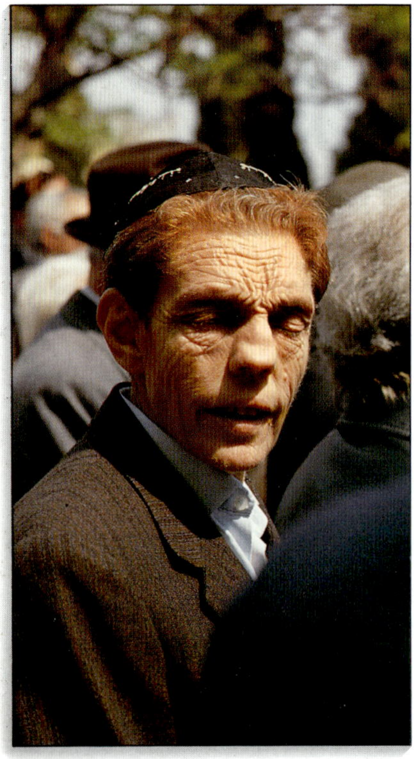

promontoire orienté à l'est. En remontant les ruelles sinueuses, vous remarquerez des croissants de lune, emblèmes dorés du sultan, qui brillent au-dessus d'un mur. Il s'agit d'un ancien **imaret**, un hospice turc ou *tembelhane*. Vous pouvez pousser le lourd portail en bois et vous promener dans ce qui n'est plus qu'une cour désolée.

En haut de la colline, la maison natale de Méhémet Ali est un bel exemple d'architecture turque traditionnelle. Né à Kavalla en 1769 de parents albanais, Méhémet Ali devint pacha d'Egypte et fonda une dynastie royale qui se perpétua jusqu'au XXe siècle. Sa statue érigée sur la place est tournée vers le pays où il régna. Il peut paraître curieux que les fondateurs de la dynastie égyptienne moderne et de la République turque soient tous deux nés dans des villes grecques, mais n'oublions pas que Thessalonique et Kavalla faisaient alors partie de l'Empire ottoman.

Philippes, qui doit son nom à son fondateur Philippe II de Macédoine, conserve peu de vestiges macédoniens. De l'acropole où trois tours médiévales dominent les ruines des remparts macédoniens, la vue embrasse le champ de bataille qui rendit le site célèbre. C'est là qu'en 42 av. J.-C., se déroula l'une des grandes batailles romaines entre les forces républicaines commandées par Brutus et Cassius, complices dans l'assassinat de César en 44, et les armées d'Antoine et d'Octave. Après leur défaite, Cassius et Brutus se suicidèrent, ainsi justice fut faite pour la mort de César.

C'est à la bataille d'Actium, quelque 11 ans plus tard, que se décida l'issue de la lutte entre les deux vainqueurs de Philippes. Les ruines romaines concentrées pour l'essentiel au sud de la route nationale comprennent les vestiges du **Forum** et de la **Palestre**, ainsi que les **Latrines publiques** dans l'angle sud-ouest du site.

Philippes passe pour être la première ville d'Europe où Paul prêcha l'Evangile, près d'un siècle après la célèbre bataille. Il y arriva en 49 de notre ère, mais fut promptement jeté en prison par les autorités locales dont la religion rappelait

Bains de soleil sur le ferry à destination de Thasos.

le paganisme thrace. Six ans plus tard, il revint pourtant dans la ville à laquelle il adressa plus tard son *Epître aux Philippiens*. Au VIe siècle, le christianisme y était en plein essor, comme en témoignent les vestiges de plusieurs basiliques.

Thasos

Des bateaux assurent une liaison régulière entre l'île de **Thasos** et Kavalla. Thasos est une île d'une grande beauté. A l'est, des collines couvertes de pins viennent mourir en pentes douces à la lisière des plages de sable doré. Le rivage occidental est plus plat, plus serein. Entre les deux bourgs principaux que sont **Liménas**, la capitale, et **Liménaria** à l'opposé de l'île, de petits groupes de maisons alternent avec des villages plus importants perchés sur les hauteurs. Les toits en ardoise, les cours d'eau et l'ombrage des platanes de **Panaghia** et **Potamia** vous feraient presque croire que vous êtes en pleine montagne. La route de **Théologos** part du sud-ouest. C'est là que se transporta l'ancienne capitale médiévale devant la menace des pirates. Liménas garde la trace des anciens ports de commerce et de guerre des Thasiens ; l'ancienne enceinte délimite à présent la ville moderne. Le **théâtre** a été plus ou moins restauré ; ses gradins en bois s'étagent parmi les pins. En haut de la colline, se trouve le **sanctuaire de Pan** en forme de croissant taillé dans le roc. On peut se procurer un guide détaillé des lieux, au musée.

De retour sur le continent, vous découvrez la plaine jaune (*Sari Saban,* en turc), à l'est de Kavalla, recouverte d'immenses champs de blé et de tabac. La rivière Nestos qui la traverse sépare la Macédoine orientale de la Thrace. Son estuaire est bordé d'une peupleraie où viennent s'abriter les oiseaux. On y accède par des routes non bitumées qui aboutissent aux superbes plages face à Thasos.

Présence de l'Islam

L'ancienne Thrace occupait une grande part de ce qui constitue aujourd'hui la

Etalage de cassettes piratées.

Bulgarie et la Turquie d'Europe. La colonisation du littoral par les Grecs engendra de fréquents conflits avec les tribus thraces limitrophes. La *via Egnatia,* qui traverse la région, compte des fortifications romaines et byzantines. La Thrace fut envahie et colonisée par les Slaves et les Ottomans. A l'issue des luttes nationalistes du XIXe siècle au début du XXe siècle, elle fut partagée entre la Bulgarie, la Turquie et la Grèce. Malgré le transfert de populations de 1923, entre les deux pays, les Turcs habitant la partie grecque de la Thrace furent autorisés à rester en échange de la protection accordée aux Grecs d'Istanbul. La minorité turque est répartie entre Xanthi, Komotini et les plaines de tabac, au sud des deux villes. Les Tziganes de langue turque convertis à l'Islam y sont également établis. Autre minorité musulmane, les Pomaques (probablement d'ascendance slave) vivent sur les versants du Rodhope oriental et occidental. Par tradition, ils cultivent le tabac. Cette région frontalière est une zone militaire. On ne peut y pénétrer sans l'accord du ministère de la Défense. Les demandes se font au poste de police de Xanthi ; comptez une semaine d'attente.

Le bruyant marché en plein air de **Xanthi,** qui a lieu tous les samedis, vous fournira une excellente occasion de voir une foule hétéroclite ; Beaucoup d'hommes portent encore le fez en velours ou en feutre rouge, et la calotte blanche lors de la prière. En fin d'après-midi, l'une des rues qui part de la place principale est barrée pour le *nifopazaro* du samedi soir. Cette « fête des futures mariées » symbolise le moment de la semaine où traditionnellement les jeunes gens des deux sexes s'échangeaient des regards. Aujoud'hui, c'est surtout l'occasion de se rencontrer et de se promener.

Xanthi fut un centre administratif et commercial prospère au XIXe siècle. Des maçons réputés d'Epire vinrent y construire les maisons des marchands, des entrepôts de tabac et des *hans* (caravanserails). Ceux-ci étaient constitués de grands bâtiments disposés autour d'une cour intérieure. Au sud de la place, un arôme enivrant de tabac emplit l'air. Vous êtes ici dans le quartier des entrepôts de tabac

'itrine d'un hotographe à Kanthi.

dont certains, encore utilisés, ont des façades extraordinaires. Au nord se dressent les minarets effilés du quartier turc et ses maisons blanchies à la chaux.

La population de **Komotini** est à plus de 50 % musulmane. Les deux mosquées du centre de la ville se remplissent de fidèles à l'heure de la prière. Dans les rues pavées alentour, des petites boutiques proposent des articles courants. Des vieillards portant le fez sont assis, l'air solennel, à l'extérieur des cafés. Ils tripotent leur collier porte-bonheur *(komboloï)*. Au musée local sont exposées les découvertes archéologiques de fouilles effectuées dans toute la Thrace ; **Abdère**, au sud de Xanthi, et **Maronia**, au sud de Komotini, étant deux des sites les plus importants.

Si ces deux sites ne recèlent plus rien d'extraordinaire de nos jours, ils ont un réel intérêt historique. Très riche au Vᵉ siècle av. J.-C., Abdère fut la ville natale de deux grands philosophes de l'Antiquité : Démocrite et le sophiste Protagoras. Plus à l'est, Maronia représente dans la mythologie le lieu où Ulysse fit naufrage et fut retenu prisonnier par le cyclope Polyphème. Lui et ses compagnons lui échappèrent en l'enivrant du délicieux vin fruité local. La **caverne de Polyphème** (l'île de Polyphème est plutôt à identifier à la Sicile, selon les travaux récents), ou prétendue telle, est au nord de Maronia.

La vallée de l'Evros et Samothrace

Après Komotini, la route zigzague dans un paysage de collines désolées avant de redescendre dans la grande plaine de l'Evros pour atteindre **Alexandroupolis**. Cette ancienne petite ville côtière non dénuée de charmes s'est transformée en une agglomération urbaine désordonnée. Des routes non bitumées conduisent au delta de l'Evros dont les marécages constituent un important refuge pour les oiseaux migrateurs de l'Europe du Nord-Est, notamment des flamants roses. L'endroit sera bientôt aménagé afin d'en faciliter l'approche et l'observation. On ne peut accéder à la rivière elle-même, car elle constitue la limite de la zone militaire. Les ferry-boats relient le port à l'île de Samothrace.

Contrairement à la verdoyante et riche Thasos, **Samothrace** (Samothrakê) dresse ses hauteurs de granit menaçantes audessus d'une grève de galets et d'une mer trouble. Le paysage n'a pas toujours été aussi inhospitalier. C'est de là que le puissant Poséidon d'Homère surveillait les péripéties de la guerre de Troie : « *Il s'asseyait et s'émerveillait de la guerre et des luttes, juché sur la crête la plus élevée de la sylvestre Samothrace , car de là on avait vue sur l'Ida entier, sur la ville de Troie et la flotte des Achaïens.* » Avec le temps, la forêt a reculé, laissant derrière elle le paysage lunaire du **mont Phengari** (le mont de la Lune !). On retrouve des traces de l'ancienne végétation luxuriante dans le nord-est de l'île. L'ancien culte indigène des « Grands Dieux » survécut à la colonisation de l'île par les Grecs au VIIᵉ siècle av. J.-C. et se perpétua jusqu'au IIIᵉ siècle. La visite du **musée de Paléopolis** et du site lui-même vous permettra d'en savoir plus sur ce culte mystérieux.

Quittant Alexandroupolis, la route s'en va vers le nord-est, passe par les ruines de **Traïanoupolis**, ancienne ville de garnison romaine, avant de rejoindre **Férès**. Son église de la Vierge, du XIIᵉ siècle, est ornée de belles fresques aux couleurs malheureusement passées.

Soufli fut jadis réputée pour sa production de soie. Les terres inclinées vers l'Evros étaient plantées de mûriers. Aujourd'hui, les arbres sont remplacés par des champs de blé, et l'unique filature de soie encore en fonctionnement importe des cocons d'Orient. La citadelle byzantine de **Didimotikhon** domine la vallée de l'Evros. L'édifice pyramidal de la ville est une mosquée désaffectée. Le musée d'Art populaire donne un aperçu intéressant sur la culture et l'artisanat local traditionnel, visitez le.

De là, vous pouvez vous rendre en Turquie par le train (de la gare de Pithio) ou par la route qui passe par l'avant-poste frontalier de Kastaniés. Juste de l'autre côté de la frontière, s'élèvent les quatre minarets de la **mosquée Selimiye**, du XVIᵉ siècle, ultime chef-d'œuvre de l'architecte turc Sinan. Ils dominent les peupliers qui oscillent dans le vent, sur la rive opposée de l'Evros.

La mosquée Selimiye, de l'autre côté de la frontière, Turquie.

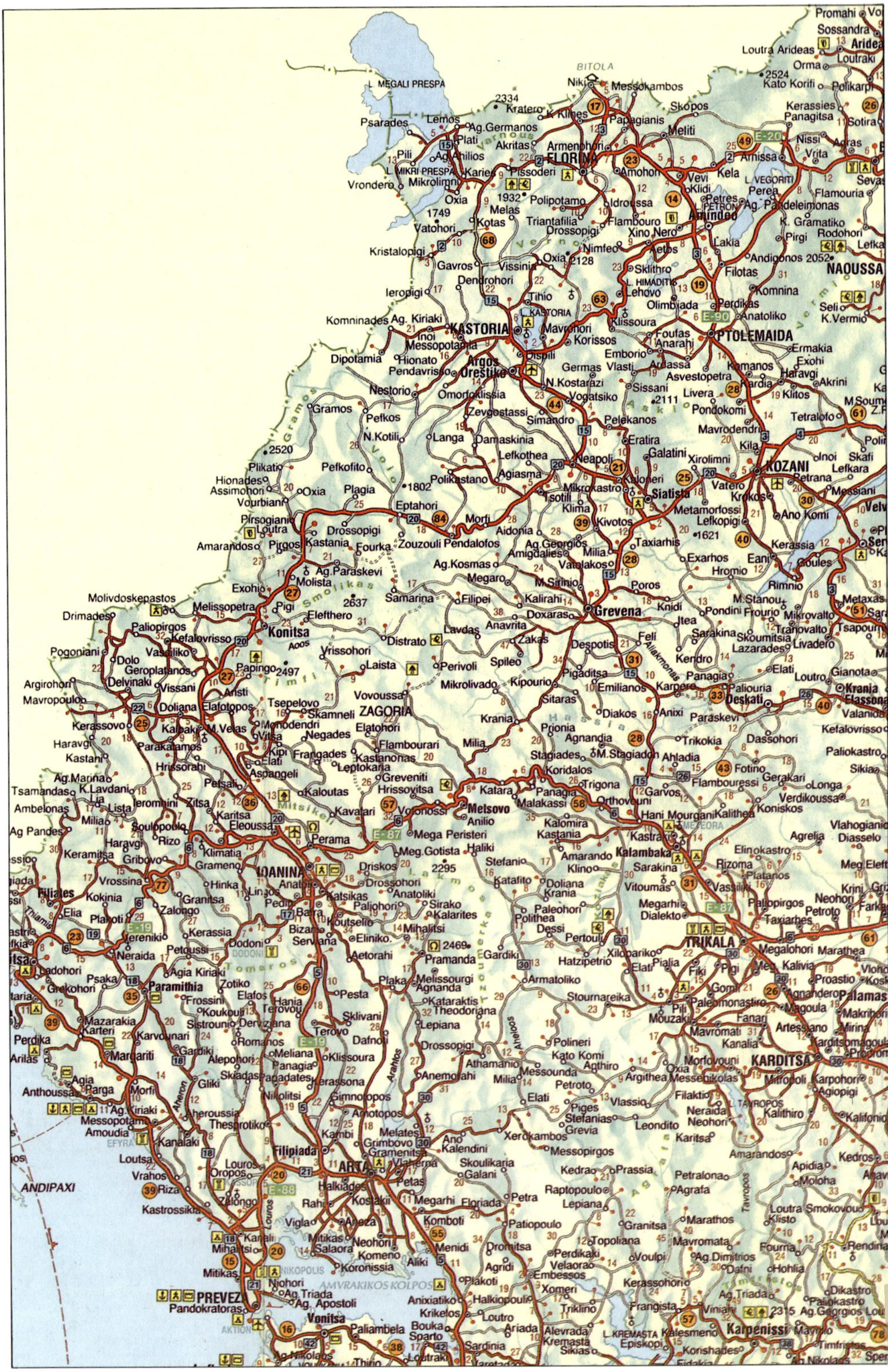

BITOLA
L. MEGALI PRESPA
L. MIKRI PRESPA
Psarades
Vrondero
Mikrolimni
Oxia
Kristalopigi
Ieropigi
Komninades
Ag. Kiriaki
KASTORIA
L. KASTORIA
Argos Orestiko
Dipotamia
Hionato
Pendavriso
Nestorio
Gramos
Pefkos
N. Kotili
Plikati
Hionades
Assimohori
Vourbiani
Pirsogiani
Amarandos
Pirgos
Kastania
Fourka
Drossopigi
Molista
Exohi
Molivdoskepastos
Drimades
Melissopetra
Pigi
Konitsa
Aoos
Paliopirgos
Kefalovrisso
Pogoniani
Dolo
Vassiliko
Geroplatanos
Delvinaki
Vissani
Argirohori
Mavropoulo
Papingo
Aristi
Tsepelovo
Skamneli
ZAGORIA
Vovoussa
Doliana
Elafotopos
Kalpaki
M. Velas
Monodendri
Vitsa
Negades
Elatohori
Kerassovo
Haravgi
Kastani
Parakalamos
Hrissorahi
Kipi
Elati
Frangades
Aspangeli
Flambourari
Kastanonas
Leptokaria
Greveniti
Hrissovitsa
Ag. Marina
K. Lavdani
Tsamandas
Ambelonas
Lista
Ieromnini
Petsali
Zitsa
Karitsa
Eleoussa
Kaloutas
Kavalari
Voronissi
Metsovo
Anilio
Ag Pandes
Milio
Soulopoulo
Rizo
Haravgi
Keramitsa
Gribovo
Klimatia
Grameno
IOANINA
Perama
Driskos
Meg. Peristeri
Meg. Gotista
Haliki
Stefanio
Filiates
Vrossina
Kokinia
Elia
Plakoti
Zalongo
Granitsa
Hinka
Lingos
Anatoli
Katsikas
Drossohori
Anatoliki
Sirako
Kalarites
Paliohori
Pedini
Bafra
Koutselio
Bizani
Servana
Eliniko
Mihalitsi
Vereniko
Kerassia
Neraida
Petoussi
Dodoni
DODONI
Aetorahi
Pramanda
Gardiki
Ladohori
Psaka
Paramithia
Agia Kiriaki
Zotiko
Grekohori
Plaka
Melissourgi
Agnanda
Frossini
Koukouli
Elafos
Hania
Terovo
Pesta
Sklivani
Kataraktis
Theodoriana
Lepiana
Mazarakia
Karteri
Sistrouni
Dervizana
Perdika
Arilas
Margariti
Karvounari
Romanos
Gardiki
Meliana
Panagia
Dafnoti
Klissoura
Drossopigi
Alepohori
Skiadas
Papadates
Gliki
Kerassona
Agia
Parga
Anthoussa
Morfi
Acheron
Nikolitsi
Gimnotopos
Amotopos
Anemorahi
Athamanio
Ag. Kiriaki
Messopotamo
Amoudia
EFYRA
Heroussa
Thesprotiko
Kanalaki
Kambi
Grimbovo
Melates
Gramenitsa
Loutsa
Vrahos
Louros
Oropos
Filipiada
ARTA
Vlaherna
Riza
Zalongo
Kastrossikia
Halkiades
Kostakii
Petas
Rahi
Megarhi
Vigla
Aneza
Mitikas
Salaora
Neohori
Komeno
Koronissia
Kanali
Mihalitsi
Mitikas
NIKOPOLIS
Niohori
Ag. Triada
Ag. Apostoli
PREVEZA
Pandokratoras
AKTION
AMVRAKIKOS KOLPOS
ANDIPAXI
Vonitsa
Paliambela
Bouka
Sparto
Ag. Nikolaos
Thirio
Lutraki
Sardinia
Aliki
Menidi
Kombotí
Anixiatiko
Krikelos
Plakoti
Halkiopoulo
Loutro
Ariada
Agrid
Dromitsa
Patiopoulo
Floriada
Petra
Raptopoulo
Lepiana
Xomeri
Triklino
Alevrada
Kremasta
Sikias
Embessos
Velaora
Perdikaki
Topoliana
Voulpi
Granitsa
Kerassohori
Frangista
Episkopi
L. KREMASTA
Kalesmeno
Karpenissi
Korishades
Fidakia
Mavrilo
Ag. Georgios
Dikastro
Palaiokastro
Timfristos
Ag. Nikolaos
Vinian
Ag. Triada
Fourna
Klisto
Dafni
Ag. Dimitrios
Mavromata
Marathos
Hohlia
Loutra Smokovou
Rendina
Petralona
Agrafa
Tavropos
Kedros
Apidia
Moloha
Amarandos
Kedrao
Prassia
Messopirgos
Xerokambos
Grevia
Stefanias
Piges
Ano Kalendini
Skoulikaria
Galani
Leondito
Karitsa
Neraida
Neohori
L. TAVROPOS
Kalithiro
Kalifoni
Agiopigi
Karpohori
Mitropoli
KARDITSA
Filaktio
Vlassio
Petroto
Messounda
Anthiro
Elati
Milia
Argithea
Messenikolas
Polineri
Kato Komi
Morfovouni
Kanalia
Mavromati
Fanari
Artessiano
Karditsomagoula
Proastio
Makrihori
Magoula
Agnanderó
Palamas
Paleomonastiro
Gomfi
Pili
Mouzaki
Stournareika
Armatoliko
Hatzipetrio
Elati
Pialia
Fiki
Pigi
Xiloparikó
TRIKALA
Megalohori
Kalivia
Marathea
Taxiarhes
Palopirgos
Petroto
Neohori
Farkadona
Dialekto
Megarhi
Vassiliki
Vitoumas
Sarakina
Kalambaka
Kastraki
METEORA
Rizoma
Platanos
Meg. Eleftherohori
Agrelia
Diasselo
Vlahogianni
Elinokastro
Koniskos
Verdikoussa
Gerakari
Longa
Flamboúressi
Fotino
Kalithea
Hani Mourgani
Garvos
Orthovouni
Trigona
Panagia
Malakassi
Kalomira
Kastania
Amarando
Klinos
Doliana
Krania
Katafito
Paleohori
Polithea
Dessi
Pertouli
Koridalos
Stagiades
M. Stagiadon
Agnandia
Prionia
Ahladia
Trikokia
Dassohori
Paliokastro
Sikia
Kefalovrisso
Valanida
Elassona
Krania
Gianota
Elati
Loutro
Deskati
Paliouria
Panagia
Paraskevi
Anixi
Diakos
Emilianos
Karpero
Kendro
Sarakina
Skoumitsia
Lazarades
Livadero
Tranovalto
Mikrovalto
Frourio
M. Stanou
Pondini
Itea
Knidi
Feli
Aliakmonas
Despotis
Pigaditsa
Sitaras
Kipourio
Mikrolivado
Spileo
Zakas
Anavrita
Lavdas
Perivoli
Distrato
Laista
Vrissohori
Vovoussa
Milia
Krania
Katara
Kalirahi
Doxaras
Grevena
Filipei
Samarina
Ag. Paraskevi
Elefthero
Smolikas
Megaro
M. Sifinio
Ag. Kosmas
Vatolakos
Milia
Ag. Georgios
Amigdalies
Aidonia
Kivotos
Klima
Tsotili
Mikrokastro
Neapoli
Kaloneri
Siatista
Agiasma
Polikastano
Lefkothea
Damaskinia
Langa
Morfi
Zouzouli
Pendalofos
Eptahori
Plagia
Pefkofito
Oxia
Zevgostassi
Simandro
Omorfoklissia
Vogatsiko
N. Kostarazi
Germas
Vlasti
Sissani
Pelekanos
Eratira
Galatini
Xirolimni
Vatero
Krokos
KOZANI
Petrana
Messiani
Ano Komi
Metamorfossi
Lefkopigi
Taxiarhis
Kerassia
Exarhos
Eani
Hromio
Rimnio
Poros
Pondokomi
Livera
Mavrodendri
Kila
Ardassa
Asvestopetra
Emborio
Anarahi
Foufas
Klissoura
Korissos
Mavrohori
Dispili
Mavropigi
PTOLEMAIDA
Komanos
Kardia
Haravgi
Akrini
Klitos
Ermakia
Exohi
Tetralofo
Anatoliko
Perdikas
Olimbiada
Lehovo
L. HIMADITIS
Sklithro
Filotas
Komnina
Aetos
Nimfeo
Xino Nero
Flambouro
Amindeo
L. PETRON
Petres
Ag. Pandeleimonas
Perea
L. VEGORITI
Flamouria
K. Gramatiko
Pirgi
Rodohori
Andigonos
NAOUSSA
Seli
K. Vermio
Lefkadia
Vermio
Idroussa
Triantafilia
Drossopigi
Polipotamo
Melas
Kotas
Vatohori
Gavros
Vissinia
Dendrohori
Tihio
Mesopotamia
Inoi
Armenohori
FLORINA
Amohori
Vevi
Klidi
Kela
Meliti
Papagianis
Skopos
Kato Kleines
Kratero
Niki
Messokambos
Ag. Germanos
Lemos
Plati
Akritas
Pili
Ag. Ahilios
Karies
Pissoderi
Nissi
Vrita
Arnissa
Agras
Kerassies
Panagitsa
Sotira
Polikarpi
Kato Korifi
Orma
Loutra Arideas
Loutraki
Aridea
Sossandra
Promahi
Meg. Gotista
Tzoumerka
Lakmos
Athamanon
Valia
Gramos
Voio
Timfi
Mitsikeli
Tomaros
Askio
Vernon
Varnous
Hassia
Arahthos
Aheloos

L'EPIRE ET LE NORD-OUEST DE LA MACEDOINE

L'Epire et le nord-ouest de la Macédoine sont des mondes à part. Ils ne ressemblent pas à la Grèce éclaboussée de soleil. Ici, vous découvrirez plutôt des crêtes dentelées, de profondes gorges sans soleil, des montagnes couvertes de forêts et coiffées de neige, dont la pierre et le bois ont servi à bâtir les villages. Dans ce pays si fortement marqué dans son histoire par la mer, la partie septentrionale de la péninsule hellénique est souvent la terre oubliée. En grec, l'Epire signifie « le grand territoire sec ».

Il suffit de marcher dans les rues pavées d'un village aux maisons bien alignées pour ressentir le caractère à la fois pesant et sobre de l'existence imposée par cette contrée austère et dure ; ou bien encore d'observer les pas lents et lourds d'un Epirote dansant au son plaintif d'une clarinette. L'architecture des maisons zagoriennes aux larges grilles, construites en retrait de la rue, donnent une idée du cloisonnement social et de la réserve des habitants. Contrairement à d'autres régions, l'étranger n'est pas invité à se joindre aux festivités locales. Même la pluie, plus abondante dans cette région qu'ailleurs, vous rappelle que vous n'êtes ni à Nauplie ni à Naxos. Et pourtant, les contrastes entre cette Grèce montagneuse et la Grèce méditerranéenne commencent à s'estomper dans l'uniformisation croissante de la Grèce moderne.

Les Epirotes installés à Athènes, qui reviennent dans leur village natal pour les vacances, sont un des vecteurs de cette uniformisation. Grâce aux moyens de communication modernes, la région n'est plus isolée. L'électricité, le téléphone, la radio et la télévision relient la plupart des villages et des foyers au reste du pays, sans parler du réseau routier et des liaisons aériennes.

Un peu d'histoire

Alors que l'Epire se fond de plus en plus dans la nation, il est essentiel de comprendre à quel point elle s'en différencie pourtant par son passé. C'est en 1913 seulement que la région fut annexée par la Grèce, quelque 80 ans après l'affirmation par la Grèce continentale de sa souveraineté. A cette époque, l'Epire avait une population aux ethnies, aux langues, aux religions et aux coutumes fort diverses : Grecs, Turcs, Albanais et Macédoniens chaque groupe linguistique comprenant des minorités chrétiennes ou musulmanes sans oublier les peuples nomades sarakatsanides, valaques et koutsovalaques.

Après la Seconde Guerre mondiale et la guerre civile, la région connut une émigration massive et se dépeupla au profit des villes grecques ou étrangères. Dans les années 70, de nombreux villages épirotes connurent un rapide déclin. Les demeures étaient laissées à l'abandon, et celles qui étaient encore habitées abritaient des personnes âgées. L'activité économique locale, presque inexistante, n'intéressait pas les plans de modernisation nationaux.

Mais cette situation a changé dans la dernière décennie. Le gouvernement a voulu redonner à la région sa place dans l'économie nationale, les mouvements migratoires se sont inversés et le comportement des Grecs à l'égard des villages s'est modifié. La « tradition » n'est plus considérée comme un obstacle à la prospérité économique, mais comme un héritage culturel qu'il faut préserver.

Les bienfaits de cette ère nouvelle et les problèmes qu'elle engendre sont particulièrement visibles en Zagoria. Grâce à une réglementation efficace des permis de construire, à des prêts aux taux d'intérêts peu élevés et à différentes aides à la construction, de nombreux bâtiments — publics et privés — ont pu être restaurés. Ainsi, des villages entiers ont été préservés dans leur style traditionnel, antérieur au XIXe siècle. La construction de nouvelles routes est en cours, remplaçant souvent les sentiers de mulets, elles permettent d'accéder aux hameaux les plus petits et aux pâturages les plus éloignés. Enfin, un phénomène très récent mais omniprésent dans chaque village ou presque, la présence de maisons de la culture, qui constituent un centre d'activités diverses et variées.

Des intérêts en conflit

Derrière cette politique de « modernisation », l'observateur attentif découvrira un microcosme de la réalité grecque actuelle, où s'affrontent des intérêts et une conception du monde divergents. Les conservateurs veulent préserver la région contre les entrepreneurs qui aimeraient créer des stations de sports d'hiver. Les fermiers, pour qui le débit régulier des rivières est vital, s'opposent à la construction des centrales hydro-électriques décidée par l'Etat. Les partisans de l'exploitation minière doivent affronter ceux qui favorisent le défrichement des terres. Autre grande question, autre source de divisions : quelle sorte d'industrie touristique doit-on développer ?

Le nouvelle tendance qui se dessine est celle d'un tourisme à « profil bas », ou « écotourisme ». Elle est défendue par les organisations conservatrices et la plupart des agences gouvernementales, mais combattue, comme c'était prévisible, par de nombreux groupements d'intérêts locaux.

La région qui nous intéresse à présent possède, à l'échelle de la Grèce, une vaste superficie. 375 km sépare Igouménitsa d'Edessa par la route la plus directe. Pour faire ce circuit dans de bonnes conditions, il est conseillé d'y consacrer au moins dix jours. La région côtière de l'Epire incluant Parga, Efira, le Nékromanteion de l'Achéron, Kassopé, Prévèza, Actium et Arta (brièvement traitée dans la partie consacrée à la Roumélie) est elle aussi chargée d'histoire. Le triangle Igouménitsa-Arta-Ioannina constitue donc un détour qui s'impose.

Igouménitsa

Le port moderne d'Igouménitsa est le plus important d'Epire, voire de la Grèce septentrionale, et accueille une grande partie des touristes arrivant par l'ouest. Les milliers de touristes ne s'y attardent généralement pas. Rien ne vous indique ostensiblement que vous êtes en Epire, à moins qu'en vous promenant sur la place centrale, vous n'entendiez d'une boutique s'élever le son du *klarino,* la clarinette

Pope à Konitsa (Epire).

épirote dont la sonorité chevrotante vous poursuivra durant tout votre séjour ici.

La route d'Igouménitsa à Ioannina serpente à travers la vallée de la Kalamos, l'ancienne rivière Thiamis, vers les régions montagneuses du **Pinde**. Le Pinde est la principale chaîne montagneuse grecque et l'une des plus importantes des Balkans ; elle s'étend du mont Morava, en Albanie, jusqu'à la plaine de l'Agrafa en Grèce centrale.

Ioannina (Jannina)

En arrivant sur la route de **Konitsa**, vous apercevez à l'horizon l'austère silhouette du **mont Mitsikeli** au-dessus de Ioannina et de son lac. Depuis mille ans, Ioannina a su rester l'une des grandes métropoles grecques, l'un des foyers de l'hellénisme et un carrefour commercial international. Le dernier épisode marquant de la ville fut d'être dans la seconde moitié du XVIIIe siècle la citadelle d'Ali Pacha de Tebelen, surnommé le « Lion d'Ioannina ». Le célèbre tyran s'était rebellé contre le sultan et avait fondé un royaume épirote indépendant. La cité comptait alors 35 000 habitants.

Aujourd'hui, Ioannina demeure l'un des centres régionaux les plus animés et abrite l'un des six complexes universitaires grecs. Indépendamment de l'intérêt que représente la ville et de la beauté de son cadre, Ioannina est un bon point de départ d'où explorer la région alentour : la **Zagora**, **Metsovon** et **Dodone**.

Contrairement à la majorité des grandes villes grecques, l'histoire de Ioannina ne remonte pas à l'Antiquité. La ville tirerait son nom du monastère de Saint-Jean-Baptiste, un couvent médiéval. Elle grandit en taille et importance en 1204, après la conquête de Constantinople par les croisés et l'instauration du despotat d'Epire dont les réfugiés vinrent grossir sa population. Vers la fin du XIIIe siècle, elle accéda au statut d'archevêché. Elle passa sous l'autorité des Turcs au XVe siècle comme l'ensemble de la Grèce.

L'héritage d'Ali Pacha est aujourd'hui en partie perdu. Si l'on peut encore admirer des constructions datant de son époque

oannina est élèbre pour es bougatsa ».

(notamment une mosquée et les redoutables murailles de la citadelle), de nombreux monuments brûlèrent lors du siège de la ville par l'armée du sultan en 1820. Cet épisode, joint à la tendance, après la guerre, à construire de grands immeubles, a fait de Ioannina une ville résolument moderne.

Une place animée

La grand-place bordée par divers bâtiments publics, au centre de Ioannina, est l'endroit tout désigné pour organiser votre tour de la ville : c'est là que les habitants se rencontrent. Les étudiants viennent s'installer sur le coup de midi dans les cafés animés qui longent la promenade ; les hommes âgés préfèrent les cafés traditionnels de la rue Avérof pour jouer au *tavli* et aux cartes ; les familles et les amis prennent l'air bras dessus bras dessous, en soirée. On peut déguster ici quelques *bougasta*, de succulentes pâtisseries à la crème qui font la renommée de Ioannina.

Le **musée archéologique** se situe au nord de la place, il possède une belle collection d'objets épirotes allant du paléolithique aux temps modernes. *Odhos Avérof* mène au *Kastro*, la citadelle de nombreux tyrans épirotes et, en dernier ressort, celle d'Ali Pacha lui-même. L'enchevêtrement d'immeubles et de ruelles qui occupe l'esplanade compte les vestiges les plus remarquables de l'histoire de Ioannina — les murailles massives et leurs portes, la **mosquée d'Aslan Pacha** et la **mosquée Fétiye**. La première abrite maintenant le musée municipal où l'on peut voir des costumes épirotes, des bijoux et autres reliques.

La tradition populaire situe l'un des célèbres épisodes de la vie d'Ali Pacha dans les parages de la mosquée. Selon la version la plus courante, le Pacha s'enticha de la belle Kyra Frosini qui était la maîtresse de son fils aîné. Ayant repoussé ses avances, elle paya de sa vie le prix de son refus : après avoir été attachée, ainsi que 17 de ses suivantes, dans un sac lesté avec un poids, elle fut jetée dans le lac.

La mosquée Fétiye (Victoire), un peu plus loin sur le front de mer, est aujourd'hui close. La tombe d'Ali Pacha lui fait

La pluie, plus fréquente en Epire que partout ailleurs en Grèce.

face. C'est de ces édifices, à présent vides pour la plupart, que le « Lion » régnait sur son minuscule empire. Des hôtes tel Lord Byron furent reçus en grande pompe dans son *Serraglio* (palais).

Avant de quitter l'esplanade, son nom : Dionisiou Skilosofou, ou Dionysos le Chien sophiste, s'impose. L'homme, qui donna son nom au promontoire, commença sa carrière comme évêque de Trikala avant d'être promptement défroqué, pour s'être adonné à la magie noire et à la boisson. Il se livra à des activités subversives. Responsable en 1611 d'un violent soulèvement contre l'autorité turque, il se réfugia dans une grotte marine, où il fut déniché, écorché vif puis empaillé avant d'être exhibé devant le sultan de Constantinople.

Un court trajet en bateau sur le **lac Pambiotis** vous conduira aux monastères. Des allées sinueuses offrent une agréable promenade parmi les arbres et les fleurs odorantes de l'île. Une taverne sert des poissons frais du lac. Le monastère d'**Haghios Nicolaos**, à proximité du village de pêcheurs, conserve des fresques aux couleurs éclatantes. L'une dépeint d'épouvantables supplices tandis qu'ailleurs apparaissent Platon, Aristote et Thucydide, tels des astres lumineux dont la lumière éclaire le monde. La maison où se réfugia Ali Pacha en 1822, pour tenter d'échapper à l'armée du sultan, est située dans le monastère de **Panteleïmon**. Mais, retranché au premier étage, il fut mortellement atteint par les balles tirées par les soldats à travers le plafond du rez-de-chaussée. Les trous sont encore visibles.

Le sanctuaire de Zeus

Au sud de Ioannina, **Dodone** constitue le principal intérêt archéologique de l'Epire. La route gravit en serpentant le mont Tomaron (découvrant une belle vue sur Ioannina, le lac et le mont Mitsikeli en arrière-plan) avant de redescendre vers une petite vallée où se trouve le sanctuaire. Homère l'appelle la « Dodone hivernale ». Le site est véritablement désolé. Dans l'Antiquité, l'oracle de Dodone passait pour le plus ancien de la Grèce. Le

Bavardages en attendant le bus, à Metsovon.

Zeus dodonien auquel on rendait un culte était censé habiter dans le tronc d'un chêne sacré. Les prêtres interprétaient les bruissements du chêne sacré dans le vent et s'exprimaient par énigmes comme à Delphes. Le sanctuaire perdit de l'importance au Vᵉ siècle av. J.-C. au bénéfice de celui de Delphes.

Un guide (vendu à l'entrée du site) permet d'identifier les quelques vestiges des anciens édifices et temples, tout en renvoyant aux collections du musée de Ioannina. L'**amphithéâtre** du IIIᵉ siècle, superbement restauré, date de l'époque du grand roi épirote, Pyrrhus, dont l'armée triompha des Romains au prix de lourdes pertes. L'édifice peut accueillir jusqu'à 18 000 spectateurs. Des pièces y sont jouées chaque été, lors du festival annuel d'art dramatique classique.

Des excursions intéressantes

Au nord de Ioannina, la route pénètre en **Zagoria**, cœur montagneux de l'Epire. Si vous n'aviez pas prévu de vous y rendre, visitez au moins **Metsovon**, à 58 km d'Ioannina. Sur le chemin, ne manquez pas **Pérama**, l'une des grottes les plus spectaculaires de Grèce. Après une longue et sinueuse ascension, les toits de Metsovon apparaissent au sud-est. Ce village singulier est célèbre à juste titre pour son superbe emplacement (avant le col Katara qui permet de franchir par la route la chaîne centrale du Pinde), le style de ses maisons, son artisanat et ses habitants qui portent encore leurs costumes traditionnels. Nombre d'entre eux sont koutsovalaques, des nomades parlant un dialecte roumain. On ne sait pas exactement si leurs ancêtres étaient des Grecs dont l'actuel patois dérive du latin, ou bien s'ils quittèrent la Valachie durant le Moyen Age. Malheureusement, la culture et le parler valaques sont en train de péricliter, comme c'est le cas des langues minoritaires en Grèce (le macédonien, l'albanais, le turc et le sarakatsanide). Metsovon en est peut-être le dernier grand bastion.

Une visite de la **maison Tositsa** donne une idée de la société traditionnelle épirote. Cet *archontiko*, ce manoir d'ar-

Ci-dessous, pont de pierre en Zagoria. A droite, un détail du pont ; en Epire, on accepte la vie telle qu'elle est...

chonte (grand seigneur), ressemble aux vieilles demeures de Siastista et de Kastoria. Transformé en musée, il renferme des bois sculptés metsovites, des tissages et des tapis. Comme vous le remarquerez sans doute, Metsovon est un bourg fort bien conservé. Le mérite en revient au financier Evangélos Avérof, un enfant du pays, patriarche de l'une des familles les plus riches et les plus puissantes de Grèce, dont le nom reste associé à des réalisations prestigieuses tels le stade olympique d'Athènes et le cuirassé Avérof. Avant de partir, goûtez les spécialités locales que les Grecs viennent chercher d'aussi loin que Prévéza et Trikala, le *metsovitiko* , un fromage au goût fumé, et le *mizithra,* un fromage blanc sans sel.

La Zagoria

Par sa culture et sa géographie, la Zagoria est une région à part dans l'Epire. Ses 46 villages sont inclus dans le triangle Ioannina-Konitsa-Metsovon que délimitent des montagnes impressionnantes et des défilés profonds. Cette contrée connut une relative autonomie durant l'occupation ottomane car ses activités commerciales lucratives permettaient aux responsables locaux d'acquitter les taxes dues aux suzerains turcs. La Zagoria devint un foyer d'éducation, et elle attira les classes aisées des grandes villes commerçantes d'Orient et d'Europe. Conséquence d'un passé tumultueux, cette région a aujourd'hui deux visages : l'Est est peuplé en grande partie de Valaques, tandis que l'Ouest est beaucoup plus marqué par des influences slaves et albanaises. Autre différence : à l'ouest l'architecture reflète encore le passé, contrairement à l'est où les villages ont été presque entièrement reconstruits. Durant la Seconde Guerre mondiale, la résistance acharnée des habitants de l'est de la Zagoria contre l'occupation allemande attira les foudres de l'ennemi qui, en représailles, dévasta cette région.

Le paysage en Zagoria est à la fois spectaculaire et varié. Dominés par de hauts sommets alternent des versants abrupts, des alpages accueillants, des

forêts profondes, des plaines fertiles et des canyons sinueux. C'est l'une des rares enclaves sauvages de la Grèce ; elle héberge une faune menacée de disparition : des loups, des ours, des marcassins, des lynx, quelques rares chamois et différentes espèces d'aigles et de faucons. Cependant, même dans l'endroit le plus reculé on trouve des signes de civilisation. Parfois, dans un village à demi abandonné on découvre, contre toute attente, que la place et l'église ont été restaurées probablement grâce aux dons d'émigrés d'Amérique ou d'Australie.

Vers les gorges du Vicos

Pour pénétrer au cœur de cette région, quittez la route de Ioannina-Konitsa juste après Karies et suivez les panneaux indiquant les **gorges du Vicos**. La ville de **Vitsa** possède de belles demeures traditionnelles. L'église **Haghios Nicolaos** est l'une des plus anciennes de la région. Pour la visiter, adressez-vous à la station de police locale. Un peu plus loin, **Monodendri** possède une élégante place avec un énorme platane, sans oublier la **basilique d'Haghios Athanasios**. Le café sert de succulentes tourtes au fromage. La courte promenade vers le **monastère d'Haghios Paraskevi** et, plus loin, jusqu'au bord des gorges du Vicos est absolument magnifique.

Dirigez-vous ensuite vers **Kipi** et **Négades**, puis, à pied, vers **Vradéto**, village fantôme pour ainsi dire. Un extraordinaire pont turc à trois arches enjambe le torrent sur la droite juste avant Kipi. En haut du village, l'église et l'école dominent le paysage. Négades est connu pour sa basilique constituée de trois églises consacrées à saint Démètre, à saint Georges et à la Sainte Trinité. Elle est ornée de belles fresques. Pour vous rendre à Vradéto, prenez la route de Tsépélovo. Quelques centaines de mètres après la bifurcation vers Képésovo, un sentier signalé oblique à gauche vers Vradéto. Durant cette promenade d'une heure, vous traverserez une petite gorge et vous gravirez un chemin pavé, l'une des réalisations pré-modernes les plus remarquables

Repas en famille.

de la région. En arrivant, vous serez surpris par le calme inquiétant des lieux (en hiver, sept personnes seulement y habitent). A une demi-heure de marche de là, à Beloi, les gorges du Vicos sont visibles dans leur ensemble. Enfin, si vous souhaitez vous aventurer plus avant dans la montagne, continuez en direction de Tsépélovo et des villages les plus reculés.

Pour découvrir l'ouest de la Zagoria, restez sur la route d'Ioannina-Konitsa. L'une des plus glorieuses batailles de l'histoire grecque moderne, commémorée par plusieurs monuments, s'est déroulée à **Kalpaki**. En 1940, les Grecs y affrontèrent l'envahisseur italien venu d'Albanie. Mussolini avait prétendu que la campagne ne serait qu'une simple *passeggiata*. En fait, bien qu'inférieure en nombre, l'armée grecque repoussa les Italiens dans les montagnes albanaises, pour ne capituler qu'à l'arrivée des Allemands.

La région d'Aristi et **Papingo**, dominée par les hauts sommets du mont Gamila comprend quelques-uns des villages traditionnels d'Epire les mieux préservés. Depuis quelques années, les deux villages de Papingo (**Mégalo** et **Mikro**) bénéficient d'une excellente réputation de station de villégiature. Les **Pirgis**, véritables tours de calcaire, hautes de 610 m, se dressent derrière les villages. Une vingtaine de maisons, de style traditionnel, superbement restaurées par l'Office nationale du tourisme, peuvent être louées. Les petits restaurants servent des truites fraîches et des excellents *pita*. Non loin de la route qui relie les deux villages, un torrent suffisamment profond en cet endroit permet de pratiquer les sports nautiques.

De là, diverses randonnées en montagne, autour du **mont Gamila** peuvent être faites. Du village de Vicos, de l'autre côté des gorges, on embrasse du regard toute la vallée du Voidomatis, les gorges du Vicos, Papingo et ses « tours », et les sommets du Gamila en arrière-plan.

En poursuivant la route d'Ioannina-Konitsa, on quitte la vallée du Voidomatis aux eaux glaciales pour entrer dans celle, plus tempérée, d'Aoos. Un vieux pont construit par les Turcs enjambe la rivière, parallèlement au nouveau, juste avant Konitsa. C'est le plus long de la région.

Village épirote.

RANDONNEES PEDESTRES DANS LA CHAINE DU PINDE

Une nature intacte, un paysage d'une grande variété, des villages judicieusement essaimés et un important réseau de sentiers font de cette région un véritable paradis pour les randonneurs. Le nord du Pinde se prête à de multiples formes d'excursions : des traversées harassantes de plusieurs jours réclamant éventuellement des talents d'alpiniste, des randonnées de village en village à travers pâturages et régions sauvages, ou bien de simples promenades.

Si les sentiers pédestres sont nombreux, ils ne sont pas toujours bien entretenus ni bien signalisés. C'est pourquoi, il est recommandé de se munir d'une bonne carte, d'une boussole et d'un guide des circuits pédestres.

Il est conseillé aux randonneurs, qu'ils soient novices ou expérimentés, d'être prudents, car le temps peut changer très rapidement, sans le laisser présager.

Le circuit que nous vous proposons vous fera découvrir des paysages variés et quelques-uns des plus beaux villages de la région. Il commence et se termine par les villages de Papingo où vous trouverez, outre des tavernes et des magasins, de nombreuses possibilités d'hébergement. Sans pour autant atteindre le taux de fréquentation de certains sentiers de randonnées d'Angleterre ou d'Europe centrale, c'est de loin l'un des circuits les plus populaires. La haute saison est en août.

1. **Mikro Papingo-refuge d'Astrakas** (ce refuge est visible de Papingo où vous vous en procurerez les clés), au col du mont Gamila ; trajet : trois à quatre heures (eau disponible à intervalles réguliers) ; ascension : 900 m.

2. Détour par **Drakolimni** (lac de montagne à 2 100 m d'altitude). C'est un endroit idéal pour admirer le paysage et prendre un repas ; trajet : deux à trois heures aller et retour. Possibilité de passer

Le refuge montagne, dessus de Papingo.

ıkolimni, le
du dragon.

la nuit au refuge ou au camp de l'étang de Xéroloutsa (à quinze minutes en redescendant à l'est du refuge, vers Drakolimni ; eau de source).

3. **Refuge d'Astrakas-Xéroloutsa-Tsépélovo** : course d'une journée à travers les alpages, les hautes plaines, au-dessus des gorges (**Mégas Lakkos**) et parmi les éboulis, dans l'ombre des flancs abrupts de l'Astrakas. L'eau est rare, prévoyez en conséquence ; trajet : cinq à sept heures, selon votre rythme. Passez la nuit à Tsépélovo (deux auberges, mais au mois d'août réservez).

4. Tsépélovo-Vradéto-Kipi : comptez environ deux heures jusqu'à la route asphaltée, puis encore une heure pour atteindre la *Kalderimi* (route pavée) de Vradéto. Rejoignez Kipi à pied (deux à trois heures), en auto-stop ou en car, et passez-y la nuit.

5. **Kipi-Vitsa-Monodendri-Gorges du Vicos-Vicos** (Vitsico) : à partir de Monodendri, le chemin des gorges est indiqué. Une nouvelle *kalderimi* vous mène au lit habituellement asséché du Vicos (trente à quarante cinq minutes). Un sentier qui s'enchevêtre avec le lit de la rivière permet de suivre les gorges sur toute leur longueur. A mi-chemin, là où les gorges du Vicos et celles de Mégas Lakkos se coupent (deux à trois heures), vous apercevrez un groupe d'étangs alimentés en eau douce par une source proche (potable). L'endroit est très agréable pour pique-niquer, et vous pourrez même vous baigner. Vous êtes au pays des ours, comme en témoignent les marques de griffures sur les arbres. Poursuivez votre marche à travers l'épaisse forêt pour atteindre, au-delà d'un petit pré, l'endroit où le Voidomatis prend sa source. Vous pouvez camper où vous voulez, mais laissez le sentier libre et suspendez la nourriture aux branches d'arbres hors d'atteinte des ours. Durée totale de l'excursion : cinq à sept heures, selon votre rythme.

Variante : sur la route pavée menant au village de Vicos, prenez la bifurcation à gauche (une heure) et rendez-vous à Aristi en auto-stop ou en car, puis à Papingo, ou traversez le Voidomatis et suivez le chemin jusqu'à Mikro Papingo (deux heures et demie).

Perché sur un escarpement à l'intérieur des gorges, **Moni Stomiou** jouit d'un emplacement superbe. On y accède en remontant à pied la rive sud de la rivière durant trois quarts d'heure, à travers la forêt du parc national.

Konitsa, centre régional et ville de garnison, est une étape idéale avant ou après une excursion en montagne. Pour vous restaurer, nous vous recommandons le restaurant *Papakosta,* sur la place. Durant l'hiver de 1947-1948, les forces communistes du général Markos engagèrent une grande offensive contre Konitsa pour en faire leur capitale. Bien que durement touchée, la ville résista. Cet échec marqua pour les communistes, le début de leur défaite.

Le nord-ouest de la Macédoine

La route qui va de Konitsa à Néapolis (et au-delà à Kastoria) est la seule voie de communication entre l'Epire et le nord-ouest de la Macédoine. En quittant Konitsa, elle gravit les contreforts occidentaux du **mont Smolikas** (2 687 m), point culminant de la chaîne du Pinde, avant de redescendre dans la vallée de la rivière Sarandaporos. Juste après Eptachorion, on découvre une inscription en gros caractères bleus, étalée sur une dizaine de mètres, le long du quai : *Liberté pour le nord de L'Epire.* De nombreux Epirotes n'ont pas oublié que la moitié de l'Epire se trouve en Albanie.

Sur l'autre versant du mont Vion, vous voici en Macédoine à **Pentalofos**. Ses maisons en pierre grise, qui rappellent le style épirote, s'étagent le long des collines, d'où le nom de « Cinq-Collines » donné à la ville. Durant la Seconde Guerre mondiale, la mission britannique auprès de la résistance grecque y avait ses quartiers généraux. La route continue vers l'est à travers un paysage remarquable de formations onduleuses de calcaire dont les couches paraissent se superposer comme du plomb fondu.

Un bref détour vous mènera à **Siatista**, un petit bourg intéressant pour ses *archontika* du XVIIIe siècle. Leur présence évoque la société féodale qui s'épanouit

Fourreur de Kastoria.

ici sous la domination turque. Siatista était un important centre de fourreurs, de tanneurs et de viticulteurs et une halte pour les caravanes, sur la route des Balkans à Vienne. Sa prospérité déclina après l'indépendance, lorsque les échanges commerciaux empruntèrent d'autres voies.

Les maisons les plus intéressantes sont celles de **Manoussi**, **Poulikos** et **Nérantzopoulos** ; leur style est largement répandu dans le nord de la Grèce. Elles possèdent un cellier et des ateliers. Les murs du rez-de-chaussée et du premier étage sont en pierre. Les rares ouvertures pratiquées sont souvent protégées par des barreaux en fer (pour se protéger des brigands). En hiver, les occupants vivent essentiellement au premier étage. Le deuxième étage, en encorbellement, est soutenu par des supports en bois. Il sert en quelque sorte de petit salon d'été et de pièce de réception. Les murs en plâtre sont peints, souvent avec une certaine recherche, tout comme les plafonds.

Après ce détour, reprenez au nord la route qui remonte la vallée de l'Aliakmon, la plus longue rivière de Grèce. Elle forme un arc de 300 km en coulant depuis les hauteurs du Pinde jusqu'au golfe de Thessalonique. Vous n'allez pas tarder à apercevoir le lac de Kastoria. Bâtie sur une péninsule, la ville semble le partager en deux. Avant d'entrer dans l'agglomération, vous longerez sur votre gauche un cimetière militaire où reposent les corps des soldats gouvernementaux tués durant la guerre civile dans cette région où se déroulèrent les derniers violents combats. Les cadavres des communistes furent eux abandonnés sans sépulture dans les collines. Il a fallu attendre le gouvernement actuel pour que le souvenir des communistes morts au combat soit également commémoré.

Un foyer byzantin

Kastoria est l'une des villes les plus séduisantes du nord de la Grèce. Ses 54 églises, reflètent un art byzantin dans un style typiquement régional. On y décèle des influences slaves et populaires peu visibles dans les deux grandes villes de l'Empire

Ci-dessous, le Pinde et deux Epirotes dans leur costume traditionnel.

byzantin : Constantinople et de Thessalonique. Si vous disposez d'une matinée, vous découvrirez quelques-uns de ces édifices en vous promenant à travers la ville, avant d'aboutir dans le quartier de **Kariadi**, la vieille ville, où se trouvent *les archontika,* les splendides demeures seigneuriales.

Haghii Anargyri, la plus ancienne église de Kastoria, est à l'extrémité nord-est de la ville, non loin du lac. Elle fut construite en 1018 par l'empereur Basile II, pour célébrer sa victoire sur les Bulgares. Remarquez les murs extérieurs en brique, ornés de formes géométriques diverses, les baies géminées, au-dessus de l'abside. Sont également à voir, les fresques de la façade ouest de la **chapelle Saint-Pierre-et-Saint-Paul**. Cette chapelle fournit le premier exemple connu de voûte d'arête en Grèce.

Au sud, l'**église de la Panaghia Koubélidiki**, avec son grand dôme inhabituel en forme de tambour, contraste étonnamment avec Haghii Anargyri, bien que bâtie également au XIe siècle. Des fresques ornent sa façade entière. Encore plus au sud, la **basilique d'Haghios Nicolaos Toukasnitzi,** qui ne possède qu'une seule nef latérale, contient de remarquables fresques intérieures. Toujours plus au sud, dans la métropole moderne, la **chapelle des Taxiarques** a conservé des fresques extérieures et intérieures. On y trouve également la tombe de Pavlos Méla, un combattant pour la libération de la Macédoine, tué par les Turcs en 1904.

De nombreux *archontika* du XVIIe et du XVIIIe siècle, au style si caractéristique, donnent son cachet à la vieille ville, non loin du lac. Malheureusement, la plupart sont très délabrés, excepté la demeure de **Nazim** et celle **d'Emmanuel**, cette dernière abritant un musée d'art populaire.

L'industrie de la fourrure

En parcourant les rues de la ville, vous remarquerez les centaines de petits ateliers travaillant pour l'industrie de la fourrure dont les origines remontent au moins à cinq siècles, à l'époque où les castors s'installèrent dans le lac de Kastoria (qui signifie en grec « l'endroit où vivent les castors »).

Lorsque le lac se dépeupla, Kastoria commença à recevoir les pièces de fourrure refusées par l'industrie européenne et américaine pour leur moindre qualité. Nettoyées, assemblées, elles servent à confectionner des manteaux de fourrure qui sont réexportés en Occident, et vendus à des prix relativement bas. Avant de quitter Kastoria, prenez le temps de vous promener au bord du lac. En suivant la rive sud, vous arriverez au **monastère de Mavrotissa**.

Vers les lacs Prespa et au-delà

Au nord de Kastoria, la route longe l'un des bras de l'Aliakmon. C'est à présent une partie inhabituelle de la Grèce qui vous attend, là ou le pays finit dans les eaux bleues et froides des lacs **Megali Prespa** et **Mikri Prespa**, à la frontière yougoslave et albanaise. Ces lacs abritent aujourd'hui une réserve ornithologique.

Après Florina, durement touchée par la guerre civile, vous allez rejoindre la *via Egnatia* qui traversait l'Empire romain de Durazzo à Byzance. Au nord vous apercevrez le mont Voras, témoin des guerres balkaniques, et au sud le lac Vegorritis. Depuis l'époque d'Alexandre le Grand jusqu'aux temps modernes, des peuples venus des quatre points cardinaux se sont disputés cette contrée. La première moitié du XXe siècle n'a été qu'une succession de conflits sanglants : lutte macédonienne (1900-1908), une guérilla menée par les Grecs contre les Turcs et les Bulgares, guerres balkaniques (1912-1913), guerres mondiales, ou guerre civile.

Les multiples ruisseaux qui serpentent dans **Edessa** ainsi que ses célèbres cascades confèrent à la ville son caractère unique. Que vous vous promeniez à l'écart du centre ou que vous soyez assis sur la place, le tumulte des eaux n'est jamais loin de vos oreilles. Au nord de la ville se trouve un pont romain (ou byzantin) construit sur la *via Egnatia.* Perché sur son promontoire, Edessa marque la limite des régions montagneuses de la Macédoine. D'ici, le regard embrasse les plaines cultivées qui s'étendent jusqu'à Thessalonique et la mer.

Ali de Tébélen, le célèbre despote de Ioannina, se promenant en bateau sur le lac.

IONIO PELAGOS
KERKIRA
Kassiopi
Igoumenitsa
Paramithia
Parga
PAXI
ANDIPAXI
Longos
Gaios
IOANINA
Metsovo
Kalambaka
Filipiada
ARTA
PREVEZA
NIKOPOLIS
AMVRAKIKOS KOLPOS
Vonitsa
Amfilohia
LEFKADA
Lefkada
SKORPIOS
MEGANISSI
KALAMOS
KASTOS
ARKOUDI
Cape Doukato
ATOKOS
ITHAKI
Ithaki
KEFALONIA
Argostoli
Lixouri
Sami
Fiskardo
PETALAS
MAKRI
OXIA
AGRINIO
Astakos
MESSOLONGI
PATRAIKOS KOLPOS
Cape Araxos
K. Ahaia
Kilini
Andravida
Gastouni
AMALIADA
PIRGOS
ZAKINTHOS
Zakinthos
Cape Spinari
Laganas
Keri
Porto Roma
Cape Asprokavos
Lefkimi
Tomaros
Mitsikeli

LA ROUMELIE ET LES ILES IONIENNES

Il est regrettable que le site classique de Delphes soit bien souvent le seul centre d'intérêt des touristes qui viennent en Roumélie. Cette région, il est vrai, est loin de posséder autant de monuments classiques que le Péloponnèse, mais offre un environnement paisible et plein de charme. Le nom « Roumélie », qui ne figure généralement pas sur les cartes, réfère à un passé pas très lointain qui donne, encore aujourd'hui, à cette région, sa spécificité. Il se rapporte en réalité à la « Roumélie occidentale » et dérive d'un terme turc désignant la nation grecque au sein de l'Empire ottoman : *Roum Ili.* Le mot *Roum* fut lui-même utilisé par les Grecs : les *romio* étaient les citoyens de la partie orientale de l'Empire romain. Dans la Grèce d'aujourd'hui, un *romios* est un être pour le moins complexe. Le nom *Romiosini* caractérise tout ce qui n'est ni classique ni hellénique ; en un mot, tout ce qui risque un peu trop hâtivement d'être considéré comme « l'antithèse » du Grec.

Le cadre naturel de la Roumélie laisse sans doute l'impression la plus profonde. Les randonneurs ont la chance de contempler tous les jours des spectacles magnifiques. En revanche, si vous êtes un passionné d'architecture traditionnelle, vous serez probablement déçu. Une grande partie de la Roumélie a souffert de la tactique de la terre brûlée durant la guerre d'indépendance et, plus tard, de 1940 à 1949.

Les habitants de la région ont depuis longtemps la réputation d'être de redoutables francs-tireurs. Au Ve siècle av. J.-C., les Athéniens se rendirent compte qu'en s'attaquant aux « barbares » Etoliens, ils avaient par trop sous-estimé leur adversaire. Vers le milieu du siècle dernier, le banditisme qui sévissait en Roumélie posa de sérieux problèmes aux autorités athéniennes. Parmi les Klephtes, qui avaient contribué à la victoire sur les Turcs en 1921, certains étaient peu disposés à renoncer à une vie libre et lucrative de

Double page précédente, barque de pêcheur. Ci-dessous, vue découverte du haut de Delphes.

hors-la-loi. Le brillant combattant communiste Aris Velouchiotis emprunta son nom de guerre au mont Vélouchi (Tymphrestos) situé en Roumélie.

Aujourd'hui, la vie dans les communes rurales reste encore austère. Les Rouméliotes ont la réputation d'être des rustres (leur accent explique en partie ce jugement : ils prononcent à peine les voyelles, ce qui les rend souvent difficiles à comprendre) L'un des personnages traditionnels de leur théâtre de marionnettes (*Karaghiozis*) s'appelle *Barbaghiorgos* (Oncle Georges) : c'est un brave homme qui porte encore une *foustanella* (une jupe plissée) et commence par donner des coups de bâton avant de chercher à comprendre. Bien qu'anachronique dans le monde moderne, ce personnage bourru mais bon garçon est encore bien vivant dans la culture populaire des Rouméliotes.

Excursion au mont Parnasse

Le **monastère d'Hossios Loukas** (non pas l'évangéliste Luc, mais un obscure homonyme) est trop souvent visité au pas de course. Pourtant, ce monastère du XIe siècle (et ses deux églises) mérite amplement une visite approfondie (consacrez-y une journée). C'est l'un des derniers exemples de la grandeur byzantine dans un paysage isolé d'une grande beauté, qui n'est pas sans rappeler le mont Athos. Les mosaïques aux couleurs splendides (bien que certaines soient endommagées) se révèlent graduellement au regard, à mesure que les yeux s'habituent à la pénombre. Pour ceux qui découvrent l'art byzantin, elles constitueront une magistrale initiation.

Une excursion aux abords du massif du **Parnasse** est une bonne entrée en matière pour un séjour à Delphes. Le Parnasse se dresse au cœur de la Grèce. C'est davantage sa silhouette massive que sa hauteur — le Gionas est plus grand — qui le rend si impressionnant. La meilleure époque pour en faire l'ascension commence vers la fin du printemps. Renseignez-vous à **Arachova**, un village qui est avant tout une station de sports d'hiver. Vous pourrez y acheter des objets artisanaux (à des

Près d'Arta, un tourbillon d'eau est détourné dan le but de lave les tapis.

prix élevés). Le 23 avril, jour de la saint Georges, des odeurs d'agneau rôti flottent dans l'air : les anciens sacrifiaient aux dieux, l'homme moderne à ses sens. Ne manquez pas la compétition entre les plus âgés des villageois. Les participants, dont certains auraient plus de 80 ans, doivent courir jusqu'en haut d'une pente raide avant de se reposer en fumant une cigarette. *Barbaghiorgos* se porte bien !

Delphes

Du village d'Arachova, la route descend en lacet jusqu'à Delphes, quelques kilomètres plus loin. Delphes est le site qui impressionne le plus les voyageurs depuis sa découverte à la fin du siècle dernier. Les vautours tournoient au-dessus des rochers abrupts, portés par des vents susceptibles de tourner brusquement à l'orage. Si vous faites l'effort de gravir les côtes escarpées, vous serez récompensé par la découverte de nouveaux points de vues. Le paysage est si captivant qu'il est plus facile ici, que sur la plupart des autres sites, de faire abstraction de la foule environnante.

Delphes exerce une triple fascination : par son emplacement particulier ; le nombre, la beauté et la diversité de ses monuments ; et, en filigrane, son passé agité et souvent peu recommandable. Par commodité, on peut diviser le site en trois parties, auxquelles on consacrera trois matinées.

En commençant par la partie du site dédiée à **Apollon pythien**, empruntez la **Voie sacrée** qui serpente parmi les trésors donnés à l'oracle par les cités grecques. Particulièrement intéressant, le **trésor des Athéniens**, dont l'édifice a été remis en place, pièce par pièce à l'époque moderne, est recouvert d'inscriptions à la gloire d'Athènes et de remerciements de la cité à Apollon. La Voie sacrée poursuit son chemin en zigzag jusqu'à l'oracle lui-même, le **temple d'Apollon**, puis arrive à hauteur du **théâtre** dans la direction du **stade** — le mieux conservé de la Grèce.

La partie basse du site abrite le **sanctuaire d'Athéna**. Il contient le plus beau monument de Delphes : la **Tholos**, une

La Tholos de Delphes ; jour de fête en Roumélie.

rotonde en marbre entourée d'une colonnade. De là, on peut redescendre dans la vallée sacrée, recouverte d'oliviers, mer d'arbres séculaires menacée par la construction d'une route nationale. D'Itéa, un car vous ramène à Delphes.

Enfin, le **musée** du site renferme de multiples merveilles, dont le célèbre **aurige**. La place importante accordée aux statues romaines — parmi lesquelles le **buste d'Antinoüs**, favori de l'empereur Hadrien — rappelle que Delphes resta très longtemps une ville importante.

Delphes est un monument consacré au triomphe et à la guerre. L'oracle fut toujours une source de corruption et de lutte sans merci pour le pouvoir. D'un mot, il élevait et destituait les monarques, mais ses prophéties étaient d'inspiration plus humaine que divine. Et pourtant, ce lieu continue d'inspirer la piété qui fut à l'origine de sa création, vers la fin de l'âge du bronze. Dans les années 20, des jeunes gens participèrent à des manifestations athlétiques et des représentations d'art dramatique, dans le cadre d'un festival antique. Aujourd'hui, Delphes possède un centre culturel dont la tâche hypothétique est d'unifier le monde dans une... « amphictyonie » !

Galaxidion et Naupacte (Nafpaktos)

A quelques kilomètres au sud-ouest de Delphes, le port d'Itéa fait face, par-delà la baie, à **Galaxidion**, jadis troisième port de Grèce. Avant la construction de la route principale, l'accès par la mer était le plus aisé. La ville possède encore de somptueux *archontika*, dont certains sont érigés sur les vestiges encore solides d'anciens murs.

Galaxidion est aujourd'hui une ville morte. Les propriétaires de bateau ont depuis longtemps quitté ses eaux pour Le Pirée et ne viennent que rarement dans leurs anciennes demeures. Toutefois, la ville réserve des surprises à ses visiteurs — les peintures des plafonds de certaines maisons, par exemple — et le paysage alentour impressionnant. Le Parnasse domine majestueusement les villages qui s'agrippent à ses pentes. Des collines

Vue de Galaxidion.

qui surplombent Galaxidion, vous pouvez apercevoir Corinthe si le ciel est dégagé. La nuit, les lumières d'Egio (dans le Péloponnèse) scintillent au-dessus de l'eau. Galaxidion a failli devenir le Saint-Tropez de la Grèce. Mais elle a échappé à ce destin. Des épaves de bateaux gisent au large de ses côtes, victimes de la guerre du golfe. Tandis que sur la rive opposée, les chantiers d'exploitation de la bauxite, la plus importante source de devises étrangères, ont laissé des cicatrices.

La route de la côte, aux virages innombrables, vous mènera ensuite à **Naupacte**. Les Athéniens y remportèrent une victoire navale sur les Spartiates en 429 av. J.-C., et dédièrent un bateau à Poséidon, dieu des Mers, à Rhion, sur la rive opposée. La bataille qui se déroula en 1571, juste à la sortie du golfe de Corinthe, au large de la côte occidentale de la Grèce, donna à Naupacte le nom célèbre de Lépante. Un historien ottoman raconte : « *la flotte impériale rencontra celle des misérables infidèles, et la volonté de Dieu changea* ». Entre le minuscule port vénitien et la citadelle, quasiment imprenable au-dessus de la ville, s'étagent de petits jardins.

Vous pourrez vous enfoncer à l'intérieur des terres. La région de **Kravara** avait jadis si peu à offrir à ses habitants que ceux-ci estropiaient leurs propres enfants pour les envoyer mendier dans toute la péninsule balkanique : triste illustration de l'esprit d'entreprise grec. Après une journée passée dans ces montagnes où les villages n'ont ni eau ni électricité, retrouver la mer est un soulagement.

De Naupacte, vous pouvez retourner à Delphes par l'ancienne route du plateau ; elle est aussi belle que l'autre, mais plus hasardeuse. Vous passerez par le village de **Lidorikion**, non loin du lieu de naissance du général Makriyannis, un héros de la guerre d'Indépendance dont les *Mémoires* constituent la meilleure approche de la vieille Roumélie. Au-delà, se trouve le lac artificiel de **Mornos** dont les eaux étincelantes alimentent Athènes. Des rochers escarpés alternent avec des vallées. Vous aurez peut-être la chance d'apercevoir des aigles ou des grives des montagnes. **Amfissa** est une vieille ville

Une famille zigane.

située dans une sorte de cratère. Le quartier des anciennes tanneries (*ta tabakika*) rappelle le charme du passé ; comme le **château de Salona**, qui domine la ville.

Missolonghi et Agrinion

La route qui longe la côte occidentale après Naupacte vous amène dans un paysage au relief plus plat. **Missolonghi** est une ville aussi chargée de souvenirs que Naupacte, mais moins intéressante aujourd'hui. Image inhabituelle en Grèce : le lagon et ses felouques. C'est ici que lord Byron vint mourir ; son souvenir est encore bien vivant dans la mémoire de nombreux Grecs.

Missolonghi ne fut pas épargnée par la guerre d'Indépendance. Le siège de la ville se termina tragiquement par le massacre de ses habitants, événement commémoré dans un poème de Solomos, poète national. Mis à part ce poème inachevé il ne reste, pour rappeler le souvenir de ces héros, qu'un petit jardin abandonné qui leur est dédié. La statue exécutée par Pierre-Jean David dut être retirée : elle servait de cible aux exercices de tir des gens du pays.

Quittant Missolonghi, prenez la route des **gorges** sauvages **de Klisoura**. A Agrinion, un centre de commerce prospère, deux possibilités s'offrent à vous : soit prendre une route non asphaltée en direction de **Karpénision**, contourner les **monts Tymphrestos** et redescendre la **vallée de Spercheios** jusqu'à **Lamia** (188 km) ; soit faire le détour, en tâchant de ne pas vous perdre, par le **monastère de Prousos**. Les pèlerins parvenus aux derniers kilomètres de leur voyage se signent par peur des chutes de pierres, qui dévalent de ces hauteurs les plus escarpées de Grèce. Si le courage vous manque, vous pouvez encore aller sur la rive du **lac Trichonis**.

La côte occidentale

A première vue, **Arta** est une ville quelconque. Mais pour le passionné d'histoire, elle revêt un grand intérêt. Elle connut son apogée au XIIIe siècle, à l'époque où

Le célèbre pont d'Arta.

elle fut la capitale du despotat d'Epire, royaume qui incluait toute la côte occidentale de Grèce, y compris Durrës qui fait à présent partie de l'Albanie (que bien des Grecs continuent pourtant à appeler le nord de l'Epire). L'épanouissement culturel, qui caractérisa Arta à cette époque, commence seulement aujourd'hui à être entrevu grâce au travail des archéologues qui ont mis au jour les vestiges des nombreuses églises bâties dans les environs de la ville (l'office du tourisme vous informera complètement à ce sujet).

Le **pont d'Arta** est célèbre dans toute la Grèce : c'est un bel ouvrage turc visible du sud de la ville. Une chanson populaire bien connue raconte que le constructeur du pont, en dépit de ses « *40 maçons et 60 apprentis* » ne put réussir à le faire tenir debout avant d'avoir enfermé un être vivant dans les fondations afin que l'esprit de la victime veille sur la construction. Par manque de chance — du moins, c'est ce que prétend la légende — le sort choisit sa propre femme. Plus au sud, les **fortifications de Stratos**, peu visitées, constituent pourtant un ouvrage impressionnant. Les plus anciens habitants de ce village, à présent assoupi, ne parlent pas le grec mais un dialecte valaque plus courant dans le Nord.

Si **Prévéza** jouit d'une réputation peu enviable, c'est à la poésie qu'elle le doit. En 1928, Costas Cariotakis, un jeune fonctionnaire nommé dans la ville, se tira une balle dans la tête, après avoir tenté de se noyer. Avant d'accomplir son acte, il écrivit un poème vengeur intitulé *Province* qui passa à la postérité sous le titre de *Prévéza*. La ville y est décrite comme un lieu d'ennui « mortel », où la fanfare du dimanche constitue l'événement majeur. Cela n'empêche pas les braves gens de la ville d'honorer la mémoire de leur concitoyen récalcitrant.

A quelques kilomètres de là, se trouvent les ruines de l'ancienne **Nicopolis** fondée par l'empereur romain, Auguste, pour célébrer sa victoire sur Antoine et Cléopâtre au large d'Actium, en 31 av. J.-C. Un théâtre et des remparts imposants témoignent encore de cette domination romaine tant haïe. Elle favorisa pourtant la ville qui fut la plus grande ville romaine

Parga et les îles Ioniennes.

de Grèce. Au cours des deux premiers siècles de l'ère chrétienne, Nicopolis devint un véritable pôle d'attraction et l'ouverture d'une école par le philosophe stoïcien Epictète en fit un centre intellectuel important. Non loin de Parga, se situait le **Nékromanteion**, l'oracle des morts. Sous l'œil vigilant d'Hadès, dieu des Enfers, les visiteurs croyaient être en communication avec l'âme des morts (encore de nos jours, beaucoup d'Athéniens consultent un médium). Les découvertes archéologiques ont révélé que le site était aménagé de manière à mettre en condition les esprits crédules.

En continuant le long de la côte, vous atteindrez Igouménitsa ; ici s'achève votre séjour en Roumélie.

Les îles Ioniennes

Lorsqu'on parle des îles grecques, on pense souvent à celles de la mer Egée. Les **îles Ioniennes** baignent dans une atmosphère bien différente, à l'abri, pour la plupart, de l'effervescence touristique que l'on rencontre en mer Egée (En grec, on les appelle *Eftanisa* parce qu'il y a sept îles principales. On ne mentionnera pas Cythère qui, géographiquement, se rattache au Péloponnèse). Si les îles Egéennes sont appréciées pour leur caractère précisément insulaire, en revanche les îles Ioniennes ont un aspect continental.

En premier lieu, elles sont toutes à proximité de la côte occidentale de la Grèce, de l'Epire au nord à Elis, au sud du golfe de Corinthe. Ainsi de l'île de Zante, on aperçoit le château en forme de tortue de Hlemoutsi. D'autre part, un réseau de communication, plus ou moins officiel, a de tout temps relié les principales îles ainsi que les multiples îlots aux petits ports du continent, et a permis à la population de se maintenir. Les îles Ioniennes comptent encore une importante population rurale et l'on y entend rarement des Grecs parler avec l'accent de Chicago ou Melbourne.

Les îles Ioniennes se distinguent également en ce qu'elles incarnent, culturellement du moins, la fusion de l'Orient et de l'Occident. Corfou, l'île la plus

Marchand de tableaux à Corfou.

importante, resta sous le contrôle des Vénitiens de 1386 à 1797. Les gens aisés parlaient couramment le grec et l'italien, faisaient souvent leurs études à Venise ou Padoue et arboraient parfois le titre de noblesse de *Libro d'Oro,* à la manière de l'aristocratie vénitienne. Beaucoup étaient catholiques romains. Les églises comme les peintures religieuses des XVIIe et XVIIIe siècles portent la marque de cette ouverture vers l'Occident. Grâce aux traditions indigènes et à des influences extérieures, les îles Ioniennes ont été la première grande région grecque à avoir une université et une forme de gouvernement représentatif.

Mais, du fait de leur position géographique, ces îles d'une grande importance stratégique et commerciale connurent des périodes agitées, et cela, depuis la fondation de Corcyre (Corfou) par Corinthe. Entre 1797 et 1864, les îles eurent diverses constitutions, sous des dominations successives — Venise, France, Empire ottoman, France, Royaume-Uni et Grèce enfin.

Corfou (Kerkyra)

L'île de **Corfou** est restée célèbre dans l'histoire ancienne car elle fut le cadre d'une guerre civile particulièrement sanglante. Plus récemment, les frères Durrell refirent parler d'elle à travers leurs écrits. Corfou est aujourd'hui le plus gros atout touristique de la Grèce, tout en restant une île d'une grande richesse agricole, surtout grâce à ses oliviers — un véritable bienfait, héritage de la période vénitienne. Sa population essentiellement rurale a le niveau d'instruction le plus bas de Grèce. Il est encore possible de fuir le tapage des principaux centres touristiques pour se réfugier dans un endroit tranquille, notamment dans le nord-ouest de l'île.

Malgré des dommages de guerre considérables, la ville de **Corfou** garde un aspect architectural unique en son genre. Au hasard de votre visite, vous découvrirez certainement l'emblème du Lion de Venise, des colonnades d'inspiration française, des demeures qui ne sont pas sans rappeler le style napolitain, sans oublier l'héritage manifeste de la présence britan-

Georgie Zarzas, restaurateur à Corfou.

nique : le cricket que l'on pratique sur l'**Esplanade**. A l'horizon, se dessine la silhouette menaçante des montagnes albanaises.

Leucade (Lefkas)

C'est la moins visitée des îles Ioniennes. Les amoureux des îles la dédaignent, car elle n'est qu'à quelques encablures du continent. L'île fut longtemps l'enjeu d'une lutte acharnée entre Venise et l'Empire ottoman, mais l'influence des puissances étrangères resta superficielle.

L'Ithaque (Ithaki)

Patrie présumée d'Ulysse (privilège que lui dispute Leucade), cette île plus fréquentée n'en reste pas moins paisible la plupart de l'année. Homère la décrit avec justesse comme étant accidentée, mais elle est aussi magnifiquement verdoyante. Logez-vous de préférence à **Vathy**, port et chef-lieu de l'île, dont les maisons blanches s'étagent au fond d'une baie profonde. Le petit musée est intéressant. La cathédrale renfermerait un tableau attribué au Greco Enfin, promenez-vous en dehors de la ville, vous comprendrez pourquoi Byron l'appréciait tant.

Céphalonie (Kéfallinia)

La plus grande et la plus accidentée d'*Eftasina,* cette île est peut-être aussi celle où l'on ressent le plus la fuite du temps. Argostolion était une ville pleine de charme avant le terrible tremblement de terre de 1953.

Zante (Zakinthos)

De bateau, on dirait une ville en miniature. Les bâtiments restaurés ou reconstruits après le tremblement de terre de 1953 paraissent un peu trop neufs. Mais si l'atmosphère des vieilles rues a, en majeure partie, disparu les bâtiments publics et les églises s'intègrent dignement dans le paysage urbain. Moins fréquentée que Corfou, elle laisse entrevoir ce que les îles Ioniennes ont apporté à la Grèce d'aujourd'hui. Particulièrement appréciée des Grecs, la poésie est l'une de ses plus grandes contributions. Après la chute de la Crète en 1669, de nombreux aristocrates, auteurs d'une littérature de la Renaissance, s'expatrièrent dans les îles Ioniennes et notamment à Zante. La tradition poétique de l'île fut nourrie par deux grands poètes romantiques, le comte Dionysios Solomos et Andréas Calvos. Un troisième poète, Ugo Foscolo, écrivit en italien ; si le gouvernement continue de le considérer comme grec, il figure toujours parmi les plus grands dans toute anthologie de la poésie italienne. Près du port, non loin de la grand-place, se trouvent deux musées tout à fait remarquables : l'un est consacré dans une large mesure à Salomos, et l'autre aux peintures de l'école ionienne. Ces activités intellectuelles mises à part, il faut dire en toute justice que les baignades s'apprécient à Zante comme partout en Grèce et que les dîners en ville s'accompagnent parfois de sérénades dans la plus pure tradition italienne.

A gauche, passeur de Mesolongion. A droite, une habitante de Corfou.

THERMAIKOS KOLPOS
KASSANDRAS KOLPOS
PAGASSITIKOS KOLPOS
VORIOS EVOIKOS KOLPOS
KORINTHIAKOS KOLPOS
ALKIONIDES
KOLPOS ITEAS
SKIATHOS
TRIKERI
Cape Artemissio
Litohoro
Leptokaria
Platamonas
Elassona
TIRNAVOS
LARISSA
Agia
Ambelonas
Farsala
Sofades
Velestino
VOLOS
N.Anhialos
Almiros
Domokos
LAMIA
Stilida
Istiea
Amfiklia
Atalandi
Amfissa
Lidoriki
Itea
Delfi
Arahova
LIVADIA
Orhomenos
THIVA
MEGARA
ELEFSINA
Kiato
Xilokastro
Kalavrita
EGIO
Galaxidi
Skiathos
Skopelos
Malessina
Kastela
E-90
E-87
E-92
E-19

LA GRECE CENTRALE

Jusqu'à la fin des guerres balkaniques, en 1913, la Grèce centrale constituait en réalité le nord du pays. La frontière grecque suivait une courbe qui allait d'Arta, sur la côte ouest, à Volos, à l'est, en passant par le sud de la chaîne du Pinde, Larissa et l'immense plaine de Thessalie. Quel que soit son nom, cette région est bénie des dieux si l'on en juge par ses montagnes, ses terres fertiles et boisées, ses plages de sable, ses îles, ses rivières, et ses excellents ports. Choisissez **Volos**, située à mi-chemin entre Thessalonique et Athènes, comme point d'attache pour rayonner dans la région, vers le Pélion et les Sporades à l'est, Eubée au sud, les Météores à l'ouest et l'Olympe au nord.

Volos ressemble curieusement à Athènes, au Pirée et à Thessalonique, le tout comprimé dans un espace réduit. Dès son arrivée, l'étranger est séduit par le charme unique de cette petite ville pleine d'animation. La promenade du front de mer est particulièrement attrayante. Et si le port est le troisième de Grèce, il ressemble pourtant à ceux des îles. Une multitude de ruelles convergent vers la mer, et des passages mènent parfois à des places insoupçonnées. Pour les dénicher, promenez-vous dans les rues étroites jusqu'à ce que vous entendiez le petit bruit sec des dés des joueurs de *tavli*.

Le passé de Volos remonte au néolithique (vers 4600-2600 av. J.-C.), et le golfe Pagasétique tient son nom de l'ancien port de Pagasae. Le golfe tient une place importante dans la légende extraordinaire de la Toison d'or. C'est de là (très exactement à Iôlkos, à la sortie de Volos), bien avant l'époque de la guerre de Troie, que l'entreprenant Jason s'embarqua sur le navire *Argo,* à la recherche de la Toison d'or. A Volos, la mythologie est omniprésente.

Les Sporades

Après avoir exploré la région de Volos, vous pourrez embarquer pour le monde enchanteur des Sporades du Nord. La racine du mot signifie « semence ». Le terme est particulièrement bien choisi pour désigner ce minuscule groupe d'îles éparpillées, « semées », au large du Pélion.

La plus proche de Volos est **Skiathos**, l'île touristique par excellence avec laquelle, seule, Mykonos peut rivaliser. Elle doit son succès à la luxuriance de sa végétation et surtout à ses magnifiques plages de sable. **Koukounariès**, la plus populaire d'entre elles, s'étend sur près d'un kilomètre de long à l'ombre d'une splendide pinède. L'endroit est si paradisiaque que villas et bungalows sont loués un an à l'avance. Et les campings sont pris d'assaut par des jeunes venus du monde entier.

L'île de **Skopélos**, à l'est de Skiathos, n'est pas encore envahie par les touristes et, pourtant, elle est sans doute plus pittoresque. Elle aussi possède de très belles plages. Celle qui se trouve au fond de la baie de Skopélos (la ville principale) est généralement noire de monde mais il existe des plages plus petites et plus tranquilles tout à fait accessibles (en voiture, en bus ou par bateau). Les plus belles sont incontestablement celles de **Limonari** et de la **crique de Staphylos**, près de Skopélos, et de **Milia** et de **Loutraki**, près de Glossa. Mais rien ne vous empêche de choisir l'une des nombreuses plages isolées.

Ne manquez pas de visiter cette île verdoyante. Les ferries accostent en deux endroits : à **Glossa**, la « langue », au nord-ouest de l'île, et à **Skopélos**, le port principal, qui, à mesure que vous en approchez, ressemble de plus en plus à une pièce montée décorée de fleurs aux couleurs éclatantes. Il règne une activité intense dans le port, entre les liaisons quotidiennes des ferry-boats et le trafic des yachts privés.

La construction navale a longtemps représenté une source de revenus très importante pour les habitants de l'île. Mais aujourd'hui il n'y a plus assez d'arbres sur l'île pour permettre cette activité.

En dépit de sa minuscule superficie, Skopélos possède environ 360 chapelles, couvents (certains d'entre eux vendent des articles tissés à la main) et monastères

L'île de Skiathos.

isolés, disséminés dans une végétation panachée d'amandiers, de pruniers, de figuiers, d'oliviers et de vignes qui ornent d'innombrables tonnelles. Skopélos s'enorgueillit également de posséder quelques vestiges antiques, dont les vestiges d'une colonie crétoise et, naturellement, les ruines de son propre *kastro* (acropole).

Au-delà de Skopélos se profile la forme oblongue de l'île d'**Alonissos**, avec la ligne onduleuse de ses collines et son littoral dominé au nord-ouest par des rochers abrupts. Sur le quai du port de **Patitiri**, les insulaires vous réservent un comité d'accueil fourni vous proposant de louer des chambres chez l'habitant. Cette pratique illégale, dont Alonissos n'a certes pas l'exclusivité, atteint ici des proportions étonnantes. Certains vous tendront discrètement leur carte de visite, d'autres brandiront de grands panneaux, en guettant d'un œil l'arrivée éventuelle de la police touristique et de l'autre les passagers qui débarquent. L'idée en soi n'est pas si mauvaise. Les Sporades attirent principalement des touristes qui voyagent sac au dos, et n'ont pas les moyens de descendre dans l'un des quelques hôtels coquets de la région. Grâce à cette publicité sauvage, ils apprennent qu'il y a des chambres à louer.

En visitant l'île, vous découvrirez qu'Alonissos est l'un des derniers bastions encore épargnés par « l'industrie » touristique. Les plages sont souvent désertes ; les belles pinèdes ne sont souillées par aucun emballage en carton, aucune bouteille en plastique. L'unique route pavée de l'île relie le port à la vieille ville d'Alonissos, antérieure au tremblement de terre de 1965. Pour visiter l'île, vous devez emprunter des chemins de terre ou louer un caïque (bateau de pêche). Cette dernière solution est pratique et agréable, car elle vous permet d'aborder la petite île voisine de **Péristéra**. Autre moyen d'exploration, les bateaux font la navette entre le port de Patitiri et différents points de l'île, telle la plage de **Marpounda**, au sud de l'île, ou **Kokkino Kastro**, à l'est. Ne partez pas sans avoir dégusté un homard dans l'un des restaurants du bord de mer.

Pour accéder aux îlots de **Pelagonissos**

A gauche, un musicien de la Grèce centrale. A droite, pope de Skopélos, à l'écoute bienveillante.

(ou Kira Panaghia), **Gioura**, qui possède une intéressante grotte marine, et **Pipéri**, vous pouvez louer un caïque. Durant l'été 1968, au large de ces promontoires rocheux, on a découvert l'épave d'un navire byzantin. A l'initiative du Département archéologique grec, une équipe dirigée par Nicolaos Yialouris, à laquelle s'est joint le célèbre archéologue Throckmorton, est allée l'explorer. Des assiettes byzantines aux couleurs éclatantes sont à présent exposées au musée de Volos.

Skyros, la quatrième grande île des Sporades du Nord, est aussi celle dont l'histoire et les légendes sont les plus riches. Thésée y fut assassiné par Lycomède, roi de l'île, et Thétis cacha dans le gynécée de celui-ci son fils Achille, déguisé en femme, pensant ainsi lui éviter les périls (et l'issue fatale) de la guerre de Troie.

Le bourg principal, également appelé Skyros, est construit en partie sur une falaise qui domine le rivage, à l'est ; la plupart des magasins se regroupent toutefois dans la ville basse. La statue érigée sur la petite place, en haut du bourg, est celle du poète anglais Rupert Brooke qui mourut à Skyros, en 1915, à la veille de la bataille des Dardanelles. De là, la vue s'étend à l'infini. Un peu plus loin, une minuscule chapelle jouit des soins, on ne peut plus attentifs, d'une vieille gardienne. Le poète et prix Nobel Georges Séféris adorait cette chapelle. Amoureux de l'île, il loua à de nombreuses reprises **le Moulin**, un vieux bâtiment réaménagé près de la plage, dont le joli jardin va jusqu'à la mer.

Le nombre des légendes qui se rattachent à Skyros révèle l'importance de l'île. Skyros fut en effet un centre de commerce maritime durant des milliers d'années. Les pirates, qui écumèrent la Méditerranée de 70 av. J.-C., du temps de Pompée, jusqu'au milieu du XIXe siècle, en firent leur refuge. L'île est à présent sereine, en dehors de la saison estivale, où les quelques chambres à louer sont prises d'assaut (allez-y plutôt en octobre). Par la richesse de sa flore et le charme de ses plages et de ses forêts qui s'étendent jusqu'au bord de l'eau, Skyros est la plus belle île des Sporades.

Eubée (Evia)

Un ferry-boat assure une liaison régulière entre le port de Linaria, à Skyros, et **Kymi**, sur la côte est de l'**île d'Eubée**. A l'écart du vacarme de son dock, le village est tout à fait charmant. Si cela vous est possible, passez-y la nuit. D'Athènes, l'accès à Eubée est encore plus simple : la route vous amènera directement à **Chalcis** (Khalkis), la capitale de l'île qui ne cesse de s'étendre. Cependant, en accostant par l'est, vous aurez la chance de jouir du paysage.

Par sa superficie (185 km de long), Eubée est la deuxième île de Grèce, après la Crète. Microcosme de la Grèce, elle mérite une visite approfondie, à la fois pour les vestiges des époques byzantine, franque, vénitienne et les témoignages de la lutte pour l'indépendance, et aussi pour ses musées, ses plages et ses équipements touristiques. A elle seule, Chalcis (le nom dérivait du mot grec *halkos*, « bronze ») donne une idée de toutes les richesses touristiques. Elle est située sur le **canal de l'Euripe** dont le cours irrégulier peut modifier sa trajectoire une quinzaine de fois par jour. Son importance maritime fut aussi grande au VIIe siècle av. J.-C. que durant la colonisation vénitienne (1200-1400), lorsque l'île s'appelait *Negroponte* (Pont noir). Ce nom désigna d'abord l'Euripe (*Evripo* qui donna *Egripo*) avant de s'étendre à l'Eubée (certains prétendent qu'il fut inspiré par la difficulté de naviguer sur le cours changeant de l'Euripe).

Du nord au sud, les hôtels modernes se succèdent tout au long de la côte, bordée de plages de galets, pas toujours très propres. Au sud de l'île, le port de **Karistos**, adossé à des collines calcaires, accueille les ferry-boats et ne désemplit pas durant la saison estivale.

Les plus belles régions de l'Eubée sont au centre et au nord. La route serpente et ondule paresseusement à travers vallées et collines dans un paysage vert et boisé. Un trajet d'une vingtaine de kilomètres en direction de l'ouest après avoir quitté la route principale nord-sud à Strofyia, vous conduira à **Limni**, port de plaisance et station balnéaire très prisée par les

Le monastère d'Haghios Nicolaos ; (à gauche), et celui d'Haghia Rossanou (à droite), dans les Météores.

Anglais. Certains y séjournent parfois toute l'année. De là, suivez la petite route de la côte qui mène au **couvent de Galataki**. Ce beau bâtiment possède un réfectoire d'une propreté immaculée et de paisibles chambres donnant sur la mer, face au continent. Il n'y pas de plage à proprement parler mais vous pouvez vous baigner au large des rochers réservés aux bains de soleil et à la lecture.

Outre les vestiges francs et vénitiens, tristes reliques d'une gloire passée, vous découvrirez de nombreuses ruines antiques, essentiellement regroupées dans le nord de l'île, près d'**Istiéa** et **Oréi**. Toutefois, les profanes risquent d'être déçus. En revanche, la visite du **temple d'Artémis**, près de **Vathi** sur la route entre Chalcis et Athènes, passionnera tout le monde. Tout près des cimenteries de Chalcis, se trouve le célèbre port d'**Aulis**, où Agamemnon dut sacrifier sa fille Iphigénie sur l'autel d'Artémis, déesse vierge de la Chasse et de la Lune, afin que les vents tournent et que la flotte grecque puisse enfin cingler vers Troie. Les vestiges mycéniens trouvés également à Aulis semblent confirmer l'importance de la région durant la haute Antiquité, bien qu'Aulis ne soit guère le port idéal pour abriter une flotte de 1 000 vaisseaux !

Achevez votre tour de l'île par **Loutra Ædipsos**, une station thermale dont les eaux sont réputées depuis des siècles. Sacralisées par les Anciens à cause de leur pouvoir guérisseur, les sources attirèrent d'illustres romains, tel Sylla, le conquérant de l'Orient. Bien que les plages ne soient guère engageantes, les grands hôtels sont nombreux le long de la petite baie, et l'eau des sources arrive parfois directement dans les chambres !

Les Thermopyles

Le monument, érigé à la mémoire des Grecs morts en 480 av. J.-C. à la bataille des Thermopyles contre l'armée perse, est situé sur la route nationale qui va à **Lamia**, juste après **Kaména Vourla** (une autre station thermale). Thermopyles signifie littéralement « portes — ou passes — chaudes », car déjà en 480 av. J.-C.

Sur le versan
du Pélion.

d'innombrables sources sulfureuses chaudes jaillissaient en bouillonnant dans la région.

La dernière partie du septième livre des *Histoires* d'Hérodote évoque la célèbre trahison d'Ephialtès (nom qui signifie « cauchemar » en grec moderne), qui provoqua la mort de Léonidas et de ses 300 Spartiates. Guidés par le traître, les Perses tuèrent le millier d'hommes qui gardaient, sur l'ordre de Léonidas, le sentier menant en haut du mont Phrikion, et fondirent à revers sur les Spartiates. Encerclés, les 300 guerriers succombèrent. Leur épitaphe a une résonance sacrée : « *O étranger, dis aux Spartiates que nous reposons ici, fidèles à leur parole.* »

Le monument, un peu décevant, représente un gigantesque Spartiate dans une posture de combat, posé sur un socle recouvert de noms.

Les Météores

Vous roulez depuis un certain temps sur la route monotone qui mène de Trikala à Kalambaka quand soudain, après un virage, surgissent devant vous des formations rocheuses dressées vers le ciel : **les Météores**. Le spectacle est grandiose. Ces rochers servent de socles aux *météora monastiria*, des monastères qui figurent parmi les plus singuliers du monde. Le nom dérive du verbe *météorizo*, « suspendre dans les airs ». Lorsque le brouillard envahit la plaine, les monastères semblent effectivement flotter au-dessus du sol.

Peu d'endroits en Grèce ont une telle force visuelle. Ces 24 rochers qui supportaient jadis chacun un couvent, défient toute description. Les géologues estiment que cet étrange affleurement rocheux a été créé par l'érosion, durant des millions d'années, du fleuve Pénée qui sépare le Pinde de Thessalie, à l'ouest, des monts Olympe et Ossa, à l'est.

Sans chercher à trancher la question de savoir qui d'Andronikos ou d'Athanasios entreprit la construction du premier monastère, on ne peut que s'émerveiller en pensant au temps qu'il fallut pour hisser en haut des plates-formes, pierres, briques et planches sans autre aide qu'un

'leurs
auvages près
'e Makrinitsa.

panier et une échelle de corde (il y a peu de temps encore, c'était le seul moyen d'accès tant pour le ravitaillement que pour les visiteurs). Le monastère le plus important, le Météoron, ou Grand Météore, ou encore couvent de la *Métamorphosis* (Transfiguration), fut fondé vers 1356, mais ne fut vraiment achevé qu'au bout de trois siècles. Haghios Stéphanos (dirigé aujourd'hui par des religieuses) fut terminé vers 1310. Des 24 communautés monastiques qui prospérèrent jusqu'à la fin du XVIIe siècle (les XIVe et XVe siècles marquant leur apogée 17 sont à présent en ruines et cinq seulement, dont trois habités, sont ouvertes aux visiteurs : **Haghios Nicolaos**, bâti vers 1388, aujourd'hui désaffecté, comprend une petite chapelle dont les fresques furent exécutées par le moine Théophane de l'école crétoise (v. 1527) ; le **Grand Météoron** appartient à des caloyers, ou moines de l'ordre de Saint-Basile. Il renferme une intéressante collection de manuscrits datant du IXe siècle ainsi que des icônes exposées dans l'ancien réfectoire. **Haghios Varlaam** possède des fresques du XVIe siècle de Franco Castellano, restaurées en 1870. **Haghia Trias** (la Sainte Trinité) est accessible par un étroit escalier de près de 140 marches taillées à même le roc. Ce monastère doit sa récente célébrité à... James Bond, l'équipe de *Rien que pour vos yeux* étant venue tourner ici quelques scènes d'extérieur. Le couvent d'**Haghios Stéphanos** est habité par des religieuses pas toujours accueillantes, mais vous pourrez néanmoins visiter la chapelle rénovée et le petit musée où l'on peut voir des vêtements ecclésiastiques, des manuscrits, des icônes et autres trésors religieux. Tous ces monastères sont, en principe, ouverts au public de 9 h à 13 h et de 15 h 30 à 18 h 30. Le Météoron est fermé le mardi ; Haghios Varlaam, le vendredi ; Haghios Stéphanos, le lundi. Aussi, si vous souhaitez les visiter tous, choisissez vos jours avec soin et munissez-vous d'une lampe de poche ! La fumée des cierges et des huiles, brûlés depuis des siècles, a noirci les murs et rend indispensable une lampe pour bien voir les icônes et les fresques.

Si vous voulez vraiment vous imprégnez

Monastère byzantin.

de la solennelle beauté des monastères, essayez de persuader un habitant de **Kalambaka** ou de **Trikala** de vous indiquer les différentes entrées et sorties des bâtiments, sans oublier les portes secrètes donnant accès à des parcelles de terre, herbeuses comme des prés, nichées dans les dépressions insoupçonnées des sommets rocheux. Explorez les lieux avec minutie et rassasiez vos regard de la vue sur la plaine qui s'étend en contrebas.

Le mont Olympe

La belle **vallée de Tempé** (Tembi), qui s'étend le long des **gorges du Pénée**, ne faisait pas partie de la Grèce avant 1913. Indifférente au temps, aux guerres et au développement touristique, la vallée est un havre de fraîcheur et de verdure depuis des milliers d'années. Le fleuve s'y est creusé une gorge de 10 km entre le mont Olympe et le mont Ossa. Plusieurs étapes touristiques jalonnent son parcours, telle la petite **chapelle d'Haghia Paraskévi** ; ou encore, la **source d'Aphrodite**, à l'extrémité de la cluse. Nul ne devrait quitter la vallée de Tempé, célébrée par tant de poètes, sans avoir contemplé le fleuve, ou s'être engagé dans un sentier qui mène à la rive.

Remontez ensuite vers le nord, vers le mont Olympe, « séjour des dieux », dont le sommet demeure la plupart du temps caché dans les nuages. Selon Homère, il faut y voir l'œuvre de Zeus qui dérobe ainsi à la vue des mortels le spectacle des dieux.

Deux itinéraires principaux permettent d'en faire l'ascension. Si vous voulez goûter au nectar des dieux, empruntez la voie la plus longue. Pour une telle course, il est nécessaire de vous préparer. Contactez le Club alpin hellénique à Athènes, Volos ou Thessalonique (SEO) où vous obtiendrez toutes informations utiles ; on vous réservera même une place dans un refuge et on vous indiquera éventuellement un guide pour la dernière partie de la course, l'ascension de la paroi rocheuse. Jusque là, vous ne rencontrerez aucun problème particulier. Le sentier au départ du **refuge de Stavros** est facile à suivre.

ravure et
errures...
ocales.

Ce premier refuge est aussi accessible à partir du village de **Litochoron**, à une demi-heure de voiture.

Après Stavros, vous prendrez le chemin qui longe les contreforts de l'Olympe, avant de suivre un sentier qui gravit en douceur la pente boisée. Après deux heures de marche vous franchirez l'**Enipos** qui se jette un peu plus bas dans la gorge du Pénée dans un environnement, de roches et cascades. Mais l'ascension devient plus difficile. Vous progresserez dans un paysage sylvestre de pins, de hêtres, de chênes et de broussailles jusqu'au deuxième refuge (il s'agit de trois cabanes pouvant loger jusqu'à 70 personnes.). Comptez cinq heures pour l'atteindre.

Le deuxième refuge atteint, après près de sept heures de montée, est pour beaucoup l'étape ultime. A moins d'être accompagné d'un guide, si vous n'avez jamais fait d'escalade, il est préférable que vous renonciez vous aussi à atteindre **Mitikas**, au sommet. En un unique endroit, des marches ont été taillées dans le roc. Théoriquement, un guide vit dans le refuge six mois de l'année. Il s'occupe lui-même de l'approvisionnement (*tsaï tou vounou,* « nourriture et thé ») et de la sécurité des alpinistes. Une fois au sommet, la descente par le chemin le plus rapide ne vous semblera pas trop difficile, la partie rocheuse dépassée. Le sentier, nettement tracé, plonge directement dans le golfe de Thessalonique.

Le Pélion

Après les sommets austères du mont Olympe, retournons en Grèce centrale, près de Volos, au pied du **mont Pélion**.

Pour expliquer la présence de ce massif montagneux qui borde la grande plaine de Thessalie, les Anciens firent preuve d'une imagination merveilleuse. Des êtres gigantesques, appelés Titans ou Géants (selon qu'en donnent la version Homère, Hésiode, Ovide ou Virgile) combattirent pour soumettre Zeus et les Olympiens. Et pour atteindre le royaume céleste des dieux, ils eurent l'idée d'empiler le mont Ossa sur le Pélion, et les deux massifs sur le sommet du mont Olympe. Qu'importe si les savants modernes se contentent d'appeler tremblements de terre ou secousses sismiques ce que les Anciens attribuaient aux Titans !

Quant à la région du Pélion, c'est le territoire des centaures. Chiron, l'un de ces êtres fabuleux mi-homme, mi-cheval, transmit son savoir à de nombreux héros, dont Achille, le plus célèbre d'entre tous. Il est d'ailleurs intéressant de savoir que la région du Pélion fut *le* centre éducatif grec aux XVIIe et XVIIIe siècles. Une pléthore de monastères équipés pour recevoir des étudiants s'y développa. Une grande partie des futurs administrateurs des provinces de l'Empire austro-hongrois et de l'Empire ottoman vinrent parfaire leur éducation dans la région du mont Pélion, l'intelligentsia russe et européenne également.

S'il reste peu de choses de cette gloire passée, **Zagora** possède encore une bibliothèque excellente et **Makrinitsa**, à une vingtaine de kilomètres de Volos, a su conserver des maisons du XVIIIe siècle, typiques de la région.

Là où les pentes du mont Pélion viennent s'abîmer dans la mer, les plages sont d'une beauté indescriptible. Le sable est de couleur crème et la mer d'un bleu turquoise. Des grottes creusées par la mer et des criques insoupçonnées vous détourneront cent fois de la route sinueuse dont **Haghios Ioannis** est l'étape ultime.

Plusieurs jours sont nécessaires pour visiter les villages nichés sur les pentes du Pélion : **Machirachi**, **Miliès**, **Mylopotamos** et **Makrinitsa** — l'un des plus jolis villages du Pélion, dont la place centrale est pavée de marbre et d'où la vue vers le nord est tout simplement spectaculaire ; et encore **Drakia**, **Haghios Lavrendis** (pour les amateurs d'art populaire) ou **Argalasti**, au sud du Pélion, pour n'en citer que quelques-uns.

Il faudrait avoir beaucoup de temps pour épuiser toutes les richesses qu'offre cette région. Les musées regorgent de trésors laissés par les Anciens, les Romains, les Byzantins, les Arabes, les Slaves, les Francs, les Vénitiens et les Turcs : cet ensemble recouvre environ 6 000 ans de civilisation. Mais c'est en Grèce centrale qu'on retrouve les traces les plus évidentes, à la fois glorieuses et tragiques, de cette somme historique.

Scène de balcon.

80
PI-7002

ATHENES

Si l'on devait se contenter d'un seul adjectif pour qualifier Athènes, ce serait sans doute « élastique ». **Athènes** est en effet comparable à un vieux chandail inusable, qui aurait rétréci puis allongé, et rétréci, tout au long des siècles, en changeant de contours selon les aléas de l'histoire.

Athènes est à peine mentionnée dans Homère. Elle n'a émergé qu'au VIe siècle av. J.-C., et c'est avec l'apogée de Périclès qu'elle est devenue un centre important d'art et de littérature, de commerce et d'industrie. Le premier recul survint au moment de l'expansion macédonienne, mais la cité conserva son prestige intellectuel et une prédilection affichée pour la philosophie et la rhétorique. Durant l'ère hellénistique, Athènes fut occultée par les grandes monarchies fondées par les successeurs d'Alexandre, mais non négligée pour autant ; les souverains d'Egypte, de Syrie, de Pergame parèrent la vieille cité antique de nombreux édifices et œuvres d'art. Mais elle vivait déjà sur son passé. Assiégée et saccagée par Sylla en 86 av. J.-C., restaurée et réhabilitée par deux empereurs romains philathéniens Auguste et Hadrien, puis à nouveau mise à sac par les Hérules en 267 et Alaric le Goth en 395, Athènes n'était plus qu'une paisible bourgade provinciale lorsque s'imposa la tutelle byzantine. L'édit de l'empereur Justinien, interdisant l'étude de la philosophie à Athènes, sonna le glas de la cité. Sous la férule latine (1204-1456), assaillie et occupée par les Francs, les Catalans, les Florentins et les Vénitiens, Athènes se replia sur elle-même. Et ce n'est qu'au XVe siècle après la conquête turque que la ville reprit son expansion, sans atteindre toutefois ses anciennes limites. Il y eut encore d'autres attaques, dont une incursion dévastatrice des Vénitiens, en 1687. Après la guerre d'Indépendance, Athènes surgit enfin de ses ruines : « *Une ville exsangue,* comme le notait William Wordsworth en 1832, *qui se trouvait soudain portée au rang de capitale du nouvel Etat grec.* »

Pages précédentes, l'Acropole à Athènes ; à gauche, en Grèce, le patriotisme est une vertu précoce.

Une croissance rapide

Athènes s'est développée depuis de manière chaotique et beaucoup trop rapidement. Le mariage de l'antique et du moderne n'a pas toujours été très heureux, et l'on peut encore voir poindre la petite ville d'avant-guerre entre les énormes tentacules de la capitale moderne d'aujourd'hui. L'expansion a également modifié la composition de la population qui est très hétérogène : rares sont les Athéniens d'origine.

Une ville hétéroclite, donc. Une ville de transition, comme on le dit souvent. Il n'y a pas si longtemps que les vaches paissaient encore à Patissia, et l'un des carrefours les plus animés de la ville, si l'on en juge par son nom Ambelopiki, était sans doute un champ de vignes. On peut voir quelques maisons bucoliques perdues au milieu d'immenses buildings de bureaux, que les propriétaires ont le plus grand mal à protéger de la poussière et de la pollution. Le trafic automobile à Athènes, est d'une densité à peine vraisemblable : Athènes a probablement le parc de motos le plus important de toute l'Europe. Quant aux vélomoteurs, ils font partie intégrante de la culture de la jeunesse grecque.

Lorsqu'on quitte ces artères centrales pour des rues secondaires, relativement protégées de la congestion, on découvre des rues étroites, à l'architecture parfois à la pointe du modernisme, mais dont la vie a conservé certains aspects traditionnels. La plupart des appartements possèdent un balcon ou une terrasse et l'on peut y voir, en été, les Athéniens émergeant de leur sieste, lisant leur journal ou prenant leur repas du soir. Les concierges ont sorti une chaise sur le trottoir et bavardent entre eux, et l'épicier fait une partie de jacquet avec le quincaillier. La chaleur fait de cette vie en plein air une nécessité et entraîne un certain grégarisme, une sorte d'exhibitionnisme social, ce n'est pas par hasard que le mot « Privé » n'existe pas en grec.

Les taxis aussi sont devenus une sorte d'institution communautaire. Ils sont d'autant plus demandés qu'ils sont très bon marché. Et si vous avez la chance d'en trouver un, ne vous étonnez pas d'avoir à le partager. Les Athéniens sont-ils aussi sociables et jouisseurs qu'on pourrait le penser ? Pas vraiment. Byron disait d'eux : « *C'est une génération fascinante, rusée, inquiète.* » Un autre voyageur, le Français Edmond About notait en 1852 que les Grecs étaient vaniteux, furieusement ambitieux, lancés dans une quête permanente de succès et de prospérité qui résultait de l'insécurité engendrée par des siècles de pauvreté (plus que la pauvreté, il faut incriminer la précarité de la vie à Athènes pendant de longues périodes d'obscurantisme). C'est peut-être ce qui confère aujourd'hui à la ville une atmosphère intense et trépidante que les voyageurs confondent souvent avec l'exubérance méditerranéenne. Cette fébrilité est aussi inhérente à la nécessité d'une adaptation rapide et abrupte au monde moderne.

Malgré une ouverture apparente, aux produits, aux techniques et aux modes importés, la société grecque reste fermée, repliée sur elle-même et curieusement égocentrique. Si les « emprunts » à l'étranger sont facilement acceptés, ils sont généralement mal assimilés. Les Grecs sont tiraillés entre les apports séduisants de l'Occident et leurs traditions séculaires. Les *doughnuts* font concurrence aux *koulouri* et le pop-corn au *passatempo*. Les mariages arrangés sont toujours pratique courante, mais l'ordinateur a remplacé l'entremetteuse. Un pope, majestueux dans sa soutane noire, lèche un cornet de glace ou chevauche une motocyclette : un spectacle impensable, il y a seulement dix ou quinze ans ! La coexistence, en somme. Mais avec quelques soubresauts.

Les rues de la ville

La zone commerciale qui s'étend entre **Monastiraki** et la **place Omonia,** en plein cœur de la ville, est le lieu de rencontre favori des Athéniens. C'est une sorte d'immense bazar qui évoque le marché décrit dans une comédie datant du IIe siècle av. J.-C. : « *Tout est à vendre en même temps sur la place d'Athènes : des figues, des discours, des grappes de raisin, des navets, des poires, des pommes, des témoins, des roses, des nèfles, des tripes,*

Depuis 1918 e[t] jusqu'à récemment, Floca était l'endroit où il fallait être vu, à Athènes.

des rayons de miel, des pois chiches, des plaidoiries, des gâteaux aux dards d'abeille, des myrtilles, des machines agricoles, des iris, des agneaux, des horloges à eau, des lois, des accusations. »

Le curieux assortiment d'objets que l'on trouve aujourd'hui encore sur le marché est presque aussi ahurissant. Les amateurs de kitsch y trouveront leur bonheur. Avec l'ère moderne et la production de masse, l'industrie des souvenirs touristiques se pratique à grande échelle. Même les boutiques de **Mitropolis,** spécialisées dans les articles religieux, n'ont pas résisté à cette vague déferlante.

Mais, quand on s'éloigne de la vulgarité de la **rue Pandrossou** pour gagner les ruelles étroites, derrière le **marché aux Puces,** on plonge quasiment dans l'ère pré-industrielle. C'est ici qu'on trouve les produits de l'artisanat traditionnel grec. Des échoppes débordent d'objets de toutes sortes, comme des vis de toutes tailles et de toutes formes, des serrures et des clés et des étalages entiers de pièges à rat. Des herboristeries y sont encore nombreuses, les montagnes grecques sont un véritable paradis pour les botanistes. On y trouve enfin de la colophane en gros morceaux couleur d'ambre, et du sulfate de cuivre aux éclats bleu vif qui sert, entre autres, à pêcher le poulpe... toute une accumulation de choses devenues introuvables dans nos sociétés modernes.

La ville aux huit collines

Dans ces petites ruelles étroites, il règne une activité tranquille. Mais à quelques pas de là, c'est à nouveau les gratte-ciel et les vapeurs d'essence. Pourtant, d'où que l'on soit, on aperçoit toujours au loin une montagne, la campagne, de la verdure, et c'est ce qui sauve Athènes : savoir que l'on peut rapidement échapper à cette jungle d'asphalte. Athènes est bâtie sur une succession d'accidents de terrain dont certains méritent le nom de collines et d'autres ne sont que de simples excroissances. Les rues montent et descendent, se heurtent parfois à une paroi rocheuse ou se terminent en escalier. On a répertorié huit collines (une de plus

Un pope passant devant une affiche symbolisant le nouveau consumérisme de la Grèce.

qu'à Rome !), mais il en existe peut-être davantage. Le célèbre **mont Lycabette** fait face à l'Acropole, encadré par le **Pnyx** et la **Philopappos** (colline des Muses) on y lance traditionnellement des cerfs-volants, le premier jour du carême. La colline d'**Ardettos** est située près du **Stadiou,** le stade antique en forme de fer à cheval, construit en l'an 143 de notre ère par Hérode Atticus et entièrement reconstitué en 1986, avec ses gradins de marbre ; il a été le cadre des premiers jeux Olympiques modernes. La **colline des Nymphes** est coiffée par le dôme gris de l'**Observatoire** ; tandis que les hauteurs de **Tourkovounia** sont désolées et balayées par le vent. Enfin, la colline **Strephi,** le Lycabette du pauvre, est beaucoup moins touristique. La roche perce ici, à nu, au travers d'une végétation clairsemée, et rappelle que l'Attique est « un pays de pierre ». Les bancs de pierre, les fontaines, les sentiers caillouteux, les fragments de marbre côtoient des cactus gris argent et des lauriers-roses qu'on appelle en Grèce des lauriers-amers ; des plantes robustes et peu exigeantes qui sont, seules, capables de survivre aux rigueurs de l'été. Vous trouverez sur ces collines des petits cafés ombragés et un peu de fraîcheur, mais ces petites retraites dans la verdure ne méritent pas pour autant le nom d'oasis.

Le **mont Hymette,** l'une des trois montagnes qui encerclent Athènes, ce paradis des abeilles, qui vire au pourpre au coucher du soleil, est, lui, une véritable oasis. En montant par la route sinueuse qui longe le monastère de **Kaisariani** (à quinze minutes de route), vous atteindrez un site de beauté et de tranquillité, d'où vous pourrez contempler l'Attique tout entière. Vous jouirez d'une vue panoramique sur Athènes. Sur le **mont Parnès,** à deux heures de route seulement, vous pourrez vous promener à travers une forêt touffue de sapins, jouer à la roulette au casino, et même skier en hiver. Quant au **mont Pentélique,** il est plus fréquenté, populaire, animé, avec tous les inconvénients qui en découlent : un air enfumé par les relents de *souvlaki* et les cris des enfants.

Mais si vous êtes tout simplement las des

Le meilleur café d'Athènes.

« *musées, cimetières des arts* », comme disait Lamartine, vous pourrez toujours aller faire un tour au **Jardin national,** à quelques foulées du Musée byzantin, du musée Bénaki et du musée de la Guerre. Vous longerez **Herodou Attikou** (la rue Hérode Atticus), où vous pourrez voir la relève des *Evzones,* ces gardes nationaux qu'Hemingway qualifiait de « *grands bébés en tutu* », puis vous tournerez à droite vers le Jardin national. Là, vous jouirez de l'ombre et du charme des tonnelles. Ne vous attendez pas à l'opulence des autres parcs européens ; ici, pas d'épais tapis de gazon, pas de parterres fleuris, de lacs, ni de cascades. Ici, vous pourrez observer les Athéniens au repos, les étudiants, les amoureux, les vieillards, les mères de famille avec leurs enfants et les routards fatigués qui dorment à l'ombre des glycines.

Il y a un autre espace vert, tout à fait inattendu, sur l'avenue **Vassilissis Sofias :** sur le parterre de gazon, superbement dessiné, est dressée une gigantesque statue de bronze de l'éminent homme d'Etat Vénizélos (1864-1936). Au sommet de cette pelouse se trouve le **jardin de la Liberté** qui n'a, en fait, rien d'un jardin. Quant au nom de liberté, il a sans doute ici un sens propitiatoire (ou expiatoire ?), car sous la dictature des généraux c'était le Q.G. de la redoutable police militaire. On y trouve aujourd'hui un café agréable, une salle de conférences et un minuscule théâtre en plein air. Les salles de torture ont été converties en musée, ce qui pose une fois de plus le délicat problème moral : que faire d'endroits comme celui-ci ? Le souvenir peut engendrer la haine et l'oubli, encourager l'apathie. Dans ce cas précis, on a souhaité semble-t-il tout à la fois préserver et transformer les lieux. Les Grecs ont un certain talent pour accepter le fardeau de leur passé. Ils l'ont prouvé pendant des siècles mais, comme tous les fardeaux, celui-ci compromet parfois leur équilibre.

Pas exactement vert, mais somme toute une oasis, **Plaka,** le vieux quartier qui se cramponne au pied de l'Acropole, a été réaménagé, rendu à sa configuration initiale, ou du moins en donne une reproduction assez fidèle. Les boîtes de nuit tapa-

A gauche, l'inévitable souvenir ; à droite, un immeuble de bureaux datant des années 30.

geuses, mais pas les cabarets, ont été fermés, les véhicules à moteur interdits, les maisons repeintes, les rues nettoyées. Plaka est redevenu un lieu de flânerie et de promenade absolument délicieux. On se croirait presque dans un village perdu, à des kilomètres et des kilomètres du monstre urbain qui s'étale en contrebas. Vous y découvrirez quelques petits bijoux architecturaux : des églises byzantines, la tour des Vents, l'ancienne université, des fragments de murs et d'arches antiques.

Les longues nuits athéniennes

Dans la chaleur athénienne, la nuit offre un répit appréciable et la plupart des activités nocturnes, les restaurants, les cafés, les théâtres, les cinémas, se déroulent en plein air. Mais ne confondez pas cinémas en plein air et drive-in dans ce cas, vous trouverez des rangées de sièges, comme dans n'importe quel cinéma, et les seules voitures sont celles des bébés dans leur poussette. **L'Odéon d'Hérode Atticus** sert de cadre officiel au festival d'Athènes. Il y a également un grand théâtre sur le Lycabette, essentiellement consacré aux concerts de musique moderne, ainsi que plusieurs carrières abandonnées, converties en théâtre et qui proposent d'excellentes productions dans un cadre particulièrement spectaculaire.

La nuit est longue à Athènes. Les Athéniens résistent farouchement au sommeil, ou compensent ce manque par une longue sieste (Ne téléphonez jamais à un Athénien entre 3 h et 5 h de l'après-midi, l'heure de la sieste !). Les cafés et les bars restent ouverts jusqu'aux petites heures du matin. Ils ne ressemblent guère à leurs équivalents européens : ils sont plus vastes, on y écoute de la musique (très fort, en général) et l'on peut y manger (très cher, en général) autant qu'y boire.

3 h du matin, et la circulation ne s'est toujours pas ralentie ; des groupes de gens s'agglutinent au coin des rues, les adieux durent une éternité. Les grands axes ne sont jamais déserts. C'est peut-être l'une des raisons pour lesquelles Athènes est une ville relativement sûre la nuit, mis à part quelques petits vols à l'arraché.

Lion colossal au pied du mont Hymette.

Toute cette faune agitée finit tout de même par aller se coucher. Les terrasses et les balcons s'éteignent, les chats rôdent, les effluves de jasmin s'exaspèrent et tous les éléments conflictuels de ce patchwork urbain semblent se fondre en un instant dans la brève nuit d'été.

L'Acropole

Qu'on l'aborde par la droite, en montant **Iera Odos** (la Voie sacrée) ou qu'on l'observe depuis les hauteurs de Plaka, l'**Acropole** s'impose avec une présence qui rend insignifiante la grisaille des tours de béton de l'Athènes moderne. Montez-y tôt le matin, en été, ou bien en début d'après-midi, l'hiver. La foule y est moins dense et vous pourrez voir la mer se profiler à l'horizon, au-delà des collines grisonnantes.

Jusqu'à l'an 2 000, au moins, l'Acropole continuera à ressembler à l'atelier d'un tailleur de pierre, ce qu'elle était vraisemblablement dans les années 440 av. J.-C., au moment où a débuté la construction du **Parthénon,** sous l'impulsion de Périclès. Certains de ses contemporains trouvaient ce projet trop extravagant, et Périclès fut accusé de vouloir parer sa cité comme on pare une prostituée. Le Parthénon célèbre en fait la déesse Athéna, protectrice de la ville. Sa statue, qui faisait douze mètres de haut et qui avait été réalisée en partie en ivoire et en feuilles d'or d'après les dessins de Phidias, brillait jadis dans l'obscurité du temple (elle fut emmenée à Constantinople, à la fin de l'Antiquité, où elle disparut).

Les conservateurs du site ont installé, aujourd'hui, une grue à l'intérieur du Parthénon pour déposer plusieurs centaines de blocs de marbre et remplacer les agrafes métalliques mises en place dans les années 20 par du titanium, non corrosif. La rouille avait dilaté les agrafes et la pierre avait cédé par endroits. Quant aux pluies acides, elles ont attaqué les surfaces de marbre sculpté comme s'il s'était agi de plâtre. Les restaurateurs ont également réussi à identifier et à rassembler quelque 1 600 fragments de

Rafraîchissement avant le tour des sites archéologiques.

marbre du Parthénon, disséminés sur la colline (bon nombre d'entre eux avaient sans doute été dispersés en 1687 par l'explosion d'un poudrière ottomane installée au cœur même du Parthénon). Quand cette remise en état sera achevée, on pourra voir près de 15 % de plus de l'édifice. Les failles seront comblées par de nouveaux blocs extraits dans les anciennes carrières du mont Pentélique (à une dizaine de kilomètres au nord d'Athènes), qui avaient déjà servi aux constructeurs du ve siècle av. J.-C.

L'**Erechthéion,** cet élégant sanctuaire à l'architecture complexe, était dédié à des cultes primitifs de l'âge du bronze. Il a déjà été restauré. Les caryatides d'origine, qui supportaient un portique marquant l'emplacement du tombeau du roi Cécrops (roi mythique, fondateur de la dynastie athénienne) ont été remplacées par des copies pour prévenir tout dommage provoqué par le *néfos,* ce nuage sombre de pollution atmosphérique qui flotte en permanence au-dessus d'Athènes.

Achevé en 395 av. J.-C., une génération après le Parthénon, l'Erechthéion abritait également une statue primitive en bois de la déesse Athéna, ainsi que l'olivier légendaire qu'elle fit jaillir du rocher, assurant ainsi sa suprématie en Attique sur Poséidon, le dieu de la Mer. Sous l'occupation turque, ce temple fut réquisitionné par le commandement militaire pour y installer son harem.

Les **Propylées,** ce superbe portique monumental qui donne accès à l'Acropole, fut érigé aux environ de 430 av. J.-C. par Mnésiclès, selon un plan judicieux qui mettait en valeur les imposantes colonnes extérieures et forçait le respect des fidèles qui grimpaient la colline. On peut encore voir quelques fragments du plafond à caissons, jadis peint et enluminé.

Accroché au flanc de l'ancien bastion sud de la citadelle, se dresse le petit **temple** carré **d'Athéna Niké,** achevé en 421 av. J.-C. Il fut construit sur le site où le père de Thésée, le roi Egée, voyant accoster un bateau aux voiles noires, se jeta dans le vide. Thésée avait promis de hisser une voile blanche à son retour, s'il réussissait à tuer le Minotaure en Crète. Mais il avait malencontreusement oublié sa promesse.

Touristes devant le Parthénon.

Les sculptures que lord Elgin n'a pas emportées avec lui sont exposées au **musée de l'Acropole**. On peut y voir quatre caryatides qui, même très abîmées sont d'une féminité toujours impressionnante. La superbe collection de corés révèle l'idéal pré-classique : en les observant de près, on peut discerner des traces de maquillage, des boucles d'oreilles, et les plis de leur jupe moulante. Les pointes de leur coiffure étaient destinées à empêcher les oiseaux de se poser sur leur tête.

Au nord de l'Acropole, l'**Agora,** l'arène politique de la cité antique, ressemble à un champ de ruines en friche. Le portique d'Attale, une galerie commerçante datant du IIe siècle av. J.-C. et reconstitué dans les années 50, est une promenade agréable, au milieu des senteurs d'une flore dont la composition a été reconstituée méticuleusement par des archéologues américains, telle qu'elle existait dans l'Antiquité. Le **Théséion,** ce temple dédié en fait à Héphaistos et donc improprement nommé, mérite votre attention car c'est un des temples les mieux conservés du monde grec.

Sauvetage des caryatides.

De l'autre côté de l'Agora, à l'aboutissement de la ligne de métro du Pirée, dans la rue Adrianou, on peut voir un fragment du **Portique peint**. Ce célèbre édifice antique (Stoa) a donné son nom au stoïcisme, une philosophie rigoureuse enseignée ici par le chypriote Zénon, au IIIe siècle av. J.-C.

Sur le versant sud de l'Acropole, s'étale le **théâtre de Dionysos**. Les gradins de marbre qui ont survécu datent d'environ 320 av. J.-C., mais les hellénistes s'accordent généralement à penser que les pièces d'Eschyle, de Sophocle, d'Euripide et d'Aristophane furent représentées en ce lieu dès le Ve siècle av. J.-C., dans le cadre des fêtes religieuses. Une subvention de l'Etat permettait à tout citoyen athénien d'assister à ces spectacles.

Au delà de Monastiraki, Keramikos (le cimetière du Céramique) situé dans le quartier des potiers, était le lieu d'inhumation des notables de la cité antique. Une extraordinaire variété de stèles sculptées, représentant de grandes urnes de pierre, des sphinx ailés et des scènes d'adieux mélancoliques, bordait la Voie

sacrée qui conduisait depuis la porte Dipyle (Dipylon) jusqu'à Eleusis, où se tenaient les célèbres mystères. La plupart des stèles funéraires d'origine ont été déposés au Musée national, mais les répliques restent très éloquentes.

La collection de pièces funéraires exposées au **musée du Céramique** est une parfaite introduction à cet art des vases peints : depuis l'urne trapue et géométrique jusqu'à l'élégant *lekythos* de la période classique, en passant par la poterie sophistiquée de l'époque hellénistique.

Vestiges romains et byzantins

Quelques monuments romains rappellent l'époque où Athènes était une cité respectée mais dépouillée de toutes ses richesses mobilières. L'empereur Hadrien, qui régna au IIe siècle, était un fervent admirateur de la Grèce classique. Il fit ériger un arc monumental, l'**arc d'Hadrien,** pour marquer la frontière entre la cité classique et la ville d'Hadrien, capitale de la province romaine. Il acheva également le **temple de Zeus olympien,** un vaste édifice abandonné aux environs de 520 av. J.-C. par des constructeurs à court de fonds, et se le dédia.

Plus tard, au cours de ce même siècle, Hérode Atticus, un riche administrateur romain, fit construire le théâtre escarpé qu'il dédia à son épouse et qui accueille aujourd'hui le festival d'Athènes.

C'est un Syrien qui au Ie siècle av. J.-C., fit construire la pittoresque **tour des Vents,** un octogone de marbre assez bien conservé qui domine les vestiges dispersés de l'Agora romaine. Elle est décorée de huit bas-reliefs, dont chacun représente un vent différent, et renfermait jadis une horloge à eau.

L'Athènes byzantine est peu représentée : une douzaine d'églises environ, dont beaucoup datent du XIe siècle, sont dispersées dans Plaka, d'autres sont nichées dans l'ombre des grands buildings de la ville moderne, au-dessous du niveau de la rue. Elles sont toujours en activité.

L'une des plus belles est sans doute **Haghii Théodori** (l'église des Saints-Théodore), sur la place Klafthmonos. Elle fut

construite au XIe siècle sur le site d'une église primitive en forme de croix grecque. Les murs sont rythmés par un très bel appareillage de briques et décorés de frises en terre cuite à thème animalier ou floral. **Haghios Nicomedos** (Saint-Nicomède), dans la rue Philheilinon, date de la même époque, mais fut rachetée par le tsar de Russie en 1845 et redécorée. C'est aujourd'hui l'église de la petite communauté russe orthodoxe de la ville, et les chants liturgiques y sont renommés.

Aux frontières est et ouest de la ville se trouvent deux monastères célèbres : Kaisariani et Daphni. **Kaisariani,** sur le mont Hymette, porte le nom d'une source qui alimentait un aqueduc construit sur les ordres d'Hadrien et dont les eaux, autrefois consacrées à Aphrodite, sont toujours créditées de vertus curatives et favorisant la maternité. L'église du monastère date de l'an 1000, mais les fresques datent du XVIIe siècle. Des cloîtres, une cuisine, un réfectoire, et un ancien établissement de bains lui sont adjoints.

Daphni est une curieuse combinaison architecturale de gothique et de byzantin. L'intérieur est décoré de magnifiques mosaïques du XIe siècle. Le monastère occupe le site d'un ancien sanctuaire d'Apollon. Un Christ Pantocrator, enchassé dans l'or et entouré des prophètes de l'Ancien Testament, monte la garde sur la voûte du dôme. Le bâtiment actuel date de 1080, mais le porche gothique a été ajouté au XIIIe siècle, à l'époque où Daphni appartenait aux moines cisterciens de Bourgogne et servait de lieu de sépulture aux ducs francs d'Athènes.

Les musées

Le **musée Goulandris** présente une collection unique d'idoles cycladiques, en marbre blanc magnifiquement exposées et éclairées. Elles furent méprisées par les critiques d'art du XIXe siècle, qui les trouvaient sans doute trop primitives, mais leurs lignes pures et douces inspirèrent à la fois Picasso et Modigliani. Ces statuettes, qui représentent pour la plu-

résors du usée rchéologique ational : le asque 'Agamemnon, gauche ; cavalier de ronze, ci-essous.

part des femmes enceintes, proviennent de tombes pillées dans les îles des Cyclades et les archéologues sont toujours dubitatifs quant à leur fonction exacte.

Le **Musée national archéologique** est encombré de trésors mal étiquetés de toutes les périodes de l'Antiquité. Il faut le visiter en début de matinée, avant l'arrivée des groupes. Ne manquez pas de voir la salle mycénienne, les fresques de Théra, et les bronzes colossaux dont on ne trouve aucune réplique ailleurs. La **salle mycénienne** renferme les trouvailles d'Heinrich Schliemann, archéologue autodidacte, découvreur de Troie et de Mycènes. Ces trésors, datant du second millénaire av. J.-C, proviennent des tombeaux homériques de Mycènes et témoignent de l'art de la miniature, fort prisé à l'époque. L'or brille partout, témoin évident de la richesse de la Grèce préhistorique. Au premier étage, la salle des fresques de Théra (Santorin) révèle un aspect de la vie de l'âge du bronze dans les îles égéennes. Des pièces de petite taille étaient décorées de scènes de la vie quotidienne : deux jeunes garçons s'opposant dans un combat de boxe ; des singes bleus accrochés au flanc d'une montagne et des femmes aux longs cheveux noirs et aux yeux très maquillés. Peu de grands bronzes antiques ont survécu jusqu'à nos jours, mais la statue de Poséidon, brandissant un trident, qui fut trouvée au large du cap Artémision, est une superbe exception. Elle date de 470 environ av. J.-C., tout début de la période du naturalisme classique. En comparaison, le jeune cavalier rivé à son cheval de bronze, datant de l'époque hellénistique, nous reporte des siècles plus tard. Le réalisme était alors à la mode et l'enfant a une expression tendue, proche de la frayeur.

Les bronzes du **Musée archéologique du Pirée** sont plus frustes, mais tout de même fascinants. Le *kouros* archaïque aux membres épais, l'une des premières statues en pied, et l'Athéna casquée de l'époque hellénistique ont été retrouvés en 1959, dans une tranchée d'égout, faisant peut-être partie d'une cargaison en instance de départ pour Rome.

Le **Musée byzantin,** installé dans une demeure de style néo-florentin construite au XIXe siècle contient une superbe collection d'icônes et de reliques, datant du XIIIe au XVIIIe siècle. De l'autre côté de la rue, le **musée Bénaki** abrite une merveilleuse collection très éclectique : des bijoux, des costumes et deux icônes attribuées au Greco, à l'époque où il n'était encore qu'un jeune peintre crétois du nom de Domenikos Theotokopoulos.

A Plaka, le **musée Kanellopoulos,** une résidence typique du XIXe siècle, est également une mine de trésors et renferme divers objets datant de toutes les périodes de l'art grec, acquis par un collectionneur averti et acharné. Quant au **Musée de la ville d'Athènes,** il présente toute une accumulation de meubles et de tableaux du XIXe siècle, dans une maison où vécut le jeune roi Othon.

Aux environs d'Athènes

Dans les environs immédiats d'Athènes, un trajet de 70 km jusqu'au **cap Sounion,** la pointe venteuse de la péninsule de l'Attique, vous conduira au **temple de Poséidon**. Achevé en 440 av. J.-C., ce temple, avec ses colonnes blanches est aujourd'hui encore un repère pour les bateaux qui entrent au Pirée. Lord Byron a gravé son nom sur l'une des colonnes de la face Nord. Le marbre provient des environs d'Agrileza, où les Athéniens extrayaient également de l'argent et du plomb. En suivant un rempart impressionnant, datant de l'époque classique, jusqu'au pied de la colline, vous parviendrez aux vestiges des chantiers navals antiques qui étaient implantés dans la baie. Les Athéniens y organisaient jadis des courses de navires de guerre et le site devint ultérieurement un repaire de pirates.

Plus isolé, à 35 km d'Athènes, dans l'antique **Brauron,** aujourd'hui Vraona, sur la côte est de l'Attique, au milieu des vignes de la région de Missolonghi, se trouve le **sanctuaire d'Artémis**. La colonnade datant du Ve siècle av. J.-C., flanquée d'une chapelle byzantine du XVIe siècle, est construite à l'emplacement de l'ancien autel. A l'époque classique, les petites filles des notables, venaient ici en pèlerinage, afin de s'assurer la fertilité. Le culte local d'Iphigénie, la nymphe de la fertilité, fut, ici, confondu avec celui d'Artémis, la déesse vierge. Les statues qui les ont immortalisées sont exposées dans le musée local.

NOTIOS EVOIKOS
Prassin
Dilessi
Schimatari
Skala Oropou
N.Palatia
Halkoutsi
Vagia
THIVA
Tanagra
Ino
AMFIARAION
Oropos
Ag.Apostoli
Boufal
Leondari
Kalithea
Assopia
Inofita
Markopoulo
Kalamos
Ag.Dimit
Elopia
Ag.Thomas
E-92
Lefktra
PLATEES
Dafni
Avlona
Sfendali
Malakassa
Varnavas
RAMNOUS
Kaparelli
Erithres
Pili
Skourta
Afidnes
Kapadriti
Platees
Panakto
Gramatiko
Ag.M
1413
Marathonas
Stefani
Ag.Triada
Krioneri
Vilia
Inoi
EGOSTHENA
Germeno
Paleohori
M. Kliston
Varibobi
Anixi
Fili
Aharnes
Dionissos
Psatha
Ag. Sotira
Magoula
A.Liossia
1107
Nea Makr
Alepohori
Mandra
Aspropirgos
Kifissia
Ag.Andr
Maroussi
Mati
Halandri
Pendeli
Rafina
ELEFSINA
Dafni
MEGARA
Skaramangas
Palini
Pikermi
Ag.Ierotheos
N.Peramos
Loutsa
Perama
ATHINA
Spata
VRAV
Salamina
Pahi
Kineta
Ambelakia
1026
Peania
Vravron
EANDION
PIREAS
Imitos
Ag.Theodori
Eandio
P.Faliro
Koropi
Porto
Kaki Vigla
Eliniko
Markopoulo
SALAMINA
Peristeria
Glifada
Kalivia
SARONIKOS KOLPOS
Vari
Keratea
Voula
Varkiza
Vouliagmeni
Korfos
Souvala
Vaia
Lagonissi
Kipseli
TEMPLE OF AFEA
FLEVES
Saronida
Egina
Messagros
Anavissos
Ag. Marina
P.Fokea
ANGISTRI
Marathonas
M. Agnounda
Perdika
Sfendouri
Legrena
Nea Epidavros
Angistri
MONI
EGINA
PATROKLOU
P.Epidavros
Kounoupitsa
TEMPLE OF POSS
Ag.Theodori
KamHora
Kipséli
EPIDAVROS
Methana
Trahia
Ano Fanari
Driopi
Kaloni
Taktikoupoli
POROS
Ag.Eleni
Poros
M.Kalavrias
Trizina
TRIZINA
Galatas
AGIOS GEORGIOS
Loukaiti
Saronida
Iliokastro
TSELEVINIA
Plepi
Pigadia
Fourni
Thermissia
Akti Idras
Metohi
Ermioni
M.Zourvas
Kineta
Dokos
Idra
Vlihos
IDRA
Petrothalassa
Ag.Mamas
Episkopi
Kosta
TRIKERI
Spetses
SPETSOPOULA

LES ILES DU GOLFE SARONIQUE

Dans les guides touristiques, Athènes et les îles du golfe Saronique sont souvent regroupées. Cela est justifié dans la mesure où durant les week-ends et en été, elles deviennent une véritable extension des banlieues les plus huppées d'Athènes. Mais cette vision des îles argo-saroniques, outre qu'elle est un peu rapide, ne tient pas compte de leur identité spécifique. Chacune d'entre elles a son histoire et son propre caractère.

Egine

Egine est une île privilégiée par sa beauté, par son climat et son air pur. A environ une heure et demie de ferry du Pirée, Egine n'a aucun mal à attirer les visiteurs. Bien que l'île porte les marques de l'expansion du tourisme, elle est assez grande pour qu'on puisse y trouver refuge à l'écart des foules. Longtemps retraite favorite des Athéniens, elle est restée plus populaire parmi les citadins désireux de passer leurs week-ends loin de la pollution, que parmi les touristes étrangers.

Sur la carte, l'île a une forme de triangle inversé dont la pointe sud est marquée par le cône magnifique du mont Oros, le plus haut sommet des îles argo-saroniques, visible par temps clair depuis l'Acropole d'Athènes. Le centre et la côte orientale de l'île sont montagneux ; une plaine fertile descend doucement jusqu'à la pointe ouest où la ville actuelle d'Egine recouvre partiellement le site de la capitale antique. Peut-être faut-il faire un retour en arrière dans l'histoire et rappeler ici qu'Egine rivalisa jadis avec Athènes pour la suprématie maritime de la Grèce antique et même, dans les premiers jours du nouvel Etat grec pour la domination politique du pays.

A l'époque antique, située stratégiquement entre le Péloponnèse et l'Attique, s'ouvrant sur la mer Egée et, au-delà, sur toute la Méditerranée, elle devint un riche Etat marchand, avec des chantiers navals, une flotte, et un système bancaire très sophistiqué. Au VIIe siècle av. J.-C., Egine frappa les premières pièces de monnaie grecques, les « *tortues* » d'argent, qui furent pendant un siècle, l'unique monnaie d'argent dans toute la Grèce.

Départ pour les îles, depuis le port animé du Pirée.

Au début des guerres persiques, en 491 av. J.-C., les Eginètes se rallièrent à l'armée perse. Mais en 480 av. J.-C., à Salamine, la plus grande des batailles maritimes de toute l'histoire grecque, ils changèrent de camp et méritèrent les louanges de l'oracle de Delphes, qui vanta la flotte la plus rapide de toutes les mers. Cependant, Egine, rivale du Pirée, menaçait l'expansion de l'empire maritime d'Athènes. En 45 av. J.-C., durant la guerre du Péloponnèse, les Athéniens défirent les Eginètes sur la mer, et à cette occasion expulsèrent toute la population de l'île pour la remplacer par des colons athéniens. Après la défaite d'Athènes dans cette même guerre du Péloponnèse, le Spartiate Lysandre, en reconnaissance de l'aide apportée par les Eginètes dans ce conflit, leur restitua l'île. Egine joua ensuite un rôle plus discret jusque dans les années 1820, où elle devint la capitale temporaire de la Grèce libérée, de 1826 à 1828.

L'actuelle Egine est une petite ville grecque typique du siècle dernier. Un certain nombre de demeures classiques ont subsisté, en bordure de la ville ainsi que plusieurs bâtiments construits après la libération de la Grèce, à l'époque du premier gouverneur de l'île, Jean Antoine Capo d'Istria (1776 - 1831). Le **Musée archéologique,** au centre de la ville, présente un certain nombre de pièces intéressantes. Le port moderne, de forme ovale, aujourd'hui encombré de caïques pittoresques, était le port de commerce de la cité antique. Le **port militaire** se trouve près du village de **Karantina** et l'on peut encore y voir les vestiges d'anciens mouillages. A gauche du port en entrant, se dressent la **colline de Kolona** et les ruines du **temple d'Apollon** (longtemps identifié avec un sanctuaire d'Aphrodite). Tout ce qui reste de ce fameux temple est une unique *kolona* (colonne), sur les 36 d'origine du temple dorique construit en 520-500 av. J.-C.). Il fut recouvert par une forteresse romaine tardive dont il reste quelques fragments côté mer. Depuis la mer, le site du temple ne semble guère impressionnant, mais à la fin de l'été, la vue du haut de la colline est saisissante.

EGINE : UNE ILE OU L'ON REVIENT TOUJOURS

La poétesse Katerina Anghelaki-Rooke, petite-fille du romancier Nikos Kazantzakis, confie ses impressions sur Egine.

Egine est une île où l'on revient. C'est un lieu qui s'ouvre, qui reçoit, qui console et qui guérit. Les autres îles sont des points de départ ; on les laisse derrière soi et l'on s'en va vers des aventures, des exploits, des conquêtes. Les îles sèches et arides, comme Hydra, Ios, Mykonos ou Santorin inspirent l'action. Egine, au contraire, est une île féminine. Et quand le bateau entre au port —le petit port en forme de fer à cheval, avec l'église de la Petite-Vierge d'un côté et la vieille maison jaune de l'autre— on se sent le cœur apaisé. Quand j'étais petite, je croyais que la maison jaune avait jauni avec le temps, comme un vieille photographie.

Le port est vivant. Il est aussi vivant en hiver qu'en été. Les touristes changent à peine l'île. Ils font une brève apparition, et puis ils disparaissent mystérieusement, comme le sirocco, ce vent d'été chaud et humide qui souffle du sud du Sahara. En septembre, l'air sent la résine des pistaches que l'on récolte à cette saison et les tonneaux fraîchement lavés pour accueillir le vin nouveau. La lumière est douce et caressante ; elle a perdu la dureté du mois d'août. De l'autre côté de l'eau, la montagne de Méthana vire au bleu poudreux. Je m'installe chez Skotadis, le marchand d'ouzo, pour regarder les caïques décharger les fruits et les légumes, tandis que Babouas, l'idiot du village fait les cent pas en souriant aux visages qui lui sont familiers. C'est un sourire de gratitude pour ce lieu où l'on pardonne les erreurs des hommes et des dieux, et où chacun est accepté.

A l'intérieur de l'île, le paysage est une réminiscence de l'Attique. Peut-être Egine a-t-elle conservé quelque chose de sa mère patrie, au-delà des flots, un peu comme nous conservons les traits caractéristiques de nos parents. Les courbes des collines et les cimes des oliviers soulignent et rompent

Un jeune garçon en s'arrête po saluer le p et son chie Henry.

en même temps le bleu du ciel. Les nuages ajoutent une touche d'imagination frivole dans ce bleu si grave. Ce sont là des éléments qu'elle partage avec l'Attique. Mais Egine est bien une île ; on le sent à l'air salé qui nous environne, où que l'on soit. Il règne ici une atmosphère d'indépendance, d'autonomie, de solitude. Et c'est cette double personnalité qui est la clé du charme de l'île. Egine, c'est à la fois la douceur et la sévérité de la vie.

« *Ah ! Retrouver Egine !* » écrivait mon grand-père, quand il était à l'étranger, loin de son île et de sa maison au bord de la mer. Depuis sa fenêtre, les aventures de l'Odyssée ressuscitaient devant ses yeux. Il n'est pas étonnant que, dans sa fameuse suite romanesque, il ait repris le fil de l'histoire là où Homère l'avait abandonné, retraçant les voyages d'Ulysse après un second départ d'Ithaque. L'auteur et son héros partageaient la même nostalgie pour ses « *îles où l'on revient* ».

Kazantzakis quittait parfois son promontoire rocheux pour se rendre en ville et acheter quelques douceurs chez Prokopis, le Grec d'Asie Mineure passé maître en matière de pâtisserie orientale, ou pour bavarder avec l'idiot du village —un autre, qui vivait celui-là dans les années 30. « *Dis-moi, Thomas, as-tu jamais été à l'école ? Une ou deux fois, patron. Je n'était pas très doué, mais un jour je suis tombé malade et je suis devenu idiot. Maintenant, je n'ai plus aucun souci à me faire !* » Kazantzakis s'émerveillait de la sagesse de Thomas et ne cessait de raconter cette histoire. Ainsi que celles du sourd-muet qui nettoyait les poissons au marché, du boulanger avec son sempiternel sourire, des bateaux de pêche ondulant nonchalamment dans le petit port, et l'île tout entière qui s'arrête au moment où le soleil tombe sur la mer... Les couchers de soleil sur Egine ! Ces lambeaux de gloire impériale or et poupre qui nous enveloppent pendant un court instant et nous emplissent de nostalgie et d'espoirs.

Je quitte Skotadis et le port, et je prends la route qui grimpe la colline et conduit à ma maison. Les arbres et les murs cernent mon histoire personnelle. L'histoire de quelqu'un qui vit à Egine et qui aime profondément cette île et son port.

ouzeri de
otadis.

En dehors des excursions traditionnelles vers les petites stations balnéaires comme **Souvala, Perdika, Haghia Marina,** ou vers l'une des deux îles voisines d'**Angistiri** et de **Moni,** il ne faut pas manquer de visiter le **temple d'Aphaïa** et le **monastère d'Haghios Nectarios.**

Le temple d'Aphaïa s'élève au sommet d'une colline dominant le cap d'Haghia Marina, au milieu d'une pinède d'où l'on a une vue splendide sur la mer Egée, plus belle que celle du cap Sounion ou de Lindos, sur l'île de Rhodes. Erigé pour célébrer la victoire de Salamine, il a été qualifié de « *monument le plus accompli de la fin de l'époque archaïque dans l'architecture helladique européenne* ». C'est le seul temple hellénique préservé avec une deuxième rangée de petites colonnes à l'intérieur du sanctuaire. Il fut exploré en 1811 par le baron von Hellerstein, et ses sculptures furent transférées à Zante puis en Italie, où elles furent finalement vendues aux enchères et achetées par le roi Louis Ier de Bavière, père du roi Othon de Grèce. A la demande du souverain, les statues furent renvoyées à Rome puis exposées à la glyptothèque de Munich, où elles sont toujours.

Haghios Nectarios (Anastase Kefalas : 1846 - 1920), archevêque de Tripoli, fut le premier saint de l'époque moderne à être canonisé par l'Eglise orthodoxe (en 1961). Le monastère qui porte son nom s'élève sur une colline. En face sur une autre colline, on a dénombré les ruines de plus d'une vingtaine d'églises et de monastères du XIIIe siècle et postérieurs, dont certains possèdent de remarquables iconostases (en particulier le **monastère de Panhaghia Chrysoléontissa**). Ces églises faisaient partie de la capitale médiévale de l'île, Paléochora, où les habitants se réfugiaient lors des attaques subites des pirates (la ville fut détruite à deux reprises par le fameux pirate Barberousse et une troisième fois par les Vénitiens). Lorsque les Turcs furent chassés de l'île, dans les années 1820, les Paléochorites émigrèrent vers le port et abandonnèrent leurs églises.

La ville d'Haghia Marina ne vaut pas que l'on s'y arrête même si sa plage mérite le détour. Celles des petites îles d'Angistiri et de Moni, si elles ne sont pas les

Les pistaches d'Egine.

plus belles de la mer Egée, restent très agréables. La ville d'Egine, avec son marché aux poissons bruyant, son port pittoresque, où les caïques viennent décharger leurs fruits et leurs légumes, ses *ouzeris* et ses *tavernas* animées, et enfin ses traditionnels vendeurs de pistaches, est un lieu de séjour très plaisant.

Hydra

L'île d'**Hydra** (jadis Idrea, riche en eau) est aujourd'hui par une ironie du sort un long rocher nu et aride. Le cœur de l'île est son port. Tout autour de la baie pittoresque, des maisons blanches sont accrochées aux flancs caillouteux, ponctués çà et là par les demeures grises et massives de la bourgeoisie aisée, les *archontika*. Le long du quai se trouvent les échoppes colorées du marché, au milieu desquelles se dresse la tour de marbre du cloître de la Sainte-Vierge. Le port, fermé par une ligne de brise-lames, est un abri parfait, avec ses deux canons du XIXe siècle postés de chaque côté de l'entrée. Encombré d'embarcations de toutes sortes, il offre un spectacle coloré.

Depuis que Michel Cacoyannis y a tourné *La femme en noir* et que le peintre Gikas y a élu domicile, Hydra aspire à devenir une retraite à la mode pour les artistes et les intellectuels. La beauté sauvage de l'île et son merveilleux port continuent à être irrésistibles. Hydra est l'île méditerranéenne par excellence.

La grandeur d'Hydra remonte au XVIIIe siècle, lorsque le commerce renaissant du Péloponnèse, associé au commerce du blé de la Russie méridionale, permit aux capitaines de l'île de faire fortune. Ce qui n'était jadis qu'un petit port appartenant à l'Empire vénitien, devint progressivement la puissance maritime dominante de la mer Egée. Pendant la guerre d'Indépendance, les Hydriotes se lancèrent corps et âme dans la lutte. Les familles de marchands, en particulier celle des Coundouriotis, convertirent à leurs propres frais leurs navires de commerce en vaisseaux de guerre. Parmi les nombreux commandants de la Marine de guerre, il faut citer les frères Tombazis, Tsamados,

Egine, le front de mer.

Vulgaris, Sakturis (qui donna probablement son nom à la *sakturia,* un petit voilier inventé par les Hydriotes) et Andreas Miaoulis, commandant en chef de la flotte et l'un des plus grands héros grecs de tous les temps. Parmi leurs descendants célèbres se trouvent Dimitrio Vulgaris, Premier ministre en 1855 et l'amiral Pavlos Coundouriotis, héros de la guerre de 1912, plus tard régent et président de la Grèce.

Les maisons bien conservées et imposantes de toutes ces familles sont aujourd'hui des petits musées ouverts aux visiteurs. Dans l'immense **résidence de l'amiral Tombazis,** l'école athénienne des Beaux-Arts a établi une annexe où elle accueille des artistes de renommée mondiale. Un centre de formation de la Marine marchande occupe la **maison des Tsamados** et, juste en face, se sont installées les Archives d'Hydra.

Les hauteurs de la ville et les collines alentour sont demeurées curieusement intactes. Des ruelles étroites et des escaliers abrupts conduisent d'un quartier à l'autre. L'uniformité des murs blancs est rompue, çà et là, par un porche centenaire, un cadre de fenêtre bleu vif, des marches écarlates ou un portail vert.

Avec ses nombreuses *tavernas,* ses cafés et sa vie nocturne, Hydra devrait également attirer ceux qui n'ont aucun intérêt pour le passé historique de l'île. Pour beaucoup, cette petite ville immaculée, baignée de blanc et de bleu, personnifie la Grèce telle qu'on rêve de la découvrir aujourd'hui encore.

Poros

L'île de **Poros** est séparée du Péloponnèse par un petit détroit (en Grec, *poros* signifie détroit). On peut accéder à l'île, non seulement par bateau mais également en voiture, le long de la côte du Péloponnèse, via l'**isthme de Corinthe** et **Epidaure,** jusqu'à la petite ville de **Galatas,** qui fait face à Poros. Poros est littéralement enchassé dans l'île et c'est l'un des meilleurs mouillages de toute la mer Egée. Un premier regard sur l'île portera vers les maisons blanches et les toits de tuiles oranges de la ville, cons-

Jeune bohémienne.

truite au sommet d'une colline. Sur le continent, en face, le village de Galatas, avec ses escaliers blancs et ses ruelles sombres, avec ses *Lemonodassos,* où les citronniers poussent entre les moulins à eau, est un vis-à-vis délicieux. Et il est facile de comprendre l'enthousiasme d'Henry Miller qui décrit son arrivée à Poros dans *Le Colosse de Maroussi :*

« *Je ne sais pas ce à quoi je fus le plus sensible — l'histoire des plantations de citronniers qui s'étendaient devant nous, ou le spectacle de Poros même, lorsque je réalisai que nous naviguions pratiquement entre les rues. S'il y a un rêve qui m'attire entre tous, c'est bien celui de pouvoir naviguer sur terre. Cette arrivée à Poros ressemble à un rêve. La terre converge subitement de toutes parts et le bateau est comme pressé dans un isthme étroit... Naviguer lentement au milieu des rues de Poros, c'est retrouver la joie de sortir par le col de la matrice. Une joie presque trop intense pour qu'on s'en souvienne.* » Ce n'est pas une illusion. On navigue réellement entre les maisons.

Un certain nombre d'hôtels ont été construits à Poros et des notables Athéniens possèdent ici leur maison de vacances depuis des décennies. Mais l'île n'a jamais connu la vogue d'Hydra ou de Spetsai, même si elle est aussi peuplée qu'Egine en été.

Sur la côte sud-ouest, se trouvent les vestiges d'un vieux port militaire installé par les Russes avec l'accord du sultan. En 1830, le premier arsenal naval fut installé ici et survécut jusqu'en 1877. Le bâtiment abrite aujourd'hui l'**Ecole navale des garçons**. Le fameux vaisseau de guerre grec, l'*Averoff,* qui joua un rôle majeur durant la guerre des Balkans, en 1912, est amarré devant l'école. L'anniversaire de la bataille le (6 décembre) est marqué par des festivités *(paniyri).*

Le principal site de l'île est le **monastère de la Panaghia Zoodochos Pyghi** (la vierge du printemps-source de vie) magnifiquement situé dans une clairière. Seuls quelques moines y vivent encore aujourd'hui. Il faut signaler une iconostase de bois peint et doré, datant du XVIIIe siècle et décorée de scènes du Nouveau Testament. Elle fut probablement importée d'Asie

Yachts amarrés dans le port sélect d'Hydra.

Mineure. Devant le monastère, une nouvelle route contournant les hauteurs par l'est grimpe à travers les pinèdes jusqu'au plateau de **Palatia,** où les ruines du **sanctuaire de Poséidon** sont nichées dans une cavité, entre les plus hautes collines de l'île. Le temple fut découvert au début du siècle et il n'en reste pas grand-chose, mais le site est remarquable.

La ville antique de **Calavria** était située à proximité et le sanctuaire était en fait le quartier général de la Ligue calavrienne, une association religieuse réunissant plusieurs cités, dont Athènes. Le sanctuaire servait d'asile pour les marins des navires naufragés, les pirates et les réfugiés politiques. C'est ici que le fameux orateur athénien Démosthène, fuyant les Macédoniens, vint chercher refuge, persuadé que ceux-ci n'oseraient pas profaner un sanctuaire aussi réputé et aussi ancien. Il se trompait pas et pour éviter d'être capturé il s'empoisonna.

Il ne faut pas quitter Poros sans faire une excursion jusqu'à **Trézène,** sur le continent. Pour y parvenir, on peut prendre le bateau au port de Poros, jusqu'à Galatas, puis un bus jusqu'à la ville antique.

Spetsai

A la pointe sud du golfe Saronique, **Spetsai,** l'ancienne Pityoussa (île des Pins), offre les plages les plus pittoresques et la vie nocturne la plus sophistiquée des îles environnantes.

Bien que la ville de Spetsai elle-même soit envahie de nouveaux hôtels, de bars bruyants et de fast foods, la partie est de l'île, **Palio Liman** (le vieux port), irradie encore d'une grâce émouvante à laquelle même le touriste de passage est sensible. Les *archontika* du VIIIe siècle que l'on peut voir dans cette partie de l'île sont aujourd'hui la propriété de riches familles athéniennes.

Tout comme Hydra, Spetsai fut l'un des principaux centres d'activité durant la guerre d'Indépendance, et a engagé une flotte d'une centaine de bateaux en faveur de la cause grecque. L'île s'est distinguée car elle fut la première de l'archipel à se révolter contre la domination ottomane en 1821, et la place fortifiée, toujours équipée de canons étincelantes, est aujourd'hui la *Platia* de la ville La **Dapia**. Bouboulina, l'héroïne grecque, était native de Spetsai. Elle avait pris le commandement du bateau de son mari, tué par les Turcs. Selon la légende, la flotte turque arriva en vue des côtes de l'île un jour où tous les hommes étaient absents. Bouboulina, avec toutes les autres femmes de Spetsai, au lieu de se réfugier dans les collines, réunit tous les fez qu'elle put trouver (les sujets turcs avaient obligation de porter cette coiffure) et les posa sur les asphodèles qui poussaient en masse le long de la côte. De loin, les fez se balaçant dans le vent ressemblaient à une troupe hostile, et l'ennemi prit la fuite. Cette « victoire », et celle plus décisive du 8 septembre 1822, lorsque les bricks et les cuirassés de Spetsai repoussèrent les troupes ottomanes, bien supérieures en nombre, est célébrée annuellement lors de la *Panaghia Armata.*

Après la guerre d'Indépendance, la flotte de Spetsai déclina avec l'émergence du Pirée, mais les traditions de la construction navale se sont perpétuées. Le petit **musée naval** est installé dans l'imposante *archontika* de Hadziyannis Meksis, le premier gouverneur de l'île. A l'extérieur de la ville, près de la **plage de Xénia,** se trouve le **collège Anargirios** et **Korgialénios.** John Fowles a enseigné ici et a immortalisé à la fois l'île et l'institution dans sa nouvelle *The Magus.*

Les plages d'**Haghios Mamas** et d'**Haghios Nikolaos** sont polluées et sans intérêt. Contrairement à celles, superbes, de **Zogeria, Vrélo, Haghia Paraskévi** et **Haghios Anayiiri,** qui sont situées dans la partie de l'île plantée de pinèdes. On peut, en outre, facilement se rendre sur les plages du Péloponnèse situées face à Spetsai. La plus jolie d'entre elles est sans doute **Hinitisa,** et pour ceux qui apprécient le ski nautique, **Porto Heli,** avec sa baie protégée, est un site idéal. De Spetsai, on peut se rendre facilement à Nauplie, Argos, Epidaure, Mycènes ou dans la ville de Monemvasia.

Une promenade au vieux port ou jusqu'à Haghia Marina ou encore dans les bois de **Ligoreni,** ou un dîner de poisson cuisiné *à la Spetsiota* sont quelques-uns des plaisirs qui attendent le visiteur à Spetsai.

Bouboulina, la fougueuse héroïne de la guerre d'Indépendance grecque de Spetsaï.

PATRA
Rio
Egio
Akrata
Xilokastro
Kiato
KORINTHOS
Loutraki
Isthmia
KORINTHIAKOS KOLPOS
KOLPOS ITEAS
ALKIONIDES
Porto Germeno
Kalavrita
Nemea
ARGOS
NAFPLIO
Mikines
Epidavros
Tolo
ARGOLIKOS KOLPOS
Kranidi
Portoheli
Spetses
SPETSES
TRIPOLI
Megalopoli
Andritsena
Karitena
Dimitsana
Vitina
Levidi
Astros
Leonidio
Kosmas
SPARTI
Mistras
KALAMATA
Messini
Pilos
Methoni
Koroni
Finikoundas
MESSINIAKOS KOLPOS
Kardamili
Stoupa
Areopoli
Gerolimenas
Porto Kagio
Cape Tenaro
DIROS CAVERNS
Githio
LAKONIKOS KOLPOS
Skala
Molai
Monemvassia
Neapoli
ELAFONISSI
Elafonissi
Cape Spathi
Kiparissi
Geraki
Krestena
Kiparissia
Gargalianoi
Hora
Filiatra
SCHIZA
VEVETIKO
SAPIENTZA
MIR
E-19
E-92

LE PELOPONNESE

Le **Péloponnèse** tient son nom du héros Pélops et du mot grec *nisos,* qui signifie île. C'est en réalité une péninsule reliée au continent par un isthme étroit.

Le Péloponnèse est divisé en sept *nomes* ou provinces : Corinthe, au nord-ouest ; l'Argolide, la péninsule orientale qui s'avance dans la mer Egée ; l'Elide,qui pointe à l'ouest, dans la mer Ionienne ; l'Achaïe, au nord ; l'Arcadie, dans les montagnes centrales, avec une petite ouverture sur le golfe d'Argos ; la Laconie, qui occupe les deux doigts du sud et la Messénie, le dernier promontoire, au sud-ouest.

Le Péloponnèse est un monde à part. Non seulement son importance et sa variété sur le plan archéologique sont restées inégalées, mais son histoire reflète tous les événements majeurs de la Grèce, depuis la période mycénienne jusqu'a l'époque moderne. Aucune autre région de la Grèce n'a subi autant de changements, connu autant d'invasions. Il n'est donc pas surprenant que tout un monde de légendes et de mythes ait pris naissance ici.

De toutes ces légendes, la plus fascinante est sans doute celle de Tantale : celui-ci tua son fils Pélops et le servit lors d'un banquet en l'honneur des dieux, afin de tester leur omniscience. Aucun d'eux ne toucha bien évidemment à la viande ; sauf Déméter qui, distraite et toute à la douleur de l'enlèvement de sa fille Perséphone, mordit involontairement dans l'épaule de Pélops. Heureusement, les autres dieux intervinrent à temps. Et tous ensemble, ils parvinrent à ramener Pélops à la vie, et remplacèrent son épaule entamée par une épaule d'ivoire.

Corinthe

Une réalité mélancolique émane des ruines de l'antique **Corinthe**.

La cité fut détruite à plusieurs reprises par des tremblements de terre et les vestiges que l'on peut voir ici, en particulier les voies pavées et les stalles marchandes, sont d'origine hellénestico-romaine et relativement tardifs. La cité fut entièrement rasée par les Romains en 146 av. J.-C. et ce n'est que bien plus tard, à la fin du siècle suivant, que Corinthe fut à nouveau investie par l'Empire romain, sur l'ordre de Jules César. Cette colonie acquit rapidement prospérité et influence. La société de Corinthe fut la plus frivole et la plus dissolue de la Grèce, et lorsque saint Paul vint y prêcher, il fit déclarer à Dieu dans son Epître aux Corinthiens « *Je détruirai la sagesse du sage, j'annihilerai l'intelligence de l'intelligent...* ». Saint Paul était convaincu que ce foyer influent du paganisme, — Corinthe était célèbre dans l'Antiquité pour son temple d'Aphrodite desservi par mille prostituées sacrées — avait besoin d'une leçon.

La ville antique se trouve au sud-est de la ville moderne ; elle était construite sur un haut plateau, avec son acropole au point culminant, au sommet d'un piton rocheux baptisé **Acrocorinthe**. De la cité grecque, il ne reste plus que le grand temple d'Apollon, ou du moins sept de ses colonnes. Le reste appartient à la cité romaine. Mais ce qui justifie vraiment le détour, c'est l'ascension de l'Acrocorinthe. Vous y trouverez la plus complète des forteresses vénitiennes du XVIIe siècle. De là-haut, la vue est tout à fait spectaculaire : à l'est, s'étend le golfe Saronique ; face à vous et près du rivage, se trouve **Isthmia** où avaient lieu, chaque printemps, les jeux Isthmiques, les jeux les plus importants du monde hellénique après ceux d'Olympie ; à l'arrière-plan, on aperçoit la côte Saronique et l'endroit où saint Paul eut la tête rasée ; et, un peu plus loin, les sources thermales connues sous le nom de « Bains d'Hélène ».

Aujourd'hui, une route longe la côte et permet de rejoindre Epidaure beaucoup plus rapidement que la route de l'intérieur. C'est une route moderne, parfaitement tracée, dans un panorama saisissant. Elle surplombe la mer et les plages de sable blanc ; et par temps clair, on perçoit même les îles de Salamine et d'Egine. Tandis que sur votre gauche, dans la direction opposée, vous verrez surgir à l'ouest de l'Acrocorinthe, le golfe de Corinthe et les montagnes du Péloponnèse. Vous pourrez continuer dans cette direction jusqu'à Patras, la cité portuaire de la bosse de Pélops. Tout au long de la côte, les villes et les plages qui se succèdent sont ravissantes, et le paysage adouci par des pinèdes, en particulier autour de Kyato et d'Haghia. En jetant un regard vers le sud, on est frappé par le contraste des falaises abruptes qui surplombent Cyllène. Ce contraste entre la côte et l'intérieur de la péninsule est tout à fait typique du Péloponnèse.

La fameuse source Pirène était une des merveilles de cette région. Pusanias, le premier et le plus grand des chroniqueurs de voyages (IIe siècle), raconte : « *On dit que la source qui jaillit derrière le temple fut offerte à Sisyphe par le vieil Asopos. Car Sisyphe, si l'on en croit la légende, avait surpris Zeus en train d'abuser d'Egine, la fille d'Asopos, mais refusait de répondre aux questions de ce dernier tant qu'il n'aurait pas obtenu de lui une source d'eau fraîche sur l'Acrocorinthe. Il reçut donc cette source ; et il fut contraint de dénoncer Zeus. Depuis lors, au plus profond du royaume d'Hadès, si l'on en croit la légende, il doit payer un lourd tribut pour cette indiscrétion.* » Et l'on sait que Sisyphe fut condamné à pousser perpétuellement un rocher jusqu'au sommet d'une colline qui pourrait bien être la version infernale de l'Acrocorinthe.

L'Argolide

Quittons Corinthe pour prendre la route de l'Argolide une route en assez mauvais état. La **plaine d'Argos** est plus spectaculaire quand on l'aborde de l'autre côté, en descendant par la route sinueuse des montagnes d'Arcadie. Quand on atteint le dernier virage vers le **mont Parthénion,** aux premières heures de la matinée, le panorama est d'une beauté à couper le souffle. L'air marin est chargé des senteurs de la flore sauvage qui pousse dans la montagne ; sur la gauche, le regard plonge dans l'ombre profonde d'un ravin ; et le piton rocheux qui domine celui-ci baigne dans la lumière du soleil levant. La descente dans la vallée est rapide et, lorsqu'on rejoint la route rectiligne qui traverse les plantations de citronniers et d'orangers,

Pages précédentes, un champ de coquelicots.

on est accueilli à l'époque de la floraison, par un parfum doucereux.

On trouve dans Théophraste, une anecdocte amusante sur les habitants de Tirynthe, la ville natale d'Héraclès, à mi-chemin entre Argos et Nauplie. Ceux-ci étaient incapables d'accomplir quoi que ce soit de sérieux parce qu'ils riaient trop. Ils envoyèrent donc un émissaire à Delphes pour demander à l'oracle s'il y avait un moyen de les guérir de cette faiblesse. L'oracle leur conseilla de sacrifier un taureau à Poséidon et de le jeter à la mer en s'abstenant de rire ; le dieu alors les guérirait de leur hilarité. Ils préparèrent donc le sacrifice, prenant soin de tenir les enfants à l'écart, car leurs rires seraient difficiles à contrôler. Après la cérémonie, ils portèrent, comme prescrit, leur offrande à la mer. Mais un petit garcon, qui s'était échappé du groupe d'enfants et qui suivait la procession, posa ingénument une question comique, et la population tout entière s'écroula de rire.

L'Argos moderne, est une capitale animée, le centre commercial de la province. La vie y est plus facile que dans le reste du Péloponnèse. La vallée produit en effet des fruits et des olives en abondance. En dehors de son climat exquis, Argos n'est pas vraiment un lieu où séjourner.

La véritable perle de la vallée est **Nauplie,** sans doute la petite ville la plus élégante de toute la Grèce. Elle possède une tradition et une culture qui lui sont propres. Après la révolution, Nauplie fut la première capitale de la Grèce, de 1829 à 1834. Certaines de ses maisons néo-classiques, les rues tracées au cordeau sur le front de mer et les grands bâtiments officiels datent de cette période. Tout ce que le Péloponnèse compte de notables se doit apparemment de vivre à Nauplie.

Il y a aussi les petits fermiers qui cultivent leurs pauvres lopins d'oliviers et qui sont les descendants d'anciens bergers nomades. Ces bergers descendaient, chaque octobre, des montagnes de Tziria (l'ancienne Cyllène) et du Parnon, conduisant leurs troupeaux vers des climats plus doux. Ils repartaient en avril. Ils habitent les petits hameaux dispersés dans la campagne, en particulier autour d'Epidaure et de Ligourio, et qui portent des noms comme

Vieille dame vendant des souvenirs aux voyageurs qui traversent le canal de Corinthe.

Gianouleika, Galaneika, une survivance des noms d'anciens clans de bergers.

La route de **Néméa** descend de l'un des principaux cols, à **Dervenakia**. C'est à l'extrémité sud des champs néméens qu'eut lieu, dans les années 1820, une bataille décisive qui stoppa les armées de l'Empire ottoman venues écraser la révolte de Morée. Morée était, le nom du Péloponnèse à l'époque médiévale, nom qui aurait été donné en raison de l'abondance de ces arbres (mûriers = *moriés*) ou, selon une autre version, parce que la péninsule avait la forme d'une feuille de mûrier. Ce nom est aujourd'hui tombé en désuétude. Lors de cette grande bataille, le « vieil homme de *Morée* », le général Kolkotronis, entouré de ses farouches révolutionnaires, écrasa les troupes du Pacha, bien supérieures en nombre. Un acte de bravoure digne d'Héraclès.

Les jeux Néméens

La **plaine néméenne,** qui s'étend au pied de cette route, était le territoire du fameux lion vaincu par Héraclès. C'est également en ce lieu que se tenaient les jeux Néméens, dont le prestige rivalisait avec ceux d'Isthmia et d'Olympie. On peut encore voir une partie du stade antique. Selon la tradition, ces jeux furent créés à la suite d'une tragique négligence : la Pythie de Delphes avait prévenu Opheltés, roi de Néméa, que son jeune fils ne devait pas toucher le sol. Un jour que les Sept conduisaient leurs armées spectaculaires contre Thèbes, la jeune nourrice qui s'occupait de l'enfant le posa par terre pour admirer les guerriers. Un serpent monstrueux sortit de la source d'Adrastea et dévora l'enfant. Les jeux Néméens commémorent cette tragédie autant que la victoire des Sept sur le serpent. Les juges étaient toujours vêtus de noir, en signe de deuil, et le principal tournoi se déroulait toujours en armure de combat.

Depuis le château qui coiffe **la colline de Larissa,** au-dessus d'Argos, on domine toute la vallée. En contrebas, les contours de la ville se fondent dans les taches de couleur vive des champs et des plantations alentour. De l'autre côté du golfe s'étend

Acheminement des provisions jusqu'au monastère.

Nauplie, au-delà des murs cyclopéens de Tirynthe qui s'élèvent, solitaires, à peu près à mi-chemin. Sur votre gauche, légèrement au nord-ouest, se dressent les ruines majestueuses de Mycènes et, un peu plus loin vers le nord, au delà du col de Dervenakia, vous apercevrez Néméa. Dans le lointain, au-dessus de Cyllène et d'Artemission, vous pourrez voir, même en plein été, les cimes enneigées des montagnes d'Arcadie.

Les ruines de Tirynthe

Les ruines de **Tirynthe,** bien que désolées, ont leur propre majesté. Elles sont plus anciennes que celles de Mycènes et, d'après la légende, Tirynthe fut fondée par Prœtos, frère du roi d'Argos, aidé par les fameux Cyclopes lyciens qui construisirent les murailles de la ville. Toujours d'après la légende, Persée vint trouver refuge ici avec Andromède, et Héraclès y serait né. Les blocs de pierre mesurent chacun trois mètres cubes et faisaient l'admiration de Pausanias. La tour et les nombreuses portes, ainsi que le fossé triangulaire, témoignent de connaissances sophistiquées en matière de construction dès l'âge du Bronze.

Mycènes : la Grèce héroïque

Les édifices et l'enceinte de **Mycènes** sont d'une certaine manière moins impressionnants que ceux de Tirynthe. Les structures cyclopéennes paraissent moins puissantes, moins massives, mais elles sont imprégnées de tragédie. C'est ici que Clytemnestre accueillit son mari, Agamemnon, au pied de la **porte des Lions,** à son retour de Troie, et qu'elle le fit assassiner. Agamemnon fut enseveli dans l'une des tombes en forme de ruche qui se dressent au pied de la citadelle. Et c'est dans l'une de ces tombes que Schliemann découvrit les fameux masques funéraires en or et tous les autres ornements dont on peut admirer le raffinement dans la salle mycénienne du Musée national à Athènes.

Surplombant Nauplie, **Palamède,** sa citadelle, couronne une falaise impres-

Patiente attente en compagnie de lapins achetés au marché.

sionnante. La citadelle porte le nom du fils de Nauplios (fils de Poséidon et d'une Danaïde) qui, selon la légende, serait le fondateur de la ville. La citadelle compte mille marches jusqu'au sommet. Au bout du promontoire s'élève une forteresse dont l'histoire varie selon les sources. Le donjon servit de prison pour tout le Péloponnèse à la fin des années 40.

La partie inférieure fut édifiée au tout début du XVIIIe siècle par les Vénitiens. Le sénat de Saint-Marc, à Venise, avait décidé d'utiliser pour sa construction les pierres des bâtiments et des temples d'Egine qui furent transportées jusqu'ici. C'est sur cette colline que, dans les années 1820, les Grecs remportèrent la victoire la plus décisive sur les Turcs. Mais, alors que Nauplie devenait la première capitale du nouvel Etat grec, les troubles continuaient dans le pays. Sur les marches de l'**église Haghios Spyridon**(Saint-Spiridon), non loin de Palamède, fut assassiné le premier président, Capo d'Istria. On peut encore voir l'impact de la balle dans l'un des piliers. A quelques pas de la citadelle, se trouve le port avec, en son centre, l'**îlot Bourzi,** occupé dans sa presque totalité par un merveilleux château. Au XIXe siècle, il fut la résidence du bourreau. C'est aujourd'hui une plaisante auberge qui mérite une courte traversée en bateau.

Le théâtre d'Epidaure

Epidaure se trouve de l'autre côté de la courte chaîne de l'Arachneon, à l'est de la péninsule d'Argolide. Le site englobe trois villes : **Ligourio,** à 2 km environ du sanctuaire antique ; **Palea Epidavros** (l'ancienne Epidaure), qui est restée le port qu'elle était dans l'Antiquité ; et **Nea Epidavros** (la nouvelle Epidaure), au sommet de la colline, cachée derrière un contour de la route. Paela Epidavros est aujourd'hui une station touristique d'un charme exceptionnel. Nea Epidavros, en revanche, est resté un village ; autrefois, la plupart de ses habitants étaient des bergers. Aujourd'hui, ils cultivent la petite vallée qui s'étend en contrebas de la ville jusqu'à une baie minuscule. La

L'îlot Bouzi, au XIXe siècle, résidence du bourreau.

plage qui occupe cette baie est une plage de sable noir, propre, chaude et peu fréquentée.

Ligourio est un village, trop petit pour accueillir la foule qui se presse pour le festival chaque été. Tous les propriétaires louent des chambres et, durant la saison touristique, le village change totalement de caractère. Les habitants cultivent de riches oliveraies qui grimpent jusqu'au santuaire antique. En chemin, à un peu plus d'1 km de la route principale, vous trouverez une *psistaria,* où l'on sert un délicieux agneau à la broche.

Le **sanctuaire,** tout proche de cette même route, est entouré de pins. Les ruines en elles-mêmes n'exercent aucune fascination particulière, mais le site possède l'aura mystique propre aux sites sacrés. Et la présence apaisante d'Asclépios, le fils médecin d'Apollon, auquel le sanctuaire est dédié, plane toujours sur ces ruines. Et lorsqu'on parvient au **théâtre** qui fait aujourd'hui encore la gloire d'Epidaure, on se sent, de fait, bien et heureux.

Le festival d'art dramatique antique, créé au début des années 50, a accueilli les plus grands artistes de notre temps, depuis Maria Callas jusqu'à Katna Paxinou. Chaque été (de juin à août), six tragédies au moins sont présentées, produites pour la plupart par le Théâtre national de Grèce. La mise en scène est généralement traditionnelle mais, dans un tel environnement, cela semble s'imposer. Les rares tentatives de modernisation se sont révélées peu convaincantes. Ces représentations sont destinées aux touristes, mais il n'y a pas si longtemps les bergers et les habitants des villages alentour venaient ici plaindre le sort de la fille d'Agamemnon ou des enfants de Médée. Cela arrive encore de nos jours, les soirs de gala, quand les spectateurs locaux sont admis gratuitement.

Le théâtre d'Epidaure est orienté vers l'ouest. Il est le plus bel exemple encore existant de ce type d'édifice, son architecture et son acoustique n'ont jamais été égalées. Et il reste le modèle, tous les artistes dramatiques du monde, tous aspirent à jouer un jour ici. Epidaure s'ouvre

Berger et son troupeau dans le Magne.

d'ailleurs de plus en plus aux grandes troupes étrangères.

Avant le sanctuaire, la route principale continue vers le sud-est en direction de **Galatas**. Le point de vue sur **Lemonodassos** (forêt de citronniers), au bout du cap, et sur l'**île de Poros,** dans le lointain, est une spectacle rafraîchissant et exquis. Les plus belles plages se trouvent autour d'**Ermioni** et **Porto Heli**.

Tripolis

Reprenons maintenant la route en direction de l'Arcadie et du Péloponnèse central. Elle grimpe au flanc du Pathénion et quitte l'Argolide pour aboutir à **Tripolis** (dont le nom désigne les trois cités antiques de Tégée, Mantinée et Pallantion). **Tégée** fut le site d'un temple d'Athéna remarquable dont le fronton, selon Pausianas, était un des chefs-d'œuvre artistiques de l'époque. Elle est renommée pour sa foire annuelle qui est l'un des plus grands marchés aux bestiaux de toute la Grèce. Les Tziganes viennent ici pour vendre leurs chevaux, leurs mules et leurs ânes. **Mantinée** n'est plus qu'une vallée étroite entre deux chaînes de montagnes, dont les ruines sont celles d'un sanctuaire antique. **Pallantion** a livré, elle aussi, les vestiges de deux temples. Tripolis fut, sous l'occupation ottomane, la capitale de Morée. Elle en a conservé un caractère oriental, notamment avec son *bazar,* très animé.

L'homme « animal politique » *(zoon politikon)* d'Aristote est omniprésent à Tripolis, et on assiste fréquemment à de chaudes discussions dans les cafés ou sur les places. Tripolis est une ville trop provinciale pour attirer le voyageur, mais elle a d'autres charmes. On y trouve les meilleurs des yaourts chez Kanatas, dans une petite rue derrière l'église **Haghios Vassilios,** en plein centre ville. C'est un peu la « grande ville » du Péloponnèse central. La place centrale, qui accueille de jour un marché bruyant, retrouve toute sa grâce la nuit, et devient le lieu de promenade favori des couples d'amoureux.

Toutes les routes qui partent de Tripolis

Nauplie vue depuis la citadelle Palamède.

conduisent à des sites importants et pittoresques. Par un petit détour, au nord-ouest de Tripolis, on atteint une succession de vallées suspendues, très rappprochées, depuis Tégée et Mantinée jusqu'à **Orchomène,** à moins de 25 km. L'irrigation de ces vallées encaissées a toujours été un mystère et un sujet de contestation. Pausanias parle déjà, en 160, d'une terrible controverse lorsque les Mantiniens voulurent détourner les eaux de la vallée d'Orchomène pour irriguer leurs propres champs. Selon Pausanias, ces eaux provenaient de sources souterraines dont l'existence est confirmée par les rapports scientifiques contemporains. Il semble que tous les courants souterrains du Mainalon convergent dans cette vallée, formant en hiver un lac virtuel, juste au nord-ouest de l'ancienne Orchomène. En 1986, l'ancienne polémique ressurgit, entraînant de graves désordres. Les habitants des villages alentour manifestèrent avec véhémence contre le projet gouvernemental d'installer des canalisations et de pomper l'eau à travers la vallée de Mantinée, jusqu'à Tripolis, pour un usage industriel. Le problème se posait de façon identique qu'au IIe siècle : qu'allait-il advenir des villages environnants qui vivaient d'agriculture ?

La vallée d'Orchomène

La route qui mène à cette vallée depuis Tripolis est un excellent itinéraire. La montagne qui s'élève sur la gauche est le **Mainalon**. A son plus haut sommet se trouve **Haghios Ilias,** une station de ski aux pistes limitées mais pleine de charme, avec un panorama spectaculaire sur la vallée. Au bord de la route principale, au pied de la montagne et juste au-dessus de l'ancienne Orchomène, se détache **Levidi,** un village d'une grande beauté, construit sur le plateau rocheux qui domine la plaine. Alexandros Papanastasiou, Premier ministre en 1924, naquit à Levidi. **Orchomène,** au sommet de la colline qui s'élève à mi-vallée (et plus proche du **massif de Chelmos,** à l'opposé) était, comme Tégée et Mantinée, une cité antique. Elle possède une acropole qui sur-

Bureau de douane.

plombe la vallée, trois temples dédiés à Apollon, Aphrodite et Artémis Mésopolitis, ainsi qu'un théâtre relativement bien conservé. L'endroit est aujourd'hui solitaire et dégage une certaine poésie. Quant à ses eaux, elles ne sont toujours pas détournées, grâce à la détermination de la population.

Plus loin, sur cette même route, se trouvent deux sites intéressants. Le premier est le village de **Vitina,** qui est une station de ski réputée. Elle est environnée d'une forêt de pins et son climat est plutôt humide. Mais, été comme hiver, l'endroit est très animé. Au-delà, se trouve la ville spectaculaire de **Langadia,** construite le long d'un ravin, elle semble comme suspendue au flanc de la montagne. Mais ce qui est remarquable, c'est l'impression de robustesse qu'elle donne. Les maisons sont l'œuvre des maçons locaux, connus pour leur talent dans toute la Grèce, ce sont eux qui ont construit la plupart des belles églises du pays.

Jusqu'à **Olympie,** le paysage est plus accueillant. C'est ici que Déméter, la grande déesse mère, se lança à la recherche de sa fille Perséphone. Elle se métamorphosa en jument pour traverser plus aisément ces montagnes. Et c'est à Phigalie, un peu plus au sud, au sommet du mont Eleos, qu'elle fut violée par Poséidon, qui avait pris la forme d'un étalon. Pendant longtemps, elle se cacha dans une grotte jusqu'à ce que Pan, l'aimable berger, la retrouve et la supplie de rendre à la terre la fertilité qu'elle avait perdue durant son absence. Aujourd'hui, on trouve dans l'ancien sanctuaire de Déméter, une petite chapelle dédiée à la Sainte Vierge. Mais la croyance antique persiste dans la mémoire locale.

Quand brûlait la flamme sacrée

Les jeux Olympiques étaient la cérémonie la plus prestigieuse de toute la Grèce antique. Ils avaient lieu tous les quatre ans, au moment de la pleine lune, en août ou en septembre. La flamme sacrée brûlait longtemps devant les sanctuaires imposants d'Héra et de Zeus, et les statues de Praxitèle, qu'on peut voir aujourd'hui

Ascension ver
Palamède.

dans le très beau musée d'Olympie, faisaient honneur aux dieux. Tous les conflits et toutes les guerres cessaient pendant les Jeux. Et quiconque désobéissait au comité olympique devait payer une lourde amende. Ce fut plus d'une fois, mais, le plus souvent, chacun faisait un effort solennel pour que cesse toute hostilité. Ces jeux étaient si sacrés et si importants que le calendrier grec partit de 776 av. J.-C., date à laquelle ils devinrent un événement panhellénique. L'olympiade (l'intervalle de quatre ans) en constitua l'unité.

Aujourd'hui, le site est calme et vert, entouré de pins, de peupliers et de platanes et bordé, sur les côtés, par deux rivières : l'Alphée et le Kladeos. Tous les temples sont identifiables, ainsi que le **stade** et le **gymnase**. Le **temple d'Héra** est le mieux préservé et c'est au cœur du sanctuaire, dans le *Naos,* qu'on a retrouvé l'impressionnante statue d'Hermès. Allez la voir au musée. On peut facilement y passer une journée à admirer les frontons représentant des scènes magnifiques, telle la course de chars entre Pélops et le roi local, Oenomaos, sous la présidence de Zeus ; ou le combat entre les Lapithes et les Centaures, arbitré par Apollon.

Les athlètes qui venaient ici disputer les compétitions n'étaient pas les seuls concurrents. Des écrivains, des historiens et des poètes participaient aux cérémonies et venaient pour lire leurs œuvres. Ce fut le cas, par exemple, de l'historien Hérodote et du poète officiel Pindare.

Patras

Si l'on quitte la **vallée de l'Alphée** par la route du nord, on rejoint la province fertile et luxuriante de l'Achaïe et la ville de **Patras**. Si l'on prend la direction du sud, en longeant la côte, on entre dans la province de Messénie et on découvre quelques-unes des plus jolies plages de la côte ionienne. Patras est la troisième ville de Grèce, après l'agglomération d'Athènes-Le Pirée et Thessalonique. Son saint patron est Andreas, un nom très répandu dans les familles locales. L'actuel Premier ministre, Andreas Papandreou, est originaire de Patras. La ville est en pleine

Le célèbre théâtre d'Epidaure.

expansion. C'est à la fois un centre universitaire et un port actif, véritable carrefour du trafic maritime en mer Ionienne.

Un service de ferry-boat assure la liaison avec les îles ioniennes, Zante, Céphalonie et Ithaque. Bien que les occupations successives des Vénitiens aient donné à la ville un aspect soigné et raffiné, elle reste, au premier abord, un port sans attrait.

En revenant sur nos pas, depuis la vallée de l'Alphée, et en retraversant l'**Arcadie,** on atteint **Bassæ,** où se dresse le **temple d'Apollon** le mieux conservé et le plus isolé de Grèce. On peut ensuite continuer jusqu'à **Mégalopolis** et descendre finalement jusqu'à la côte égéenne de l'Arcadie, en passant par Léonidion et Monemvasia.

Les chênes de Mégalopolis semblent souffrir terriblement de la pollution causée par la centrale hydroélectrique. Mégalopolis a toujours été une cité « artificielle ». Elle fut fondée hâtivement à des fins politiques, dans les années 300 par Epaminondas de Thèbes, afin de faire rempart contre Sparte. Elle devait devenir la nouvelle capitale, et fut peuplée par des Arcadiens déportés dans ce but. Mais la cité eut une existence brève. Aujourd'hui, la centrale électrique a attiré aussi de nombreux travailleurs originaires d'autres régions. Mais, de même que l'expérience antique, celle-ci n'a guère été couronnée de succès.

La route côtière qui va d'**Astros** à **Léonidion** possède un charme tout particulier : elle est dominée, sur la droite, par un massif montagneux et elle surplombe, sur la gauche, la mer. A partir de Léonidion, elle coupe à travers la montagne, vers l'intérieur, car la paroi tombe à pic. Le **monastère d'Elonis** avec ses bâtiments de terre cuite rouge est perché au sommet de ces falaises. A quelques kilomètres à peine du monastère, le paysage change à nouveau et vous êtes accueillis par des amandiers vert pâle et les chênes qui poussent à la frontière de la Laconie.

Le Gibraltar de la Grèce

Monemvasia est le lieu le plus extraordinaire, et peut-être le plus beau, de tout le Péloponnèse. C'est en tout cas le plus

Un photographe à Sparte.

exceptionnel de la Laconie. Il témoigne de l'histoire, l'histoire médiévale de la *Morée,* et il met en lumière toutes les forteresses mineures que nous avons déjà vues en chemin. Forteresse imprenable, elle est restée indépendante du VIe siècle jusqu'à la domination byzantine. Monemvasia est un grand promontoire rocheux, relié au continent par une étroite chaussée, d'où son nom : *moni embasis* (le seul passage). Pour cette même raison, on l'a souvent surnommée le « *Gibraltar de la Grèce* ». Sa réputation dans toute l'Europe occidentale était due à l'excellent vin de Malvoisie. Ce vin sombre et fruité originaire de Laconie, fut produit par la suite en Crète et dans d'autres îles. Monemvasia en assurait l'exportation vers l'Occident.

Lorsqu'on emprunte la chaussée qui part de la ville continentale et conduit à la citadelle, on ne distingue rien d'autre qu'une colline massive et carrée, taillée dans le rocher. La ville-forteresse est parfaitement à l'abri des regards. En passant la porte, au bout de la rue sombre et étroite, vous apercevrez une échappée de bleu, les flots de la mer Egée. C'est dans cette rue que se trouve la maison de l'un des plus grands poètes grecs contemporains, Yannis Ritsos. Arrêtez-vous sur le parvis de la **basilique du Christ Elkoménos** (le Christ enchaîné) pour profiter du panorama : au-dessus de vous, la vieille ville et, plus haut encore, le grand château, dont l'architecture est d'origine byzantine mais dont il est difficile de dater les divers éléments, dus à des restructurations successives.

Cette place forte stratégique, qui commandait l'accès à la mer Egée, est située sur la côte est du cap Malea, à 30 km à peine au nord de celui-ci. Avant 1249, date à laquelle elle tomba entre les mains de Guillaume de Villehardouin, seul l'aigle byzantin avait flotté sur elle. Même sous cette nouvelle domination, les habitants réussirent à conserver leur autonomie politique, tout en payant une taxe de type féodale à leur conquérant. Monemvasia est ensuite passée à nouveau aux mains de Constantinople, puis des Turcs et des Vénitiens (et même du Vatican, pendant une brève période), pour redevenir grec-

A gauche, escalier conduisant à la citerne souterraine alimentée par la source Perseia ; à droite, figuiers de Barbarie dans le Magne.

que, au moment de la guerre d'Indépendance. Mais que ce soit sous l'aigle byzantin, le lion vénitien ou le croissant turc, Monemvasia est restée une communauté curieusement indépendante. Ses deux ports nichés en contrebas de ses remparts ont fait d'elle un grand centre commercial contrôlant tous les échanges de la mer Egée.

Mystra

Si Monemvasia était une cité à caractère essentiellement civil et commercial, **Mystra,** l'autre grand centre de la Grèce byzantine, était une ville sainte. A 5 km seulement de Sparte, elle est construite sur un éperon rocheux du **mont Taygète**. Siège de la cour princière de Morée et d'une école de chevalerie réputée dans toute la chrétienté occidentale, Mystra symbolisa longtemps le romantisme moyenâgeux. Les églises, les plus belles constructions de la cité, sont toujours debout, avec leurs nombreuses icônes ; seules les fresques et les décorations ont eu à souffrir des conquérants et des siècles d'abandon. Parmi les édifices remarquables, il faut citer le **couvent de la Pantanassa,** la **cathédrale Haghios Dimitrios** (Métropolis), l'**église de l'Evanghélistria** et le **monastère du Brontochion** avec son centre culturel et les tombeaux des prélats byzantins. L'**église des Saints-Théodores** (Haghii Théodori) construite à la fin du XIIIe siècle, est l'une des dernières de ce type, avec une tholos centrale octogonale.

Mystra connut une vie culturelle et intellectuelle intense jusqu'en 1460, date à laquelle elle déclina sous l'occupation turque. En 1400, Mystra fut la résidence du dernier des grands philosophes grecs, Gémiste Pléthon, commentateur intarissable des œuvres de Platon.

Sparte

Il faut aborder **Sparte,** la ville nouvelle comme le site antique, par le nord et par la route de Tripolis. Du haut du col, encadrée par deux pans du **Parnon,** la vue

Ci-dessous, un cimetière surplombant la mer ; à droite, les ruines d'une maison vénitienne, à Monemvasia.

est magnifique. La **vallée de l'Eurotas,** riche et fertile, s'étend aussi loin que porte le regard. Tout au long de la vallée, comme pour l'accompagner jusqu'à la mer, s'étirent les reliefs du mont Taygète qui vous paraîtront tout proches, à la tombée du jour, sous un certain angle, ou au contraire très lointains, noyés dans la brume.

De son passé prestigieux, Sparte n'a conservé aucun vestige spectaculaire. On peut voir les traces d'un **sanctuaire** et d'un **théâtre** sur la pente douce du site, mais pas d'acropole, pas de falaise abrupte coiffée d'une citadelle, ni de mur d'enceinte. Les Spartiates n'accordaient pas d'importance particulière à l'esthétique. Leurs monuments n'étaient jamais spectaculaires, seulement fonctionnels. C'est ce qui fit écrire à Thucydide : « *Si quelque jour, Lacédémone était dévastée, et qu'il n'en restât que les sanctuaires et les fondations des édifices publics, la postérité, dans un avenir éloigné, aurait peine à croire que sa puissance ait correspondu à sa renommée.* » Au IIe siècle, Pausanias racontait que les habitants des montagnes du Magne se considéraient encore comme les descendants directs des anciens Spartiates. Jusqu'au XIIe siècle les Lacédémoniens ne se convertirent pas au christianisme. Ils revendiquaient leur autonomie dans un isolement volontaire. Leur désillusion et leur renoncement au monde fut sans doute la conséquence de la destruction de leur cité par les Romains, à la fin de l'époque hellénistique. Ni l'empereur Auguste ni beaucoup plus tard les Turcs n'osèrent les envahir.

Lorsqu'on quitte Sparte vers le sud, en direction de Ghythion, la vallée s'étend, paisible, avec ses oliviers et ses citronniers. La route est excellente et s'écarte de Mystra pour longer la montagne par la gauche. Tout au long du chemin, des panneaux signalent les petits villages enfouis dans la montagne.

Ghythion est un port qui n'a pas encore été touché par le tourisme. Il est resté, les jours de semaine, une sorte de bazar populaire. Dans l'Antiquité, la ville était le port de Sparte. C'est ici qu'Hélène s'enfuit pour Troie, avec Pâris. L'endroit présumé de leur embarquement est signalé

sur la longue jetée qui relie l'îlot Marathonisi au continent.

La route qui coupe à travers la montagne en direction du **cap Matapan** (ou cap Tœnaron, comme on l'appelle souvent) passe par Aréopolis, de l'autre côté du Taygète, pratiquement à l'entrée du golfe de Messénie. Il vaut mieux longer d'abord le cap côté ouest et remonter côté est, à flanc de montagne. **Aréopolis** est située en lisière du Magne et l'on commence à discerner ici le caractère particulier de ses habitants. Leur isolement profond, érigé en style de vie, entraîne parfois une certaine agressivité. L'**église** d'Aréopolis est un exemple éloquent de cette nature militaire : elle est dédiée aux saints guerriers, **Ton Taksiarchon,** et décorée de bas-reliefs primitifs représentant ces figures combattantes. Ici, les Maïnotes (ou Maniotes) cultivent l'olivier. Mais les arbres sont si chétifs et les lopins de terre rouge tellement étriqués, qu'on se demande comment hommes et plantations parviennent à survivre.

Après les grottes de Dirou, la route qui continue jusqu'au cap Matapan est fort mal entretenue mais le site mérite le détour. Depuis le cap, on peut voir l'île de Cythère (Kythira), qui se détache à gauche, et sur la droite, au sud de Koroni, les contours du cap Akritas. Là où se dressait le temple de Poséidon, vous trouverez aujourd'hui la petite **église d'Asomaton**.

Depuis Sparte, on quitte la Laconie pour pénétrer dans le dernier doigt de la péninsule, la province de Messénie. C'est l'itinéraire le plus spectaculaire du voyage : la route grimpe jusqu'au plus haut sommet du Taygète et redescend la face ouest au-dessus de Kalamata. Situé juste avant le village de Trypi, le **Caiadas,** une faille sombre et sans fond, dont l'accès est aujourd'hui fermé, est un lieu sinistre et de triste réputation. Les Spartiates y jetaient leurs enfants « difformes », ceux qui n'étaient pas aptes au combat.

La province de Messénie

La route franchit les **gorges de Lagada,** et nous voilà déjà en **Messénie**. Les habitants de cette province sont célèbres pour leur goût du commerce, un trait qui fait l'objet de nombreuses plaisanteries à travers le Péloponnèse. Tout le long de la route, on vous proposera de nombreux bibelots qui sont d'ailleurs de bons produits de l'artisanat local.

Kalamata, au bout de la vallée, produit des olives qui sont exportées dans le monde entier. Vous apercevrez également, dans le lointain, la manufacture de tabac. C'est une ville dont la pollution et la tristesse de l'architecture sont inexcusables, mais qui est sauvée néanmoins par une jolie plage, qui s'étire le long du front de mer, et par un port au charme quelque peu désuet. Kalamata a souffert récemment d'un tragique tremblement de terre. Avant de rejoindre la côte ionienne, faites un bref détour par **Méthoni** et **Koroni,** où de splendides châteaux vénitiens vous ramèneront à la Grèce médiévale. Sur la côte, visitez **Pylos** (Navarin), la cité du vieux roi Nestor, dans l'*Odyssée* d'Homère.

Vous pouvez prévoir de rester à Pylos plusieurs jours, car c'est une ville tranquille et délicieuse. La promenade le long de la plage, derrière le gymnase et sous les pins, est une célébration en même temps qu'une détente. Vous pourrez contempler d'ici le site de l'épouvantable bataille qui se déroula entre les Spartiates et les Athéniens, sur l'île de Sphactérie (Sfaktiria), décrite d'une manière saisissante par Thucydide, celui de la bataille de Navarin (le nom de cette baie, rebaptisée dans les années 1820). Les navires des trois flottes, française, russe et anglaise, vinrent au secours de la révolution grecque, bloquèrent la baie et détruisirent la flotte d'Ibrahim Pacha. Pour commémorer cet événement, les habitants de Pylos ont érigé sur la place centrale les bustes de bronze des trois amiraux alliés. Pour les plus romantiques, l'ombre de Télémaque, fils d'Ulysse, plane sur le palais de Nestor (dont les ruines se trouvent à 17 km au nord de la ville). Pénélope, sa mère, l'avait envoyé ici pour s'enquérir de nouvelles de son père, et peut-être apprit-il de la bouche du vieux Nestor les tribulations d'Ulysse... Quoi qu'il en soit, Pylos est une parfaite halte pour terminer cette visite du Péloponnèse.

Un final dan[s] le stade d'Olympie.

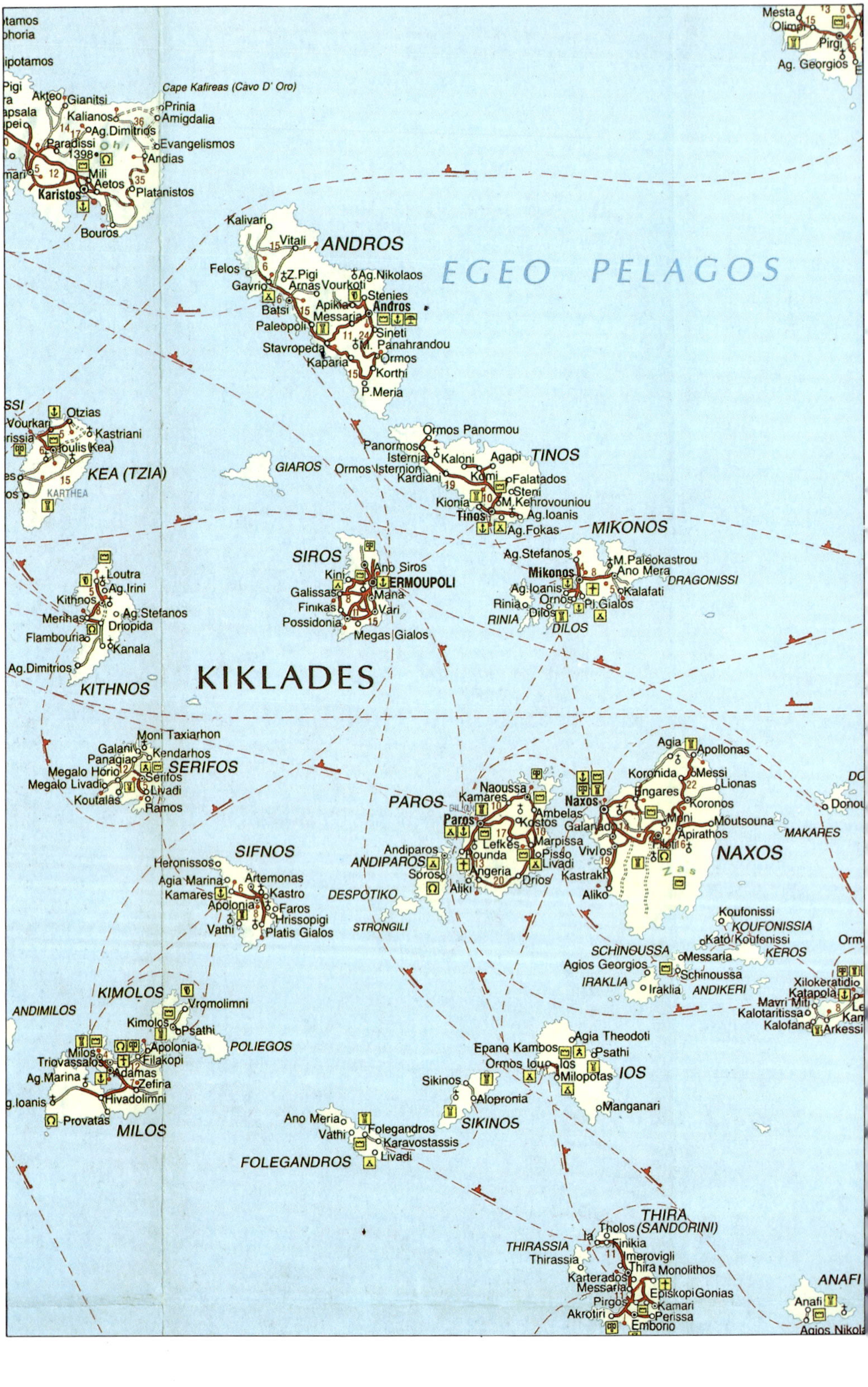
EGEO PELAGOS
KIKLADES
Cape Kafireas (Cavo D' Oro)
Gianitsi
Akteo
Kalianos
Prinia
Amigdalia
Ag.Dimitrios
Paradissi
Evangelismos
Andias
Mili
Aetos
Karistos
Platanistos
Bouros
Kalivari
Vitali
ANDROS
Felos
Z.Pigi
Ag.Nikolaos
Gavrio
Arnas
Vourkoti
Stenies
Batsi
Apikia
Andros
Messaria
Paleopoli
Sineti
M. Panahrandou
Stavropeda
Kaparia
Ormos
Korthi
P.Meria
Otzias
Vourkari
Kastriani
Ioulis (Kea)
KEA (TZIA)
KARTHEA
GIAROS
Ormos Panormou
Panormos
Isternia
Kaloni
Agapi
TINOS
Ormos Isternion
Kardiani
Falatados
Steni
Kionia
M.Kehrovouniou
Tinos
Ag.Ioanis
Ag.Fokas
MIKONOS
SIROS
Ano Siros
Kini
ERMOUPOLI
Galissas
Mana
Finikas
Vari
Possidonia
Megas Gialos
Ag.Stefanos
M.Paleokastrou
Mikonos
Ano Mera
DRAGONISSI
Ag.Ioanis
Kalafati
Ornos
Rinia
Pl.Gialos
RINIA
Dilos
DILOS
Loutra
Ag.Irini
Kithnos
Merihas
Ag.Stefanos
Driopida
Flambouria
Kanala
Ag.Dimitrios
KITHNOS
Moni Taxiarhon
Galani
Kendarhos
Panagia
Megalo Horio
SERIFOS
Megalo Livadi
Serifos
Livadi
Koutalas
Ramos
Agia
Apollonas
Koronida
Messi
Lionas
Naoussa
Kamares
Engares
Koronos
Naxos
PAROS
Paros
Ambelas
Kostos
Galanado
Moni
Moutsouna
Apirathos
MAKARES
Lefkes
Marpissa
Filoti
Vivlos
NAXOS
Andiparos
ANDIPAROS
Pounda
Pisso
Livadi
Kastraki
Soros
Angeria
Drios
Zas
Aliki
Aliko
Donou
Heronissos
SIFNOS
Agia Marina
Artemonas
Kamares
Kastro
Apolonia
Faros
DESPOTIKO
Hrissopigi
Vathi
Platis Gialos
STRONGILI
Koufonissi
KOUFONISSIA
Kato Koufonissi
KEROS
SCHINOUSSA
Agios Georgios
Messaria
Schinoussa
IRAKLIA
Iraklia
ANDIKERI
Xilokeratidi
Katapola
Mavri Miti
Kalotaritissa
Kalofana
Arkessi
KIMOLOS
Vromolimni
ANDIMILOS
Kimolos
Psathi
Apolonia
POLIEGOS
Milos
Filakopi
Triovassalos
Adamas
Ag.Marina
Zefiria
Hivadolimni
Provatas
MILOS
Agia Theodoti
Epano Kambos
Psathi
Ormos Iou
Ios
Milopotas
IOS
Sikinos
Alopronia
Manganari
Ano Meria
Folegandros
Vathi
Karavostassis
SIKINOS
FOLEGANDROS
Livadi
THIRA
(SANDORINI)
Tholos
Ia
Finikia
THIRASSIA
Thirassia
Imerovigli
Thira
Monolithos
Karterados
Messaria
EpiskopiGonias
Pirgos
Kamari
Akrotiri
Perissa
Emborio
ANAFI
Anafi
Mesta
Olimpi
Pirgi
Ag. Georgios

LES ILES CYCLADES

Les Cyclades sont la quintessence même des îles grecques. Elles correspondent pour les étrangers, à l'idéal type de la Grèce : du bleu et du blanc partout. Des maisons peintes à la chaux et des églises au toit en dôme, environnées de toutes parts d'un bleu intense : la mer, le ciel, jusqu'aux portes et fenêtres, peintes de ce bleu presque électrique. Mykonos, Santorin, Folégandros... des noms qui font rêver. Mais si vous êtes en quête de paradis inexplorés attention, les Cyclades font l'objet, depuis quelques années d'un tourisme de masse. Il vaut mieux éviter la pleine saison d'été et choisir plutôt juin ou septembre pour profiter pleinement de votre séjour.

Les îles Cyclades (39 en tout, dont 24 sont habitées) répondent, dans leur diversité, à toutes les attentes. Mykonos et Santorin sont plus animées que la plupart des grandes villes du continent. Et si vous voyagez seul dans ces îles, vous ne devriez pas le rester bien longtemps. C'est le meilleur des clubs de rencontre. Les Grecs attendent impatiemment la saison touristique pour pratiquer le *kamaki* qui pourrait se traduire approximativement par la drague.

Les amoureux en quête de vacances romantiques seront comblés en flânant dans les ruelles étroites des villages (chaque île possède sa *chora,* ville principale), en plongeant dans la mer bleu-turquoise pour se rafraîchir du soleil brûlant de la mer Egée, et en dînant dans les *tavernas.* Si vous en avez les moyens, vous pouvez même louer un bâteau pour une croisière en « sauts de puce » entre les îles, au gré de votre humeur, ou une villa pour un séjour plus prolongé. Il existe une autre manière de visiter ces îles : sac au dos, en utilisant le réseau de ferries, très abordable, et en dormant à la belle étoile ou sur les terrains de camping. C'est le mode de voyage favori des jeunes Européens et Américains, même s'il est considéré avec dédain par les locaux, qui en retirent un profit moindre. A leur crédit, il faut reconnaître que ces nouveaux « aventuriers » ont découvert des îles moins connues et les Grecs eux-mêmes ont suivi leur exemple. Le revers de la médaille d'un tel phénomène, c'est l'invasion des sites touristiques. Peu importent les effets passés ou à venir du tourisme de masse dans les Cyclades. Il faut absolument y aller. Il n'existe rien de comparable au monde. L'architecture cycladique est unique, et elle a influencé le travail de nombreux architectes modernes très connus, notamment Le Corbusier.

Selon certains, les Cyclades portent le nom de ces nymphes qui furent transformées en rocher pour avoir refusé d'offrir un sacrifice à Poséidon. La véritable origine de ce nom est le cercle *(cyclos)* que l'archipel dessine autour de l'île sacrée de Délos.

Les Cyclades furent habitées dès le VIe siècle av. J.-C. La civilisation cycladique connut son apogée durant l'âge du bronze (2800-1100 av. J.-C.) et se développa parallèlement à l'essor des civilisations crétoise et helladique. Les habitants des Cyclades pratiquèrent le commerce avec la Crète, la Grèce continentale, Chypre et même l'Asie Mineure et l'Afrique. Si l'on en juge par les bijoux et les ustensiles retrouvés par les archéologues, ils jouissaient d'un niveau de vie élevé. Aux environs de 2000 av. J.-C., l'activité maritime des Cyclades déclina en raison de la concurrence crétoise et, vers 1500-1000 av. J.-C., les îles tombèrent sous la domination mycénienne. Plus tard, en 487 av. J.-C., elles subirent le joug de la toute puissante Athènes, puis une succession d'invasions étrangères : les Romains (IIe siècle), les Vénitiens (XIIIe siècle) et finalement les Turcs (XVIe siècle). Et ce n'est qu'après la guerre d'Indépendance, en 1827, qu'elles retrouvèrent leur nationalité grecque. Cette histoire, qui s'étend approximativement sur 5000 ans, n'est pas évidente sur le terrain, mais quelques investigations dans les musées des îles et dans les livres feront resurgir le passé et enrichiront votre séjour. Il faut signaler l'ouverture à Athènes, en 1986, du premier musée du monde consacré à l'art cycladique : le musée Goulandris.

Géographiquement, les Cyclades sont semées comme des cailloux dans la mer Egée, au sud du continent, entre le Péloponnèse et les îles du Dodécanèse. De prime abord, elles ressemblent à de gigantesques rochers stériles dont la masse gris-brun forme une saillie au-dessus de l'eau. Leur seul attrait est une crique, çà et là, avec un petit bout de plage léché par une eau transparente, d'un bleu presque turquoise. Mais cette aridité leur confère un charme particulier, ainsi que ces ports animés et toutes ces maisons blanchies à la chaux.

Lorsqu'on voyage dans les Cyclades, la seule décision délicate est celle de choisir une escale. Chaque île possède son charme et sa personnalité. Il est clair qu'il vous faudra prendre le risque de choisir. Vous ne voudrez sûrement pas manquer Mykonos et Santorin, les îles grecques les plus encensées de par le monde.

La très célèbre Mykonos

L'exploitation touristique de Mykonos a débuté il y a une trentaine d'années, bien plus tôt que sur les autres îles des Cyclades. Dans les années 50, Mykonos devait sans doute paraître surréaliste. Aujourd'hui encore, même sous les pacotilles des boutiques de souvenirs, la beauté naturelle de Mykonos est époustouflante et évidente, dès le premier regard que l'on porte sur le **port** en demi-lune, les maisons-cubes et les **moulins** blancs qui se profilent à l'horizon.

Chaque année, de mai à octobre, Mykonos reprend vie. Les propriétaires de bars, de boutiques et d'hôtels regagnent l'île, après leur séjour hivernal à Athènes ou en Europe, pour ouvrir la saison. La frénésie estivale commence. Si les locaux sourcillent parfois devant cette intrusion du tourisme dans leur vie, la plupart d'entre eux reconnaissent que, grâce à ce phénomène, leur niveau de vie n'a plus rien de comparable avec celui qui était le leur auparavant. La terre qui appartenait à leur famille depuis des générations est devenue subitement une source de revenus insoupçonnable. Heureusement, la commission des sites a interdit les constructions de plus de deux étages sur Mykonos, et l'île a conservé à la fois une échelle humaine et son charme initial.

Mykonos offre deux scènes distinctes : la plage et le bar. Sur la plage, on retire ses vêtements, dans les bars on s'habille,

Pages précédentes, Mykonos. A gauche, coucher de soleil et moulins. Ci-dessous, fille d'un armateur portant un T-shirt à l'emblème des Cyclades.

très chic et très cher. Mykonos est une île snob où l'on vient autant pour être vu que pour voir. Vous avez peut-être entendu dire que Mykonos était un repaire d'homosexuels. C'est exact. Le premier bar de Mykonos, **Pierro,** ouvert en 1955 et toujours en activité, propose tous les soirs une revue « gay ».

Une journée typique à Mykonos se déroule ainsi : réveil tardif, petit déjeuner copieux dehors, aux alentours de 11 h ou midi (ce qui n'a rien à voir avec les habitudes grecques), ensuite, baignade et bronzage sur la plage de votre choix : **Paradise, Super-Paradise, Elia** (plage de nudistes) ou **Haghios Stéphanos, Platy Ghialos, Psirou,** et **Ornos** *(topless)*. Le soir, vous avez le choix entre faire du shopping et vous installer à une terrasse de café pour observer les passants, un passe-temps très prisé. On dîne tard, pas avant 22 ou 23 h, sur les quais de Little Venice ou sur le port, où on vous servira du poulpe et du crabe grillé, des calamars sautés, des frites et de la salade, le tout arrosé de vin résiné ou de bière fraîche. Mykonos a aussi ses restaurants chics où l'on sert, ce qui est très exceptionnel dans les îles, de la cuisine continentale. A minuit, commence la vie nocturne, et vous choisirez selon votre humeur : **Remezzo** (le rendez-vous des célébrités), **Couccos Nest** (new wave), **Kouneni** (pop grec), **Argo** (un mélange), **Kastro** (classique) le **Yachting Club** etc. Avec toutes ces activités, il est rassurant de savoir que Mykonos offre peu d'intérêt archéologique.

L'île sacrée : Délos

L'île voisine de **Délos,** qui est inhabitée, mérite la traversée. C'est l'île sacrée des Anciens, celle où selon la légende sont nés les jumeaux Apollon et Artémis. L'île tout entière est un site archéologique et vous pourrez y voir des sols en mosaïque, trois **temples** de marbre dédiés à **Apollon,** des **autels** de sacrifices, et la très impressionante **terrasse des Lions**. Le lieu baigne dans une lumière et un mystère qui n'ont guère du changer depuis 5000 ans.

La terre sacrée de la Grèce des temps

Paradise Beach, à Mykonos.

TOUTE UNE JOURNEE A MYKONOS

« Follow me to Paradise », telle est l'inscription qui s'étale sur une camionnette garée sur le quai. Ces mots en caractères gras soulignent la silhouette d'une joueuse de flûte, une fille à l'allure féline, dansant sous un énorme soleil jaune. Dans un coin, en petites lettres, on peut lire *« Paradise Camping, Mykonos ».* Même quand on sait qu'il s'agit d'une simple publicité, l'invitation conserve tout son impact. Durant ces mois d'été lumineux, la petite île, couleur de terre et de craie, semble réitérer la promesse : suivez-moi au Paradis. Et les foules, envoûtées, obéissent à l'injonction.

Votre quête commence au moment où vous posez le pied sur le débarcadère, noir de monde, au milieu des touristes « sac-au-dos », des autochtones qui rentrent chez eux (les membres du *jet-set* préfèrent, eux, l'avion), et des véhicules les plus divers et les plus lourdement chargés. Première recherche, celle d'un hébergement. Une question frénétique résonne partout : *Room ? Room ?* En août, le mois le plus cruel pour les touristes, la question se teinte d'une note de désespoir et devient souvent *« Roof ? »* Un toit suffira (les maisons blanches cubiques ont toutes un toit plat), ou bien une véranda, un balcon, n'importe quoi. En vous promenant, tard dans la nuit, vous les verrez, ces formes sombres, pareilles à des momies égyptiennes, allongées côte à côte dans quelque coin abrité ou sur la plage. Avec les premiers rayons de soleil, les chiens errants viendront les réveiller, à moins que ce ne soit un pêcheur, battant un poulpe contre un rocher. Alors elles se redresseront, l'air ahuri, ces étranges créatures, mi-humaines, mi-animales, émergeant de leur sac de couchage comme d'un cocon.

Les prévoyants et les chanceux, ceux qui ont réussi à s'assurer un toit, dorment jusqu'au milieu de la matinée. La plupart des boutiques, vivant au rythme de ces « lève-tard », n'ouvrent pas avant 10 h 30. Le service du petit déjeuner est un commerce qui rapporte. Certains endroits sont célèbres pour les petits déjeuners gargantuesques. Ensuite, il y a l'exode vers les plages. Les transports publics sont étonnamment organisés. A Platy Ghialos, l'homme qui exploite la navette de bateaux appâte les baigneurs hésitants avec une injonction familière : *« Paradise ! »* crie-t-il. *« This way to Paradise ! »* Et si vous trouvez que Paradise n'est pas assez bien, il y a aussi Super-Paradise, plus loin sur la côte.

Le choix d'une plage mérite réflexion. J'ai entendu dire qu'il y avait 200 plages à Mykonos. Accordons-nous une marge et disons qu'il y en a au moins une douzaine, facilement accessibles, avec un sable blond et fin, une eau bleu-vert dans laquelle on se sent comme dans un immense aquarium de cristal, et des rochers sombres tout autour, aussi lisses que des galets géants. Les tenues de bain varient, depuis les plages « familiales » où l'on se baigne en maillot complet jusqu'à celle où l'on exhibe une nudité édénique. Mais les distinctions sont plus subtiles que cela, et d'innombrables clans se sont formés : il y a ceux qui ne se baignent qu'à Super-Paradise, et ceux qui ne veulent entendre parler d'aucune autre plage qu'Elia ; et les uns comme les autres considèrent avec le plus grand mépris ceux qui vont à Rolex Beach, ainsi surnommée par les initiés pour indiquer qu'elle est fréquentée par les nouveaux riches. Ces mêmes clans se partagent la nuit, les bars et les discothèques ; à Mykonos, vous êtes ce que vous fréquentez.

En fin d'après-midi, après le retour des baigneurs, Mykonos hisse les couleurs et fait flotter les bannières de l'été : d'immenses draps de bain mauves, des strings réduits au strict minimum, des paréos, des sarongs, des bermudas sèchent au vent, tandis que leurs propriétaires plongent dans une sieste tardive. A l'exception de ceux qui sacrifient au rituel quotidien du coucher de soleil sur Délos, depuis la terrasse d'un café en bord de mer, en sirotant un cocktail baptisé Aegean Sunset.

Vers 11 h du soir, les hédonistes émergent, pomponnés, maquillés, parfumés, prêts pour les festivités de la nuit. Ils se pressent le long des rues étroites et sinueuses, en courants conflictuels, dans un sens, puis dans l'autre. Ici et là, de petites grappes de gens se forment, attirant aussitôt d'autres gens ; et la grappe devient un groupe, puis une foule. Que se passe-t-il ? Parfois, il y a vraiment un pôle d'attraction : une vedette de cinéma, un travesti, une femme portant un serpent vivant enroulé autour du cou comme une longue écharpe... Plus loin, vous croiserez une blonde opulente qui claque des talons dans ses bottes de cow-boy blanches, soufflant consciencieusement dans un ballon rose. Là, une silhouette hybride en bermuda rayé, haut-de-forme et sandales lamées à talon aiguille, semble être en rade. Tout au long de la nuit, vous entendrez le battement constant de la musique, relayé de discothèque en discothèque.

Les vieux amoureux de Mykonos, ceux qui l'ont « découverte » dans les années 50, ne cessent de se lamenter sur cette profanation. L'endroit est devenu un autre Saint-Tropez, déplorent-ils ; pire, un autre Capri ; ou pire encore, Blackpool. Et pourtant ils reviennent chaque été, déversant leurs sarcasmes, affichant des airs de propriétaires, tels des amoureux trahis mais fidèles. Peut-être est-ce la beauté triomphante du lieu, la pureté de la lumière, la perfection des courbes. Peut-être ont-ils obscurément conscience que cette île ne sera jamais totalement « pourrie ». Ou serait-ce le vent, l'imprévisible meltem qui souffle du nord/nord-ouest, de manière endémique, dans toutes les Cyclades, qui balaie et qui purifie tout sur son passage.

Bien avant que cette « faune » ne se réveille, les autochtones se rendent à leurs affaires, comme s'ils ignoraient l'invasion. Ils bavardent, discutent des prochaines élections municipales, se retrouvent autour des bateaux qui viennent de rentrer au port, après la pêche de nuit. Est-ce là l'île endormie et idyllique des années 50 ? Pas tout à fait. Les noms mêmes des bateaux ont changé, il y a moins d'*Haghia Marinas* ou de *Thomadakis,* mais plus de *Troubadour,* de *Romentica* ou de *Super.* Il y a toujours des mulets qui transportent de larges couffins de melons, de figues, de tomates, des brassées de fleurs entremêlées de bouquets de basilic frais ou de verveine. Mais on ne peut s'empêcher de penser qu'il s'agit là d'une touche délibérée de « couleur locale ». La plupart des autres colporteurs ont adopté depuis longtemps le tricycle à moteur. On ne sait plus trop ce qui est authentique et ce qui est pur spectacle.

Pourtant, il faut résister à une simplification excessive. Aussi envahie soit-elle, l'île a conservé un certain sens de la liberté. Une qualité qui peut aisément basculer dans l'excès destructeur d'un côté, ou dans l'indifférence de l'autre. Pourtant, dans la plupart des cas, cet équilibre délicat semble préservé. Jugez-en plutôt : une petite vieille toute voûtée, mal fagotée dans des vêtements noirs la couvrant de la tête aux pieds, traverse péniblement chaque matin l'une des plages de nudistes de l'île pour vendre des figues fraîches. Elle avance précautionneusement entre les corps nus et, sans un seul regard à droite ni à gauche, elle tend ses figues et empoche l'argent. Quand elle arrive au bout de la plage, elle s'assied sur un rocher et pose son panier à côté d'elle. Puis, très timidement, elle soulève l'ourlet de sa jupe noire et plonge un pied, puis l'autre, dans l'eau peu profonde, indifférente au spectacle qui l'entoure.

modernes, l'île de **Tinos,** n'est qu'à une heure de bateau de Mykonos. Le 15 août, en commémoration de l'Ascension de la Vierge Marie, Tinos est le cadre d'un pèlerinage religieux spectaculaire. Des milliers de fidèles, en quête de miracles, se rassemblent autour de l'autel dédié à la Vierge, dans **Panhaghia Evanghelistria** et prient devant une icône sacrée, pourvue dit-on de vertus curatives. Mais Tinos ne se limite pas à cette célèbre église. Les villages de l'intérieur sont charmants et l'île est parsemée de plus d'un millier de pigeonniers blanchis à la chaux qui sont de véritables chefs-d'œuvre d'architecture populaire.

Santorin, la volcanique

Si Mykonos est accueillante et ressemble à un livre d'images, **Santorin** est un choc. Sa topographie est le triomphe impossible de la nature sur l'homme. L'île, connue également sous le nom de **Théra,** a la malchance d'être située sur une faille géologique. Elle fut détruite par des explosions volcaniques à plusieurs reprises, mais les gens continuent à y vivre, cultivant le peu de terre qu'ils parviennent à gagner sur la lave et construisant de nouvelles maisons.

C'est un spectacle fascinant, presque mystique, que d'observer, depuis une des terrasses blanches de l'île, ce cratère volcanique flottant sur la mer. Cette masse de terre sombre et amibienne est voilée d'une brume permanente ; bien qu'en sommeil, le volcan crache en permanence des gaz et de la vapeur à 80 °C. Toujours de votre terrasse, vous verrez les falaises abruptes qui tombent à pic dans la mer. Des morceaux de terre ont été projetés, explosant en couches colorées de pierre ponce et de lave. Gris, ocre, noir, chaque couche est la trace d'une éruption différente. Et, en tournant la tête à droite et à gauche, vous réaliserez que vous êtes entouré de petites maisons cylindriques, comme enchassées dans la falaise et formant une sorte de puzzle complexe. Votre terrasse est en fait le toit d'une autre maison, et ainsi de suite...

Cette terre n'est qu'un vestige de ce

Bimbeloterie religieuse.

qu'elle fut jadis, un rebut en forme de croissant de « *Strongylé* » (la Ronde). On pense que l'éruption volcanique qui secoua l'île aux environs de 1500 av. J.-C. est celle qui détruisit la civilisation minoenne. Mais l'histoire géologique de Santorin est bien trop complexe pour la transcrire ici.

Aujourd'hui, en abordant l'île par bateau, vous aurez l'impression de voir une montagne enneigée. De plus près, vous réaliserez que la neige est un effet de toutes ces maisons blanches, perchées au sommet de la falaise. Six cents marches en spirale vous conduiront depuis le port jusqu'à Théra (Piraa), le chef-lieu de l'île. Vous pouvez louer une mule pour effectuer cette ascension de manière plus amusante ou bien emprunter le funiculaire récemment offert à l'île par une des grandes familles grecques d'armateurs. Mais vous risquez d'être déçus par Théra, submergée par les *tavernas* de basse catégorie et de vendeurs de bijoux qui vivent dans l'attente des bateaux de croisière américains, cette manne proverbiale. La population de Santorin passe de 9 000 habitants à 70 000 en été, et la plupart des visiteurs s'agglutinent dans la capitale. Vous pourrez prendre un verre au *Franco's Bar,* un soir, et aller manger du poisson chez *Zorba* (les deux *musts* de Théra), mais il vaut mieux résider ailleurs.

A dix minutes de marche de Théra, par le sentier qui longe la falaise, se trouve **Phirostephani,** un endroit idéal pour séjourner. C'est d'ici que vous aurez la plus belle vue du volcan et que vous pourrez contempler le plus théâtral des couchers de soleil. C'est un village presque exclusivement résidentiel, avec de fabuleuses villas discrètement cachées à l'abri des regards.

Oia, le village situé à la pointe nord de l'île, est, paraît-il, le plus pittoresque. L'ancien centre de commerce et d'élégantes demeures (endommagées par le tremblement de terre de 1956) témoignent de l'aisance des marins qui vivaient ici. La vie y est plus calme. Les soirées débutent par un rituel local ; la contemplation du coucher de soleil avant d'aller boire un verre à l'**Oasis Bar,** où un balcon domine les lumières scintillantes de Théra. Puis

Pèlerins dormant à la belle étoile, devant l'église de la Panaghia Evanghélistria à Tinos.

on va dîner chez **Karra,** où le samedi soir un orchestre de bouzouki joue des airs traditionnels. Le propriétaire sert le vin de sa réserve personnelle et certains des meilleurs vins de Santorin, comme le « *Lava* » ou le « *Volcano* ».

Louer une voiture est une bonne manière de visiter l'île. Le matin, rendez-vous à **Akrotiri,** l'une des plus importantes découvertes archéologiques de ces dernières décennies. Sous un toit installé pour protéger les fouilles, s'étend la cité vieille de 3 500 ans. On l'a exhumée de la couche de pierre ponce et de cendres volcaniques qui la recouvrait depuis l'explosion qui la détruisit, aux environs de 1 500 av. J.-C. Pour le professeur Marinatos, Akrotiri pourrait être le site de l'Atlantide de Platon. Les rues pavées, que vous pouvez emprunter aujourd'hui encore, les maisons de deux ou trois étages avec leur salle de bains, leur mobilier de bois, leurs poteries et leurs fresques murales magnifiques, nous révèlent une civilisation d'une richesse exceptionnelle. On n'a retrouvé aucun ossement humain, ce qui semble indiquer que la population était prévenue de l'éruption. Les fresques, comparables à celles de Crète, ont été retrouvées dans un état de conservation surprenant. Elles sont exposées au Musée national archéologique d'Athènes. On y reconnaît des singes, des antilopes, et des papyrus qui n'appartiennent pas à la flore ou à la faune de l'île, ce qui suggère l'existence de liens commerciaux avec l'Egypte et l'Afrique. Les fouilles sont actuellement poursuivies durant les mois d'été par les étudiants de l'université d'Athènes, sous la direction du professeur Christos Doumas. Celui-ci estime qu'en travaillant à ce même rythme, il faudra près d'un siècle pour achever d'explorer le site.

A la mi-journée, c'est l'heure de la baignade. **Périssa** est la plus belle plage de Santorin. Et même si la baie fourmille de touristes arrivés de Théra par autocar, la bande de sable noir (qui rappelle la nature volcanique de l'île) s'étend sur 8 km et vous trouverez toujours un coin tranquille. La plage de **Kamari** est aussi très populaire mais tellement bondée que vous aurez parfois du mal à étaler votre

Santorin.

serviette. Elle est séparée de Périssa par une croupe rocheuse qui abrite le site de l'ancienne Théra. La plage de **Monolithos** est relativement préservée de la foule et vous y retrouverez trois des meilleures *tavernas* de l'île.

Plus que toute autre île des Cyclades, Santorin est à voir en priorité, avant que le tourisme ne l'altère davantage, même si pour être tout à fait honnête, il a eu certains effets positifs. Les maisons cylindriques blanchies à la chaux, si caractéristiques, n'étaient plus que des caves désertées, avant la « redécouverte » de l'île. Les architectes furent chargés de faire respecter le style traditionnel aussi bien dans les restaurations que dans les nouvelles constructions, et ce fut une réussite.

Santorin est un spectacle en soi. Il y a une curieuse ironie dans le fait de venir passer ses vacances ici, dans cet environnement naturel accidenté et menaçant. Mais il y a surtout cet étonnement, cet émerveillement devant le spectacle qui s'offre à vos yeux, à perte de vue.

Paros et Naxos

Depuis peu, Paros rivalise avec Mykonos par sa vie nocturne fébrile et son atmosphère cosmopolite. Mais, sous ce vernis, Paros est restée une simple île de pêcheurs avec de superbes plages et des villages typiques aux maisons blanches.

Parikia, le port principal de l'île, et **Antiparos,** une île voisine connue pour ses grottes à stalactites, sont la halte favorite des routards. Plus « classe » et moins populeux, **Naoussa,** est un village de pêcheurs d'un blanc immaculé, situé sur la côte nord de l'île. Mais Naoussa connaît depuis peu un développement touristique très net ; les chambres à louer abondent et une foule de jeunes gens dans le vent s'affichent désormais au **Labyrinth Bar,** sur les quais. Les villageois encore peu affranchis jettent un regard ahuri sur cette faune noctambule, du haut de leur balcon.

Il y a quarante ans, le poète grec Georges Séféris décréta que Paros était la plus belle île des Cyclades. Pour vous en rendre compte, louez une voiture et allez

Ruelles de Naxos.

vous baigner à **Kolimbithrès,** une plage située à l'ouest de la baie au milieu de formations rocheuses gigantesques, réminiscence des météores. A 5 minutes de Naoussa, dans la direction opposée, sur la route de Santa Maria, vous trouverez des plages superbes qui, pour des raisons inexpliquées, sont pratiquement désertes. L'eau y est peu profonde et délicieusement transparente. Mais la meilleure plage de Paros se trouve sur la côte est, juste après Molos : **Kalogiros**. Cette petite anse est cernée de falaises qui suivent le découpage de la côte, créant une succession de criques abritées, fort agréables pour ceux qui aiment se baigner nus. De là, vous aurez droit, en prime, à une très jolie vue sur Naxos. Plus au sud, vous traverserez les villes côtières commerçantes de **Pisso Livadi, Logaros** et **Drios,** aux plaisantes plages de sable.

Lefkes, un village de montagne, ancienne capitale de l'île, se trouve en dehors des sentiers battus et bien souvent négligée par les touristes. Vous pourrez manger au **Paradise Café,** qui domine la mer, puis visiter la maison-atelier de la céramiste, Virginia Kidonea (les villageois vous en indiqueront le chemin).

S'il vous reste du temps, visitez le village de **Marpissa** et les anciennes carrières de **Marathi,** d'où l'on extrayait un marbre blanc très prisé. Pour clore ce périple, guettez l'enfant chéri de Paros, le chanteur superstar Giannis Parios qui aurait été vu, à la terrasse d'un café, sur le port de Parikia. Il est le maître incontesté de la chanson d'amour et l'idole des Grecs depuis plus de 15 ans.

La situation centrale de Paros dans les Cyclades en fait le pivot de nombreuses liaisons maritimes dans la mer Egée. L'itinéraire classique vous conduira ensuite à **Naxos,** la plus grande et la plus fertile des îles des Cyclades. C'est ici que Thésée abandonna Ariane, après qu'elle l'eut aidé à tuer le Minotaure. Naxos est encore relativement préservée et offre un intérêt complémentaire à celui de Paros, avec ses vergers et ses vignobles, ses forteresses médiévales, et son couros archaïque gigantesque. Depuis Naxos, des bateaux assurent deux ou trois fois par semaine la liaison avec **Koufonissia,** un groupe

Cultures en terrasses à Folégandros.

d'îles sauvages microscopiques ; sur les 23, 6 seulement sont habitées, dont **Donoussa** et **Schinoussa,** qui ont des plages littéralement vierges mais très peu de chambres à louer. **Ios,** l'escale suivante sur le trajet des ferry-boats, possède un petit port idyllique, au pied d'une ville toute blanche. Mais l'île, où se trouve la tombe présumée d'Homère, a été investie par les voyages organisés.

Les îles à découvrir

Folégandros, l'île suivante, a davantage à offrir. Ne vous laissez pas abuser par le caractère accueillant et civilisé du port. Vous aurez ici le sentiment d'être un véritable pionnier, de partager la vie authentique d'une île rarement foulée par les touristes.Folégandros offre un spectacle étonnant : ses collines grises et chauves évoquent un paysage lunaire, même si, çà et là, les habitants ont réussi à implanter des cultures en terrasses où poussent quelques rares et précieux oliviers et quelques pieds de vigne.

Folégandros, qui porte le nom d'un des fils du roi Minos, n'a que 800 habitants, et qu'une seule route.

Kastro, le vieux quartier, est construit sur une immense falaise et ses deux portes d'accès étaient autrefois fermées la nuit pour protéger ses habitants des invasions des pirates.

On se réveille tôt à Folégandros pour profiter d'une vue matinale superbe sur la **Panaghia,** l'église toute blanche qui domine Chora. La vie de l'île tourne autour de trois places qui se tournent le dos, encadrées par des petites chapelles blanches. Toutes les *tavernas* et les bars se concentrent ici, comme les touristes.

La plage d'**Angali** est un des lieux mémorables de l'île. Certes, pour son eau d'une limpidité cristalline, pour ses deux *tavernas* fort agréables et pour cette amusante pancarte sur laquelle on peut lire : « *S'il vous plaît, pas de nudisme ici, vous avez les plages de Phira et d'Haghios Nicolaos pour ça* ». Mais surtout pour l'expédition qu'elle suppose : d'Angali, le minibus vous dépose au bord de la route pavée qui surplombe la mer et il vous faut

Figues séchant au soleil.

descendre à pied, pendant une vingtaine de minutes, sur un chemin à pic. Pour le retour, prendre le caïque de 18 h qui vous ramènera à Karavostassi,

La soirée à Folégandros débute par un café et un coucher de soleil, généralement à la **Rainbow Pizzeria,** où une terrasse surplombe les falaises. Ensuite, vous pourrez comparer les cartes des deux principales *tavernas* de Chora : **Kritikos** et **Nikos**.

Une autre île a su conserver son authenticité, **Syros,** la capitale administrative des Cyclades. C'est une véritable métropole et non plus un village de pêcheurs, dont l'économie repose sur les premiers chantiers navals de Grèce et l'industrie textile la plus importante du pays. Le chef-lieu, **Ermoupolis,** fut le centre commercial le plus important de Grèce et son plus grand port jusqu'à l'émergence du Pirée, au tournant du siècle.

Ermoupolis (ville d'Hermès, dieu du Commerce) est construite sur deux hauteurs, l'une coiffée par une église catholique et l'autre par une église orthodoxe. On y trouve encore de nombreuses demeures néo-classiques, de style italien, dont beaucoup sont aujourd'hui ouvertes au public. **Ta Vaporia** (Les Bateaux), le quartier le plus aristocratique de la ville, s'étire le long d'une corniche. L'une de ces maisons a été convertie en hôtel de luxe, l'**hôtel Vourlis,** qui a reçu en 1985, un oscar pour sa rénovation, classée parmi les sept plus réussies d'Europe.

Au-dessus d'Ermoupolis, autour de l'église catholique, s'étend **Ano Syros** (la Ville haute), une ville cycladique typique datant du XIIIe siècle et construite sur cette proéminence pour échapper aux assauts des pirates. La **taverna de Lili** offre une vue panoramique sur la cité et sur le port ; et, par nuit claire, on devine les lumières de Mykonos dans le lointain.

Syros possède plusieurs stations balnéaires agréables, dont **Vari, Achladi, Mégas Yalos** et **Galissos**. Mais les sites les plus impressionnants sont ceux de **Della Grazzia** (Poséidonia), avec ses énormes villas à l'italienne et ses châteaux, **Agathopes** et **Finikias**. Toutes ces villes sont à 5 minutes les unes des autres en voiture.

Si la plupart des Cyclades sont reliées par ferry au Pirée, plusieurs ne sont accessibles que depuis Rafina ou Lavrion (Laurion) : **Andros** et **Kéa,** par exemple. Comme elles sont situées un peu à l'écart, elles sont souvent méconnues mais sûrement plus pour longtemps.

Andros, l'île la plus septentrionale des Cyclades et patrie de nombreux armateurs grecs, possède deux ports, **Gavrion** et **Batsi,** ainsi qu'un certain nombre de villages aux maisons blanches au toit de tuiles rouges. L'île est très boisée, offre de bonnes plages et peut s'enorgueillir, depuis 1986 d'un musée d'art moderne fort intéressant.

Kéa, connue également sous le nom de **Tzia,** occupe la pointe ouest de la chaîne des Cyclades. Elle est très proche du continent et très populaire auprès des Athéniens qui possèdent ici, depuis des années, leurs résidences d'été. L'absence de plages de sable est largement compensée par de délicieuses criques rocheuses et de jolies maisons au toit de tuiles rouges, semblables à celles d'Andros. Les îles voisines de **Sérifos** et de **Siphnos** sont particulièrement séduisantes et souvent représentées sur les cartes postales grecques. Il n'existe aujourd'hui plus aucune trace des mines d'or qui ont fait la célébrité de Siphnos dans l'Antiquité, mais depuis quelques années, la « prospection sauvage » est devenue le passetemps favori des touristes. Il existe des liaisons directes par ferry depuis Paros et d'autres îles très fréquentées.

Toujours à l'extrémité ouest de l'archipel, se trouve **Kimolos,** dont les falaises de craie blanche viennent ajouter à l'éclat de ses villes immaculées. Et l'on parvient finalement à **Milo,** où fut découverte la fameuse *Vénus de Milo,* aujourd'hui exposée au musée du Louvre. Il y a 5 000 ans, la civilisation de l'île était aussi développée que celle de Crète et vous lui trouverez, d'un point de vue culturel, de nombreux attraits avec, en plus, de bonnes plages et une cuisine locale savoureuse.

On pourrait passer une vie entière à explorer chacune des îles de cet archipel. Et il est réconfortant de savoir qu'il en reste toujours à découvrir, comme **Amorgos, Kythnos** ou **Heraklia,** par exemple.

Le très célèbr couvent de la Panaghia Choroviotissa (couvent de la Présentation de la Vierge), à Amorgos, fondé par l'empereur Alexis Comnène.

SAMOS
N.Karlovassi
Potamio
Ag.Dimitrios
Ag.Ilias
Ambelos
Ag.Konstandinos
Kambos
Avlakia
Kokari
Kalami
Samos
Vathi
Drakei
Marathokambos
Kalithea
Ag.Kiriaki
Paleohori
Ormos
Idroussa
Vourliotes
Platanos
Pirgos
Mitilinii
Hora
Koumeika
Kambos
Potokaki
Pagondas
Ireo
Pithagorio
Psili A
Limnonaki
Hrissomilia
SAMIOPOULA
AGIOS MINAS
Fourni
FOURNI
MAKRONISSI
STRONG
AGATHONISSI
Megalo
LESVOS
Mithimna (Molivos)
Eftalou
Argenos
Lepetimnos
Skala Sikaminias
Sikaminia
Klio
Petra
Pelopi
Kapi
Mandamados
Agios Stefanos
Aspropotamos
Skoutaros
Stipsi
KLOPEDI
Napi
ANDISSA
Gavathas
Skalohori
Filia
Sigri
Andissa
Anemotia
Kaloni
Keramia
Arisvi
Ag. Paraskevi
Nees Kidonies
Skala Mistegnon
Mistegna
EGIROS
MESSON
Loutropoli Thermis
Paralia Thermis
Pamfila
Panagiouda
Hidira
Vatoussa
Parakila
Skala Kalonis
Komi
Pigi
Eressos
Agra
Ahladeri
PYRRA
Moria
Skala Eressou
ERESSOS
Messotopos
Apothikes
MAKARA
Lisvori
Keramia
Ipio
MITILINI
Varia
Neapoli
Skala
Vassilika
Polihnitos
Agiassos
Paleokipos
Papados
Loutra
Vrissa
Akrassi
Vatera
Megalohori
Perama
Kratigos
Paleohori
Plagia
Skopelos
Plomari
Ag. Issidoros
M.Kimissis Theotokou
PSARA
ANDIPSARA
Psara
Agiasmata
Nenitouria
Agio Gala
Melanios
Keramos
Vikio
Amades
Kambia
Marmaro
INOUSSES
Kastro
Inousses
Potamia
Fita
Parparia
Kardamila
Agia Markela
Volissos
Limia
Pitious
Sikiada
Langada
Sidirounda
M.Mersinidiou
Anavatos
Vrondados
HIOS
Elinda
Karies
HIOS
Nea Moni
Lithio
Halkio
Ag.Georgios Sikoussis
M.Frangovouniou
Karfas
Agia Irini
Thimiana
Passa Limani
Vessa
Ag.Minas
Elata
Kalimassia
Mesta
Armolia
Olimpi
Neinita
Kalamoti
FANA
Pirgi
Ag. Georgios
Komi
Emborios
SAMOS
DROS
Ag.Nikolaos
Stenies
Andros
Sineti
M. Panahrandou
Ormos
Korthi
P.Meria
Ormos Panormou
Panormos
Isternia
Kaloni
Agapi
TINOS
os Isternion
Kardiani
Komi
Falatados
Steni
Kionia
M.Kehrovouniou
Tinos
Ag.Ioanis
IKARIA
Gialiskari
Avlaki
Kambos
Evdilos
Keramio
Karavostamo
Kioni
Fanari
Perdiki
Mavrikato
Therma
Agios Kirikos
Therma Lefkadas
Armenistis
Ag.Dimitrios
Hristos
Frandato
Vrakades
Kossikia
Hrissostomos
Langada
Plagia
Manganitis
THIMENA

LES ILES DU NORD-EST DE LA MER EGEE

Lesbos, Chio et Samos forment un trio extraordinaire. Elles sont grandes, comparativement aux autres îles de la mer Egée, et elles délimitent la frontière est du territoire national. Elles sont très éloignées les unes des autres ; géographiquement, elles ne constituent pas un archipel mais une extension maritime de l'Asie Mineure, dont elles ont fait partie pendant des millénaires. Elles ont chacune leur originalité et résistent à toute tentative d'amalgame. Elles partagent cependant une histoire commune qui mérite un moment d'attention.

A Lesbos, comme à Chio et à Samos, la Turquie est omniprésente. Elle se manifeste de bien des manières dans la vie de tous les jours : comme une menace, pour les soldats grecs dont les camps jalonnent la côte rocheuse et les collines ; comme le mythe d'un autre monde, l'Asie, pour le touriste ; comme une patrie perdue pour les vieux réfugiés C'est ici, le long de cette côte des environs de Smyrne, que les Grecs furent reconduits à la mer par les troupes de Mustafa Kemal, en 1912, et que leur vieux rêve de reprendre leur ville, la « *Mégali Idea* » (Constantinople), sombra dans les flammes et la fumée, avec la fin d'une cohabitation millénaire. Des centaines de milliers de Grecs orthodoxes, parlant le turc, trouvèrent refuge dans ces îles.

Les tout premiers habitants de ces îles (IIIe et IVe millénaires av. J.-C.) semblent avoir été étroitement liés au monde oriental : les noms de Chio et de Samos dérivent tous deux du phénicien. Mais c'est en Occident, au début de l'âge du bronze, que se forgea le destin de ces îles. En 1100 av. J.-C., l'onde de choc de l'invasion dorienne sur le continent grec se répercuta à travers la mer Egée, jusqu'aux côtes de l'Asie Mineure. Des populations entières, ioniennes pour la plupart, émigrèrent vers des rivages plus sûrs. C'est à ce même moment que l'histoire des trois îles commença à se différencier : des Grecs ioniens, originaires semble-t-il d'Attique, s'installèrent à Chio et à Samos ; tandis que Lesbos était investie par des Etoliens de Thessalie, différents des Ioniens par leur culture, leur langue et leurs coutumes.

Des chemins différents

Ces différences s'avérèrent bientôt évidentes dans les civilisations qui se développèrent sur ces îles entre 900 et 500 av. J.-C. Lesbos devint un Etat indépendant et connut une grande prospérité économique et culturelle au VIe siècle, sous le règne du tyran Pittacos, l'un des Sept Sages. Ce fut une ère d'innovation, dans le domaine musical comme dans le domaine poétique, avec Alcée et Sappho. Dans le même temps, Chio et Samos prospérèrent également, mais dans le cadre d'un important réseau économique et culturel : la Confédération ionique, une ligue regroupant douze cités ioniennes. Et c'est de cette matrice que sortirent Pythagore de Samos, Thalès de Mile et, dit-on, Homère de Chio.

Cet épanouissement devait cependant subir les secousses de la prise de pouvoir des Perses dans cette partie de la mer Egée. Ces îles furent les premières touchées par les armées perses, venant de l'est, et marchant sur la Grèce continentale qu'ils voulaient conquérir. De 550 à 480 av. J.-C., les trois îles furent gouvernées par les Perses. Dans le conflit gréco-perse, leur loyauté était partagée. Samos, par exemple, se battit contre les Grecs à Salamine, mais avec eux à Mycale, par simple esprit de révolte. Ce qui ne l'empêcha pas d'être écrasée, des décennies plus tard, par les forces de Périclès. Le milieu du Ve siècle fut, bien sûr, dominé par Athènes et, durant cette période, les trois îles restèrent dans sa zone d'influence. Mais, au début du siècle suivant, elles passèrent successivement sous la domination des Spartiates, des Macédoniens et des Ptolémées, avant de retrouver une certaine stabilité et la faveur des Romains.

On sait peu de choses sur la vie dans ces îles après le déclin de Rome. Avec la montée du christianisme, les Byzantins en prirent le contrôle, non sans se heurter à l'opposition farouche des pirates sarrasins, au VIIIe et au IXe siècle. L'année 1204 marque en gros l'émergence de la puissance latine, d'abord avec les Vénitiens puis, pendant deux siècles (de 1350 à 1550) avec les Génois, qui établirent d'importants comptoirs sur Lesbos et sur Chio. Les Turcs arrivèrent ensuite, et régnèrent pendant trois siècles et demi. C'est à Samos qu'ils furent vaincus et si l'Indépendance grecque fut proclamée en 1827, les trois îles ne se joignirent au nouvel Etat qu'en 1912.

Au Moyen Age, comme au cours de la période moderne, ce sont leurs différences, autant que leurs similarités, qui nous frappent. Samos, par exemple, était pratiquement désertée à l'époque où Lesbos et Chio étaient des centres actifs du commerce génois. Leur participation dans la lutte pour l'indépendance de la Grèce fut également variable. Chio était l'île favorite du sultan et ses riches marchands, ses armateurs et ses propriétaires terriens jouissaient d'une semi-indépendance. Ils n'avaient aucune raison de « saborder le bateau qui les maintenait à flot ». Les gens de Samos s'opposèrent eux, en revanche, farouchement au sultan et lui infligèrent de nombreuses défaites. « *Aller à Samos* » était à l'époque une périphrase turque qui signifiait aller à une mort certaine.

Depuis l'Indépendance, Lesbos est devenue une île « cosmopolite » avec une industrie développée (olives et spiritueux) une tradition artistique et poétique qui se perpétue, et un tourisme important. Chio, de son côté, fut dramatiquement dépeuplée au XIXe siècle par deux catastrophes (voir ci-dessous). Elle est devenue la patrie des plus gros armateurs du pays et ne fait pratiquement aucun effort à l'intention des touristes. C'est sans doute Samos qui a subi le plus grand changement. Le tourisme a donné une forte impulsion à une économie autrefois rachitique, en particulier à la production du vin, aux plantations d'oliviers et à l'industrie du bois.

Samos

Cette île couverte de forêts denses et de vignobles, avec ses montagnes sauvages et ses vins célébrés par Byron, accueille dans sa riche diversité presque tous les

Une plage prè de Kokkari, à Samos.

types de voyageurs. Les amateurs d'antiquités, les alpinistes, les fous de monastères ou d'architecture populaire, les adorateurs du soleil, tous trouveront ici le moyen de satisfaire leurs désirs. Mais certains villages de montagne n'ont pratiquement jamais vu de touristes. Votre tour de l'île commencera à Pythagorion (même si vous êtes arrivé à Samos ou encore à Karlovassi).

Pythagorion occupe le site de l'ancienne Samos, dont les trois monuments subsistants sont les principales attractions de la ville : le temple d'Héra, le tunnel d'Eupalinos et le môle antique. Ils méritent tous trois une visite, mais le dernier d'entre eux est peut-être le plus séduisant. Une promenade le long de cette immense jetée construite par des esclaves lesbiens vous permettra de contempler le majestueux **cap Mycale** et les côtes turques, noyées dans la brume du couchant. Peut-être ensuite irez-vous flâner sur le front de mer, le long de ces rues pavées à trois voies où les *yia-yias* (les grands-mères) passent les heures fraîches de la soirée sur le pas de leur porte et les familles dînent sous leur véranda. De jour, ce quartier est très animé. Cet endroit est appelé ici *« la poêle à frire », Tigani,* l'ancien nom de la ville, dû à la forme particulière du port. Les bars-discothèques cernent le port et laissent échapper les musiques les plus diverses.

Un fils célèbre

En 1955, les notables de la ville décidèrent de la rebaptiser Pythagorion, en souvenir de son fils le plus célèbre, Pythagore. Pourtant Pythagore, que la politique de Polycrate écœurait, s'exila volontairement et s'installa dans le sud de l'Italie. C'est pourtant sous le règne du même Polycrate que l'île connut son heure de gloire, inspirant à Hérodote les plus hautes louanges : « *J'ai longuement parlé des Samiens parce que, de tous les Grecs, ce sont eux qui ont accompli les trois plus grands projets.* »

Les ruines du **temple d'Héra** se trouvent en dehors de la ville, après l'aéroport. Il ne reste plus qu'une colonne surprenante et

L'ancienne capitale de Samos, Pythagorion.

les fondations du temple qui témoignent de la taille de ce qui fut l'un des plus grands temples grecs jamais construits. Le **tunnel d'Eupalinos** est peut-être encore plus remarquable (en tout cas mieux conservé). Il illustre un aspect sous-estimé de la civilisation grecque : le génie technique. Ce tunnel devait assurer le ravitaillement de la ville en eau et l'on sait qu'à l'époque byzantine, il servit de repaire aux pirates. Aujourd'hui, on peut l'emprunter sur une bonne partie de sa longueur. Le minuscule **musée archéologique** possède plusieurs *anthémia* provenant de stèles funéraires et quelques très beaux bustes romains. A l'autre bout de la ville, se trouve l'intéressant complexe architectural du **château des Logothètes** et l'**église de la Transfiguration,** avec son cimetière. C'est sur ce site, surplombant la mer, que les Samiens, sous le commandement du général Logothétis, vainquirent les Turcs, en 1821.

La capitale de l'île, **Vathy,** s'étend face à une large baie, sur la côte nord de Samos. Contrairement à Pythagorion, son existence n'est pas dominée par le tourisme. A la fois par sa taille et par sa population (8 000 habitants), c'est une grande ville, qui a une activité sociale et économique. Le quartier le plus spectaculaire est celui d'**Ano Vathy,** la « vieille ville », située à quelques kilomètres du centre ville au sommet d'une colline, et dont les toits de tuiles rouges sont visibles de loin. Une promenade d'une heure vous conduira à travers les rues sinueuses (tracées à l'origine pour les ânes et les charrettes) d'une communauté grecque traditionnelle qui semble vivre à l'écart du reste de la ville. Le style de ces maisons de bois, avec leurs balcons en avancée, est très proche de celui des maisons turques de Macédoine, et n'ont rien à voir avec l'architecture des Cyclades.

Dans le centre ville, vous trouverez de jolies rues bordées de boutiques, un jardin fleuri face à la poste et un musée archéologique. Le musée renferme les objets découverts dans l'île (il était malheureusement fermé pour réparations, en 1988). Vous vous consolerez avec un café ou un *ouzo-meze* au charmant *kafeneion* situé dans le parc.

La route qui mène vers la côte ouest de

Pêcheur repeignant son bateau dans le port de Pythagorion.

l'île longe le port et sinue entre les bosquets de pins le long de la côte nord, jusqu'à **Kokkari.** Avec sa longue plage de galets, c'est l'une des stations favorites de l'île. Un petit village de pêcheurs, construit sur une langue de terre, forme le centre initial de cette ville qui s'étend aujourd'hui sur toute la longueur de la plage. Kokkari se niche dans l'ombre escarpée du mont Karvounis. La route continue vers l'ouest et traverse les vignobles qui s'étalent au pied de la montagne. Vous longerez ensuite les plages de **Tsamadou** et d'**Avlakia.** Juste après cette dernière, une petite route sur la gauche vous conduira à **Moni Vrontiani** ; fondé en 1566, c'est le plus vieux village de l'île, accessible également à pied, depuis Vourliotes. La route principale continue ensuite jusqu'à Karlovassi, en suivant partiellement le littoral.

Karlovassi

Karlovassi est une ville étrange, fascinante ou décevante selon les uns ou les autres. Il est particulièrement difficile de s'y repérer, car elle est divisée en quatre parties : le **vieux Karlovassi,** à l'extrêmité ouest de la ville, perché sur une montagne, à côté de l'église d'Haghia Triada ; le **front de mer** ; la **Ville du Milieu,** aux vieilles maisons datant du début du siècle, époque à laquelle la ville devint un important centre de tannerie (une activité abandonée après la guerre ; et la Ville Nouvelle, **Neokarlovassi,** la plus intéressante peut-être, qui fut fondée en 1922 pour accueillir des réfugiés en provenance d'Asie Mineure. Tout comme l'ancienne Samos, elle a de jolies maisons de cette époque, de ravissantes ruelles au parcours sinueux et de petits jardins. Juste au-delà de Karlovassi, s'étend une immense plage de galets, généralement déserte, du nom de **Potami.** La mer, ici, est d'une propreté et d'un bleu étonnant. C'est aussi la fin de la route. Pour atteindre la partie ouest de l'île, il vous faudra soit marcher, soit emprunter un bateau, ou alors redescendre vers le sud pour contourner l'île.

C'est d'ici que partent toutes les routes vers les montagnes de l'intérieur, jalon-

Ci-dessous, tomates séchant aux balcons, à Mesta sur l'île de Chio ; à droite, un café à Haghiassos, sur l'île de Lesbos.

nées de petits villages n'offrant, pour la plupart, aucun site particulier mais dont le charme réside dans leur authenticité et leur quiétude : de vieilles bâtisses autour d'une place ombragée de platanes des maisons turques en bois, alignées le long des rues et ces églises typiques de Samos, en grès blond, avec leur coupole striée de bleu et de blanc, qui se dressent en plein milieu du village. Ce sont des étapes idéales pour siroter un café au *kafeneion* et mettre en pratique les quelques notions de grec que vous avez acquises.

De là vous avez le choix entre trois itinéraires. Le premier vous ramènera directement à Pythagorion, en passant par la côte ouest de l'île, via Koudeika, Platanos et enfin **Pyrgos,** une jolie ville ancienne qui mérite une visite comme **Spatherei,** en contrebas. Le deuxième vous conduira sur la meilleure route jusqu'au croisement d'Haghios Theodoros où vous pourrez prendre la direction de Marathokambos ou bien celle de Pythagorion. Et le troisième vous permettra d'explorer les pentes du mont Kirkis qui s'élève majestueusement à 1 440 mètres d'altitude. Mais la route est périlleuse par endroits.

Le mont Kirkis

Le **mont Kirkis** recouvre la partie occidentale de l'île. Depuis le sommet, on peut apercevoir Patmos et d'autres îles du Dodécanèse, Chio et les côtes de la Turquie. L'ascension, qui vous prendra pratiquement une journée (pour la montée et la descente) est une escalade intéressante. Vous pourrez l'entreprendre à partir de **Kosmadei,** de **Drakei** ou même de la plage de **Votsakia** (c'est le choix le plus courageux). A l'époque des attaques pirates, les Samiens abandonnèrent leurs villages pour venir se réfugier sur le mont Kirkis. Plus récemment, les maquisards grecs de la Seconde Guerre mondiale et les résistants de la guerre civile en ont fait leur retraite.

L'histoire a associé le mont Kirkis au sort du village de **Kastanea,** où 27 villageois furent fusillés par un peloton d'exé-

A gauche, plantation de térébinthes lentisques (arbres à mastic) sur les pentes de l'île de Chio ; ci-dessous, récolte de la résine au couteau.

cution italien, en 1943. Près du monument très sobre érigé à la mémoire de ces hommes, dans le ravin qui se trouve juste à la sortie du village, j'ai rencontré un vieil homme qui s'est souvenu. En pointant, le doigt sur la liste des noms gravés dans le marbre, il a énuméré : « *Ça, c'était mon frère, ma fiancée, mon oncle, mon cousin...* » Les 400 habitants du village ont tous perdu, comme lui, un ou plusieurs de leurs proches.

Une route rocailleuse descend de Kastanea vers le sud, à travers un étrange paysage calciné, témoin d'un incendie criminel qui ravagea, au milieu de l'été 1986, la plus grande partie de cette région, détruisant non seulement de précieuses forêts mais aussi des plantations d'oliviers centenaires. Pour certains habitants de **Marathokambos,** ce fut la ruine. Ce climat ensoleillé et sec qui attire les touristes en Grèce est malheureusement aussi la cause de nombreux incendies de forêts en été. Aussi, faut-il être prudent, pour prévenir de tels désastres.

Depuis Marathokambos, on peut descendre à **Ormos Marathokambos,** où s'étend une longue plage. La beauté de cette côte ouest, relativement préservée du tourisme, vous récompensera des inconforts de la route, par la découverte des pentes boisées du mont Kirkis, des criques désertes accessibles seulement à pied et quelques villages paisibles se succèdent jusqu'à Karlovassi.

Chio

Tournefort écrivait en 1701 que l'histoire de Chio était trop volumineuse pour être relatée dans une simple lettre. Depuis cette époque, trois siècles riches en histoire se sont écoulés, venant enrichir encore le passé de cette île. Chio, contrairement à Samos, fut prospère durant la plus grande partie du Moyen Age et de l'époque moderne. La fondation de Néa Moni, le célèbre monastère byzantin de l'île, en 1049, marqua le début d'un millénaire au cours duquel Chio joua un rôle économique et culturel important. Au cours des siècles de dominations génoise et turque (1333-1556 et 1556-1912), Chio s'enrichit

Dans l'usine centrale de Chio, le mastic brut est lavé et séché...

grâce au commerce de la soie, des vins et surtout du mastic, cette résine laiteuse du lentisque. Aujourd'hui Chio, patrie de quelques-unes des plus grandes dynasties d'armateurs grecs, vit de son commerce maritime.

Mais entre la gloire passée de Chio et sa richesse actuelle, le XIXe siècle fut une période catastrophique. En l'espace de 60 ans, la majorité de sa population fut tuée ou déportée, son organisation économique et sociale décimée et ses villes détruites. Chio avait bénéficié de grands privilèges de la part du sultan. En 1821, tandis que des mouvements indépendantistes secouaient le continent et les îles voisines de Psara et Samos, les habitants de Chio restèrent fidèles au sultan. Dans la nuit du 22 au 23 mars 1822, le général Logothétis, à la tête de 1 500 hommes, débarqua de Samos pour fomenter la rébellion. La nouvelle parvint aussitôt à Istanbul et le sultan ordonna la mort de tous les Chiotes. Une semaine plus tard, les troupes turques mirent le pied sur l'île et procédèrent à un massacre qui devait durer près de deux mois. Ces massacres furent immortalisés par Delacroix et Victor Hugo. Quelque 30 000 Chiotes trouvèrent la mort et 45 000 d'entre eux furent réduits à l'esclavage. Soixante ans plus tard, en 1881, le plus terrible des tremblements de terre qu'ait connu la Grèce moderne détruisit ce qui restait de Chio, tuant 4 000 personnes.

Repartir de zéro

Il n'est donc pas étonnant d'être accueillis dès le port, par une agglomération aux bâtiments modernes. Chio est aujourd'hui un centre maritime actif de 25 000 habitants, plus préoccupés par ce commerce qui rapporte plus des trois quarts du revenu annuel de l'île que du tourisme. Trois lieux au moins, témoigne du passé de Chio : la « vieille ville » à l'intérieur du kastro ; le Musée archéologique et la bibliothèque Korais ; et Kampos, un faubourg au sud de la ville, occupé par de vieilles demeures aristocratiques entourées de jardins.

Le **kastro,** avec ses tours et ses murailles

... ensuite les machines aplatissent et pressent les pairs de mastic pour les débiter en « chicklets » (pastilles) ; ci-dessous, stèles funéraires.

massives, est la forteresse construite dès l'époque hellénistique puis restaurée par les Byzantins, les Génois et les Turcs. Elle abritait le centre civique de la ville, les églises et les résidences des notables. Sous l'occupation ottomane, ce fut le quartier turc. Aujourd'hui, on peut encore se promener dans les ruelles aux vieilles maisons, visiter la somptueuse église d'**Haghios Giorgos,** le « donjon noir » où furent emprisonnés les nobles de l'île, en 1822, et voir dans le cimetière turc la **tombe de Kara Ali** (l'amiral qui supervisa les massacres et qui fut lui-même tué la même année, par une salve tirée de l'un des bateaux de l'amiral Kanaris).

Les vestiges archéologiques et les archives de Chio sont conservés dans le **musée archéologique** (autrefois installé dans la mosquée qui se trouve sur la place Vounakis et transféré, depuis 1977, dans un nouveau bâtiment, sur le front de mer) et à la **bibliothèque Korais** qui, avec ses 95 000 volumes, est la quatrième de Grèce. Dans le même bâtiment, se trouve le Musée ethnographique et folklorique Argenti. Avant de quitter le centre ville, ne manquez pas d'aller faire un tour au « *bazar* » de la rue Aploteria.

A la sortie sud de Chio, vous traverserez **Kampos,** il reste peu de traces de sa gloire passée et de l'époque où les voyageurs européens décrivaient cet endroit comme un vrai paradis. Mais vous pourrez encore voir les hauts murs de pierre qui entouraient ces demeures luxueuses ; les portails voûtés, dont certains sont délicatement ornés d'une fine calligraphie arabe. La maison de l'historien Philippe Argenti a été restaurée, renseignez-vous à l'office de tourisme du port sur les possibilités de visite.

La route quitte Kampos en direction de la pointe sud de Chio, une région fascinante. La première bifurcation vous conduira à **Emporio,** une belle plage de galets noirs qui s'étend au pied de falaises de roches brunes inhabituelles. Dès l'âge du bronze, et jusqu'au début du Moyen Age, ce fut le site de diverses occupations. En retournant vers l'intérieur, on pénètre dans la région du mastic, autour des villages de Pyrghi et Mesta.

Chio est l'unique producteur de mastic,

Ossuaire renfermant les crânes des victimes des massacres de Chio de 1852.

un nom dérivé de *mastazo,* qui signifie « mâcher » en grec (tout comme mastiquer, en français). Cette gomme était très populaire à Istanbul (d'où le nom de gomme arabique) et elle était censée rafraîchir l'haleine des concubines du sultan. Les Romains, eux, utilisaient des cure-dents en mastic pour garder des dents blanches et prévenir les caries. Hippocrate même, le père de la médecine, vantait sa valeur thérapeutique pour la toux et le rhume. De nos jours, l'industrie pharmaceutique et le chewing-gum lui ont trouvé des substituts, et le mastic est principalement utilisé pour la production de certains spiritueux, et dans la fabrication industrielle de peinture et de colle. Mais beaucoup de Grecs continuent à en mâcher et si vous voulez essayer vous en trouverez dans la plupart des *periptera.*

Les premières étapes de la fabrication du mastic sont pratiquement les mêmes aujourd'hui que dans l'ancien temps. Les villageois se rendent le matin dans les plantations, recueillent soigneusement les coulées de résine sur l'écorce des lentisques puis les ramènent chez eux pour les nettoyer des feuilles et des brindilles. Ensuite, leur récolte est acheminée vers une usine de traitement où le mastic est lavé, passé au four et façonné en « *chiclets* ». Quelque 150 tonnes de mastic sont produites annuellement, dont la majeure partie est exportée vers la France, la Bulgarie et l'Arabie Saoudite à un cours qui atteint 35 dollars le kilo.

Pyrghi affiche ostensiblement la richesse qu'elle a accumulée au cours des années, grâce à ce commerce. Les façades de nombreuses maisons sont décorées de figures géométriques noir et blanc. Et sur la place principale, vous pourrez voir l'église **Haghii Apostoli,** avec ses fresques colorées et un imposant « *pantokrator* » sur les parois du dôme. Une promenade dans les ruelles de Pyrghi vous entraînera sous les arches de pierre construites pour protéger les maisons d'éventuels séismes.

Mesta, juste à l'ouest, est un village qui n'a pas les couleurs de Pyrghi. Ici, la pierre est omniprésente dans les ruelles aux arches massives et dans les maisons. L'office gouvernemental du tourisme a ouvert ici quelques maisons d'hôtes. La

Ci-dessous, femme pelant des tomates et, à droite, hommes jouant au jacquet à Pyrghi, sur l'île de Chio.

côte occidentale de l'île, magnifique et pratiquement déserte, attend ceux qui sont pourvus d'un certain goût pour l'aventure (et d'un moyen de locomotion approprié). Entre **Lemnos Meston** et **Siderounta,** on trouve plusieurs criques ravissantes et des plages de galets s'étirant le long des promontoires panoramiques. La route de gravillons, mène jusqu'à Volissos, dans le nord.

Dans le centre de l'île, le monastère de **Na Moni** est l'un des plus beaux exemples de l'architecture du moyen-empire byzantin. Fondé en 1049 sous le patriarcat de Constantin Monomaque, il a souffert, tout comme le reste de l'île, du double désastre de 1822 et 1881. Les moines furent massacrés et les reliques et les manuscrits pillés par les Turcs, tandis que la coupole fut endommagée par le tremblement de terre. Mais ses mosaïques, malgré leur état, sont remarquables. Le réfectoire et les ruines des cellules monacales évoquent le temps où la vie religieuse était florissante. Dans un ossuaire sont conservés les crânes des moines décédés. Ces ossements entassés témoignent d'une conception totalement différente de l'existence : non pas celle d'un individu, mais de légions d'hommes dont l'existence sur terre se déroule sous le regard compatissant du « pantokrator » peint sur le dôme central. Bon nombre de ces ossements sont ceux des victimes du massacre de 1822.

Les villages désertés d'**Avgonima** et **Anavatos** sont situés plus loin, sur cette même route de gravier. C'est peut-être Anavatos qui illustre le mieux le déclin de Chio. Le village fut habité tout au long du siècle dernier, mais aujourd'hui, il est quasiment à l'abandon.

Le nord de l'île est une région dépeuplée, parsemée de tours et de forteresses délabrées, de villages semi-désertés et de quelques belles plages. Certaines zones ont été gravement déboisées par les incendies de forêts de 1981. Venant contrebalancer cette relative pauvreté, les plus riches familles d'armateurs sont originaires justement du nord de Chio, et de **Vrontadès** en particulier. Juste au nord de Vrontadès, se trouve la **Pierre d'Homère** où, selon la tradition locale, le poète

avait coutume de chanter ses rhapsodies et d'enseigner à ses élèves. Il y a aussi quelques jolies églises byzantines, comme celle de la **Panhaghia Haghiogalousenas**, à Haghios Galas.

L'île de Psara peut faire l'objet d'une excursion, soit en bateau régulier depuis Chora, soit en louant un bateau de pêcheur à Volissos. C'est une île tranquille, avec un petit port de pêche. Patrie du général Canaris, elle s'est illustrée durant la révolution grecque. Elle l'a payée chèrement par un harcèlement constant des troupes turques : en 1824, 14 000 janissaires débarquèrent au nord de l'île ; 3 000 Psarotes purent s'échapper, mais les 17 000 autres trouvèrent la mort.

Lesbos

Au VIe siècle av. J.-C., le poète Anacréon disait déjà avec envie de Lesbos qu'elle avait « une certaine classe ». Beaucoup de choses ont changé depuis, mais pourtant Lesbos représente aujourd'hui encore ce qu'elle représentait dans l'Antiquité : la poésie, la culture, l'érudition et l'esprit démocratique. On évoquait jadis la poétesse Sappho, l'académie de philosophie où enseignèrent Aristote et Epicure, et le rôle politique de Pittacos, l'un des Sept Sages. Aujourd'hui, on pense au prix Nobel de poésie, Odysseus Elytis, au peintre naïf Theophilos. Par sa vaste superficie, sa situation aux confins du monde grec, Lesbos a une identité particulière. C'est tout le contraire d'une *nissaki,* une petite île pittoresque. C'est en fait la troisième île de Grèce par sa taille (70 km sur 39 km) et par sa population (90 000 habitants). Tout au long de son histoire, elle s'est située en marge, sur le plan culturel comme sur le plan politique. D'après Homère, ses premiers habitants faisaient vraisemblablement partie de la race des Troyens. A l'époque de la guerre de Troie, Achille et Ulysse vinrent ici, accompagnés des troupes achéennes, pour châtier Lesbos de son alliance avec Troie. Et dans le sillage des invasions doriennes,

Le port de Lesbos.

Lesbos fut investie, non pas par les Grecs, mais par les Etoliens de Thessalie.

Durant des siècles de rivalité entre les cinq cités de l'île, Lesbos devint un foyer culturel, exportant vers la Grèce continentale des poètes-musiciens comme Terpandre et Arion, dont le style particulier et les innovations furent à l'origine du nouveau mouvement culturel, depuis les poèmes épiques d'Homère et les élégies d'Hésiode, jusqu'à la tragédie lyrique, puis classique. Avec Alcée et Sappho, la tragédie lyrique atteint un niveau inégalé de raffinement et de sentiment. A la même époque, le tyran Pittacos mettait en place des réformes démocratiques. Mais l'apogée de Lesbos devait bientôt prendre fin avec la prise de pouvoir des Perses dans l'est de la mer Egée. Lesbos se rangea aux côtés d'Athènes pendant quelques années, pour mieux se rebeller contre elle dans les premiers temps de la guerre du Péloponnèse. Lesbos connut ensuite les mêmes vicissitudes que Chio et Samos, dominée par les Macédoniens, les Romains (qui en firent un de leurs lieux favoris de villégiature), les Byzantins, les Vénitiens, les Génois et, pour finir, les Turcs.

Au début de l'ère moderne, une aristocratie terrienne se constitua sur l'île. Des soulèvements paysans et des mouvements de la classe ouvrière se produisirent çà et là, et Lesbos est restée jusqu'à aujourd'hui un foyer de contestation, ce qui lui a valu le surnom d'« *île rouge* ». Les arts et la culture ont également prospéré depuis l'indépendance, avec la présence à Lesbos de nombreux écrivains, de peintres et une élite cultivée. Depuis la dernière guerre mondiale, le tissu économique et social de Lesbos s'est considérablement rétréci, en raison d'une émigration constante vers Athènes, l'Australie et l'Amérique. Pourtant, la fondation en 1988 d'une université du Nord de la mer Egée est un signe encourageant pour la perpétuation de l'autonomie et de l'autorité culturelles de Lesbos.

Mytilène (Mitilini), la capitale moderne, est un port animé (25 000 habitants), situé face aux côtes turques. Le front de mer est ponctué de quelques vieilles *kafeneion* typiques, derrière lesquelles se déroule

Les toits d'Haghiassos, sur l'île de Lesbos.

l'artère principale du marché. Au-delà de l'embarcadère, se trouve le délicieux petit **Musée archéologique,** qui renferme des mosaïques romaines représentant le portrait de Ménandre et des scènes de ses comédies, un rare chapiteau étolien et quelques autres sculptures intéressantes. Juste derrière la colline boisée, se dresse le **kastro** génois, un vestige du règne des Gateluzi (1354-1462). Si vous êtes passionné de culture populaire, vous pourrez visiter le **musée d'Art populaire** qui est situé sur le port, derrière le terminal des bus. Mais le **musée Theophilos,** à **Varia** (4 km au sud de la ville), est encore plus remarquable. Il renferme les œuvres de Theophilos, l'un des peintres « primitifs » grecs les plus réputés. La route de Varia traverse l'ancien quartier aristocratique de Lesbos.

La route de Mytilène va vers le nord, contourne la côte, face à la Turquie. A l'ouest de Moria, on peut encore voir quelques arches de l'aqueduc romain qui alimentait Mytilène. **Madamados** est le site de l'**église des Taxiarques,** réputée pour son icône noire de l'archange Michel. Au sud de Madamados, dans le village d'**Haghia Paraskévi,** une curieuse cérémonie a lieu tous les ans, juste après Pâques. Au cours de cette fête du Taureau les villageois en costumes défilent avec des cavaliers, jusqu'à la chapelle du village. Après le service religieux, un taureau est sacrifié et la fête se poursuit par un banquet et des courses de chevaux. A **Kari,** la route se divise, la branche nord descendant jusqu'au petit village côtier de **Sikaminia,** l'autre se dirige vers l'ouest et contourne le **mont Lepetimnos** pour rejoindre finalement la mer à **Pétra.** Pétra possède une longue plage de galets qui s'étend au pied de l'église de la **Panaghia Glykofiloussa** (la Vierge du baiser sucré), perchée sur une falaise. **Molyvos** est l'une des retraites touristiques très à la mode de l'île.

La côte ouest de Lesbos est une région plus désolée et plus aride que le reste de l'île, évoquant par certains aspects un paysage volcanique. Quelques-unes des plus belles plages de sable de l'île méritent qu'on s'y aventure malgré leur éloignement. **Skala Eressou** est la plus belle. **Sygri,** plus au nord, est un village moins touristique, avec une belle plage, à proximité de la « forêt pétrifiée » dont les arbres ont été ensevelis sous les cendres volcaniques, puis sous l'eau, il y a environ un million d'années.

Le sud-est de l'île est d'une diversité frappante. Sur la côte sud, **Plomari** est un compromis réussi entre tourisme et industrie locale. La **distillerie Varvaryianni** produit un ouzo réputé pour être le meilleur du monde. Des quelques plages situées le long de cette côte, la plus belle est à **Haghios Isodoros.**

L'endroit le plus remarquable de l'île est peut-être le village d'**Haghiassos.** Situé sur les collines ombragées, en contrebas du mont Olympe il semble vivre à un rythme bien éloigné du monde moderne. Le tissage et la poterie traditionnels sont toujours pratiqués et on y parle un dialecte qui n'a rien à voir avec le grec moderne. L'**église** possède une célèbre icône miraculeuse et, le jour de l'Assomption (le 15 août), le village est le cadre d'un pèlerinage d'hommes et de femmes venus de tous les coins de l'île. On y célèbre aussi le Carnaval avec un faste particulier.

Ci-dessous, hommes jouant aux cartes dans un café de la vieille ville de Vathy, à Samos ; à droite, poney paré de fleurs à l'occasion d'une fête locale à Lesbos.

Die Schw

1. Ein Schwamm-Taucher, welcher von einem Haifisch verschlungen wird.
2. Ertrunkener Taucher, weil er Tau und Ballaststein verloren.
3. Schwämme-Sammler.
4. Taucher, das Zeichen zum Aufziehen gebend.
5. Taucher, die Wurzeln eines grossen Schwammes ausziehend.
6. Taucher, der die Besinnung verloren hat und ertrinken muss.
7. Zu Hilfe eilender Taucher.
8. Taucher, welcher sein Tau verloren hat und nach oben zu schwimmen versucht.
9. Zu Hilfe eilender Taucher mit Tau und Stein.
10. Taucher, im Moment des Aufziehens.
11. Taucher, welcher Tau und Stein verloren, mit Hilfe der Ankerkette heraufgezogen wird.
12. Tauc Ober
13. und
15. Tauc griff
16. Tauc

Fischerei.

anoth an die

nde Männer.

ein, im Bo-

Tauchen.

17. Taucher, den Befehl zum Tauchen gebend.
18. Zwei Männer, den Taucher aufziehend.
19. Matrose, das Hinablassen eines Tauchers vorbereitend.
20. Taucher, welcher sich vor dem Ankleiden abtrocknet.
21. Matrosen, das Taucherschiff leitend.
22. Matrose, den Sack mit Schwämmen in Empfang nehmend.
23. Luft-Pumpe für den Taucher mit Taucher-Apparat.
24. Fundort der Schwämme, 25—30 Meter tief.
25. Schwamm, genannt Zimocca-Schwamm.
26. Felsen auf dem Meeresboden, mit Schwämmen bewachsen.
27. Netz zum Abreissen der Schwämme vom Meeresboden.
28. Taucher mit Taucheranzug, Schwämme ins Sammelnetz werfend.

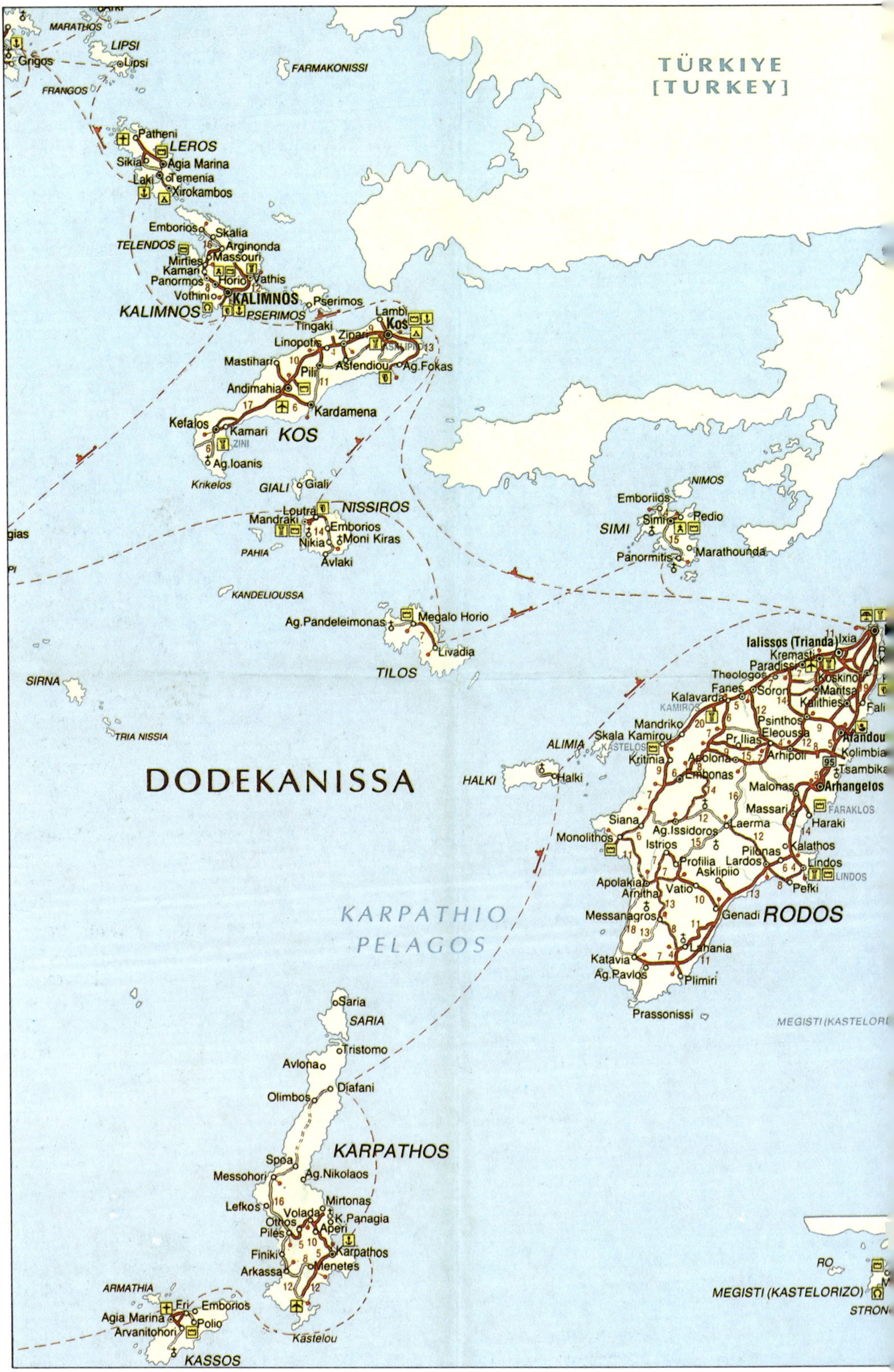

TÜRKIYE
[TURKEY]
DODEKANISSA
KARPATHIO
PELAGOS
MARATHOS
LIPSI
Lipsi
Grigos
FRANGOS
FARMAKONISSI
LEROS
Patheni
Sikia
Agia Marina
Temenia
Laki
Xirokambos
Emborios
Skalia
TELENDOS
Arginonda
Mirties
Massouri
Kamari
Panormos
Horio
Vathis
Vothini
KALIMNOS
Pserimos
PSERIMOS
Lambi
Kos
Tingaki
Zipari
Linopotis
Asklipiio
Mastihari
Pili
Asfendiou
Ag.Fokas
Andimahia
Kardamena
Kefalos
Kamari
KOS
Zini
Ag.Ioanis
Krikelos
GIALI
Giali
NISSIROS
Loutra
Mandraki
Emborios
Nikia
Moni Kiras
Avlaki
PAHIA
KANDELIOUSSA
NIMOS
Emboriios
Simi
Pedio
SIMI
Panormitis
Marathounda
Ag.Pandeleimonas
Megalo Horio
Livadia
TILOS
SIRNA
TRIA NISSIA
ALIMIA
HALKI
Halki
Ialissos (Trianda)
Ixia
Kremasti
Paradissi
Theologos
Koskinou
Fanes
Soroni
Maritsa
Kalavarda
Kalithies
Kamiros
Faliraki
Mandriko
Psinthos
Skala Kamirou
Eleoussa
Afandou
Kastelos
Pr. Ilias
Kolimbia
Kritinia
Apolona
Arhipoli
Tsambika
Embonas
Malonas
Arhangelos
Faraklos
Massari
Siana
Haraki
Monolithos
Ag.Issidoros
Laerma
Istrios
Kalathos
Pilonas
Profilia
Lardos
Lindos
Asklipiio
Apolakia
Vatio
Pefki
Arnitha
Messanagros
Genadi
RODOS
Katavia
Lahania
Ag.Pavlos
Plimiri
Prassonissi
MEGISTI (KASTELORIZO)
RO
STRON
Saria
SARIA
Tristomo
Avlona
Diafani
Olimbos
KARPATHOS
Spoa
Messohori
Ag.Nikolaos
Lefkos
Mirtonas
Volada
Othos
K.Panagia
Piles
Aperi
Finiki
Karpathos
Arkassa
Menetes
ARMATHIA
Fri
Emborios
Agia Marina
Polio
Arvanitohori
KASSOS
Kastelou

LES ILES DU DODECANESE

En Grèce, les noms de lieu témoignent souvent de manière très éloquente de leur histoire, et les **îles du Dodécanèse** ne font pas exception. Durant les 450 ans de l'occupation ottomane, ces îles furent baptisées, provisoirement, les Sporades du Sud. Pendant cette période, elles bénéficièrent de privilèges considérables et d'avantages fiscaux tout en étant, généralement, traitées avec une certaine négligence. C'est ainsi qu'elles purent, pour la plupart, s'administrer en toute indépendance, avoir leurs propres écoles et services médicaux. Mais lorsque les Ottomans connurent des temps plus difficiles, ils annulèrent les privilèges et, en 1908, douze de ces îles (*dodeka nisia,* en grec) se liguèrent pour protester. Si leur tentative échoua, le nom leur est resté, même si elles sont aujourd'hui au nombre de quatorze.

Le Dodécanèse est la partie la plus méridionale du territoire grec. Depuis l'acquisition de ces îles, en 1947 seulement, la carte de la Grèce ne s'est plus modifiée. En 1912, les îles passèrent des Turcs aux Italiens, qui les rebaptisèrent promptement les « îles italiennes de la mer Egée ». Les Italiens furent très actifs durant cette brève colonisation de 20 ans, construisant beaucoup, de Patmos à Rhodes et imposant leur langue et leur culture dans les écoles. De nombreux habitants de l'île peuvent encore dire quelques mots d'italien, appris dans leur jeunesse. En 1943, les Italiens cédèrent ces îles aux Allemands, qui les abandonnèrent à leur tour aux Anglais, en 1945. Finalement, ces îles déployées en arc face à la côte turque furent réunies sous le drapeau grec en 1947.

Les habitants du Dodécanèse vivent en grande partie comme ils ont vécu par le passé, de la mer. Et ces dernières années, la mer leur a apporté une nouvelle manne : les touristes.

Rhodes

Rhodes, la plus connue des îles du Dodécanèse, est d'une richesse exceptionnelle par sa beauté, sa variété architecturale et les traces d'une histoire haute en couleur. L'île des Roses accueille le visiteur par une extravagante profusion d'hélianthèmes. Son autre surnom, l'île des Papillons, lui convient aussi parfaitement : l'île est peuplée d'une multitude d'espèces magnifiques. Et bien sûr, il y a le soleil et la mer d'une merveilleuse transparence, dont les courants associés aux vents d'été, balaient toutes les impuretés. Les plages, qui s'étendent à l'infini, sont d'une propreté immaculée.

La cité de **Rhodes** est l'une des plus riches d'Europe sur le plan architectural. En quelques pas, on peut passer des splendeurs antiques du **temple d'Apollon** et du petit **Odéon,** sans doute utilisé à l'époque hellénistique pour des cours de rhétorique, aux **églises byzantines,** dont certaines ont été converties en mosquées par les Turcs. Les **bains turcs,** somptueusement décorés, sont d'ailleurs toujours en activité ! La meilleure manière de les voir est d'aller y prendre un bain. Les édifices néo-classiques grecs forment un contraste étonnant avec les bâtiments officiels massifs qui sont un héritage hideux de l'architecture mussolinienne.

Au fin fond de la mer Egée, loin du continent grec et séparée de l'Asie Mineure par une dizaine de kilomètres à peine, Rhodes était renommée dans l'Antiquité pour sa richesse et sa puissance maritime. Elle était l'ennemie la plus redoutée d'Athènes. Au début du Ve siècle av. J.-C. , Athènes attaqua et pilla Lindos, Camiros et Ialysos, qui étaient à l'époque trois villages indépendants. Les anciens consultèrent les dieux de l'Olympe et décidèrent d'unir leurs forces et de former une cité unique : celle de Rhodes. Dans le plus grand secret et avec une célérité exemplaire, ils élevèrent des fortifications et des remparts, achevés en 408 av. J.-C. Ainsi défendue, la cité prospéra. Alliée des Perses, lors du siège de Tyr par Alexandre le Grand, Rhodes dut accepter la présence d'une garnison macédonienne. Dès la mort d'Alexandre, celle-ci fut chassée de l'île et les affaires reprirent. Les guerres se succédèrent, mais Rhodes prit le parti de Rome et assura ainsi sa prospérité. Ptolémée Ier vint à son aide quand elle fut assiégée par Démétrios Poliorcète, en 305 av. J.-C. Démétrios fut vaincu, et dut abandonner son artillerie, lors de sa retraite forcée. Selon certains, ces machines de guerre furent fondues et permirent de réaliser un monument qui devait devenir l'une des Sept Merveilles du monde : le colosse de Rhodes.

Le colosse

Œuvre d'un sculpteur local du nom de Charès de Lindos, le **colosse** mesurait, dit-on, 70 coudées (31 m) de haut et représentait le dieu Apollon. Impressionnant par sa stature, il l'était plus encore par sa posture, un pied de chaque côté de l'entrée du port, de telle manière que les bateaux devaient passer entre ses jambes. Mais pour que cela soit possible, il aurait fallu qu'il mesure près de 500 m de haut : une gageure impossible ! Quoi qu'il en soit, ce fanal impressionnant, symbole d'une prospérité tranquille, se dressa pendant plus d'un siècle avant de s'effondrer, en 224 av. J.-C. lors d'un tremblement de terre.

Rhodes demeura en paix, et à l'apogée de sa prospérité jusqu'au moment de l'expansion macédonienne, où elle soutint d'abord Rome puis Persée, le roi de Macédoine. A sa chute, en 168 av. J.-C., Rome prit sa revanche en déclarant Délos port franc. Rhodes perdit 15 % de son commerce et, par crainte de mesures plus néfastes, renonça à une grande partie de son indépendance, devenant sujet de Rome, ce qui ne fut pas un choix facile car Rome était plus que jamais en proie à des guerres civiles. Les partenaires commerciaux de Rhodes virent d'un mauvais œil cette alliance avec les Romains. L'un des épisodes de cette période mouvementée vit Rhodes se ranger aux côtés de Jules César. Après l'assassinat de celui-ci, Cassius se retourna contre elle, détruisant sa flotte, pillant la cité et ramenant à Rome tous ses trésors. Deux ans plus tard, en 42 av. J.-C., Octave l'emporta sur Cassius, qui se suicida, et Rhodes retrouva une grande partie de son autonomie. Sa flotte, qui était sa source principale de richesse, avait cependant disparu. Mais Rhodes retrouva son prestige culturel et, pendant près de trois siècles, fut un important foyer d'éducation pour les hommes d'Etat et les hommes de lettres.

Pages précédentes, une publicité du XIXe siècle pour les éponges de Kalymnos ; ci-dessous, antilopes montant la garde à l'entrée du port de Mandraki, à Rhodes.

Appartenant à la province d'Asie de l'Empire, Rhodes fut naturellement intégrée à l'Empire d'Orient après la division de l'Empire en 395. Sous la domination byzantine, elle fut plusieurs fois saccagée par les Arabes. Au XIVe siècle, les chevaliers de Saint-Jean, futurs chevaliers de Malte, prirent le contrôle de Rhodes, qu'ils gouvernèrent pendant deux siècles, jusqu'en 1522. C'est au cours de cette période que furent construits autour de la ville médiévale, les remparts et la forteresse que l'on peut encore voir aujourd'hui. Même Soliman le Magnifique et ses troupes ne parvinrent pas à s'emparer de la Cité. Une chaîne, installée entre le port et le fort Saint-Nicolas, au bout de la ligne des brisants, retint ses bateaux prisonniers dans la baie. Mais les murailles restaient imprenables. Finalement, la faim, la maladie et le manque de munitions eurent raison de cette résistance. Une brèche fut ouverte et les Turcs obtinrent la capitulation des 180 survivants de l'ordre de Saint-Jean.

Un ordre chrétien, les frères de la Mission, fut admis sur l'île en 1660 pour prendre soin des esclaves chrétiens : des sœurs franciscaines arrivèrent de France en 1873 et construisirent des écoles, tandis que le College of Saint John fut fondé en 1889 par les Brothers of Christian Doctrine. Au XXe, Rhodes fut à nouveau l'enjeu de différentes forces : les Turcs, en 1912, puis les Italiens, et durant la Seconde Guerre mondiale les Allemands. Rhodes fut libérée en 1945 par des commandos britanniques et grecs et devint partie intégrante du territoire grec, avec les autres îles du Dodécanèse, en 1947. Le **fort Saint-Nicolas** est aujourd'hui un phare et accueille les visiteurs.

Les sites touristiques

L'île est vaste et ses ressources ne se limitent pas à la merveilleuse cité. Les stations balnéaires sont disséminées dans toute la région du nord. **Lindos,** dont la fondation remonte à l'âge du bronze, continue à prospérer : c'est le seul port naturel de Rhodes, à l'exception de **Mandraki,** le petit port militaire de l'Anti-

Ci-dessous, Lindos, vue de l'Acropole ; à droite, gravure représentant le colosse de Rhodes.

quité, aujourd'hui encombré de yachts. La cité médiévale est exceptionnellement bien conservée, et l'on peut y voir également des vestiges d'une acropole antique, avec deux temples classiques reconstitués et des éléments plus tardifs, d'origine byzantine et franque. A proximité de la place principale, se trouve l'une des plus belles églises byzantines préservées. L'eau de la fontaine s'écoule toujours par les canalisations antiques. Le vaste port de Lindos et ses longues plages sablonneuses viennent ajouter la touche finale à ce tableau séduisant. Mais c'est sa lumière si particulière qui en fait la célébrité. Une lumière réfléchie par les montagnes désolées et déchiquetées qui environnent le site, une lumière presque aveuglante. Les Italiens et les Allemands furent les premiers à redécouvrir Lindos ; certains s'y sont même installés définitivement.

Camiros mérite largement un détour. Les vestiges de l'acropole antique ont été merveilleusement exploités pour donner au visiteur une image fidèle de la vie de cette époque. C'est également vrai, du moins en partie, pour **Philérimos**. Au sommet de la colline, l'**acropole de Ialysos** est relativement préservée : plus loin, au sud, vous pourrez voir une très belle fontaine dorique, avec un système d'alimentation miraculeusement intact. Il ne faut pas manquer non plus la **vallée des Papillons**. Un petit ruisseau serpente entre les platanes, formant une succession de petits lacs. Sur la rive, la végétation est luxuriante. Les platanes sont d'une espèce particulière : l'odeur de leur résine attire des papillons à ailes rouges par milliers.

La taille de Rhodes protège l'île d'un engorgement touristique. De nombreuses villes ont conservé intact leur cachet traditionnel, en particulier les villes de l'intérieur, les sites archéologiques sont nombreux. Mais la grande attraction de l'île c'est surtout cette mer transparente et ces plages de sable fin à perte de vue.

Kos (Cos)

Kos est la deuxième île du Dodécanèse en termes de population (avec 20 000 habitants) et la troisième en termes de superfi-

A gauche, fresque hellénistique aux poissons ; à droite, les mêmes fraîchement pêchés.

cie, après Rhodes et Karpathos. C'est une île plate, avec un seul pic, le **mont Diktaiou,** situé presque exactement en son milieu. **Mandraki** en est le seul port protégé. En 1933, un séisme détruisit la ville, mais les dommages furent heureusement limités à cette zone. Les archéologues italiens ont saisi cette opportunité pour entreprendre des fouilles dans la région et mettre au jour les restes de la cité antique. Le **site archéologique** de Kos offre un intérêt particulier, il est situé en plein cœur de la ville nouvelle, reconstruite après le tremblement de terre. Le château est le seul vestige de la cité médiévale, utilisé à des seules fins militaires, il offre malheureusement peu d'informations sur la société et la vie de l'époque.

A **Aspri Pétra** (littéralement pierre blanche), dans la partie ouest de la ville, les fouilles ont révélé les traces d'une occupation néolithique. Un certain nombre de vestiges datant de la période mycénienne ont été retrouvés dans la cité de Kos. Astypaléa, la deuxième cité importante de l'époque mycénienne, est souvent évoquée, mais on ne l'a toujours pas localisée avec certitude. D'autres villes semblent avoir totalement disparu, par exemple, Méropida qui dut exister au Ve siècle av. J.-C.

Agrippée au sommet du mont Diktaiou se trouve **Cia,** le plus joli village de l'île. Les maisons sont construites à flanc de rocher et ressemblent aux monastères des Météores. L'eau s'écoule de la montagne en petits torrents, au milieu d'énormes noyers.

Kos a connu une histoire tout à fait parallèle à celle de Rhodes, avec les mêmes périodes d'apogée et de déclin et les mêmes invasions. Les ruines les plus célèbres de l'île sont celles de l'**Asclépeion,** construit au IVe siècle av J.-C. C'est ici qu'Hippocrate, le père de la médecine, donnait ses cours et soignait ses patients. Depuis toujours, l'île est un lieu de repos et d'hospitalité. Elle jouit d'une réputation touristique de longue date. Mais, sur ce plan aussi, elle a suivi l'exemple de Rhodes et des hôtels ont surgi, sur toutes les plages du littoral.

Alignements de parasols sur une plage.

Karpathos ou la Grèce préservée

Le *Panormitis,* qui assure la liaison avec Rhodes, vous offrira la plus spectaculaire des arrivées sur **Karpathos**. Ce vieux bateau dessert toutes les îles du Dodécanèse et fait escale dans divers ports reculés, où son équipage décharge toutes les provisions nécessaires aux besoins des locaux. Après sept heures de traversée sur une mer souvent agitée, Karpathos apparaît, avec ses imposantes montagnes couronnées de nuages.

La première escale sur l'île est **Diaphani**, un village de pêcheurs au nord-ouest, où les passagers sont débarqués sur un petit bateau, car il n'y a pas de jetée qui permette aux navires de gros tonnage d'accoster. Une opération qui dure habituellement une heure et demie et qui permet aux passagers, qui poursuivent le voyage, de découvrir l'île. Tout au long des 25 km de côte, les collines s'élèvent en pente douce et les forêts de pins, qui recouvrent la plus grande partie de l'île, plongent directement dans la mer. Le gigantesque incendie de forêt qui ravagea l'île en 1983 a laissé de terribles séquelles dans le nord. De temps à autres, les collines se retirent pour faire place à de larges plages, désertes et immaculées.

Après ces premières impressions magiques, le port principal, **Pigadia**, est inévitablement une déception, mais il est un parfait point de départ pour visiter l'île. Si vous aimez les mers chaudes, les eaux claires et profondes, avec d'intéressantes formations rocheuses sous-marines, aux couleurs chatoyantes, si vous aimez les plages de petits cailloux, alors la côte sud-est, l'une des plus belles de toute la Grèce, vous réjouira. Allez, par exemple, à **Apella, Ahata** ou à **Kyrapanhaghia**. On peut y accéder par bateau, mais la route vous donnera l'occasion de traverser quelques villages et de profiter d'un extraodinaire panorama sur les plages en contrebas. Attention, si vous louez une Mobylette, les routes sont très crevassées, les falaises escarpées et, par endroits, le vent souffle assez fort pour vous faire sortir de la route.

Les villages sont, pour la plupart, encastrés dans la montagne, à l'origine à des

Le village d'Olympos, sur l'île de Karpathos.

fins défensives, car la piraterie faisait rage dans cette région. Les villages les plus riches sont situés dans le sud (**Aperi, Othon** et **Menetès**), comme on peut en juger par le nombre de villas traditionnelles et modernes. La source de cette richesse paraît inexplicable ; il n'y a pour ainsi dire aucune culture, l'industrie y est inexistante, et le tourisme reste limité. En fait, une grande partie de cette richesse est constituée en dehors de l'île, par des marins et des émigrés (aux Etats-Unis surtout) qui envoient de l'argent à leur famille ou à leur village natal pour faire construire des églises et d'autres édifices publics, et qui relancent, d'une certaine manière, l'économie locale en revenant au pays pour passer leurs vacances.

Cette structure économique a des répercussions profondes sur la culture et les comportements locaux, depuis l'attitude envers les touristes (qui va de l'indifférence à l'hostilité) jusqu'aux attitudes des femmes beaucoup plus dominatrices et plus conservatrices que les hommes. L'une des « importations culturelles » a été la création d'un tournoi de football, qui se déroule chaque été, et qui permet aux rivalités traditionnelles entre villages de s'exprimer sur le terrain plutôt que d'une manière plus violente, comme autrefois. L'autre domaine à avoir subi l'empreinte de la modernisation et de l'émigration, c'est l'architecture et la décoration. Il est facile de déceler ces changements, car presque toutes les maisons portent la date de leur construction en chiffres peints ou sculptés au-dessus de l'entrée, ainsi que les initiales du propriétaire.

L'habitation traditionnelle consiste en une pièce unique divisée en deux parties. Dans un coin se trouve la *dorva* une estrade de bois, bordée d'une balustrade, tandis que le reste de la pièce a un sol, en simple terre battue. Cette estrade abrite les coffres où vêtements et linge de maison sont conservés, et les matelas de paille que l'on déroule chaque nuit. Le jour, ils sont repliés et couverts de tissus richements brodés. Au centre de la pièce, se trouve un mât de bois qui monte jusqu'au plafond et qui est également recouvert de broderies et de perles. C'est le « pilier de la maison » et, pour venir compléter ce

Deux femmes en costume traditionnel.

symbole, un portrait ou une photographie du couple sont accrochés au mât, sous leur couronne de mariage *(stefana)*. Les murs sont couverts d'étagères, avec des centaines d'assiettes décoratives et autres bibelots. Pour la plupart, ce ne sont pas des objets de l'artisanat local comme ou pourrait s'y attendre mais toute une myriade de souvenirs provenant des ports du monde entier : une débauche d'argent, d'or et de couleurs vives qui échappe miraculeusement au kitsch.

Les villas modernes ont bien entendu plusieurs pièces. Toutefois, les Karpathiens continuent à décorer leur salon dans le style traditionnel. Les femmes y exposent leurs broderies et les cadeaux qu'elles ont reçus de l'étranger avec la même fierté que leurs mères et leurs grand-mères.

L'aspect le plus fascinant de Karpathos, en dehors de sa beauté naturelle, c'est bien cette manière dont les influences étrangères sont adoptées et adaptées pour répondre aux besoins et aux goûts locaux. Dans de nombreux villages, les femmes portent encore quotidiennement leur costume traditionnel, tandis que les hommes, qui ont beaucoup voyagé, portent de tout temps des vêtements occidentaux. Les pantalons, les tuniques et les bottes des femmes sont des produits de l'artisanat local, mais ce costume est complété par un châle de laine qui, lui, est importé d'Irlande et enrichi d'une bordure de sequins et de pompons pour satisfaire à la mode locale. Lors des grandes occasions, la tunique est remplacée par de magnifiques robes dans les tons argent et or, ou dans des roses fluorescents et des verts acidulés. La tenue est agrémentée d'un collier de pièces d'or, dont le nombre indique le statut économique de celle qui le porte. C'est un réel spectacle que de voir les jeunes filles, les jours de cérémonie, parées de tous les atours.

L'une des principales fêtes annuelles se tient à **Olympos,** un village du nord. Perché sur une crête montagneuse balayée par le vent et littéralement dans les nuages, il évoque assez bien la demeure des anciens dieux de l'Olympe. Le flanc de la montagne est zébré de terrasses sans fin. Il est difficile d'imaginer que ces terrasses

Le port de Skala et la baie de Patmos.

ont été cultivées jusqu'à la dernière guerre mondiale. Olympos est un village très isolé et ses habitants semblent à peine touchés par le XXe siècle. Ils se marient entre eux et parlent un dialecte dont les tournures sont assez proches du grec classique. Les femmes, en costume traditionnel, font cuire leur pain dans des fours banaux et leur farine provient d'un moulin à vent toujours en activité. Ce spectacle vous laissera une impression douce-amère : combien de temps encore, pourra-t-on le contempler ? C'est cette même impression que vous emporterez avec vous en quittant Karpathos, une nostalgie pour un mode de vie hors du temps.

Symi est l'île la plus proche de Rhodes, à deux heures à peine en bateau. Complètement aride, elle ne dispose même pas d'assez d'eau potable et les habitants sont obligés de stocker les eaux de pluie dans des citernes. Cette île a connu son heure de gloire à la fin du siècle dernier, en grande partie grâce aux pêcheurs et au commerce des éponges. **Panachora** (littéralement la ville haute) était un centre urbain important, à la fois par sa population (20 000 habitants), par sa richesse, et encore davantage, par un gouvernement local particulièrement efficace.

Cela justifie une petite digression pour parler du fonctionnement de ce gouvernement à l'époque de la prospérité de l'île. Les élections locales avaient lieu chaque année, le 25 janvier. La brièveté du mandat impliquait que les électeurs soient informés des problèmes de la communauté — faute de quoi leur vote n'aurait eu aucun sens. Les électeurs devaient avoir moins de 80 ans, savoir lire et écrire, être énergiques, impartiaux, capables de témoigner et n'avoir aucune sanction pénale planant sur leur tête. Leur nombre était illimité. Le gouverneur local portait le nom de *Demogérontas* et son conseil était élu à vie, par une assemblée générale, jusqu'en 1902 et à bulletin secret par la suite. Tous les hommes, âgés de plus de 21 ans et ayant acquitté leurs impôts, bénéficiaient du droit de vote. On votait pour élire deux *Demongérontas*. Le premier présidait le conseil et assurait les

Un moine du monastère de Saint-Jean.

SCENES DE PATMOS

Nous n'étions pas vraiment snobs, mais un peu présomptueux, peut-être. Nous nous étions dit qu'en apprenant quelques rudiments de grec, nous pourrions échapper aux trappes réservées aux touristes, aux boutiques de souvenirs, aux *tavernas* et aux plages envahies par les foules. Mais il était clair que, même si nous faisions cet effort, ma femme et moi, nous aurions une perception toute différente de la société et de la culture grecques. Son lexique de grec moderne, récemment édité, lui permettait d'apprendre des formules comme : « Où pourrais-je acheter 1 kg de tomates ? ». Dans le mien, qui était plus ancien, j'apprenais : « Son oncle était très riche, mais il a perdu tout son argent. » Tandis qu'elle réserverait une chambre dans un hôtel — une petite chambre, avec douche mais sans bain — j'étais capable de louer un appartement spacieux. En vérité, après nos dernières leçons respectives, elle serait capable de parler astrologie avec ses nouveaux amis Viky et Viorgos, mais j'en serais encore à citer Cavafy sur Alexandrie.

Nous semblions destinés à deux mondes différents. Sa conversation serait d'un pragmatisme impressionnant. La mienne serait plus un simple échange intellectuel, et je serais sans doute entraîné dans des constructions grammaticales aventureuses, comme le mode passif.

La question était de savoir dans quelle mesure ces différentes approches affecteraient notre vision de Patmos. Car, c'est dans cette île ravissante et lumineuse que nous avions choisi de nous rendre. Cette divergence s'avéra moins grave que je ne le craignais. La société grecque, du moins celle de Patmos, nous parut très habile à concilier le quotidien et les pensées les plus élevées. Nous rencontrâmes une fille surnommée Thia qui nous apprit que ce surnom n'était pas le diminutif de Thisbé, ou de Theodora, ni de Theone ou Thetis, mais de Theologiya. Et notre propriétaire employait un maçon qui s'appelait Theologos. Saint Jean l'Evangéliste, ou le

Une rue déserte da
Patmos.

Théologien, comme on le nomme dans l'Eglise orthodoxe, est un personnage omniprésent de la vie religieuse et laïque de Patmos.

L'un de nos premiers jours à Patmos, nous prîmes un petit bateau à moteur au port de Skala, pour nous rendre dans la baie de Diakofti, afin d'assister à la fête annuelle de la petite église de Stavros, la Sainte-Croix. Dans le bateau, avec nous, il y avait quatre ou cinq femmes grecques, parées de leurs plus beaux atours et semblant appartenir à un milieu relativement aisé, sinon très riche.

A l'église, l'assemblée était composée de marins et de fermiers de l'île, avec leurs femmes et leurs enfants. Pas de richesse ostentatoire ici, mais la sœur Abbot était parmi nous : une américo-grecque prospère, qui avait vécu 36 ans aux Etats-Unis, et qui était très élégante dans sa tenue de lin vert. Comme je commençais à me sentir mal à force de rester debout, je me glissai à l'extérieur de l'église, à l'ombre du soleil couchant, je trouvais tout un groupe d'hommes, jeunes et vieux, en bras de chemise, assis contre le mur de l'église, discutant. Je m'approchais sans bruit pour les observer, souriant...

Après la messe, nous nous dirigeâmes tous vers un champ voisin où un chauffeur de taxi talentueux joua du violon, tandis que son fils tenait l'orgue électrique, et l'on entendit résonner, dans toute la campagne et sur la mer scintillante, les accents amplifiés du bouzouki et des chansons françaises. L'homme, qui tenait le café à côté de l'arrêt d'autocar à Chora, était en charge du buffet pour la soirée et ma femme put judicieusement commander une assiette de *taramosalata* et autres délices.

Et ce soir-là, sous l'influence de la musique, de la nourriture et du vin — et de la Sainte-Croix et de saint Jean aussi — les contrastes se fondirent dans l'harmonie. Est-ce une caractéristique spécifique à Patmos ? Ou bien juste une part de *Romaios,* propre aux Grecs modernes ?

Grave question ! Si je me lançais dans un tel débat, j'aurais bien peur d'être très vite confronté à mes propres limites.

e cour et ses s dans le nastère de nt-Jean.

décisions exécutives et judiciaires de la communauté, ainsi que les relations avec le haut-commandement et les généraux turcs. Le second s'occupait des revenus de la communauté.

Sous l'occupation italienne la pêche des éponges se développa, même lorsque les Italiens occupèrent les côtes de la Libye, si riches en éponges, elles aussi. Les Grecs se débrouillèrent pour conserver le monopole de ce commerce dans lequel ils excellaient depuis toujours.

La Seconde Guerre mondiale éclata en plein milieu de cette période de prospérité. La pêche des éponges cessa, le commerce maritime fut anéanti. L'acheminement même des denrées alimentaires devint problématique, et les habitants de Symi désertèrent leur île pour Rhodes, Athènes ou l'étranger. Rares sont ceux qui sont revenus après la guerre et, depuis, la population n'a jamais dépassé 3 000 habitants. Au cours des trois dernières années, Symi a retrouvé un peu d'animation grâce aux touristes qui débarquent chaque jour de Rhodes pour visiter cette cité exemplaire et le fameux monastère de **Panormitis**.

Patmos

Le matin, au lever du soleil, la mer brille comme un miroir dans la petite baie fermée. Au-delà de la baie s'étend l'archipel : une poignée d'îles, comme semées au hasard. Patmos est la dernière, celle qui se trouve le plus au nord.

La légende raconte que saint Jean écrivit l'*Apocalypse* dans la grotte sacrée que l'on peut voir aujourd'hui à l'intérieur du petit **monastère de l'Apocalypse,** situé à mi-hauteur de la colline de Patmos.

Skala, le port de l'île, est très touristique, avec ses nombreux hôtels. Mais Patmos, situé à 40 minutes de marche, est l'un des plus beaux villages traditionnels de Grèce. Ce gros bourg massif, appelé localement Chora, est construit autour d'un château médiéval.

A l'intérieur du château se trouve le fameux **monastère de Saint-Jean (Haghios Ioannis Théologos)** et la grande et belle **église,** qui porte également son nom, ornée d'une profusion d'icônes, d'objets de culte et d'offrandes votives. Le monastère fut l'objet de la dévotion des empereurs

Ci-dessous et droite, les maisons colorées de Kalymnos.

byzantins et de nombreux donateurs privés, et c'était certainement le plus riche de tout le Dodécanèse. Cette grande richesse lui permit d'établir une école théologique qui attire, aujourd'hui encore, les étudiants à Patmos. Elle est située un peu plus bas que le monastère de l'Apocalypse.

Kalymnos est encore plus célèbre que Symi pour la pêche des éponges. Si l'île semble si austère et aride au premier abord, elle mérite de plus amples investigations. On y trouve de nombreuses criques ravissantes et des petits villages perdus, offrant des plaisirs simples, comme l'ombre apaisante d'un platane, ou un *kafeneion* pour faire une halte. L'histoire de la pêche des éponges est difficile à percer. On trouve partout des signes de cette activité en voie d'extinction : des cheminées couvertes d'énormes éponges, des amphores incrustées de coquillages ; de vieux hommes atteints par la maladie des caissons ; des femmes portant le deuil des pêcheurs qui ne sont jamais revenus. Pourtant, le visiteur repart souvent avec plus de questions que de réponses.

La pêche des éponges

L'éponge est un organisme vivant, une colonie d'animaux marins. Sa taille s'accroît d'un tiers chaque année. C'est pourquoi, il est nécessaire de pratiquer une pêche sélective. Malheureusement, cette règle est rarement observée, et les éponges de la mer Egée sont aujourd'hui en voie de disparition. Les côtes de Libye et de Cyrénaïque ont également été exploitées, mais à un degré moindre, en raison des taxes prohibitives imposées par ces pays.

L'éponge *iméro* (cultivée) est différente de la plupart des éponges brunes que l'on peut voir dans les fonds marins. Mais seul un œil entraîné peut faire la différence : l'*iméro* est plus souple, elle peut être nettoyée et taillée, tandis que l'éponge sauvage est moins flexible. Il existe plusieurs types d'éponges cultivées. Les plus grosses sont utilisées dans l'industrie et les plus fines sont réservées à l'usage cosmétique. La préparation des éponges se fait en deux étapes. Les plongeurs les battent d'abord longuement sur la coque du caïque, pour en extraire « le lait ».

Puis ils les enfilent sur une corde et les replongent dans l'eau pour un « nettoyage » qui durera deux à trois jours. La « chair » de l'éponge se dissout et il ne reste plus alors que le « squelette » brun. Ensuite, ils les compriment et les emballent dans des sacs pour l'exportation. Si les éponges synthétiques ont aujourd'hui envahi le marché, il y a toujours des amateurs de la douceur et de l'élasticité de l'éponge naturelle. Mais attention, celles que vous achèterez en Grèce n'ont pas été javellisées ; cette opération, qui leur donne un aspect plus séduisant, affaiblit la fibre.

Au fil des années, les pêcheurs ont pratiqué diverses méthodes : la pêche au harpon, en eau peu profonde ; la pêche au rasoir et à la traîne, mais dans ce cas, les filets contenaient également des cailloux, et des algues, enfin, la plongée. Autrefois, les plongeurs se jetaient à l'eau, lestés d'une grosse pierre. Retenant leur souffle, ils détachaient les éponges qu'ils avaient repérées sur les rochers depuis la surface. Ils arrivaient généralement à en ramener deux ou trois à chaque plongée. Certains d'entre eux étaient capables de plonger à 70 m de fond, bien avant l'introduction de la « machine ».

La « machine », c'est ainsi que les habitants de Kalymnos appellent l'équipement classique de plongée qui consiste en une combinaison de caoutchouc et un casque de bronze relié à un long tuyau et alimenté en air par une pompe à main. Le plongeur est largué au fond avec la longueur de tuyau nécessaire et grâce à cette alimentation permanente, il peut disposer de tout le temps qu'il souhaite.

Si l'industrie a largement bénéficié de cette innovation, les plongeurs ont eu moins de chance. L'organisme humain supporte mal de telles profondeurs et beaucoup furent victimes de la « maladie des caissons », qui entraîne la paralysie et parfois même la mort.

Cet équipement, qui peut paraître aujourd'hui périmé, fut pourtant une véritable révolution. Il assura la richesse des capitaines et des marchands d'éponges. Mais, en même temps que l'accroissement du marché, il devait entraîner le déclin de cette industrie. Les fonds maritimes, dépouillés, ne pouvaient plus répondre à la demande des consommateurs. Les caïques durent aller pêcher de plus en plus loin. Aujourd'hui, la pêche des éponges est en voie de disparition. Pourtant, le jour de la Saint-Georges, on peut encore voir les caïques prendre la mer pour six mois, depuis le port de Kalymnos.

Pour compléter ce tableau, voici un court extrait d'une nouvelle sur les pêcheurs d'éponges :

« Le capitaine Adonis disposait de quatre combinaisons pour la plongée profonde. Il envoya d'abord au fond les deux anciens de l'équipe, puis ce fut le tour d'un jeune homme...

Sans vraiment réaliser ce qui lui arrivait, il se trouva enfermé dans le lourd vêtement de caoutchouc et on vissa le casque sur sa tête. Il pouvait à peine bouger...

« Une fois dans l'eau, il sentit flotter ses mains et ses pieds, et il n'eut plus peur. Il se souvint des conseils que son père et tous les vieux pêcheurs lui avaient donnés : ne pas descendre directement jusqu'au fond, mais se maintenir à deux ou trois brasses au-dessus jusqu'à ce qu'il repère des éponges ; ne pas avancer à contre-courant, se déplacer en zigzag, pour éviter la maladie des caissons ; se tenir tranquille s'il voyait un requin et, au besoin, l'effrayer en laissant échapper un nuage de bulles d'air de sa valve. Il savait tout ça, mais il n'avait aucune expérience. Il remontait parfois à huit ou dix brasses du fond, et il avait le plus grand mal à s'approcher des éponges ; d'autres fois, il se retrouvait au fond, les courants sous-marins lui jouant des tours. Et quand il aperçut un requin, il perdit tout son sang-froid.

« Comme la plupart des plongeurs étaient des nouveaux, le capitaine Adonis les avait emmenés dans une eau peu profonde. Il n'y avait pas plus de vingt brasses de fond, pas de courants gênants et, si les éponges étaient rares, ils avaient tout leur temps pour prendre pied. La mer, à cet endroit, regorgeait de plongeurs en équipement léger. Il suffisait, semblait-il, de faire un petit tour pour ramener des éponges... »

A Kalymnos le visiteur ne pourra ignorer ce qui fait ici, la différence avec d'autres îles moins austères du Dodécanèse. Les habitants de l'île ne se feront guère prier pour raconter leur histoire. Et elle mérite souvent d'être écoutée.

Eponges de Kalymnos destinées à l'exportation.

LA CRETE

L'âme de la Crète réside dans ses montagnes : le mont Dicté à l'est, le Psiloriti au centre et les montagnes Blanches à l'ouest, avec le mont Pachnès, le sommet le plus élevé de l'île, qui culmine à 2 452 m. Spectaculaires, sauvages, étranges, elles sont à l'image des farouches *palikari,* les guerriers qui défendirent la Crète, et qui sont ainsi célébrés dans une *matinada* crétoise :

J'irai cueillir la daphnie et le myrte
Sur le mont Psiloriti
Pour couronner les morts
Qui ont couronné la Crète.

Selon la lumière du moment, ces montagnes semblent reculer ou bien, au contraire, se rapprocher, prenant parfois une teinte blanche, presque translucide, et d'autres fois des reflets de terre brûlée. Mais elles sont omniprésentes et dominent concrètement et symboliquement l'histoire du peuple fier et farouchement indépendant de cette « Grande Ile ». Si vous voulez connaître la Crète authentique, allez visiter ces villages de montagne que l'on aperçoit de la route côtière, nichés au pied du rocher, comme s'ils avaient poussé là.

L'accès à la Crète est facile. Les vols intérieurs de la compagnie grecque sont à la fois nombreux et bon marché (durant les mois d'été, il y a cinq vols par jour d'Athènes à Héraklion, et quatre d'Athènes à La Canée). Mais l'arrivée la plus romantique est sans conteste celle par le ferry, qui assure de nombreuses liaisons de nuit depuis Le Pirée. Si vous vous levez tôt, vous aurez droit à l'inoubliable spectacle du lever de soleil, nimbant de rose les montagnes surgissant au-dessus de la ligne d'horizon, bien avant que les côtes de l'île ne soient en vue. Mes amis disent que j'exagère, mais lorsque le vent souffle dans la bonne direction, on sent la Crète, avant même de la voir : un mélange unique de senteurs de thym, d'origan, de sauge, de romarin et de fleurs sauvages, des parfums que l'on retrouve sur tous les sentiers de montagne.

On peut visiter la Crète à n'importe quelle période de l'année, car l'hiver y est

doux comparativement à ceux que nous connaissons, et la côte sud est toujours tempérée— elle n'est qu'à 200 km de l'Afrique du Nord. Mais, les meilleures saisons restent le printemps et l'automne. De la fin mars à la fin juin, la Crète est magnifique. Le climat y est d'une douceur exquise, sans cette chaleur impitoyable qui caractérise les mois de juillet et août. Septembre et octobre sont également des mois tempérés, mais en octobre vous risquez d'essuyer quelques averses. Ces signes précurseurs de l'hiver sont cependant balayés en un jour ou deux, et le soleil revient aussitôt.

La Crète a toujours été divisée en trois zones : la montagne, la plaine et la côte. Au cours des siècles passés, les envahisseurs restèrent confinés entre les murs de leurs forteresses côtières tandis que les paysans des villages environnants acceptaient la domination de leurs nouveaux maîtres. Il y a moins d'un siècle, l'île possédait, en tout et pour tout, une dizaine de kilomètres de route pavée. Le tourisme a changé bien des choses dans les villages du littoral et encouragé un transfert de population des régions reculées de l'île vers les villes. Un quart à un tiers des habitants vivent aujourd'hui en zone urbaine. Mais, derrière ces statistiques, subsiste le vieil attachement à la terre. En hiver et en été, la population des villes s'accroît. De nombreux Crétois passent l'hiver en ville et retournent dans leur village au printemps. D'autres sont attirés dans les villes par les possibilités de travail saisonnier, en été. Mais au printemps et en automne, ils retournent dans leurs villages d'origine pour assurer les plantations et la récolte. Presque tous les Crétois possèdent leur petit lopin de terre qu'ils se transmettent de père en fils.

Même si cela n'est pas perceptible au premier abord, la Crète reste bien vivante dans ses villages, et le touriste y est accueilli avec une chaleur et une authenticité rares dans les stations du littoral. Bien sûr, quelques mots de grec faciliteront encore les choses.

Les villes principales de la côte Nord, qui sont toutes des capitales de provinces, sont d'excellentes bases pour une exploration de l'île. Un très bon réseau d'autocars

assure les liaisons au départ de chacune d'elles.

Héraklion est la plus grande ville de Crète, particulièrement bruyante, animée et poussiéreuse dans la chaleur de juillet. Jusqu'au début du siècle, elle était connue sous le nom de *Candie* (déformation vénitienne de l'arabe *El Khandak*, le fossé, nom qu'elle reçut après sa prise par les Sarrasins en 827). Son histoire est une longue succession de sièges et de violences. Les amiraux byzantins firent plusieurs tentatives pour l'arracher aux Arabes mais ce n'est qu'en 961 que Nicéphore Phocas y parvint, sans doute aidé par une pratique particulière : il utilisait comme catapultes les têtes de ses prisonniers musulmans pour briser le moral de l'ennemi. Les Vénitiens eurent moins de mal à s'emparer de la ville, au XIIIe siècle, mais leur règne s'acheva par l'un des plus longs sièges de l'histoire. Pendant 21 ans, les Turcs menèrent ce siège, freinés par les fortifications massives qui avaient été érigées au siècle précédent avant de prendre finalement le contrôle de la situation, en 1669. Il ne reste aujourd'hui que des traces isolées de ce passé. Mais la ville possède deux musées remarquables : **le Musée archéologique** dont les vastes collections provenant de Cnossos et d'ailleurs constituent la meilleure introduction possible à la Crète minoenne et le **Musée historique et ethnographique,** riche de pièces témoignant d'un passé plus récent, et qui présente également une très belle collection de textiles.

Juste au sud d'Héraklion (de nombreux autocars assurent la liaison) se trouve **Cnossos,** le vaste site minoen mis au jour et partiellement reconstitué au début de ce siècle par sir Arthur Evans. Très célèbre, à juste titre, le site est généralement bondé. Ceux qui préfèrent les ruines intactes et le calme trouveront plusieurs autres sites de la même époque dans cette partie de l'île : **Phæstos** et **Gortyne** au sud, et **Mallia** à l'est, sont à une heure de route d'Héraklion. Dans cette même région, se trouve également l'**église d'Assomatos,** près d'Archanès, ornée de fresques byzantines et le **couvent d'Ardon.**

Haghios Nicolaos est la station touristique la plus populaire de Crète. C'est une ville propre et organisée mais les possibili-

Pages précédentes, une oliveraie ; ci-dessous, la côte rocheuse du sud de la Crète ; à droite, un berger à Haghia Galini.

tés de baignade sont étonnamment limitées. Malgré l'invasion des tours-operators, elle reste un bon point de chute pour le visiteur isolé. Les contreforts du mont Dicté sont parsemés de charmantes églises peintes, dont peut-être la plus jolie de l'île : la **Panaghia Kéra,** avec ses superbes fresques byzantines, à Kritsa. Non loin de là, à quelques heures de marches d'Haghios Nicolaos, se trouvent les ruines désertées de la cité dorique de **Latô.** A l'ouest de ce site s'étend la plaine de Lassithi, avec ses moulins à vent, l'une des régions les plus fertiles de Crète et un parfait antidote aux stations touristiques du littoral.

Pour une belle journée de plage, quittez Haghios Nicolaos et descendez vers le sud, jusqu'au port de Hiérapétra où vous pourrez prendre un bateau qui vous conduira dans l'une des nombreuses criques abritées de la côte Sud.

Réthymnon

Depuis Héraklion, deux routes vont vers l'ouest et Réthymnon. Vous pouvez emprunter la route principale, celle qui longe la côte et les contreforts du **mont Ida.** Ou bien, si vous avez plus de temps, prenez la route de Daphni, qui vous rapprochera encore du massif. Elle contourne le mont Ida puis traverse la ville de **Zaros** et, juste après, les **monastères de Vrondisi** et **de Valsamonéro,** qui renferment certaines des plus belles fresques byzantines de l'île. La route remonte ensuite vers Réthymnon et donne un aperçu du paysage de l'intérieur. En contrebas, s'étendent les riches orangeraies de la plaine de Messara et, sur la droite, s'élève la paroi de la montagne dont le sommet reste enneigé jusqu'à mi-mai. A partir de Platanos, la route serpente à travers un paysage inexploré pour émerger à Philaki, dans une vallée qui aboutit à Réthymnon.

Réthymnon est un petit port séduisant. Lorsque les Vénitiens s'en emparèrent, pour en faire une escale maritime entre La Canée et Héraklion, ses habitants étaient en grande partie de confession orthodoxe. Sous la domination ottomane, beaucoup de Crétois se convertirent à

Plage à Héraklion.

l'islam. Ces convertis continuèrent pourtant à parler leur langue et suivirent les préceptes de leur nouvelle foi, buvant du vin, par exemple, et épousant des chrétiens. Au XIXe siècle, la grande majorité de cette population était encore musulmane et la vieille ville, qui s'étend derrière le port vénitien, avec ses venelles étroites et ses maisons en bois peint à vérandas, a conservé un cachet typiquement oriental. En 1923, la communauté musulmane de Réthymnon se trouva expulsée dans la tourmente des échanges de population entre la Grèce et la Turquie. Ce triste départ est relaté dans l'œuvre, du romancier crétois Prevalakis : *Chronique d'une ville.* Mais les minarets élancés qui ponctuent encore l'horizon de Réthymnon rappellent cette présence. En grimpant au sommet de l'escalier en spirale du **minaret d'Odos Man,** vous pourrez voir, en dessous de vous, les toits de la ville. Le port vénitien, avec ses restaurants du front de mer, est un endroit agréable pour déjeuner ou dîner, mais il est intéressant d'explorer les petites rues, derrière la forteresse, où se cachent plusieurs *tavernas* moins prétentieuses.

La Canée est, de loin, la plus attirante des capitales provinciales crétoises, une ville animée, avec un front de mer dominé par le vieux port, comprenant un môle vénitien, un chantier de construction navale, un phare et des fortifications. La Canée dispose d'un excellent éventail d'hôtels, de pensions, de *tavernas* et de restaurants, à proximité du port (où ils ont tendance à être plus chers) comme dans les autres quartiers.

La Canée possède un superbe marché entouré de petites *tavernas* charmantes où les marchands et les porteurs prennent leur repas du soir : soupe de poisson ou tête de mouton rôtie. Le quartier de **Kastéli,** derrière le Kavouria, est un véritable labyrinthe de ruelles étroites, où vous découvrirez de minuscules échoppes d'artisans et des *ouzeris* dans un surprenant contraste d'ombres et de lumières. Devant les maisons, des pinsons et des linottes en cage gazouillent au soleil, tandis qu'au-dessus de vos têtes les ménagères bavardent depuis leurs balcons envahis de géraniums.

Un peu plus loin, dans le quartier de

Le port élégant d'Haghios Nikolaos.

Halépa, vous pourrez voir de très belles maisons des demeures de style néo-classique datant de l'occupation de la Crète par les Grandes Puissances, au tournant du siècle. La Canée possède un musée archéologique, petit mais intéressant néanmoins, plusieurs galeries d'art, une bibliothèque publique d'une richesse surprenante. La ville a sa plage mais un court trajet en autocar vous conduira depuis le centre ville jusqu'aux plages plus séduisantes de **Kalamata** (à quelques kilomètres à l'ouest de La Canée), ou de **Stavros** (à l'est, sur la péninsule d'Akrotiri). La ville est également le terminus du réseau d'autocar du nôme de Xanion, la province occidentale de l'île.

Les excursions en montagne

Si vous désirez explorer les villages de montagne de cette région pittoresque, en autocar, vous vous heurterez là à un premier problème. Les autocars locaux répondent aux besoins des villageois, pas à ceux des touristes ; ils ont tendance à partir pour La Canée, vers 6 ou 7 h du matin et à revenir en fin d'après-midi. Ce qui n'est pas très pratique. Mais n'oubliez pas qu'en Crète, les taxis sont nombreux et très abordables et que l'on peut également louer une voiture dans des conditions très avantageuses. Prenez donc un taxi à La Canée en début de matinée et rendez vous, par exemple, à **Thérisso** (à 18 km environ au sud). Si vous répondez aux salutations des villageois, vous serez sans doute convié à prendre un verre de *tsichoudia,* le *raki* local (le *raki,* ou *tsipouro,* est le principal alcool grec. Il est distillé à partir des peaux de raisins pressés). On le sert toujours avec des noix, des olives ou du fromage. Bien que les Crétois, même ceux des villages de montagne, soient habitués aux excentricités vestimentaires des touristes ; ils ne les approuvent guère. Et, parmi ces communautés conservatrices, il est préférable d'éviter les tenues trop déshabillées.

A partir de Thérisso, un chemin de terre grimpe dans les montagnes. Il traverse **Zourva,** un village minuscule mais impressionnant, et redescend sur **Meskla** (chaus-

Fromages de chèvre et légumes frais sur le marché d'Héraklion.

sez-vous léger et emportez toujours avec vous un chapeau de soleil et de l'eau. Cette marche vous prendra de trois à quatre heures, à un rythme tranquille. Le panorama est magnifique : les remparts des montagnes Blanches culminent au sud, fissurées de ravins vertigineux et de petites gorges encaissées dont les parois tombent à pic ; au nord, les collines sont couvertes d'un véritable patchwork de cultures diverses (champs de blé, plantations d'oliviers et d'orangers, vignes et pâturages).

A la sortie des villages, vous remarquerez sans doute de curieuses aires circulaires, de 3 à 4 m de diamètre, bordées de pierres fichées verticalement dans le sol. Ce sont des *aloni,* des aires de battage, encore utilisées de nos jours dans de nombreux villages. Si vous avez la chance de tomber à la bonne saison, vous y verrez un âne bâté faisant le tour de l'*aloni* en traînant un lourd battoir sur des épis de blé ou d'autres céréales. Le rôle des deux femmes assises sur le battoir et munies d'une balayette et d'un seau ne vous paraîtra pas évident. Mais soudain, dans un éclat de rire, vous les verrez se précipiter vers l'âne pour récupérer ses excréments avant qu'ils ne soient mêlés au grain.

Vous apercevrez peut-être aussi un petit groupe de femmes et d'enfants au pied d'un arbre, lançant des encouragements et prodiguant leurs conseils au chef de maison perché dans l'arbre, pieds nus, en train de gauler les noix. Les femmes écalent les fruits verts avec un couteau et leurs mains sont tachées de brou. C'est un colorant naturel qu'elles utilisent souvent, à la place du henné, pour se teinter les cheveux.

Au printemps, la Crète est envahie de fleurs sauvages et les prairies sont resplendissantes de couleurs et d'essences comme le thym, l'origan et le romarin. La faune est riche elle aussi, surtout en ce qui concerne les oiseaux. Vous croiserez certainement des vols de bouvreuils, de fauvettes et de bruants et, en altitude quelques vautours-griffons et vautours-barbus.

Deux régions valent particulièrement la peine d'être explorées, en Crète occiden-

Fleurs sauvages en Crète.

tale. La première est celle des villages situés au sud-est de La Canée et à l'ouest de Vamos : Frès, Tzitzifès, Kiriakoselia, Mahéri. La seconde est au sud de Kastelli, au nord-ouest de l'île, avec un autre groupe de villages : Vulgaro, Kalathenès, Sfakopigadi et Horitiana, ainsi que deux sites intéressants, ceux de **Polirinia** et **Falasarna.** La petite ville endormie de **Kastelli,** avec son adorable plage, constitue une étape idéale. Le monastère de **Kolimbari Gonia** avec ses fresques impressionnantes et son enceinte face à la mer, dans laquelle est venu se ficher un boulet de canon turc, est facilement accessible. De là, vous pourrez entreprendre une agréable randonnée sur la presqu'île de **Rhodopos**. Si le temps le permet, vous pouvez facilement prendre un bateau à Kastelli pour aller vous baigner et pique-niquer sur l'île de **Graboussa.** La spectaculaire plage de corail de **Lafonissos,** à la pointe sud-ouest de l'île, justifie la location d'une voiture pour la journée. C'est vraiment un endroit magnifique, pratiquement vierge, malgré des projets de construction d'un grand hôtel (si vous y allez, prévoyez donc un pique-nique et des provisions d'eau.)

Ce tour de la Crète occidentale serait incomplet sans une visite à Omalos et aux gorges de Samaria. Le plateau d'**Omalos** est une élévation calcaire caractéristique du relief crétois. Il est cerné de montagnes et s'étend sur quatre kilomètres environ, avec les **gorges de Samaria** sur sa lisière sud-est. Cette région fut l'épicentre de la résistance contre les Turcs, célébrée dans une ballade très connue :

Quand le soleil brillera-t-il ?
Et quand février reviendra-t-il ?
Que je puisse prendre mon fusil,
Belle Patrona
Et descendre à Omalos...

Aujourd'hui, c'est une région tranquille où poussent les pommes de terre et où les bergers des villages de Lakki et d'Haghia Irini conduisent leurs troupeaux en été. Hélas, une pléthore de *tavernas* en béton occupe maintenant l'entrée du plateau alors que les deux ou trois auberges initiales suffiraient amplement à contenir le flot relativement modéré des touristes.

Contrairement à ce que propose la plu-

Le port de La Canée.

part des excursions organisées (où l'arrivée se fait tôt le matin), il faut passer la nuit à Omalos pour profiter de la beauté et du calme de la soirée. Nous vous recommandons la Taverna Omalos.

Les « marches de bois »

Le lendemain matin, vous serez sur place pour prendre le premier car vers **Xyloskalo** — les « *marches de bois* » — à l'entrée des gorges de Samaria. Attention ! Même si le sentier qui longe les gorges est en parfait état, même s'il y a un poste de soins d'urgence dans le pavillon du garde-forestier situé dans le village abandonné de Samaria, portez des chaussures adéquates. (Des tennis au moins. Evitez absolument les sandales et les talons).

La vue, du sommet des « *marches de bois* » est réellement spectaculaire. Juste en face de vous se dresse la face massive et crénelée du Gingilos (2 083 m). Vu sous cet angle, c'est un sommet facilement accessible par un sentier bien jalonné... mais il doit être réservé aux randonneurs expérimentés et équipés pour la circonstance. (Pour toute information concernant les sentiers de montagne en Crète, contacter le club alpin grec à Kallerghi, au-dessus d'Omalos). Les gorges sont un parc national qui s'étend sur 18 km de long. Les autorités ont installé des barrières dc protection, des points d'eau, des refuges et des centres d'informations et il est impossible de s'y perdre. Le mieux est de partir tôt, de prendre son temps et de profiter du panorama.

Le littoral

En quittant la fraîcheur des gorges de Samaria, qui aboutissent sur la côte sud de l'île à **Haghia Rouméli,** vous serez probablement surpris par la chaleur qui y règne. Haghia Rouméli, est un village sans attrait. Il est préférable de prendre un ferry-boat pour **Loutro,** un village idyllique un peu plus à l'est, sur la côte. Loutro, le port antique de Phoenix, entouré de ruines intéressantes et pittoresques, était autrefois un village de

Ci-dessous, un homme avec son komboloï ; à droite, une femme élaguant un arbre.

pêcheurs. Aujourd'hui, ses habitants vivent exclusivement du tourisme. Loutro est resté un endroit délicieux. Grâce à des courants d'eau douce, la mer y est d'une transparence cristalline. A une petite heure de marche, vers l'ouest, vous trouverez une jolie plage de galets pratiquement déserte. Non loin de là, une petite *taverna* propose des boissons fraîches et quelques plats simples.

Chora Sfakion est essentiellement une ville de transit. Mais c'est aussi le point de départ d'une très belle marche (12 km) le long de la côte, sur une piste qui conduit au **Frango Castello.** Les remparts en ruine mais impressionnants de cette forteresse vénitienne surplombent un lagon superbe. La piste traverse également plusieurs villages sfakiotes qui, sans être aussi impressionnants, ont su préserver leurs traditions agricoles et pastorales. Depuis Frango Castello, il est facile de rejoindre La Canée en autocar, via Chora Sfakion. Les plus aventureux choisiront peut-être de poursuivre la randonnée vers l'intérieur, sur des sentiers clairement jalonnés, jusqu'au village de **Kalikratès** ou aux **gorges d'Imbros,** plus petites que celles de Samaria et moins connues, mais tout aussi spectaculaires. Une carte vous sera indispensble pour entreprendre l'une ou l'autre de ces expéditions et n'hésitez pas à recourir à l'aide des autochtones. Vous pourrez ensuite repartir en autocar.

Ceux qui apprécient les joies du bateau profiteront de ce séjour sur la côte sud pour emprunter les navettes régulières qui relient Chora Sfakion, Loutro, Haghia Rouméli, Soughia et Paléochora. Vues de bateaux, les montagnes qui bordent le littoral sud de la Crète et qui tombent à pic dans la mer offrent un spectacle saisissant, un peu lugubre par moments (à la tombée de la nuit).

Çà et là, vous verrez une petite église blanche, nichée au bord de la mer, ou perchée sur un promontoire. Les églises rurales grecques orthodoxes sont souvent construites sur des sites panoramiques et à proximité de l'eau. Une petite chapelle surplombe la longue plage de **Paléochora** et offre un panorama sur toute la péninsule. Certaines de ces chapelles, comme celle d'**Anidri** (à une heure de marche au

Tapis séchant au soleil.

nord-est de Paléochora), possèdent des fresques byzantines datant du XIVe et du XVe siècle. Résistez à la tentation de prendre des photographies au flash, car cela accélère inévitablement le processus de détérioration.

Les autocars crétois

Il faut dire ici un mot des transports locaux. Je ne parle pas des gros cars confortables qui assurent la liaison est-ouest par la grande route du nord de l'île, ou vers les stations touristiques populaires. Je veux parler de ceux, beaucoup plus petits, beaucoup plus rustiques et beaucoup plus délabrés, qui font la course entre les villages de l'intérieur et La Canée, au petit matin, et qui repartent en fin d'après-midi. Le car prend des passagers, bien sûr, mais il transporte aussi une foule étonnante de colis et de paquets, le courrier et colporte tous les ragots du district.

Il y a bien un horaire, mais il est sujet à des variations subtiles et le bus démarrera plus vraisemblablement au moment où il est plein, qu'à l'heure prévue. La meilleure manière de déjouer cette embûche est de vérifier l'heure de départ affichée à la gare centrale, puis de demander le numéro du car au bureau d'informations (ce numéro est affiché sur le pare-brise du car — ne tenez jamais compte de l'indicateur de destination !). Et quand vous aurez repéré votre car, ne le quittez pas des yeux. Ces transports ruraux sont cependant assez sûrs et fiables, et c'est une occasion unique de rencontrer les Crétois.

La cuisine

Parlons maintenant un peu de la cuisine crétoise. Celle que vous mangerez dans les restaurants est plutôt bonne. Vous apprécierez sûrement les spécialités courantes comme la *moussaka,* les tomates et les aubergines farcies, le *stifado,* la *taramosalata,* etc. La cuisine traditionnelle des villages est une nourriture copieuse, moins variée. En hiver, et au

Un pare-soleil décoré. Les chauffeurs de bus crétois sont réputés pour leur conduite « audacieuse ».

printemps, vous goûterez les escargots et la *horta* (une herbe sauvage dont le goût est assez proche de l'épinard). Les escargots crétois sont largement exportés, en France en particulier. On les sert souvent, comme les autres plats de viande ou de poulet, avec du riz *pilaf* ou en sauce. C'est délicieux. La cuisine se fait bien sûr à l'huile d'olive. Vous pourrez déguster la tête de mouton rôtie, qui se mange jusqu'à l'os : viande, cervelle, langue et yeux. Le *koretzi* est également très populaire : il s'agit d'une sorte de saucisse farcie d'abats.

On mange le mouton à toutes les sauces : bouilli, rôti, en ragoût, sans oublier le foie, bien entendu. Un proverbe crétois dit que le meilleur mouton est celui qu'on a volé ! Toute cette cuisine est très grasse et servie avec du pain. On boit du vin à tous les repas, mais jamais en dehors. Les Crétois, comme tous les Grecs considèrent comme des barbares les gens qui boivent sans manger. Ils se méfient des vins en bouteille et boivent généralement leur propre réserve de vin rouge, qui est de bonne qualité, avec un petit goût de brûlé proche de celui du xérès. Le vin grec en bouteille est ridiculement cher, à l'exception du *resina*. Demandez plutôt du *krasi mavro* (vin noir) ou du *huna* (vin en tonneau) que l'on vous vendra au litre. Le poisson frais est relativement rare et très cher. Dans les restaurants, en bord de mer, il vous sera facturé au poids. Au large des côtes sud de la Crète, beaucoup de pêcheurs, pour augmenter leurs revenus, pêchent carrément à la dynamite et ce malgré des interdictions formelles.

En traversant les villages crétois, vous serez, un jour ou l'autre, convié à partager le repas des villageois. Cela fait partie de leur code d'hospitalité : *philoxénia* (littéralement amour des étrangers). Ces règles d'hospitalité ont une place très importante dans la culture crétoise. Cette générosité est, ici, l'expression de l'honneur et de la respectabilité de votre hôte. N'offrez jamais d'argent, ce serait la pire des insultes ! Sachez faire un effort pour participer à la conversation et louer le vin et la nourriture locaux. Les villageois se sentiront amplement récompensés de leur hospitalité.

La langue grecque

Un dernier mot sur le grec, les Crétois sont d'une fierté farouche à propos de leur langue. Ils pensent (non sans raison) qu'elle est diaboliquement difficile à apprendre et qu'aucun étranger ne peut la parler correctement. Dans les régions les plus touristiques, comme La Canée, Paléochora, Chora Sfakion, etc. on parle largement l'anglais et l'allemand, et à un degré moindre le français et le suédois. Mais dans les villages, bien sûr, cela est beaucoup moins courant surtout quand on s'écarte un peu des itinéraires classiques. Il n'est donc pas inutile d'apprendre quelques mots de grec, et en particulier de maîtriser l'alphabet. Cela vous permettra non seulement de déchiffrer les panneaux indicateurs, mais de savoir que Θ *APMAKEION* signifie pharmacie. Et les quelques formules de politesse courantes vous seront fort utiles.

Maintenant, il ne tient qu'à vous. *Sto Kalo na pate !*

A gauche, sommets enneigés à l'entrée des gorges de Samaria (à Omalos) et à droite, les grottes.

PALÆOGRAPHICAL ALPHABET

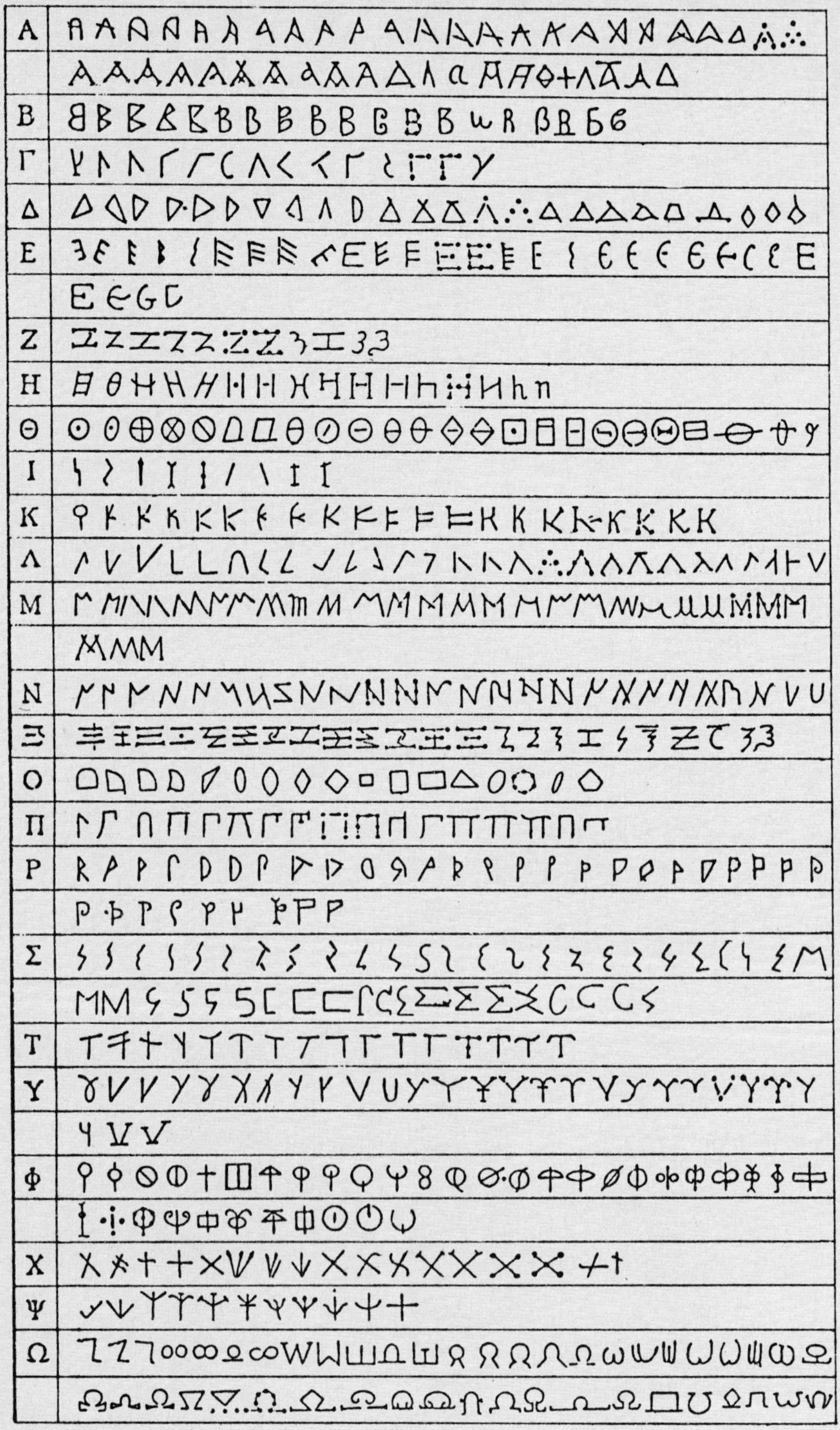

CULTURE ET ENVIRONNEMENT

Les nouveaux arrivants sont souvent déconcertés par l'alphabet grec. Même s'ils ont des difficultés à comprendre les autres langues européennes, ils peuvent au moins lire les panneaux indicateurs routiers et faire la différence entre les toilettes pour hommes et les toilettes pour femmes. En Grèce, même les mots internationaux courants comme EXPRESS ont une apparence bizarre ΕΞΠΡΕΣ. Peut-être est-ce surtout l'étrange alphabet qui déconcerte les étrangers.

La partie qui suit, n'aidera personne à surmonter ces difficultés de lecture, mais pourra peut-être fournir une clef à un autre système de symboles également curieux. La Grèce regorge de concepts intraduisibles, ce qui suit est l'équivalent d'un abécédaire de ces particularismes locaux. Ici, les lecteurs comprendront pourquoi les Grecs ne célèbrent pas les anniversaires (voir nom et prénom) ; pourquoi il y a des kiosques à chaque coin de rue (voir Periptera) et pourquoi les vieilles femmes s'habillent en noir (voir femme).

Bien sûr, ce kaléidoscope de rubriques incongrues est le résultat d'un choix. Les divers écrivains qui ont contribué à la rédaction de cette partie ne se préoccupent pas d'établir une topographie culturelle de la Grèce mais, bien au contraire, chacun qu'il soit linguiste, anthropologue ou journaliste, s'efforce de saisir les données mouvantes dont sont faits les mythes et qui forment l'identité culturelle. Parfois humoristiques, parfois sérieuses, ces rubriques définissent une autre Grèce aussi importante que celle déjà évoquée par région géographique, dans la partie précédente. Comme un dictionnaire ou comme un recueil d'observations sociologiques, utilisez ces pages comme vous le voulez.

ACRONYMES

Même les hellénistes, qui ne devraient pas avoir trop de mal à déchiffrer les journaux les plus conservateurs, avec leurs nombreux archaïsmes et leurs formes puristes (voir Langue) auront sans doute des difficultés avec les alignements d'acronymes qui figurent aujourd'hui dans la plupart des articles, pour désigner traditionellement les partis politiques (ΚΚΕ, ΠΑΣΟΚ, ΝΔ, ΚΟΔΗΣΟ, ΕΠΕΝ, ΔΗΑΝΑ), mais aussi toutes sortes d'organismes, de services officiels (ΙΚΑ, ΕΕS, ΑΝΑΤ, ΙΚΥ, ΔΕΗ, ΟΨΔ) ou les clubs de football locaux (ΠΑΟΚ, ΑΕΚ).

Un peintre grec contemporain, commentant cette récente prolifération, redoutait que la littérature grecque ne se réduise bientôt à une succession de signes sibyllins. Il n'était pas si loin de la réalité : les acronymes sont devenus monnaie courante dans la vie publique, et les Grecs commencent aujourd'hui à s'interroger sur leur signification. Pourquoi les affiches et les journaux, avec leur alignement de lettres capitales, sans ponctuation, ressemblent-ils aux stèles gravées de l'Antiquité ?

Cela peut paraître une exagération, mais l'abondance de ces acronymes reste un phénomème culturel notable. En particulier depuis qu'ils ont une tendance sournoise à camoufler ce qu'ils contiennent. On oublie vite ce qu'ils représentent réellement, pour ne retenir que leur image. Le Premier ministre Andreas Papandréou a récemment tiré parti de ce glissement et décidé d'utiliser, pour désigner la police grecque, le même acronyme que celui utilisé par les résistants de gauche pendant la guerre civile : ΕΛΑΣ. Un moyen subtil de légitimer un moment particulier de l'histoire de la gauche.

Ces subtilités mises à part, si une vie est à peine suffisante pour déchiffrer tous les acronymes politiques, il suffit de quelques jours pour se familiariser avec les plus courants. Les guides touristiques les mentionnent rarement, mais vous aurez quelques problèmes pour téléphoner à l'étranger si vous ne savez pas que les téléphones publics, partout en Grèce, se trouvent dans un bâtiment désigné par le sigle OTE (prononcez otéh). Et vous gagnerez un temps précieux si vous savez que l'office de tourisme grec s'appelle EOT (prononcez éhjot). N'oubliez pas non plus que les foules qui hurlent ΠΑΟΚ (prononcez « paok ») le dimanche, dans les rues de Salonique, ne sont pas de dangereux activistes, mais de simples supporters de football. Cela vous épargnera sans doute quelques confusions et pertes de temps.

LITURGIE BYZANTINE

Q : Partout en Grèce, le dimanche et les jours fériés (voir Jours fériés), la radio fonctionne comme toujours à plein volume et les rues résonnent des accents profonds de la voix des cantors de la métropole d'Athènes. Pouvez-vous nous expliquer brièvement pourquoi cette musique a des consonances orientales pour une oreille occidentale ?

R : La musique traditionnelle grecque d'aujourd'hui, tout comme la musique grecque antique, a un caractère oriental évident. Non seulement à cause de l'emploi des tons et des demi-tons, mais en raison d'une échelle chromatique particulière, avec des intervalles plus petits ou plus grands, des variations et des vocalises caractéristiques de la musique orientale.

Q : Comment Byzance a-t-elle pu donner naissance à deux liturgies aussi différentes que la liturgie catholique romaine et la liturgie grecque orthodoxe ?

R : Est-ce que ces deux genres étaient vraiment aussi différents, à la fin du premier millénaire ? Beaucoup de spécialistes en doutent. Igor Reznikoff, par exemple, affirme : *« A la fin du XIXe siècle, les moines bénédictins français voulurent ressusciter le chant grégorien (...) et créèrent des mélodies basées sur des notes d'égale durée, souvent fort belles, mais sans aucun rapport avec les chants authentiques, tels que nous les connaissons d'après les manuscrits de l'époque d'une part, et la tradition orale d'autre part. »*

Q : Quel est l'apport de l'orthodoxie en matière musicale ? Cette musique a-t-elle toujours fait partie intégrante de la liturgie religieuse en Grèce ? N'y a-t-il jamais eu d'accompagnement instrumental ?

R : Depuis les temps apostoliques, l'Eglise chrétienne a toujours eu recours à la musique. Et pour l'Eglise orthodoxe la musique fait partie intégrante de la liturgie et doit être préservée, par chaque génération, comme une relique sacrée, un acte de piété accompli dans la contrition et l'humilité, avec tout le décorum qui lui est dû. Selon la tradition ecclésiastique ancienne, qui subsiste encore aujourd'hui, les instruments musicaux sont étrangers à l'esprit du culte orthodoxe parce que leur sonorité est associée aux festivités du monde laïque. C'est pourquoi la liturgie orthodoxe est exclusivement vocale.

Q : Il me semble que l'histoire de la musique occidentale est étroitement liée à l'évolution de la musique religieuse. La messe rock de Léonard Bernstein est en fait l'écho lointain d'une fugue de Bach. N'y-a-t-il jamais eu d'incitation de la part de l'Eglise grecque pour composer des messes modernes, un peu comme cela s'est produit dans la tradition protestante et catholique ?

R : Un certain nombre de pièces liturgiques ont été écrites dans un style plus moderne. Theodorakis, par exemple, a composé un requiem polyphonique pour un chant « a cappella ». Ces œuvres pourraient être exécutées dans les églises, mais ni le clergé ni les fidèles ne souhaitent les voir remplacer le chant traditionnel.

Q : Comment cette musique a-t-elle survécu ? Les cantors suivent-ils une formation ou bien prennent-ils simplement la succession de leurs aînés ?

R : La musique liturgique byzantine, et grecque en général, a commencé à être transcrite aux environs de 950, par le biais d'un système de notation qui lui est spécifique. Mais, jusqu'à cette date, la seule transmission était la transmission orale. On peut donc se référer à des partitions manuscrites et même, depuis 1820, à des livres. Mais les aspirants cantors ou psalmistes se heurtent à un obstacle majeur. Ils doivent apprendrent à chanter d'une manière spécifique et aucune partition ne pourra les aider dans ce sens. C'est le rôle de leur professeur.

Q : Y a-t-il des cantors femmes ? Les femmes jouent-elles un rôle actif dans la musique liturgique ?

R : Si une religieuse a une belle voix, elle sera sans doute amenée à chanter dans son couvent. Sinon, ce n'est pas une chose courante. A l'époque byzantine, pourtant, un certain nombre de femmes ont consacré leur vie à écrire des hymnes et à les mettre en musique. Diane Touliatos-Banker, a publiée récemment une étude intéressante sur le sujet.

Q : Où faut-il aller pour entendre les plus beaux chants ? A Athènes ?

R : Dans toutes les villes grecques, il y a des églises avec de bons cantors et des chœurs de qualité. A Istanbul aussi. A Athènes, où je vis, je recommande à mes amis les offices à *Haghia Irini* (Sainte-Irène), où ils pourront écouter Lycurgos Angelopoulos et ses chœurs.

CAFE

« *Puis-je vous offrir un café ?* » C'est une invite classique, de Syntagma à Samos. Pour les Grecs, eux-mêmes, offrir un café est un geste d'hospitalité et un prétexte à conversation.

Dans la vie sociale, en général, le café a un rôle tout aussi important. Les hommes le boivent dans les *kafeneion,* qui existent par-

tout, les femmes dans leurs maisons, avec leur voisine. Vous ne trouverez pas de distributeur automatique dans les bureaux. Les employés le commandent à la *kafeneion* du quartier et, dans le centre ville, vous croiserez souvent, des hommes en tablier blanc, portant un plateau d'une profondeur ingénieuse, encombré de tasses de café.

Par le nom, comme par le goût, le *kafe* est plus proche du café turc *(kahwah)* que du nôtre. Moulu en poudre fine et bouilli avec plus ou moins de sucre, il est servi dans des tasses minuscules. Vous avez le choix entre le *gliko* (sucré), le *vari gliko* (très sucré), le *metrio* (moyennement sucré) et le *skéto* (sans sucre). Et si cette dose de caféine ne vous suffit pas, vous pouvez demander un *dhiplo* (un double). Les connaisseurs savent reconnaître un bon café à l'écume épaisse *(kaïmaki)* qui flotte en surface de la tasse. Jusqu'en 1974, les Grecs l'appelait *turkiko kafé* (café turc). Mais après la guerre de Chypre, le mot fut rageusement rayé de toutes les cartes et, vaut mieux ne pas indisposer votre serveur et demander un *elleniko kafé* (café grec).

Même le marc de café a sa fonction. Laissez une goutte de liquide au fond de votre tasse et retournez-la au-dessus de la soucoupe pour faire glisser le résidu humide le long des parois. Presque toutes les femmes grecques savent prédire l'avenir dans les formes cabalistiques ainsi formées. Mais comme l'Eglise fronce le sourcil sur cette pratique, elles hésitent à l'avouer et les hommes se défendent d'y croire. Mais dans l'intimité des maisons, les interprétations vont bon train, et l'on échange ses tasses « pour rire ». Il semble que le marc de café soit prolixe en promesses de mariage et de beaux hommes ténébreux, mais qu'adviendra-t-il des rêves et des espoirs de la prochaine génération, maintenant que le Nescafé est devenu à la mode ?

PATISSERIES ET SUCRERIES

« Et moi, qui suis affamée, je lorgne ces gâteaux ». Ce cri du cœur, prononcé il y a plus de 2 000 ans par un personnage féminin dans une des pièces oubliées de Sophocle, exprime une des réalités de la Grèce d'aujourd'hui où les sucreries répondent à un important besoin national. Les *zacharoplastio* (pâtisseries) avec leurs montagnes de gâteaux en forme de croissant ou de cône, décorés de chocolat, d'amandes, de graines de sésame, d'abricot ou de noix de coco râpée ; avec leurs moules métalliques gigantesques, *tapsia,* débordant de *baklavas* sirupeux et gorgés de noix hachées, découpés en forme de diamants ; avec aussi leurs extravagants *pastès,* d'inspiration européenne, vous mettent littéralement l'eau à la bouche. Les odeurs d'eau de rose ou de fleur d'oranger, d'amandes grillées et de cannelle, qui émanent des cuisines souvent ouvertes sur la rue et où les chefs exercent leur art sous le regard des curieux, sont tout aussi irrésistibles.

Les *zacharoplastio* ne sont pas seulement des boutiques. On peut souvent s'y asseoir un moment, comme dans les cafés, pour déguster un *kadaïfi* (une pâte feuilletée très fine, fourrée d'amandes et arrosée de miel) ou un *profiterol* (rien à voir avec les nôtres : ici, c'est une sorte de génoise, imbibée de sirop et d'alcool et nappée de chocolat et de crème). Tous les gâteaux sont servis avec un verre d'eau glacée. Dans les villes du nord, où l'abondance d'amandes et de fruits et la présence d'une large population originaire d'Asie Mineure a favorisé un certain penchant pour les sucreries, ces boutiques sont très nombreuses, et souvent très élégantes. Les citadins cèdent à la tentation d'un ou plusieurs *baklavas* (ou d'un *tulumba,* un gâteau encore plus sucré) en début de soirée, après leur sieste et juste avant le dîner. Comment résister à l'appel de ces vitrines regorgeant de douceurs de toutes sortes ?

A la maison, on trempe de délicieux biscuits parfumés *(koulourakia)* dans le thé ou le café. Et si vous êtes invité, on vous offrira immanquablement un morceau de *baklava* rance ou de *halva* huileuse emballée dans du papier aluminium. A vos risques et périls. On trouve les meilleures *baklavas* à Thasos, généralement fourrées aux noix et très épicées. Il existe deux variantes de cette pâtisserie orientale : le *galaktobourreko,* un feuilleté *(fillo)* fourré d'une crème anglaise épaisse à la fleur d'oranger et à la cannelle, et le *revani,* une sorte de gâteau de semoule spongieux, noyé de cognac et de sirop à l'orange (goûtez-les à Egine).

On trouve plusieurs sortes de *halvas.* La

smyrnan halva, malheureusement difficile à trouver dans le commerce, se présente en grandes plaques circulaires et elle est d'une texture rustique, grenue, et d'une belle couleur d'ambre. La *pharsalian halva,* que l'on trouve à Salonique, est plus gélatineuse, plus proche du loukoum. Les deux sont excellentes, arrosées d'un filet de citron et saupoudrées de cannelle. Il faut acheter l'*halva* sur les marchés en plein air. Elle se présente en énormes pains, que l'on vend à la tranche, constellée de pistaches et d'amandes, ou marbrée de chocolat. Il existe une variété encore plus voluptueuse, une sorte de pâté de chocolat et de noix, le *karidoplastos.* Si ce vaste choix de douceurs inconnues vous laissent perplexe, demandez un sac d'*amigdalota,* des macarons de différentes sortes et de différents parfums, vous ne risquez pas d'être déçus.

Les gourmands seront sans doute tentés d'essayer cette recette de *revani :*

Mélangez deux tasses à thé de farine avec trois cuillerées à café de levure chimique. Battez six blancs d'œuf en neige ferme (avec une pincée de sel) et ajoutez-y progressivement une demi-tasse de sucre. Battez les jaunes avec une demi-tasse de sucre et une tasse et demie de beurre fondu, jusqu'à l'obtention d'un mélange mousseux. Ajoutez-y le zeste d'une orange, la farine, le jus de l'orange, une tasse de semoule et, enfin, les blancs en neige. Parsemez d'amandes pilées.

Mettez à four moyen dans un moule rectangulaire (25 cm x 35 cm) pendant 40 minutes environ ou jusqu'à ce que la surface soit ferme au toucher.

Préparez un sirop en faisant bouillir trois parts de sucre pour une part d'eau, avec deux cuillères à soupe de cognac et arrosez-en le *revani.* Laissez refroidir, puis découpez en carrés. Cette recette convient pour 10 à 12 personnes.

MAUVAIS ŒIL

Les Grecs parlent rarement du « mauvais œil ». Ils disent simplement « l'œil » *(to mati).* La malveillance de « l'œil » est peut-être, à leurs yeux, implicite. En tout cas, cette croyance ne se limite pas aux provinces reculées et aux régions isolées. L'expérience du « mauvais œil » est sans conteste largement répandue, même si l'on peut considérer ce diagnostic comme discutable.

C'est une croyance très vivace dans les sociétés méditerranéennes. Les érudits sont pourtant loin d'être d'accord sur un seul et même concept. Et ce débat souligne à quel point « le mauvais œil » est davantage une affliction sociale qu'un concept plus ou moins métaphysique. Il semblerait que « le mauvais œil » soit plutôt lié à l'envie. Il tend à apparaître dans des communautés relativement indifférenciées par la classe sociale ou la richesse mais où les ressources sont rares et la concurrence acharnée. Dans un tel contexte, ce sont des éléments infimes, mais d'une importance capitale, qui font la supériorité d'une famille sur une autre. Le prestige ou l'honneur, selon les cas, sont une manière de se distinguer de ses voisins. Mais pas trop, car cela suscite la jalousie et les mauvaises pensées. C'est de ce paradoxe, le besoin d'être meilleur que les autres, mais la nécessité d'être comme eux, qu'est né « l'œil ». C'est une conséquence de l'envie, mais d'une envie exprimée subrepticement, parfois même inconsciemment.

Cette dernière caractéristique est importante. Un Grec ne fera jamais « l'œil » sciemment à quelqu'un. Ce que nous appellerions « la sorcellerie », prononcer certaines formules ou faire certains gestes rituels pour jeter un sort à quelqu'un, tombe dans une autre catégorie encore, celle de la « magie » *(mayia).* « L'œil » est en revanche une malédiction accidentelle. Vous pouvez parfaitement être victime d'un voisin ou d'une personne de votre connaissance avec laquelle vous entretenez une relation cordiale, si ce n'est franchement chaleureuse. Cela peut arriver sans le moindre préavis, lorsque vous suscitez des compliments ou une admiration silencieuse. C'est pourquoi les gens prennent la précaution de cracher délicatement (trois fois !) sur un bébé qu'ils sont en train de cajoler ou de contempler, afin de prévenir toute conséquence néfaste.

Les êtres vivants et les objets inanimés les plus vulnérables à « l'œil » sont ceux qui sont d'une beauté, d'une rareté ou d'une valeur exceptionnelle. Les nouveau-nés, les charmants bambins, les jolies filles et les jumeaux sont les plus exposés. Mais les chevaux et le bétail peuvent en être également victimes. Et quand les voitures «meurent» sans raison apparente, les gens blâment « l'œil ». Dans certaines régions de Macédoine, vous pourrez voir de nombreux tracteurs avec une guirlande conjuratoire de perles bleues, accrochée au pare-chocs avant. Sur un îlot aride, au fin fond du Dodécanèse, j'ai vu une maison dont les provisions d'eau sont stockées dans des citernes blanchies à la chaux, sur le toit. Sur chacune de ces citernes, on a peint, avec une naïveté déconcertante, un grand œil bleu.

On dit de certaines personnes qu'elles ont « le mauvais œil ». Souvent, les individus que l'on qualifie ainsi (et qu'on appelle parfois *grousouzis*) sont des gens agressifs ou bizarres, des marginaux en un certain sens. Les Grecs se méfient aussi beaucoup de ceux qui ont les yeux bleus (un trait qu'ils associent immédiatement aux Turcs !). Pour écarter le danger, il faut porter du bleu ; des perles bleues ou ces petites pupilles bleues enchassées dans du plastique. Et jusqu'à récemment, tous les enfants avaient un porte-bonheur épinglé à leurs sous-vêtements, pour les protéger.

Il n'y a aucun moyen de savoir précisément d'où vient « le mauvais œil ». Ce n'est que lorsque les effets se sont fait ressentir que l'on peut soupçonner un coupable. Toutes les personnes concernées rassemblent anxieusement leurs souvenirs pour tenter de reconstituer le passé récent et d'identifier d'éventuels suspects avec des motivations plausibles. Cette réaction renforce bien sûr la croyance à « l'œil ». Elle renforce aussi les conditions de cristallisation : une cordialité superficielle et une méfiance entre les familles étrangères. Curieusement, l'identification du coupable est pratiquement sans effet sur la guérison.

Les symptômes du mal sont assez bien définis : chez les humains, des vertiges soudains, des maux de tête, un « poids » sur la tête ou un pincement dans la poitrine, une sensation de paralysie. Il faut noter que la tête et la poitrine sont justement le siège de « l'esprit » et du « souffle ». Les animaux réagissent par un comportement bizarre ou une maladie subite, tandis que les véhicules tombent en panne. Mais lorsque cela se produit, les gens savent à qui s'adresser. C'est souvent une vieille femme, qui jouit de la confiance et du respect de tous, et qui sait comment s'y prendre avec « ces choses-là ». La cure peut prendre diverses formes. En voici une, relativement classique : l'intervenant prend un verre d'eau et fait trois fois son signe de croix ; puis il répète trois fois en silence, pour lui-même, une succession secrète de mots sacrés, le plus souvent un court passage de la Bible, en laissant simultanément tomber de son doigt trois gouttes d'huile d'olive dans le verre d'eau. Si l'huile reste en gouttelettes, le consultant n'est pas atteint. Si elle se dissout, c'est à la fois la présence de «l'œil» et la garantie d'une « guérison ». Il arrive que l'intervenant baille ou que ses yeux pleurent, de même que le consultant ressent parfois un soulagement immédiat et spectaculaire. Cette eau bénite est ensuite versée sur son front, son ventre et en trois points sur sa poitrine, les trois extrémités symboliques du crucifix.

Ce procédé s'avère souvent efficace. Si ces phénomènes ont été éludés par la médecine occidentale, les Grecs, eux, savent parfaitement de quoi il retourne.

CONVIVIALITE OU « PAREA »

Les Américains sont sans doute trop individualistes pour comprendre cette notion. Les Anglais ont bien des amis, qui les suivent «du berceau au tombeau», mais ce sont sans doute les Français qui sont les plus proches de ce qui est un mode de vie en soi.

En Grèce, sans *paréa,* les choses ne valent pas la peine d'être vécues. Vivre seul, partir seul en vacances, se promener seul, ce ne sont pas ici des signes d'indépendance, mais de désespoir. C'est une société dont le langage a exclu le mot intimité. La traduction la plus proche serait *monaxia* (isolement), avec tout ce que cela implique de privations, de solitude et d'ennui. Qui choisirait délibérément de vivre une telle situation ? Les jeunes femmes seules sont particulièrement suspectes. Avant le développement du tourisme de masse, les Grecs se sentaient obligés d'adopter les touristes solitaires, qui venaient visiter leur pays, de protéger les femmes et d'aider les hommes. Aujourd'hui encore, quand ils vous demandent : « Avez-vous des amis *(paréa) ?* », c'est moins une question qu'une proposition : « Je suis avec vous ».

Cette disposition naturelle trouve son expression dans la vie familiale où une myriade d'activités, que nous considérerions comme incompatibles, se déroulent dans une seule et même pièce, afin que personne ne se sente seul. Dans les fermes traditionnelles, on cuisine, on

mange, on travaille et l'on dort dans la pièce principale. Et même dans les villages plus modernes et dans les appartements athéniens, il semble que tout se passe dans le salon-cuisine-salle à manger. On dit souvent que l'unité de base de la société grecque n'est pas l'individu mais la famille, et cela se manifeste par une notion différente de l'espace personnel. Dans les familles grecques, il n'est pas question de « respecter » le territoire de l'autre. Les Grecs vivent de manière interactive, voire carrément interventionniste. Comment parviennent-ils à exprimer leur personnalité ? L'individualisme grec est sensiblement différent de l'individualisme occidental. Un Français pense qu'il a le droit d'agir comme bon lui semble et il accorde aux autres cette même liberté, en principe du moins. Mais l'individualisme grec est ancré dans la famille et dans la *paréa,* avec une loyauté dont la force n'a d'égale que la violence des conflits. Les Grecs conseillent, critiquent ceux qu'ils considèrent comme les leurs ; ils se sacrifient pour eux, mais ils attendent en retour les mêmes sacrifices. Les Grecs, très lucides sur ce point, disent souvent : *« Douze Grecs, treize capitaines ».*

La *paréa* prend en compte à la fois la fixité et la mobilité d'un groupe. Pour les jeunes Grecs, elle englobe généralement les camarades de classe. Et pour ceux qui sont encore célibataires ou qui font leurs études loin de chez eux, la *paréa* devient une famille « alternative ». Elle peut durer ainsi des années. Ses membres sont toujours ensemble, et très concernés les uns par les autres. Ils se construisent une histoire commune. Pour les parents, surtout s'ils ont mené une vie relativement sédentaire, la *paréa* associe les amis de longue date aux proches et aux parents par alliance, des gens qui partagent les mêmes intérêts et les mêmes responsabilités.

Pour les jeunes sans attaches, la *paréa* polarise toutes les activités. Les opinions politiques ne divergent guère, pourtant les conversations sur ce sujet vont bon train. On plaisante, on se raconte des histoires et surtout les histoires des uns et des autres : les amours, les amitiés, les conflits. Tout ce qui touche à la vie privée ou affective est passé au crible de la conversation. Et les amis se jugent à leur degré de compassion.

Comme dans les familles, l'inceste est tabou. Il y a bien quelques flirts pour pimenter les relations, mais les affaires sérieuses avec les personnes du sexe opposé se traitent à l'extérieur et viennent élargir la *paréa*.

Bien sûr, la solidarité et la loyauté sont grandes, surtout face aux critiques venant de l'extérieur. Mais tout n'est pas rose dans la *paréa*. Un tel manque d'intimité peut être étouffant et entraîner des ressentiments violents qui tournent parfois au mélodrame.

La *paréa* est donc fluctuante. Les nouveaux venus sont toujours les bienvenus. « Les amis de tes amis sont mes amis. » A condition bien sûr de se fondre dans le groupe. Le spectacle dans les *tavernas* est des plus éloquents. L'objectif essentiel est d'être ensemble. Le confort est souvent sacrifié à la convivialité. On se serre autour d'une table. Les plats sont apportés dans le désordre et chacun pioche où il peut. Attention, l'avidité est aussi mal vue dans la *paréa* que la pingrerie ! Et si l'on vous encourage vivement à manger, vous constaterez que vos hôtes sont d'une sobriété surprenante. Il en est de même pour la boisson. Boire n'est pour eux qu'un moyen de délier les esprits, de parvenir à un état agréable qu'ils appellent *kéfi*. Et s'ils boivent beaucoup (moins pourtant qu'il n'y paraît à première vue), il y a ici moins d'alcooliques que partout ailleurs en Europe. Les Grecs considèrent d'ailleurs avec mépris les touristes qui s'enivrent, les femmes en particulier.

Ils payent collectivement. Il était traditionnel que les hommes payent pour les femmes, se partageant l'addition entre eux. Mais les choses semblent avoir évolué sur ce point. Si les hommes continuent à payer pour leur femme ou leur petite amie, dans les campus où tout le monde est logé à la même enseigne, l'addition est partagée entre tous, sans distinction de sexe. Le problème des invités, surtout s'ils sont étrangers, est plus épineux. Les Grecs sont fiers de leur réputation d'hospitalité. Et ils ne vous laisseront jamais payer sans discussion, surtout si vous êtes une femme. Pour ne pas blesser leur susceptibilité, sortez votre argent en même temps que les autres et affichez votre volonté de payer avec toute l'insistance et la détermination dont vous serez capable. Et si votre tentative échoue, alors laissez-vous inviter de bonne grâce et remerciez sincèrement vos amis grecs. Ils vous promettront sans doute de vous donner un jour l'occasion d'une revanche, quand ils seront en visite dans votre pays.

GRAFFITIS ET POLITIQUE

Au temps de Procope, Constantinople était souvent paralysée par les rivalités entre conducteurs de chars. Les Rouges et les Blancs, les Bleus et les Verts se déchaînaient les uns contre les autres à la première occasion. Les courses de chars ont aujourd'hui disparu, mais en Grèce la politique a pris la relève.

En période électorale, les rues d'Athènes sont bariolées de banderoles, de drapeaux et d'affiches ; quant aux militants, ils se retrouvent régulièrement à Syndagma pour de grands rassemblements politiques. Les murs, les ponts, les façades des immeubles sont constellés de slogans. La nuit, des groupes de jeunes sillonnent les rues pour blanchir à la chaux les graffitis de l'opposition et repeindre les leurs par-dessus. Et c'est la même chose en dehors des villes. Au fin fond des collines désertes du mont Parnasse, on peut voir le sigle du PASOK s'étaler en lettres vertes fluorescentes sur le toit des rares étables.

Ces graffitis sont un élément essentiel de succès en matière politique et ils ont généré des critères qui leur sont propres. Avant tout, la couleur. A la réflexion, le choix est limité :

le blanc est exclu, il ne se verrait pas sur des murs peints à la chaux ; idem pour le jaune ; le noir est réservé à l'extrême-droite ; les conservateurs de la Nouvelle Démocratie ont élu le bleu, un turquoise clair qui fait judicieusement écho au drapeau national grec. Et le KKE (Parti communiste grec, aujourd'hui divisé en deux factions) utilise bien sûr le rouge. L'une des clés du succès du parti au pouvoir, le PASOK (Parti socialiste grec) est sans doute le choix du vert. Parfaitement visible, suggérant des liens étroits avec les milieux écologistes, il a fait oublier la réputation de radicalisme que ce parti avait aux yeux des fermiers conservateurs. Il était, en revanche, facile de prédire les résultats désastreux du vieux parti centriste, l'EDIK, qui tergiversa longtemps entre le bleu et l'orange, lors de sa campagne pour les élections de 1977.

Au-delà du simple graffiti, le slogan est un autre élément politique important. Un seul mot a suffi pour que Andréas Papandréou remporte les élections de 1981 : *allaghi* (changement). Cette formule simple avait déjà fait des miracles, quatre ans plus tôt, contre une opposition faiblarde. Le slogan de la Nouvelle Démocratie était : *« Nous avons trouvé le chaos, nous avons créé un Etat. »* Pour convaincant qu'il soit, la rime était imparfaite et il tomba à plat. Quant aux centristes, leur leitmotiv était calqué de façon ridicule sur celui du PASOK : *allaghi me sigouria* (le changement dans la sécurité). L'annonce de la défaite avant même que la bataille ait lieu.

Bien sûr, l'idée d'un renouveau politique, de l'avènement d'une ère nouvelle, a été soutenue par le charisme personnel d'Andréas Papandréou. Les leaders charismatiques ne manquent pas dans la vie politique grecque, mais ils ont le plus souvent l'apparence du pater familias, comme le Crétois Vénizélos. Les fils de ce dernier tendent à rester dans l'ombre de leur père. L'histoire de la dynastie Papandréou est tout autre. Georges, le père d'Andréas, a connu la notoriété tard dans sa vie, il était familièrement surnommé « le Vieux ». Son fils, que tout le monde en Grèce appelle simplement « Andréas », a réussi à conserver cette auréole charismatique tout en imposant une image juvénile. C'est un fait sans précédent dans l'histoire récente, qui contribue à maintenir ses opposants sur la défensive.

Récemment, avec l'entrée de l'un de ses fils au parlement, « Andréas » a commencé subtilement à passer le relais. Lors des dernières élections, les affiches du PASOK promettaient de *« créer un meilleur futur pour nos enfants »* et les responsables des relations publiques du parti ont fait appel au témoignage public, notamment à la télévision, de petites filles préoccupées par leur avenir.

Une fois de plus, l'opposition fut prise de court. Le courant majoritaire du Parti communiste resta empêtré dans son ghetto prolétarien, tandis que la Nouvelle Démocratie, avec un nouveau leader à la barre, promit sans conviction un *zodani ananeosi* (un vrai renouveau) en d'autres termes, *allaghi*.

La vie politique de la Grèce moderne est dominée par les Rouges, les Bleus et les Verts. Et tout changement dans l'éventail politique devra trouver sa couleur.

HOSPITALITE

Presque tous les guides de voyages sur la Grèce ouvrent ce chapitre sur l'hospitalité par l'histoire de Zeus, déguisé en étranger. Et nous ne dérogerons pas à cette tradition. Dans sa forme antique, et aujourd'hui encore, le mot qui traduit cette notion d'hospitalité est une périphrase. Le mot *philoxenia* associe en effet *philo* (aimer) et *xénos* (qui signifie curieusement à la fois étranger et hôte). Mais Zeus aimait, semble-t-il, voyager incognito, pour mieux séduire les ravissantes mortelles qui lui plaisaient. Zeus décréta donc —non sans quelque opportunisme— que la *philoxenia* n'était pas seulement une vertu mais une obligation. Le *xénos,* disait-il, devait être traité avec faste, car, sous les traits de l'étranger se cachait peut-être un dieu, et qui sait même, peut-être Zeus en personne !

Malgré le développement du tourisme, l'hospitalité est restée une vertu. C'est même la qualité qui, aux yeux des Grecs, les distingue des autres peuples. Ils en font une surenchère permanente entre les individus, les familles, les villages. Certains endroits ont atteint une réputation nationale. Les Crétois, par exemple, qui n'ont guère le sens de la modération, sont réputés pour leurs excès, en matière d'hospitalité, comme en matière de comportement. D'autres lieu (Chio, Le Magne,) ont un score moins honorable aux yeux de leurs compatriotes, mais tout cela est d'une appréciation bien subjective.

L'hospitalité ne se mesure pas seulement à la prodigalité, même si bien sûr, elle y contribue. Lors des mariages et des fêtes, les Grecs mettent un point d'honneur à créer une atmosphère d'opulence : des repas copieux, des verres remplis en permanence. Et la pauvreté n'est jamais une barrière. Beaucoup de proverbes locaux louent les pauvres qui ont peu mais qui savent partager, et la vieille femme, qui accueille un invité inattendu avec un verre d'eau, du pain et quelques olives, est ici considérée comme une sainte. Ce qui compte, dans l'idéal, c'est la pureté de l'intention, une générosité altruiste qui pousse chacun à offrir ce qu'il possède —avec munificence ou humilité— sans attendre quoi que ce soit en retour.

La réalité est plus complexe. L'hospitalité crée une relation, mais elle met l'hôte sur un pied d'inégalité. Elle crée aussi une relation d'obligation. L'invité, pour ne pas paraître trop avide, doit traditionnellement refuser deux fois un plat ou une boisson, avant d'accepter, non sans se faire prier et cajoler. C'est un jeu délicat qui peut s'avérer désastreux pour un voyageur non averti. Car, pour un Grec, un refus est une marque de politesse et un non signifie en fait oui. Vous pouvez toujours prétexter une indisposition quelconque pour refuser une nouvelle part d'un plat, mais soyez prêts à accepter quelque chose pour finir le repas, si vous ne voulez pas blesser votre hôte.

La plupart des touristes n'ont que des rapports superficiels avec les Grecs, mais il est rare qu'ils ne soient pas invités, au moins une fois, à prendre un café à la maison. Heureusement, les rituels de l'hospitalité se sont relativement standardisés encore que cela dépende des régions. Leur formalisme n'exclut pas leur sincérité. Si vous êtes invité pour un café, vous serez probablement reçu au *saloni*. Votre hôtesse apportera un plateau recouvert d'un napperon, sur lequel sera posée une tasse minuscule, une soucoupe remplie de petits biscuits secs et un verre d'eau. Prenez d'abord le café : levez légèrement votre tasse et dites « *Stin ivia sas !* » (A votre santé !), puis goûtez-le. Vous pourrez ensuite, si vous le souhaitez, prendre quelques biscuits (vous êtes même autorisé à les tremper dans le café). Et lorsque vous aurez terminé, levez votre verre, comme pour porter un toast à l'hôtesse, et buvez-le. En partant, vous pouvez dire « *Sas ef haristo !* » (Je vous remercie) ou, mieux encore, « *harika poli* ». Cette dernière formule se prononce généralement quand on vient d'être présenté à quelqu'un (je suis ravi de faire votre connaissance) mais, ici, elle signifie « j'ai passé un très bon moment ». L'hospitalité est après tout une vertu à double sens.

ICONES ET ORTHODOXIE

Les Grecs sont à 97 % de confession orthodoxe. Certes, nombreux sont ceux qui n'affichent aucun intérêt ou attachement pour le culte orthodoxe.

Traditionnellement, l'identité grecque est fortement liée à l'orthodoxie. Et ce, depuis la période de l'Empire byzantin, qui était, à leurs yeux, un monde de perfection, le reflet sur terre du royaume des cieux. Par la suite, après la conquête ottomane, les Grecs furent administrés non pas comme un groupe national particulier, mais comme des fidèles de la foi orthodoxe. L'Eglise fut donc la principale représentante de l'identité nationale grecque jusqu'à l'Indépendance, en 1832.

Pour les catholiques et pour les protestants, la religion grecque apparaît comme terriblement mystique et entachée de rituel. Le théologien protestant Harnack écrivit même : « *Je ne pense pas être contredit, si je réponds que cet ecclésiastisme officiel, avec ses prêtres et son culte, avec tous ses ornements, ses saints, ses vêtements sacerdotaux, ses images et ses amulettes, avec ses ordonnances de jeûne et ses fêtes, n'a rien à voir avec la religion du Christ.* »

Un tel point de vue traduit à la fois incompréhension et ignorance. L'usage des icônes, par exemple, est un des aspects les plus incompris du culte orthodoxe. Ces tableaux d'une grande beauté ne sont pas l'objet de pratiques idolâtres. Une accusation qui fut celle justement de ceux qu'on appelait, au VIIe et au

VIIIe siècle, les iconoclastes. Dans leur effort pour purifier la religion de toute idolâtrie, ils entreprirent de défigurer, au sens premier du terme, des milliers d'icônes à travers l'Empire byzantin. C'est pourquoi, les icônes antérieures au IXe s., et intactes, sont d'une rareté extrême.

L'usage des icônes fut maintenu par l'Eglise, qui affirmait que celles-ci n'étaient que le symbole du saint qu'elles personnifiaient et l'instrument par le biais duquel ce saint pouvait être vénéré. En aucun cas, elles ne peuvent être considérées en elles-mêmes comme objet de culte. Cela explique qu'il n'y ait aucune tradition de réalisme dans leur facture. Au contraire, la description de chaque personnage est gouvernée par des conventions très strictes proche d'un type idéal. A travers l'image, nous sommes invités à dépasser la réalité vers une gloire transcendentale. Comme l'écrivit Jean de Damas : « *Je ne rends pas grâce à la matière, mais je rends grâce au créateur de celle-ci qui, pour mon salut, s'est incarné en elle ; qui, à travers elle, a accompli mon salut. Je ne cesserai pas de rendre grâce à la matière à travers laquelle mon salut s'est accompli. »*

Les icônes peintes sur les murs des églises dans toute la Grèce sont une forme de pédagogie élémentaire, un livre d'images qui explique la foi orthodoxe à ceux qui ne savent pas lire.

Mais les icônes ne sont pas seulement honorées dans les églises. Chaque maison contient virtuellement son iconostase, avec diverses icônes qui ont une importance particulière aux yeux de la famille. Elles peuvent représenter certains saints qui ont donné leurs noms aux membres de la famille, par exemple. En Grèce,

presque tous les prénoms figurent au calendrier orthodoxe et l'on célèbre les saints plutôt que les anniversaires (voir Noms et Prénoms). Les saints peuvent éventuellement intercéder en cas de problème ou de besoin, en faveur des hommes.

L'icône la plus vénérée est sans aucun doute celle de la Vierge Marie de l'île de Tinos. Elle aurait été peinte par saint Luc lui-même et posséderait des vertus miraculeuses. Chaque année, lors de la célébration de l'Assomption de la Vierge (15 août), des milliers de pèlerins se rassemblent à Tinos pour lui soumettre leurs vœux ou apporter leur dévotion en remerciement des miracles accomplis. Dans un coin du monastère qui abrite l'icône, on peut voir un tas de béquilles abandonnées par ceux qui ont été guéris sur place.

Dans la foi orthodoxe, le merveilleux et le miraculeux semblent plus accessibles que dans les autres traditions chrétiennes. Lorsqu'un miracle se produit, les gens ne sont pas autrement surpris. De fait, ils s'y attendent. Les histoires de gens « illuminés » par un saint et capables de prédire l'avenir abondent. De même que celles de gens qui ont été châtiés pour avoir travaillé le jour de la Saint-Spyridon ou autre jour férié.

En conclusion, on pourrait dire que l'orthodoxie est davantage qu'une simple religion, c'est un mode de vie. Les fêtes orthodoxes correspondent aux jours chômés et tout le monde se sent concerné. Les Grecs ne sont peut-être pas tous croyants, mais ils ne peuvent nier que la religion exerce sur eux une influence certaine, les marquant d'un signe distinctif.

JUNTE

A 2 h du matin, le 21 avril 1967, le peuple grec découvrit que, pendant la nuit, l'armée, dans un coup d'Etat expéditif et parfaitement organisé, avait renversé le gouvernement et mis en place un régime militaire. Utilisant un plan prévu par l'OTAN en cas d'invasion communiste par le nord du pays, et dont le nom de code était « Prométhée », les conspirateurs justifièrent leur putsch en prétendant « sauver la Grèce du péril communiste ».

Dans la matinée, un décret proclama la loi martiale. Divers articles de la Constitution, garantissant les droits de l'Homme, furent suspendus, des tribunaux militaires d'exception furent établis à Athènes et à Thessalonique, les partis politiques furent dissous et le droit de grève aboli, les journaux soumis à une censure stricte et sommés de publier *in extenso* les communiqués gouvernementaux. Tout rassemblement, extérieur ou intérieur, fut interdit. Plusieurs milliers de militants de gauche ou sympathisants furent arrêtés et envoyés en exil dans des camps, sur des îles éloignées. Un grand nombre de leaders parlementaires furent mis en état d'arrestation.

Le nouveau gouvernement prit forme. Comme les autres dictatures militaires, il prit des mesures tantôt sauvages tantôt grotesques. Ses chefs, les Colonels, étaient des fanatiques anti-communistes qui concevaient la politique en termes manichéens. S'inspirant du général Metaxas, dictateur d'avant-guerre, ils mirent l'accent sur la nécessité de réformer le caractère grec et d'imposer une certaine discipline. Ils condamnèrent les cheveux longs pour les hommes et les minijupes pour les femmes et ils exigèrent de tous qu'ils aillent à la messe. Même les touristes étrangers furent soumis à certaines de ces obligations, bien que le gouvernement fût soucieux de ne pas trop les effrayer et les décourager. Mais, comme beaucoup d'autres « moralistes », ils ne surent échapper au ridicule. A titre d'exemple, l'appareil de propagande officielle tenta de discréditer le poète Georges Séferis, prix Nobel, pour avoir diffusé une protestation mémorable contre la dictature ; ils destituèrent l'actrice Mélina Mercouri de sa nationalité pour avoir critiqué le régime ; ils interdirent les chansons de Mikis Theodorakis, ancien député de gauche ; ils allèrent même jusqu'à censurer les comédies et les tragédies du théâtre classique.

Après le coup d'Etat, on n'entendit guère parler de la menace communiste qui était censée le justifier, et la saisie des papiers du mouvement gauchiste ne fournit aux Colonels aucune preuve dans ce sens. Le coup d'Etat était donc purement et simplement la prise du pouvoir par une poignée de militaires. Le régime s'appuya sur la torture et la brutalité, un instrument politique délibéré pour maintenir son emprise sur le pays. La torture policière n'était pas une chose nouvelle en Grèce, mais l'ampleur avec laquelle elle fut pratiquée par les dictateurs alarma le monde extérieur lorsque les faits furent portés à sa connaissance.

Toutefois, l'importance de la Grèce comme « place d'armes » de l'OTAN devait mettre le régime des Colonels à l'abri des sanctions. Et le gouvernement Nixon, après une période d'indécision, donna son aval au régime, en envoyant des armes.

La première brèche, qui conduisit à la chute de la junte militaire, fut percée par les étudiants. En novembre 1973, un grand nombre d'entre eux occupèrent les bâtiments de l'Institut polytechnique d'Athènes et des universités de Thessalonique et de Patras. Il devint évident qu'ils bénéficiaient de la plus grande sympathie. Et lorsque les étudiants de l'Institut polytechnique d'Athènes commencèrent à diffuser des appels pour une alliance ouvriers-étudiants en vue de renverser le régime, sur une radio clandestine, Papadopoulos, l'homme fort du régime, envoya ses troupes et tanks pour mater la rébellion. Ils furent expulsés de l'Institut avec brutalité. Quarante étudiants au moins et d'autres sympathisants furent tués au cours de cette opération ; il y eut plusieurs centaines de blessés et des milliers d'arrestations. Cette démonstration de force en plein centre d'Athènes souleva la plupart des Grecs contre le régime. Les jours de la dictature étaient désormais comptés.

Le régime tomba 8 mois plus tard, en janvier 1974, sous le poids de ses maladresses sur la question de Chypre, qui entraînèrent une confrontation avec les Turcs et une sommation militaire. Le chef du parti conservateur, Karamanlis, qui avait vécu à Paris en exil, rentra en Grèce aux premières heures du 24 juillet pour contrôler le démantèlement de la dictature et le retour à la démocratie. Sept années d'une dictature brutale, corrompue et impopulaire, venaient de prendre fin aussi brutalement qu'elles avaient débuté.

KAMAKI

Kamaki signifie littéralement «trident» mais aujourd'hui le mot se rapporte à un autre type de chasse, la chasse aux touristes étrangères, tout comme il sert à désigner le chasseur lui-même. Si la « drague » est une chose vieille comme le monde, le *kamaki* grec est conscient de jouer un jeu bien défini, avec ses propres règles, ses techniques et son vocabulaire spécifique. Une autre mythologie moins romantique s'est construite autour de cette activité saisonnière, nourrie par la presse, la télévision et surtout par les *kamaki* eux-mêmes.

Le développement du *kamaki* a suivi celui du tourisme en Grèce au cours des 25 dernières années. Dans les années 60, les jeunes filles grecques étaient encore très surveillées et confinées dans le clan familial. Il y avait donc peu de place pour le flirt, le sexe ou même les sorties avec les jeunes gens qui étaient, eux, comparativement plus libres. L'arrivée de jeunes touristes étrangères fut une véritable aubaine. Le *kamaki* se développa donc partout où il y avait des touristes, et pas seulement dans des cercles organisés, comme l'ex Club Octopus à Nauplie. Les « professionnels », qui écument certaines zones hautement touristiques comme la place Syndagma à Athènes, ont la réputation de vivre de leur activité favorite.

Le but de cette poursuite est de parvenir à faire l'amour et, selon les règles du *kamaki,* aussitôt que possible après une rencontre et avec le plus grand nombre de femmes possibles. Les amis comparent leurs «scores» à la fin de la saison d'été et, en hiver, la conversation tourne autour de ces glorieuses conquêtes estivales. C'est, de toute évidence, la « chasse » plus que sa finalité qui leur procure le plus grand plaisir. Ceux qui manquent d'expérience n'iront sans doute pas plus loin qu'une douzaine d'invitations à prendre un café et se verront rejetés. Par contre, le *kamaki* entraîné sait que la première approche est déterminante.

Il s'agit d'aborder la femme de la façon la plus innocente qui soit, règle première de la « drague ». Le *kamaki* s'adresse généralement aux nouvelles arrivantes, qui ne sont guère prévenues de cette pratique. Selon les nationalités, il semblerait que la tactique varie et la première question du *kamaki* est en général « D'où êtes-vous ? ». Tous s'accordent à dire que si la femme est grecque ou italienne il y a peu de chances de succès. Les Méditerranéennes connaissent trop bien les vieilles ruses de leurs hommes pour se laisser duper.

Si une étrangère accepte un café, ou autre chose, elle sera davantage considérée comme naïve que comme une femme indépendante. C'est là que réside toute la contradiction de ce jeu : un *kamaki* ne conçoit pas qu'il puisse être à son tour l'objet de la convoitise d'une touriste. Celles qui affichent leur intention de collectionner leurs conquêtes sont généralement traitées de prostituées, comme le serait une femme grecque qui aurait le même comportement. Le *kamaki* classique tient à dominer la situation, il est habituellement, profondément machiste.

Parmi les Grecs, le *kamaki* a, en général, mauvaise réputation. La plupart des étrangères réagissent par le mépris et même les anciens protagonistes de ce « sport » déplorent qu'il ait perdu son charme des débuts et qu'il soit devenu grossier et vulgaire. Certains, cependant, considèrent le *kamaki* comme une prolongation de la longue tradition d'hospitalité en Grèce.

LANGUE

Imaginez une langue douée de deux lexiques divergents pour les concepts usuels, comme nez, joue, soulier, maison, porte, etc. Que l'un —avec sa syntaxe particulière— sert à la vie courante, quand l'autre est de règle dans tout échange officiel, à l'école, et presque dans tous les journaux.

Cette langue est le grec moderne, du moins l'était jusqu'en 1974. Durant le siècle et demi qui suivit l'Indépendance gagnée sur l'Empire ottoman en 1821, le grec eut, selon les situations, deux versions superposables sur le plan de la prononciation et de quelques secteurs du vocabulaire et de la grammaire, mais différentes pour tout le reste. La Grèce n'est pas un cas unique : les Arabes utilisent aussi des parlers différents selon la circonstance. Par tradition, les Grecs ont révéré la langue de la littérature antique et du Nouveau Testament, presque autant que les Arabes vénèrent celle du Coran. Des siècles durant, les Grecs ont vécu dans l'idée que leurs écrits devaient s'écarter le moins possible du style classique de leurs illustres ancêtres, et du Livre sacré.

Quelque familiarité avec ce problème de la langue est essentielle pour comprendre l'évolution de la culture grecque, surtout au cours des deux derniers siècles, car les controverses sur la langue résument les contradictions entre l'attitude des Grecs modernes et celle de leurs compatriotes du passé. En Grèce, nul n'a jamais contesté que les habitants actuels du pays soient les descendants directs des anciens Hellènes, ceux qui ont jeté les fondations de la civilisation européenne.

Ce préalable a confronté les Grecs, qui préparaient leur accès à l'indépendance dans les années 20, au problème de choisir une idéologie nationale capable d'unifier la nation de l'intérieur, tout en présentant une image nationale homogène au monde extérieur. A l'intérieur même de la Grèce, et chez les croyants orthodoxes en général, on employait une déroutante diversité de langues : la langue grecque était elle-même divisée en divers dialectes, parfois très étrangers les uns aux autres. C'est malgré tout le grec qui était le langage le plus universel dans cette région du monde, et le grec était la langue de l'Eglise. Les intellectuels grecs du XIXe siècle commençant, furent d'avis que le meilleur moyen de cimenter l'unité nationale et d'assurer l'aide de l'Occident à leur combat pour la libération du pays était de promouvoir autant que possible leurs liens avec la Grèce antique, à laquelle Européens et Américains de l'époque vouaient un fort et romantique attachement. Leurs arguments étaient confortés par l'indubitable filiation intime entre le grec ancien et la langue moderne.

C'est sur ce point, pourtant, que surgirent de

profondes dissensions. Certains intellectuels grecs estimaient que la langue moderne était crue et barbare (ce qu'ils attribuaient à des siècles de domination turque) et que la seule voie efficace pour les Grecs était de retourner aux beautés virginales du grec classique, qu'ils considéraient comme un sommet de perfection auprès duquel toute évolution ultérieure ne pouvait être qu'un déclin. Ce retour entraînerait la renaissance de la culture classique, leur conviction étant que quiconque parlait la langue de Platon allait automatiquement se mettre à penser comme Platon. Par contrecoup, se posait le problème pour les Grecs modernes de savoir comment se désigner eux-mêmes. Depuis les premiers siècles de l'ère chrétienne jusqu'à l'aube du XIXe siècle, presque tous les Grecs se disaient « Romains » et leur parler « romaïque ». Car ils étaient conscients d'être les héritiers des traditions de l'Empire byzantin, qui était historiquement issu de l'Empire romain. Ils inclinaient à réserver les mots « hellène » et « hellénique » aux païens de l'Antiquité et à leur langue. En insistant pour restaurer l'usage de ces mots, ces intellectuels pensèrent encourager la résurrection de la langue classique. Et si chacun faisait la différence entre les Italiens et les Romains, dans le terme « grec » se confondaient indifféremment le peuple et la langue des deux Grèce, l'antique et la moderne.

D'autres, réalisant qu'il était impossible de convaincre les Grecs de renoncer à leur langue maternelle, préférèrent se pencher sur l'exemple de nations européennes telle que la France, qui avait atteint une position culturelle dominante en abandonnant le latin et en cultivant sa propre langue. Ceux-là arguèrent que seul l'usage de la langue parlée permettrait réellement l'éducation et l'information des masses, pour tirer le pays du bourbier économique et culturel dû à des siècles de soumission. Ils pressèrent leurs compatriotes de suivre l'exemple des Grecs de l'Antiquité, qui avaient employé leur langue maternelle pour se hisser aux sommets de la civilisation.

Parmi ceux qui se refusèrent à ce qu'on impose un grec classique ressuscité, se trouvait Adamantios Korais (1743-1833), ancien marchand et médecin vivant à Paris, qui devint le leader du mouvement intellectuel préparant la révolution grecque. Mais, s'il attaquait constamment les « archaïsants », il était tout aussi critique pour ceux qui prônaient l'usage d'une langue moderne telle qu'elle était parlée par la majorité des Grecs. Il proposa donc une version corrigée de ce grec moderne ; « corrigée » : entendons inspirée des règles de la grammaire antique. Langue qui aurait l'avantage de n'être ni trop distante des divers dialectes (évitant ainsi toute prédominance de l'un deux) ni de la langue classique. Elle manifesterait à la fois l'unité foncière du parler grec et la profonde identité (malgré des différences superficielles) entre les Anciens et les Modernes. Cette langue compromis de Korais, ni tout à fait classique ni tout à fait moderne (et que jamais personne n'a parlée), fut adoptée par les pères de la nation comme base de la langue officielle, connue plus tard sous l'appellation de *katharévousa* (langue épurée).

Il est difficile pour un non Grec d'imaginer la puissance quasi magique accordée en Grèce à l'ancien mot écrit. Tout au long du XIXe siècle, les intellectuels, frustrés et sans illusion face aux problèmes de leur nouvel Etat (pauvreté, dissensions, sujétion économique et politique envers l'Occident), semblaient convaincus que tous les aspects de la Grèce moderne étaient la version inférieure et ternie de leurs glorieux équivalents antiques. La langue antique était considérée fort irrationnellement, comme un instrument d'une absolue perfection, et —précisément parce qu'elle n'était plus parlée, mais seulement écrite —leur paraissait intemporelle et éternelle, exemptée du changement et du déclin qui affecte tous les corps vivants (y compris, bien sûr, le langage parlé, en perpétuel mutation).

Créer un langage « standard » est d'une difficulté notoire, si l'on considère que même en France, où ce tour de force est accompli depuis environ le XVIIe siècle, cas à peu près unique au monde, il demeure encore d'importantes variations régionales, tournures, accents, sans parler de celles de la francophonie. Les leaders intellectuels grecs créèrent donc une difficulté de plus, en tentant de faire fusionner les éléments de deux langues distinctes, bien qu'apparentées (l'antique et le moderne), alors qu'aucune n'avait jamais été unifiée et qu'elles avaient éclaté en dialectes largement divergents. Ceux qui n'étaient pas rompus à ces acrobaties verbales (la grande majorité de la population grecque) pouvaient choisir d'ignorer tout simplement la langue officielle, s'excluant ainsi d'eux-mêmes de l'accès direct à la loi et à l'appareil étatique (comme dans certains pays arabophones actuels). Ou alors, ils pouvaient apprendre par cœur une série de formules qu'ils comprenaient plus ou moins bien, mais qui en tout cas leur permettaient de se débrouiller.

Pendant que les universitaires s'employaient à tourner en dérision la langue populaire, des poètes l'écrivaient et exhortaient des gens à renoncer à leurs préjugés à son endroit. A la fin du XIXe siècle la plupart des auteurs créatifs écrivaient leurs œuvres en langue démotique (de *démos* = peuple), si bien que la *katharévousa* n'était plus réservée qu'aux discours officiels : la vie culturelle lui échappait. Néanmoins la lutte restait âpre : il y eut des morts dans les affrontements entre partisans des deux camps linguistiques en 1901 et aussi en 1903. Et l'article de la Constitution grecque, inséré en 1911 (en réponse à cette violente polarisation), instituant la *katharévousa* comme langue officielle ne fut aboli qu'après la chute des Colonels, en 1974. Au cours du siècle, la controverse linguistique a souvent tendu à se confondre avec des lignes de partage politiques, la *katharévousa* étant prônée par la droite et le démotique par la gauche. Ce fut jusqu'à un certain point parce que la *katharévousa* portait sur elle la tare d'être associée au régime des Colonels, que le gouvernement de Karamanlis, qui leur succéda, eut la possibilité de la remplacer par le démotique dans tous les domaines de la vie publique.

Mais le débat sur la langue est loin d'être clos : il reste un sujet de discussion parmi les intellectuels aussi bien que parmi les autres Grecs. Depuis 1981, le gouvernement socialiste de Papandréou a poursuivi le processus de démantèlement de la *katharévousa :* le style plus décontracté de ses discours et déclarations a choqué bien des gens, qui ont du mal à s'accoutumer à ce manque de formalisme dans la vie officielle du pays.

L'abolition par le gouvernement de divers signes diacritiques (y compris *accents* et *esprits*), qui encombraient la langue grecque depuis deux mille ans (mais n'existaient pas tous à la période classique) et occasionnaient tant de tourments et d'embarras tant aux écoliers qu'aux adultes, a été largement critiquée. Plus justifiées peut-être sont les critiques de la politique officielle d'enseignement du grec classique, alors encore obligatoire dans les lycées, et de nos jours réservé au plus de 16 ans. Ces réformes sont souvent regardées comme des moyens de couper la Grèce moderne de ses racines, privant la nation des fondations solides du passé et en faisant une proie facile pour Américains, Soviétiques, ou autre puissance étrangère qui tenterait d'exercer sa domination culturelle.

Le désir des Grecs de franchir le fossé entre leur langue, leur culture et celles des Anciens a énormément enrichi la vie moderne du pays. Mais pourquoi auraient-ils honte (comme les y poussèrent plusieurs générations d'enseignants) de la langue et de la culture qu'ils ont développées durant le dernier millénaire ? Les plus lucides, tel que Odysseus Elytis (voir Poésie et tradition orale), estiment avec raison que le seul fait d'avoir gardé leur langue en vie malgré des « couches successives et dominatrices de civilisations slave, franque, turque et autres » constitue une réussite remarquable : telle que *« ce petit pays et les autres petits pays ne sont nullement une seule et même chose »*.

S'étant vus interdire leur langue nationale dès les premières années d'école, ils ont aujourd'hui retrouvé leur langue maternelle. Les Grecs sont sans doute le premier peuple qui ait mené à bien une guerre de libération nationale contre une puissance impérialiste étrangère. Mais en 1824, alors même que cette guerre faisait rage, Dionysios Solomos prophétisait que les Grecs ne seraient pas libérés, même débarrassés des Turcs, tant que des pédants voudraient leur enseigner, même avec les meilleures intentions, *« qu'ils étaient autre chose que ce qu'ils étaient »*. Il fallut attendre 1974, un siècle et demi après la première, pour cette seconde libération.

Deux conséquences positives à cette controverse : l'une est le développement d'une remarquable capacité au polyglottisme, fort utile dans le cadre de l'Europe ; l'autre un goût partagé par tous les Grecs pour les jongleries verbales, spécialement entre leurs différents idiomes : la langue est pour eux, outre un moyen d'expression, une arène où ils peuvent faire assaut de créativité, aiguiser leur intelligence, et par-dessus tout s'amuser.

CINEMA

Par les chaudes nuits d'été, en Grèce, la plupart des distractions nocturnes se déroulent en plein air, et le cinéma ne fait pas exception. Peu de salles sont équipées de l'air conditionné. Mais certaines bénéficient d'une innovation exceptionnelle : un toit amovible, qui reste fermé durant les projections de jour et qui, grâce à un système de panneaux coulissants, s'ouvre après le coucher du soleil, permettant au public de jouir de la fraîcheur de la brise nocturne.

Les autres salles fermées se déplacent sur des parkings recouverts de gravier, sur les toits ou dans des allées, et les spectateurs sont généralement installés sur des chaises pliantes instables. Selon le syndicat des exploitants de cinémas en plein air, et d'après un sondage auprès des touristes, cette distraction vient au second rang à Athènes, juste après la visite de l'Acropole.

L'ambiance y est très détendue. Les spectateurs s'y rendent en famille et peuvent se désaltérer ou grignoter au bar. Certains lieux fonctionnent même comme des *ouzeris* et l'on peut s'installer à une table en commandant un *ouzo* et des *mezés* (hors-d'œuvre). Dans les drive-in, on projette surtout des films porno

Comme la plupart des salles sont situées dans le centre ville, le volume sonore diminue au cours des séances, par égard pour les riverains. On a donc le choix entre une mauvaise image mais un son adéquat, lors de la première projection qui débute avant la tombée du jour, ou une image parfaitement au point mais avec un son défaillant, lors des dernières projections de la soirée. Les Grecs, contrairement aux Français ou aux Italiens, préfèrent les sous-titres au doublage, et vous ne verrez pratiquement que des films en version originale. Vous ne verrez pas de films nouveaux en été, mais un formidable choix s'offre à

vous, depuis les reprises des succès de la saison précédente jusqu'aux festivals consacrés à des grands metteurs en scène.

Bien que la fréquentation ait diminué au cours des deux dernières années, les quelque 150 salles fermées qui subsistent dans l'agglomération athénienne font toujours un chiffre d'affaires respectable. Le prix du billet est étonnamment bas, fixé en moyenne à 200 drachmes (autour de 8 francs) et parfois moins. La relative désaffection des spectateurs doit être imputée à la popularité croissante des équipements vidéo avec une estimation de un million et demi de magnétoscopes en service pour une population de neuf millions d'habitants, et une grande stabilité des chiffres de vente.

Traditionnellement, les productions locales étaient en tête des listes de popularité, mais la tendance s'est inversée au cours des dernières années en faveur des films d'aventures et des films étrangers. La très forte influence européenne sur le cinéma grec a rendu beaucoup de films de qualité, trop « artistiques » et trop « lents » au goût du grand public habitué au rythme rapide de certains films et à la bouffonnerie grossière de certaines comédies grecques. Mais, techniquement parlant, les films grecs sont d'une grande qualité, tant au niveau de l'image qu'au niveau du son.

Les Grecs prennent souvent un film en cours et ont l'habitude de boire et de manger pendant la projection. Mais ne pensez pas qu'il n'existe aucun public sérieux : quelques cinémas d'art et d'essai, situés dans le centre d'Athènes et qui programment des films plus ardus, d'importation européenne ou américaine, ont leurs fidèles. Et dans quelques autres salles, on assiste à un renouveau des séances de minuit, avec des thrillers de série B, des films d'horreur et de science-fiction.

Seuls quelques films comiques grecs à petit budget et une poignée de films de qualité ont dépassé les 100 000 entrées au cours des dernières saisons. Le gouffre entre films commerciaux et films artistiques est énorme. Mais les plus gros succès populaires de ces dernières années sont une combinaison de sujets typiquement grecs avec des scénarios parfaitement ficelés qui leur donnent une dimension quasi internationale. La faiblesse et la médiocrité des scénarios a longtemps été le talon d'Achille du cinéma grec. Parmi les succès récents qui échappent à cette faiblesse, il faut citer *Angelos,* de George Katakouzinos, une tragique histoire d'amour homosexuel ; *Rembetiko* de Kostas Ferris, une comédie musicale dramatique inspirée de la vie d'un chanteur de *rembetika* (voir Rembetika), Nikos Perakis ; *Goldbrick and Camouflage,* une farce subtile sur les péripéties d'une chaîne de télévision militaire, sous la dictature de la Junte ; *Revanche,* de Nikos Vergitsis, qui nous révèle la mentalité de la jeunesse athénienne, à travers le récit d'un ménage à trois ; et *Price of Love,* de Tonia Markatakis, l'histoire d'une jeune femme qui défie la société de Corfou, au début du siècle.

Après la Seconde Guerre mondiale, la guerre civile est restée un sujet tabou pour le cinéma grec jusqu'à l'élection du gouvernement socialiste en 1981. *Stone Years,* de Pandelis Voulgaris, est inspiré d'un fait réel et raconte l'histoire d'amour d'un couple de militants communistes, qui se retrouve après 20 années d'emprisonnement. Ce film, de même que ceux qui sont cités plus haut, a été programmé dans de nombreux festivals étrangers, en particulier aux Etats-Unis.

Il est malheureusement évident que la seule diffusion locale des films grecs ne peut suffire à amortir les investissements initiaux. L'Office du film grec, aujourd'hui organisme d'Etat, contribue pour 50% aux budgets de production. Et pour promouvoir une diffusion internationale, il participe à de nombreux festivals étrangers (35 à 40) dont, parmi les plus prestigieux, Cannes et Berlin.

Le festival de Thessalonique, qui a lieu chaque année en octobre, dans le cadre du Théâtre national, présente la totalité des films de qualité produits annuellement, soit une vingtaine. Le troisième balcon, surnommé pour la circonstance « galerie des cacahuètes » est bondé d'étudiants agités qui ont tendance à manifester avec grand tapage leur enthousiasme ou leur déception pour le film projeté. Si vous êtes à Thessalonique en octobre, le spectacle en vaut la peine.

NOMS ET PRENOMS

« Qu'est-ce qu'un nom ? » demandait Roméo. La question aurait dû être posée à un Grec. Car ici toutes sortes d'histoires se rapportent aux noms. Si bien sûr vous savez les lire, ils vous révèleront, par exemple, le lieu d'origine de la personne qui le porte. Theodorakis est notoirement crétois, comme tous les noms qui se terminent par *akis,* qui signifie « petit ». Un *Yannoglou* a certainement des liens avec la Cité (Constantinople) et le suffixe courant de *poulos* (qui signifie « oiseau » ou « fils de ») désigne à coup sûr le Péloponnèse, comme dans le cas de l'ex-dictateur, Papadopoulos, littéralement « fils du prêtre ».

Depuis 1983, les femmes sont obligées de conserver à vie leur nom de jeune fille. Dans les actes juridiques, s'entend. Mais, avant la révision de la loi sur la famille, une femme envisageait rarement — à moins d'être Mélina Mercouri ou une riche héritière — de garder le nom de son père. L'utilisation de la forme possessive est grammaticalement révélatrice : madame Papadopoulos se dit en fait « l'épouse de Papadopoulos ». En Grèce continentale, la femme perdait aussi son prénom en se mariant et adoptait la forme féminine du prénom de son mari. Ainsi, l'épouse de *Yorgos* devenait *Yorgina.* Ce symbolisme subsiste, et dans les mariages actuels les amies de la mariée écrivent leur prénom sur la semelle de sa chaussure, la tradition veut que celle dont le nom s'effacera en premier sera la première à se marier.

Les prénoms, ici, échappent à la mode. Bien sûr, vous trouverez quelques diminutifs américanisés. Et le romantisme néo-classique a inspiré de nombreux Cléanthe, Andromaque, Aristote, Périclès.

Un bébé grec n'est pas une personne à part entière à sa naissance, mais seulement lorsqu'il a été baptisé et qu'il a reçu un nom. Le baptême, rituel plus solennel que le mariage, et qui introduit l'enfant dans la communauté orthodoxe, est célébré entre 40 jours et un an après la naissance. Jusque là, l'enfant est simplement appelé « bébé ». Et si, comme cela fut fréquemment le cas au cours des siècles de forte mortalité infantile, il venait à mourir avant que quelqu'un, n'importe qui en l'occurrence, ait pu le baptiser « en l'air » en faisant trois fois le signe de croix sur lui et en prononçant un nom, il ne pourrait être enterré dans le cimetière de l'église et, son âme errerait dans un monde obscur, entre enfer et paradis.

Les Grecs sont surpris de la désinvolture des Occidentaux dans le choix des prénoms de leurs enfants. Ils observent eux-mêmes des règles particulièrement strictes : le premier garçon porte le prénom de son grand-père paternel et la première fille celui de son grand-père maternel (en Grèce continentale) ou de sa grand-mère maternelle (dans la plupart des îles de la Mer Egée). Un fils ne portera jamais le prénom de son père : ce serait un mauvais présage, vaguement incestueux, une sorte d'usurpation prématurée du nom du père. Mais, entre grands-parents et petits-enfants, l'héritage est moins lourd. La grand-mère accueille avec ravissement le baptême d'un enfant qui porte son nom. Si cela confirme rituellement sa propre mortalité, c'est aussi

un symbole de continuité dans la famille : «le nom sera entendu». La propriété elle aussi est parfois liée au nom. Dans beaucoup d'îles, c'est la fille aînée, Calliope qui héritera de la maison de sa mère, Marina, qui l'avait elle-même reçue en héritage de sa mère, Calliope, et ainsi de suite, dans une alternance sans fin de Calliope et de Marina. De même, le garçon qui « reprend le nom » héritera des champs de son grand-père et sera obligé (ainsi que sa femme) de porter le deuil à sa mort.

Certains événements peuvent pertuber ce schéma idéal. Un homme dont nombreux neveux portent déjà le nom de son père concèdera cet honneur à son beau-père. Et une femme désirant un enfant pourra prier l'icône miraculeuse d'un saint particulier et tenter de s'attacher ses faveurs en lui promettant de donner son nom à l'enfant. Mais cela n'affecte guère le sens de la lignée chez les Grecs, pour qui le prénom est un lien très fort avec les ancêtres et un symbole de perpétuation.

Pour un Grec, le prénom n'est pas seulement un lien de sang mais un signe de parenté avec l'entière communauté (la communauté orthodoxe, plus précisément). La plupart des prénoms grecs se réfèrent à un saint ou à une vertu sacrée. Seuls les enfants fêtent leur anniversaire. Pour les adultes, la date importante est celle de la fête du saint dont il porte le prénom, date qui correspond généralement à son martyre. Ce jour est aujourd'hui célébré par les fidèles orthodoxes.

C'est celui qu'on fête qui « régale » ses invités. Ceux-ci peuvent apporter des douceurs, des fleurs ou une bouteille de whisky, mais c'est l'hôte qui assure le festin. Le jour de la Saint-Démétrios, tous ceux qui ont un parent ou un ami du nom de Dimitri ou Dimitra (et ce sont des prénoms très répandus en Grèce) doivent penser à lui, lui téléphoner ou lui rendre visite.

Les commémorations religieuses sont un mélange de formalités et de festivités. Mais, pour le saint qu'on célèbre, la prodigalité est de rigueur. Chaque communauté a son saint patron (parfois même plusieurs), son protecteur particulier. Le jour de sa fête est célébré par la communauté orthodoxe lors d'un *panayiri*. Ce mot dérive du grec ancien, et désigne une assemblée publique (tous-*pan*-ceux qui sont rassemblés sur la place-*agora*). Les *panyria* de la Grèce païenne honoraient les dieux et les déesses en combinant culte et plaisir, obligation spirituelle et intérêt commercial. A dater du IVe siècle, cependant, les célébrations en l'honneur des martyrs chrétiens empruntèrent la forme et de nombreux aspects des pratiques païennes et *le panayiri* devint une institution spécifiquement byzantine. A l'époque, comme aujourd'hui, les pères de l'Eglise dénoncèrent les préoccupations matérialistes de ces célébrations.

Aujourd'hui, *le panayiri* concerne la communauté tout entière. Les saints sont honorés par des prières et des processions, suivies de festins et de danses qui se prolongent jusqu'aux petites heures du matin. Comme dans la tradition byzantine, un *panayiri* ressemble souvent à une foire de campagne.

Les noms de baptême sont les noms officiels. Mais les *paratsouklia* soulignent les particularités de chaque individu. Ces surnoms sont une sorte de code intime. Les étrangers ne sont pas censés les connaître. Souvent grossiers et ironiques, ils rappellent une bizarrerie du corps ou du caractère : la virilité vigoureuse de Manolis est raillée par la féminisation de son nom en *Manola ;* les égarements sentimentaux de Vorgos lui ont valu le surnom de *Pouli* (petit oiseau) et la mélancolie de Theophanis, celui de *Katsoufis* (visage long). Les hommes tiennent leur *paratsouklia* de leurs camarades et les femmes, quand elles en ont un (ce qui est rare), le tiennent toujours d'un homme. Un tel, qui a travaillé pendant 20 ans aux Etats-Unis et qui est rentré au pays pour se marier sera surnommé *Amerikanos* et sa femme *Amerikana,* bien qu'elle n'ait jamais quitté sa Macédoine natale. Signes de particularités individuelles, ils se transmettent parfois de père en fils, jusqu'à usurper tranquillement la respectabilité du prénom officiel, qui s'est effacé progressivement de toutes les mémoires.

TRADITION ORALE ET POESIE

La poésie compte beaucoup en Grèce : cela est dû au fait que durant des siècles elle fut chantée, et non lue. Elle a toujours été un spectacle, un événement social. De nos jours encore, les poètes sont capables de remplir de leurs fans les tribunes d'un stade. Jusqu'à la fin du XIXe siècle, la poésie grecque ne partageait guère la tradition de solitude dans l'écriture de celle des autres cultures occidentales. Car la poésie orale avait été, de loin, le moyen le plus efficace pour préserver l'identité nationale au cours de tant de siècles de domination étrangère. On peut censurer la chose écrite : nul despote ne saurait confisquer des chansons. Même en notre siècle, cette transmission orale, résistante à la censure, fut nécessaire. Yannis Ritsos (né en 1909), poète grec fort connu, a enduré la prison, pendant la guerre civile (avec d'autres suspects communistes). Il continua néanmoins d'y écrire ses poèmes : les « enfouissant » dans des bouteilles pour qu'ils échappent aux gardiens ; son seul moyen pour les transmettre au monde, était l'aide des prisonniers libérés qui, avant leur départ, les apprenaient par cœur.

La chute de Constantinople (« la Ville » selon le terme habituel aux Grecs) marque à la fois les débuts de la domination turque et ceux de la poésie grecque moderne. On retrouve des versions de chansons, restées populaires, citées à partir de cette époque, dans des textes littéraires. Le lieu commun : « Je viens de la Ville », quoique évoquant le tragique événement, est présent dans les chansons modernes ; la fameuse chanson d'amour crétoise du XVIe siècle *Erotokritos* contient de nombreux vers issus de chansons populaires, toujours familières aux Grecs d'aujourd'hui. Cette transmission orale est en soi un processus créatif : les modèles anciens ne sont que charpente pour de nouvelles variations. Si tous les critiques consentent à la continuité de la tradition poétique jusqu'au XVe siècle (voire au VIIe siècle byzantin de Romanos le Mélode) un expert d'une autorité aussi indiscutable qu'Odysseus Elytis (né en 1911), poète illustre et second prix Nobel de la littérature grecque, a démontré, notamment dans son recueil d'essais *A livre ouvert,* bible de générations d'étudiants grecs, que cette tradition est reliée en droite ligne à Sappho, et *«bâtie sur les syrtes d'Homère»*.

Jusqu'à la guerre d'Indépendance, en 1821, et à la fondation de l'Etat grec, chants et poèmes sont indissolublement liés, qu'ils se soient transmis par écrit, ou oralement de génération en génération. En fait, écriture et chant ont été souvent équivalents :

Je n'ai jamais appris comment écrire ou lire mais comme je ne veux pas l'oublier - D'elle j'ai fait une chanson, pour la mieux conserver.

Le joug turc disparu, l'identité nationale n'avait plus besoin de clandestinité. La transmission orale, jusqu'alors la seule possible, fut désormais réputée peu fiable. L'écriture, plus fixe, plus durable, devint le moyen d'expansion préféré de l'idéologie nationaliste. La chanson populaire constituait un tremplin pour les poètes, non un moyen d'expression adéquat en soi. Le couplet que voici, 100 ans après le précédent, suggère une relation à l'écriture tout autre. L'aède à présent réalise combien la permanence de l'écrit lui offre les moyens d'une habileté plus enviable :

J'apprécie d'être un poète et de savoir écrire Héros, quand je fixe au papier votre condition de mortels.

L'un des premiers promoteurs de la littérature nationale grecque fut Dionysios Solomos (1798-1857), poète merveilleux. Dans une lettre à un ami, il a exprimé son intérêt pour les chants populaires des Klephtes, brigands montagnards «au grand cœur», tout en mettant l'accent sur le fait que la tâche du poète est autre :

La poésie klephtique est belle et intéressante en tant que manifestation spontanée par les Klephtes de leur vitalité, de leur endurance, de leurs sentiments. Elle ne peut avoir le même intérêt sur nos lèvres ; la nation requiert de nous le trésor de notre intelligence individuelle enclos dans une forme nationale.

Des poètes nationalistes tels que Solomos pouvaient critiquer la naïveté de la tradition orale, leurs poèmes n'en aspiraient pas moins au chant : son *Hymne à la Liberté,* choisi pour ouvrir une cantate en 24 chœurs du compositeur Nicolas Mantzaros, devint l'hymne national grec :

Hymne à la liberté (1923)
Je te reconnais au tranchant
terrible de ton glaive
Je te reconnais à ton regard
qui, rapide, mesure la terre.
Sortie des ossements
sacrés des Hellènes
et vigoureuse comme autrefois
Salut, salut, salut, ô Liberté !

Tandis que les instituteurs se disputaient quant au grec à enseigner, démotique ou *katharévousa* (voir Langage), les poètes en débattaient non moins ardemment. Leur dette envers la tradition orale et leur romantisme les faisaient pencher pour le grec démotique malgré la plus synthétique *katharévousa*. Dans l'œuvre de Kostis Palamas (1859-1943) le tzigane sans abri figure le héros grec moderne qui vomit la tyrannie sous toutes ses formes, la turque, mais aussi bien la suprématie de l'antique Hellade.

Je ne redoute pas le Turc.
L'esclavage ne peut m'abattre
Ni votre Hellade m'éblouir.
Nulle foi, nul culte désuet
Ne peuvent me droguer de leur encens.
Trouvé-je un papyrus — je le brûle :
... qu'il donne chaleur ou lumière.
Indifférent je l'observe se consumer
En quelque ruine moisissante que ce soit,
Palais ou monastère, école ou temple...

Il ne faudrait pas que ce bref tour d'horizon amène à conclure que la poésie grecque au XIXe et XXe siècle n'est que lyrisme et nationalisme. Du côté d'Alexandrie, un des poètes majeurs de la Grèce moderne, Constantin Cavafy (1863-1933) explorait un univers passablement différent. Sa poésie mettait l'accent sur l'écriture plutôt que sur le chant. Elle semblait suggérer que la promiscuité humaine, associée à la tradition orale, n'était désormais plus de mise. Son cadre, l'histoire, était moins fait des gloires de la Grèce classique, ou de l'émancipation du joug turc, que du lent délabrement des ères pré-chrétiennes et chrétiennes. Cavafy s'y exprimait en notations fondées sur la mélancolie du déclin, dont la poésie était, répétait-il avec nostalgie, la seule consolation, car le langage écrit peut construire quelque chose de matériel avec ce qui a été perdu. Ecrire pour Cavafy n'était plus simplement une alternative, plus durable, à la chanson comme cela était le cas pour Solomos et Palamas, mais un moyen d'expression radicalement différent. Le poème accomplissait un destin spécifique. De surcroît, il « occupait » la place géographique laissée béante par la destruction de la ville, voici un poème en ce sens :

Son dieu déserte Antoine
Comme soudain, à la minuit, l'on entendrait
Invisible un charroi de baladins qui passe
avec une musique merveilleuse, avec des voix -
ta fortune inflexible envers toi désormais, tes œuvres
qui ont avorté, les desseins de ta vie qui ont
tourné tous à l'erreur : ne t'en afflige pas pour rien.
Comme prêt de longtemps, comme plein de courage,
salue-la, cette Alexandrie qui s'en va.
Mais surtout ne t'y trompe pas, ne dis pas que c'était
un rêve, que ton ouïe t'aurait halluciné ;
à tels vains espoirs ne va pas t'abaisser.
Comme prêt de longtemps, comme plein de courage,
comme à qui cela sied toi qui fus digne d'une telle cité,
approche-toi résolument de la fenêtre,
puis entends avec émotion —mais non
avec l'abjection des lâches : prières et rancœurs—
ces orgues merveilleuses du charroi secret,
et salue-la, cette Alexandrie que tu perds.

Même dans ses poèmes d'amour, il y a l'idée que, grâce à l'écriture, le poème devient un substitut physique pour l'être aimé absent :

Efforce-toi de les garder, poète,
si peu soient celles qui demeurent.
Les visions de ton érotisme.
Mets-les, semi-cryptées, dans tes phrases ;
efforce-toi de les saisir, poète,
quand elles traversent ta tête
la nuit ou dans la clarté de midi.

Dans la poésie de Cavafy, mémoire et expérience fusionnent en une écriture nettement articulée. Une sorte de puissant canon alterné peut être retracé à partir de la plupart de ses poèmes. Canon de poètes concernés surtout par l'écriture comme recension de la perte, et non conservation d'un passé glorieux. A l'étranger, Cavafy est le seul représentant vraiment connu d'un style de poésie aussi peu lyrique. Mais en Grècc même, il existe de nombreux poètes dont la poésie exprime la problématique du langage et place l'écrit avant le chant (par exemple Karyotakis, certains poètes surréalistes tels qu'Andréas Embirikos et Nikos Engonopoulos).

Sur la voie de Solomos et de Palamas vient un autre poète nationaliste, Angelos Sikélianos (1884-1951). Dans la poésie de Sikélianos, « être grec » participe moins du projet collectif que cela représentait pour Palamas et davantage d'un besoin d'identité personnel. La prêtresse delphique aux mots sauvages, balayés de vent, inspire des vers incantatoires à ce

poète récent qui vécut à Delphes et connaissait fort bien le français. Dans son poème *Première Pluie,* il écrit :

Je deviens lyre caressée
par la profusion du souffle.
Le sortilège emplit ma bouche ;
et quand nos yeux se sont croisés
tout mon sang dehors a chanté.

Des femmes poètes au tournant du siècle furent aussi fort actives à définir leur subjectivité particulière, tâche doublement difficile quand la société et les poètes masculins les considèrent constamment comme objet, non comme sujet, de désir et d'admiration. Maria Poulidouri (1902-1930) exprime cette tension. Elle ne peut pas parler pour la nation nouvellement surgie. Comme personne féminine elle est « le papillon », image d'une émancipation dont les poètes masculins ont fait leur bien. Elle prend donc son « absence de statut » comme sujet de ses poèmes. A l'instar de Cavafy et d'autres poètes du canon alterné, précédemment cités, Poulidouri recherche en quoi le texte écrit diffère du chant : la confusion grammaticale entre le *Je* et le *Tu* dans ses poèmes n'est possible qu'à l'écrit. Manto Aravandinou (née en 1926) se lancera, elle, dans une écriture qui explore les confins du dicible en même temps que de la syntaxe.

Hors des repères, illustres entre tous les poètes grecs modernes, viennent les deux lauréats du prix Nobel, Georges Séféris (1900-1971) et Odysseus Elytis (1911). Quoique leur poésie porte une extrême attention créatrice à l'écriture, l'un et l'autre de ces poètes de la génération des années 30 sont à ranger par bien des côtés dans la tradition orale. Odysseus Elytis a d'ailleurs écrit des cycles de chansons célèbres *(les R. d'Eros).* Plutôt qu'intégrés à l'avant-garde grecque, ces poètes se font l'écho des préoccupations de la poésie internationale et partisans de l'assimilation des techniques des autres modernismes européens.

Séféris introduisit en Grèce le modernisme de Thomas Stearns Eliot, avec sa relation au mythe ; tandis qu'Elytis importait d'abord l'autre extrême du modernisme, Rimbaud et le surréalisme français, avant de développer une prodigieuse architecture d'érudition et de références aux traditions de l'humanité entière, Orient et Occident, dont la pensée grecque est capable, pense-t-il, d'être comme aux temps présocratiques, le creuset unificateur. Leur poésie, notons-le, gagna en popularité par la tradition orale, à travers les ingénieuses partitions du compositeur Mikis Theodorakis (voir Theodorakis). Souvent, dans des régions perdues, on peut entendre des gens chanter Séféris : « *Sur le rivage secret/et blanc comme une colombe/nous avions si soif à midi/mais l'eau était saumâtre...* » (*Strophl*) ou Elytis : « *Rien qu'une hirondelle ici/Précieux printemps que celui-ci/Pour que le soleil s'en revienne/Il en coûte bien des peines !* » (*Axion Est*). Certaines phrases de ces poètes, peut-être moins familières que les vieilles formules orales des chants de lamentations et de mariages, néanmoins ont dans le contexte de modernisation pris valeur de proverbes. Comme part de son *Mythistorima* (à la fois histoire à travers le mythe et mythe à travers l'histoire), Séféris construit une mythologie moderne, où la nature est l'objet de croquis «à l'encre» qui ont l'économie des paysages japonais de Sesshu :

La bouteille à la mer
Trois rocs, quelques touffes de pins brûlés et l'épave d'une chapelle
puis au-dessus
le même endroit trait pour trait recommence,
trois rocs formant une arche, tout rouillés
de rares pins roussis, noirs et jaunis
et le cube d'une maison enfoui dans la chaux ;
puis au-dessus encore bien des fois
le même endroit recommence étagé
vers l'horizon vers le ciel empourpré du soir.
Ici nous avons ancré le bateau pour rabouter nos rames
cassées, pour boire un peu d'eau et dormir.
La mer qui nous a tourmentés reste mystérieuse et profonde
et déploie une paix immense.
Ici dans les galets nous avons trouvé une pièce ancienne
et nous l'avons jouée aux dés.
Le plus jeune la gagna et disparut.
Nous rembarquâmes avec nos rames cassées.

Pour les argonautes de Séféris, mythe et histoire recèlent un message ; mais pour celui qui parle dans le poème d'Elytis, mythe et histoire ont évolué en quelque chose de plus, « la revanche du Rêve » : ce que le rêve apporte à la cité en « estourbissant l'histoire et le mythe », c'est la possibilité de mutation : *comme création par l'homme d'un réel,* libre et neuf, l'intervention du rêve permet à la collectivité de quitter les rails de son déterminisme historique, en même temps qu'elle renoue avec les valeurs humaines qu'elle avait perdues de vue et qui sont pourtant essentielles à sa survie :

La fresque
D'avoir connu l'amour et séjourné des siècles au
milieu de la mer j'appris à lire et à écrire
De sorte qu'à présent je puis jusqu'en des profondeurs
très reculées
ces générations accumulées
comme s'élance un mont avant que l'autre ne décline
Les contempler
Et devant c'est toujours pareil :
La bouteille obscure et profonde
et la jeune Hélène au bras frais
de profil sur fond de chaux vive
En train d'offrir du vin à la Vierge
la moitié de son corps déjà dissipé en face sur la rive
d'Asie
Et toute cette broderie
transposée en plein ciel
avec les oiseaux bifides
les fins citrins
et les soleils.

Comme dans la chanson populaire, l'aède du poème de Séféris parle souvent pour la communauté, Elytis également, mais dans les derniers recueils, la voix se fait de plus en plus singulière et méditative. Leur poésie, s'accommode parfaitement d'être lue dans le contexte d'une tradition orale continuée.

En présentant la poésie grecque, assortie de quelques exemples qui se voudraient incitatifs, sous l'angle de la tradition orale, nous n'avions pas l'ambition de l'y enfermer : cette tradition, puissante, a incontestablement contribué à la popularité de la poésie en Grèce, mais l'accent ainsi porté sur elle a détourné l'attention de la tradition plus textuelle : celle-ci, sur la scène poétique contemporaine, occupe une place importante, et l'examen de ce qui se publie rééquilibrerait sans doute en sa faveur le volume d'influence. La génération des années 70 en particulier doit beaucoup à la poétique « alternative » de Cavafy. Peut-être Yannis Ritsos est-il celui qui depuis 50 ans a le plus dramatiquement orchestré cette tension entre chant et texte écrit. Odysseus Elytis, en érigeant une œuvre parfois mal comprise d'une part du public grec, pousse la Grèce à renouer avec son destin universel. Son art représente l'apothéose de ce que la poésie grecque peut avoir de plus oral et de plus collectif depuis Homère ; son écriture de « lyrisme architecturé et scolaire », quasi mallarméen parfois, offre également l'un des plus spectaculaires aboutissements des possibilités de la langue grecque moderne. Voici pour finir un fragment de cette radieuse synthèse :

Les laudes (Extraits)
Louée soit la lumière et la première
prière que l'homme ait inscrite dans la pierre
la force dans l'animal qui fraie la route au soleil
la plante qui gazouilla et d'un coup le jour fut là
Le rivage qui plonge et relève l'encolure
un cheval de pierre immense que chevauche la mer
les petites voix bleues qui flûtent par millions
la puissante tête blanche de Poséïdon (...)
La lumière intime qui blanchit comme l'aube
à l'image et la ressemblance de l'infini
les montagnes qui sans avoir connu de moule
ont toutes le profil de l'éternité... (...)
Loué soit qui précède l'apparaître
claironnance d'Archéron et ocre — chair brûlé
le poème torréfié chambre d'échos de la mort
aux vocables en fer de lance et suicidaires (...) (Axion Estl. E. Gallimard.)

PERIPTERA

Si par leur dimension, les kiosques occupent une place réduite, ils sont en fait de véritables centres nerveux de la vie urbaine. Outre leur fonction évidente de kiosque à journaux/marchand de bonbons, ils sont parfois doublés d'un mini-parc d'attractions pour enfants, d'une boutique d'articles de sport (vous y trouverez même des sacs de couchage), d'une quincaillerie, d'une serrurerie et, pour les clients qui ont des problèmes plus personnels, le gérant dispense parfois aussi ses avis en matière médicale ou psychiatrique. Tenir un kiosque, c'est un peu comme diriger un orches-

tre, un œil sur le compteur de téléphone, une main rendant la monnaie et l'oreille tendue vers les propos d'un ami qui vient de passer par-derrière pour bavarder un instant.

L'intérieur du kiosque (*periptera,* en grec) offre une vue étroite et complexe qui ressemble un peu à celle du cockpit d'un DC-9. Tout en bas, une série de tiroirs minuscules où sont rangés diverses aiguilles à coudre, du fil, des fermetures Eclair, des antibiotiques et également des préservatifs. Au-dessus, sur des étagères, sont rangés les bonbons et tout un éventail de cigarettes et, plus haut encore, différents shampooings, de la lessive en poudre et des *komboloï.* Les articles de valeur, les calculatrices de poche, les montres, les briquets en or et autres sont exposés dans de petites vitrines. Au centre, est installé le *peripteras,* le propriétaire, coincé dans un espace de 2 m² à peine, contrôlant le tiroir-caisse et servant les clients.

Il n'est pas rare qu'un *peripteras* travaille 12 heures d'affilée dans des conditions qui vont de la fournaise en été, au froid glacial et humide en hiver (la plupart étant alors équipés, malgré l'espace minuscule, d'un chauffage électrique). Et pourtant, ils savent rester de bonne humeur et serviables pour les touristes perdus qui leur demandent leur chemin ou l'adresse d'une bonne *taverna.*

Ces kiosques étaient, à l'origine, un cadeau du gouvernement pour dédommager les anciens combattants de la guerre des Balkans et de la Première Guerre mondiale. Vous remarquerez la similitude entre leur architecture et celle des postes de garde militaires, ceux de la garde d'honneur devant le Parlement, sur la place Syndagma, par exemple. Symboliquement, les *periptera* sont aussi des postes de garde, dans lesquels de vieux soldats prolongent leur service, passant du secteur militaire au domaine civil et commercial.

En Grèce, chacun veut posséder sa propre affaire et cela semble un rêve accessible, si l'on considère qu'il y a plus de 3 000 *periptera* à Athènes seulement. Ces kiosques sont presque tous des affaires familiales et l'on voit souvent les enfants ou les petits-enfants du propriétaire venir réclamer un bonbon en rentrant de l'école ou, encore, en été, la famille tout entière assise autour de la *periptera* sur le front de mer, et partageant une pastèque avec les clients. Ces kiosques ont un charme qui caractérise tous les commerces grecs : la chaleur humaine. Et si un propriétaire de kiosque découvre que vous connaissez quelques mots de grec, cela vous prendra sans doute un peu plus de temps pour conclure votre achat... Il voudra savoir d'où vous venez et si vous ne connaîtriez pas, par hasard, un de ses parents installé dans votre ville.

Avec seulement 1/5 de la population française, la Grèce possède pratiquement le même nombre de commerces de détail. C'est en partie le reflet d'une société construite autour de la famille et dont le signe de réussite sociale est la possession d'un *magazi.* Le reflet d'une société où le mot « employé », en grec, signifie « inférieur ». C'est pourquoi, au lieu de se développer et de s'étendre, le commerce a tendance à se poursuivre sur une petite échelle. Cette pléthore de petits commerces explique le fait que les cours du marché grec soient les plus élevés du Marché commun. Et la profusion de kiosques est davantage qu'une simple curiosité ou une coïncidence, c'est le reflet de toute une mentalité économique, dont la philosophie de base pourrait se résumer par le slogan : « *une famille, un commerce* ».

FILES D'ATTENTE

La notion de « queue », en Grèce, est assez particulière. On est loin de la discipline courtoise des Anglo-Saxons et l'idéal démocratique est souvent bousculé. D'ailleurs, peut-on réellement appeler cela une « queue » ? Si vous attendez le bus à la station Academias, dans le centre d'Athènes, vous constaterez un semblant de linéarité dans la file ; mais c'est surtout parce que la foule est contenue dans les rails métalliques installés à cet effet. Dès que le bus apparaît, l'illusion se défait et les corps se pressent vers la portière dans un chaos indescriptible. Certains Athéniens vous diront que c'est la vie et qu'il n'y a rien de plus normal dans une ville surpeuplée, trop de passagers pour peu de bus. Mais vous verrez la même foule anxieuse dans les aéroports, malgré le numéro de siège réservé qui figure sur les cartes d'embarquement. Les passagers semblent prêts à vous marcher sur le corps pour monter dans l'avion avant vous.

Les Grecs sont parfaitement à l'aise avec leur corps, et ils passent leur temps à se toucher les uns les autres, poignées de main chaleureuses, embrassades et effusions, taquineries affectueuses avec les enfants, tapes sur l'épaule ou sur le bras d'un ami, etc. — un comportement que les « nordiques » réservent à leurs intimes. Ne voyez donc aucune hostilité dans le geste de cette vieille dame qui vous enfonce son ongle dans le dos pour vous pousser en direction de l'autobus. Mais cette familiarité peut devenir gênante.

C'est en quelque sorte l'autre face de ce « personnalisme » grec tant vanté. Contrairement à nous, les Grecs n'ont pas une vision rationnelle de l'univers. Pour eux, il est arbitraire et imprévisible. La vie est un combat. Les bonnes choses sont rares et les prétendants sont légion. Si vous ne forcez pas le destin, vous êtes perdu. Pendant des siècles, les petites gens ont survécu grâce à des liens personnels avec leur propriétaire, leur épicier, leur banquier, et en se liant d'amitié avec des gens plus puissants qu'eux, qui avaient assez de moyens pour les aider ou qui avaient eux-mêmes des amis plus puissants. Cette chaîne d'influences, qui reliait le petit fermier aux échelons les plus élevés du pouvoir central, est peut-être l'image la plus proche des files d'attente locales !

REMBETIKA

Q. Qu'est-ce que le *rembetika* ? Lorsque le vieux compositeur de *rembetika* Rovertakis disait : « Les chansons de *rembetika* ont été écrites pour les gens qui chantent du *rembetika* par des gens qui chantent du *rembetika*... Le *rembetis* est un homme triste qui se déleste de sa tristesse », peut-être suggérait-il qu'il s'agissait de chansons d'ordre personnel qui appartenaient à un groupe particulier de gens, à un moment donné de leur histoire ? Pouvez-vous nous parler de l'environnement politico-historique qui a donné naissance au *rembetika ?* Et comment ses origines sont liées au désastre de 1922, en Asie Mineure ?

R. Le *rembetika* est la forme la plus originale d'expression musicale qui soit apparue en Grèce au cours de ce siècle. Quelques exemples du genre étaient déjà connus dans toute la Grèce dès 1930 et, dans les 15 années qui suivirent, ces chansons devinrent de plus en plus populaires sans toutefois rencontrer un succès aussi évident parmi les classes les plus aisées. Leur consécration date en fait des années 50. Malheureusement, nous ne savons ni quand, ni où, ni dans quel environnement, elles sont nées. Etait-ce en 1850, en 1880 ou en 1910 ? A Smyrne, à Syros ou au Pirée ? Dans un milieu de marginaux, ou parmi les laissés - pour - compte du développement urbain qui vivaient dans la misère ? La destruction de Smyrne, en 1922, a certainement encouragé les compositeurs et accéléré le processus de développement qui a abouti à des œuvres d'une qualité singulière.

Q. Pensez-vous que, contrairement aux chansons populaires rurales qui sont souvent l'expression d'une joie ou d'une détresse commune, ces chansons populaires urbaines sont l'expression d'une plus grande aliénation individuelle ?

R. Les paroles du *rembetika* expriment de toute évidence des sentiments plus intimes que les chansons populaires rurales. Elles en diffèrent aussi, dans une certaine mesure, par leur vocabulaire et leur structure en empruntant de nouveaux éléments musicaux aux refrains et aux chansons de variété qui ont connu un grand succès dans la période de l'entre deux-guerres. Mais la phraséologie en est toute différente, et le caractère sirupeux et insipide des paroles de ces chansons est devenu beaucoup plus sérieux, voire tragique.

Q. Quand le *rembetika* est-il redevenu à la mode ? Et comment est-il devenu accessible à une plus large audience ?

R. Le *rembetika* n'a jamais complètement perdu son public. Simplement, dans les années 60, dans les quartiers ouvriers, la population avait succombé au charme des «chansons légères» et ce furent les étudiants et les intellectuels qui prirent la relève.

Ce sont ces intellectuels qui ont initié le reste de la classe moyenne au *rembetika,* qu'ils avaient initialement méprisé et qui, finalement, s'adressait à tout le monde. Il évoquait un passé nostalgique et pittoresque, placé sous le signe de la pauvreté, certes, mais d'une certaine manière plus libre et certainement plus authentique que le présent si aliénant.

Q. Pensez-vous qu'on puisse comparer le *rembetika* au *blues* américain ?

R. Les circonstances qui ont donné naissance à ces deux types de musique sont totalement différentes, et la distance géographique qui sépare la Grèce des Etats-Unis exclut toute influence mutuelle. Les similarités occasionnelles que l'on rencontre dans les paroles sont purement accidentelles.

Q. Quelle était le rôle de la *rembetissa,* la femme qui chantait ?

R. La femme, en tant que mère, fille ou amante, est le thème central des paroles du *rembetika.* Mais le titre de *rembetissa* ne s'applique qu'à celle qui suit le *rembetis* dans sa vie sans attaches. Et elle le suit parce qu'elle a une belle voix et qu'elle veut être quelqu'un, se faire un nom par elle-même. En retour, elle inspire l'homme qui la protège et qui, par dessus tout, la libère. Et c'est ainsi qu'elle devient le modèle même de la femme indépendante dans la société grecque.

Q. Pouvez-vous nous parler des deux instruments les plus importants dans le *rembetika,* le *bouzouki* et le *baglama* ?

R. Ce sont des instruments très anciens, utilisés par les Assyriens, les Egyptiens et les Grecs de l'Antiquité. Les Grecs d'ailleurs n'ont jamais cessé de les utiliser. Mais, de temps à autre, ils en ont simplement modifié ou changé le nom. Ainsi, l'antique *pandoura* ou *pandouris,* la *thamboura* byzantine et le *tambouras* post-byzantin ne correspondent pas exactement au *bouzouki* moderne mais appartiennent certainement à la même famillle. On ne sait pas quand le mot *bouzouki* originaire du Liban est apparu en Grèce, mais on le trouve dans certaines chansons démotiques.

Q. Pour le néophyte, dérouté par le nombre impressionnant de cassettes et de disques de *rembetika,* quels premiers achats recommandriez-vous ?

R. Certains de ces enregistrements constituent une bonne approche du *rembetika,* comme par exemple :

1. *Authentic Songs Recorded in Smyrna and Constantinople before 1922.* ACBA 1402 (1982)
2. *Greek Oriental Smyrnaic-Rebetic Songs and Dances.* Folkloric Records 9033 (c.1983)
3. *Greek Popular Songs in America.* Falirea Bros.22-23 (1984)
4. *Grèce. Hommage à Tsitsanis.* Bouzouki Ocora. 558.632 (1984)
5. *Grèce. La tradition du rebetiko.* Ocora 558.648 (1984)

THEATRE D'OMBRES

Le théâtre d'ombres, dont le protagoniste en Grèce est Karaghiozis, est originaire de Java, de Chine et d'Inde. Il s'est d'abord étendu à la Turquie, puis à la Grèce. Karaghiozis tient son nom de ses prunelles sombres (*karagoz* signifie « œil noir » en turc). C'est un petit homme chauve au dos voûté, avec un énorme bras dont il se sert pour matraquer les autres. C'est un homme misérable et sans éducation, vêtu de haillons et généralement pieds nus.

Mais Karaghiozis est comique plus que pathétique. Il est constamment affamé et préoccupé de trouver de la nourriture pour lui-même et pour sa famille. Il réussit à survivre par son astuce et, selon les besoins du moment, il incarne successivement divers personnages et divers métiers. Mais ces ruses n'apportent que des solutions provisoires à ses problèmes et il finit toujours par être pris, souvent battu et jeté en prison. Bien qu'il gémisse fréquemment : « *Ach manoula mou, ti epatha ?* » (Oh ! Maman, qu'est-ce qui m'arrive ?) il ressurgit toujours, plus confiant que jamais, dans l'épisode suivant.

La scène de ce théâtre d'ombres est constituée d'un écran de fine toile blanche tendu sur un cadre. Les marionnettes qui sont créées par le montreur sont réalisées en cuir peint et en matériaux synthétiques. Ce sont des silhouettes plates aux contours nets, manipulées derrière l'écran sur des tringles horizontales munies d'un pivot, pour faciliter les changements de direction. Une source de lumière, autrefois fournie par une lampe à huile mais aujourd'hui par des ampoules électriques, éclaire les marionnettes en transparence et leur donne l'éclat du verre coloré.

Les légendes les plus populaires font de Karaghiozis un forgeron qui vivait en Turquie sous le règne du sultan Orthan (1326-1359). Alors qu'ils travaillaient dans une mosquée à Bursa, lui et son ami, le maçon Hadjiavat, échangeaient des propos si drôles que tous leurs compagnons s'arrêtaient de travailler pour les écouter. Comme les travaux n'avançaient guère, le sultan furieux les fit pendre. Mais il fut bientôt pris de remords car les

deux lascars lui manquaient. Pour le consoler, l'un de ses sujets créa des marionnettes à leur image, et c'est ainsi que naquit le théâtre Karaghiozis.

Les premières pièces furent transmises oralement et chaque montreur mémorisait l'intrigue en y ajoutant ses propres improvisations ou de nouvelles péripéties. Souvent, ils adaptaient des thèmes classiques, pour pouvoir commenter l'actualité politique et faire la satire des personnalités et des événements locaux.

Le montreur a toujours des assistants, mais il reste un véritable homme orchestre, avec une infinie variété d'intonations de voix qui personnifient tous les rôles de la pièce. Plus subtilement, il fait appel aux répétitions dans le geste, dans les déplacements ou dans le discours, pour parodier les personnages typés, tel le dandy pompeux Morfonios, qui vient des îles ioniennes. Le déguisement et la dissimulation sont fréquents. Karaghiozis soulève le voile au dernier moment, telle une jeune épousée qui veut surprendre son infortuné mari. L'apparence physique et le comportement des personnages sont outrés et contrastent avec ceux des gens ordinaires.

L'une des histoires les plus typiques, *Les Jours ou les tours de Karaghiozis* écrite et jouée par Frixos Gazepides, un septuagénaire alerte qui s'est entiché du théâtre d'ombres quand il était petit garçon. On y retrouve les personnages d'Aghlaïa, l'épouse piaillante de Karaghiozis ; Hadjiavatis, un philosophe sage et instruit, qui est le meilleur ami de Karaghiozis ; Barbayorgos (oncle Georges), un berger des montagnes de Rumeli imposant et aux manières frustres ; M. Skordalias (M. Sauce à l'ail), un riche marchand de Nauplie qui est l'oncle d'Aghlaïa, une création de Gazepides.

L'intrigue entraîne Karaghiozis dans un de ses habituels coups montés ayant pour but de se procurer de l'argent, mais qui finit toujours par échouer lamentablement. M. Skordalias s'apprête à partir en Suisse pour soigner son extrême myopie. Hadjiavatis le rencontre et lui apprend que Karaghiozis est mort le matin même et qu'Aghlaïa se trouve dans un terrible désarroi et sans un drachme. Skordalias le croit et se rend chez Karaghiozis pour rendre ses derniers devoirs. Il se penche pour embrasser le corps allongé, mais trompé par sa myopie, croyant embrasser la joue du mort, il embrasse sa fesse. Convaincu par la puanteur du décès de Karaghiozis, il se précipite à la banque pour retirer une forte somme d'argent. Il rencontre en chemin Barbayorgos, qui a souvent été victime des farces de Karaghiozis et reste très sceptique quant à la nouvelle de sa mort. Ils retournent ensemble chez lui pour faire leur petite enquête. Au lieu du cadavre et de la veuve éplorée, ils y trouvent la famille au complet, célébrant prématurément leur nouvelle richesse par un festin. La pièce se termine par l'inévitable correction de Barbayorgos, furibond. Et comme Karaghiozis roué de coups gît allongé sur le sol, il proclame : « *Je ne pouvais pas mourir avant, parce que j'avais faim ; mais maintenant que, pour une fois, je suis repu, je meurs avec joie.* »

Avant la Seconde Guerre mondiale, Mollas, un fameux marionnettiste, commentait : « *Un monstre nous est arrivé d'Amérique.* » Il faisait allusion au cinéma dont la sophistication technique captivait le grand public et le détournait du théâtre d'ombres. Avec l'émergence de la télévision en Grèce, dans les années 60, ces représentations, qui étaient très prisées dans toutes les familles, sont apparues aux yeux de certains comme naïves et démodées.

Il n'y a plus qu'une dizaine de vieux montreurs en Grèce, et aucune nouvelle recrue. Seuls un théâtre de plein air et une émission de télévision hebdomadaire sont consacrés régulièrement au théâtre Karaghiozis. Pourtant, si l'on en juge par l'enthousiasme du public de tout âge et de toutes nationalités qui assistait récemment à une représentation donnée par Gazepides, cet art populaire n'a rien perdu de son attrait universel. La liste des personnages reflète les divergences et les influences qui agitent encore la Grèce contemporaine. Karaghiozis lui-même est l'incarnation de l'esprit inné de la nation. Il survit à toute adversité et s'engage dans chaque nouvelle aventure avec un optimisme et une énergie renouvelés.

Spectacles de Karaghiozis à Athènes :
Yorgos Haridimos
Théâtre d'ombres Haridimos, *Place Lysicratos, Plaka, Athènes. Tél : 322-4845.* Ouvert de fin mai à fin octobre. Représentations à 21 h. Fermé le lundi.
Frixos Gazepides
Kyparissias 9, Aegaleo, Athènes, Grèce
Tél : 590-5257
Thanassis Spyropoulos. *Tél : 262-9066*
Vangas. *Tél : 490-0109.*

THEODORAKIS, ETC.

Q. Pouvez-vous décrire ce qui s'est passé dans le domaine musical pendant la dictature de la junte militaire, de 1967 à 1974 ?

R. Certaines chansons qui, en temps normal, auraient circulé librement, furent diffusées sous le manteau et on assista à un accroissement général de la production, avec des messages cachés contre les dictateurs. C'est en fait une sorte de résistance clandestine et un réseau de communication démocratique qui s'est organisé par le biais de la chanson.

Q. Qu'est-ce qui explique, d'après vous, ce formidable succès de Theodorakis et des auteurs de ballades de Neo Kyma durant les années 60, succès populaire que ni la musique disco ni les autres importations anglo-saxonnes n'ont réussi à concurrencer.

R. Les années 60 furent une période d'agitation politique et virent la suppression de toutes les institutions démocratiques. La Grèce étant depuis toujours le symbole même de la démocratie, aucun régime tyrannique ne pouvait être toléré dans ce pays. En période d'esclavage, tous les peuples se tournent vers leurs racines, où ils puisent la force de survivre en tant que peuples. Cela ne signifie pas néanmoins que les Grecs aient tourné le dos à toute musique étrangère durant cette période.

Q. Pouvez-vous nous dire quelles sont les différences entre les compositions élaborées de Theodorakis, Hadjidakis et autres compositeurs qui ont été formés à l'étranger et celles plus spontanées, du *rembetika* et de la musique populaire. S'adressent-elles au même public ?

R. Dans certaines de leurs chansons (en particulier celles qui ont été écrites pour le cinéma), Theodorakis et Hadjidakis suivent fidèlement l'esprit du *rembetika.* Mais dans leurs œuvres maîtresses, ils s'expriment de manière plus personnelle et, même si l'accompagnement au bouzouki est toujours présent, on n'y retrouve plus de similitudes frappantes avec le *rembetika.* Le public, bien sûr, a ses préférences. Mais il n'est pas rare que les admirateurs de ces chansons de « compositeurs » soient également amateurs de *rembetika.*

Q. Même si la musique populaire grecque n'a rien à voir avec la musique classique, le rock, la musique disco ou la musique punk, pourrait-on dire qu'elle est davantage influencée par l'Occident que par l'Orient ?

R. Ce qu'il faut souligner, chez Theodorakis et Hadjidakis, comme chez un grand nombre de leurs successeurs, c'est leur habileté à combiner les modes de compositions occidentaux et orientaux (gréco-byzantins) qui sont souvent contradictoires. Mais je ne saurais dire quelle est leur plus grande source d'influence. En la matière, je pense que chaque compositeur fait ses propres choix.

Q. Pouvez-vous nous parler un peu de la collaboration qui se poursuit entre les compositeurs et les poètes grecs contemporains ?

R. Je ne pense pas que nous puissions parler de « collaboration » entre compositeurs et poètes. Les compositeurs se penchent généralement sur les anthologies poétiques et choisissent un poème qui les inspire. En fait, ils travaillent souvent sur des textes de poètes disparus, comme Solomos, Kalvos, Sikélianos et Kavadias.

Q. A votre avis, comment la musique grecque va-t-elle évoluer ?

R : Avant 1945, à l'époque où les Grecs écrivaient des valses et des tangos, qui aurait pu prédire que, quelques années plus tard, Theodorakis et Hadjidakis ouvriraient une nouvelle ère dans l'histoire de la chanson grecque ? Personne, je pense. C'est pourquoi je préfère laisser cette question sans réponse.

LES CONSTRUCTIONS INACHEVEES

On raconte d'innombrables plaisanteries sur la bureaucratie grecque, et son volume de paperasseries et de formalités. Il est bien connu que chaque poste de la fonction publique est rempli par cinq personnes, au moins. Si cela réduit le chômage, cela entraîne également des effets secondaires non négligeables. Il faut souvent cinq fois plus de temps pour accomplir une quelconque démarche, que ce soit le passage de la douane, le péage d'une autoroute, changer de l'argent dans une banque ou inscrire un enfant à l'école.

Pour un observateur extérieur, c'est un véritable mystère. Comment des tâches aussi simples peuvent-elles prendre autant de temps ? Mais il suffit de tenir compte des pratiques locales, comme l'*hartosima* (les timbres fiscaux) pour réaliser que l'efficacité n'est pas l'objectif essentiel. La loi vous oblige à apposer ces timbres sur la plupart des documents officiels mais, pour quelque obscure raison, les services administratifs disposent rarement de leurs propres stocks. Et, avant de finir de remplir votre formulaire, vous devrez vous précipiter au kiosque le plus proche pour en acheter un. Après la pause café du fonctionnaire, vous apprendrez que vous avez également besoin d'une photocopie en trois exemplaires, et d'une photo d'identité prise par un certain photographe, installé à l'autre bout de la ville. Et ainsi de suite...

L'un des principaux symptômes de cette bureaucratie (*graphiokratia,* comme disent les Grecs) est la multitude de bâtiments inachevés qui émaillent le paysage urbain de ce pays. Si le paiement d'une taxe autoroutière prend toute une journée, imaginez le temps qu'il faut pour mettre en route un projet immobilier. Il est impossible de prévoir tous les contretemps. Non seulement les lois sur la construction changent avec chaque gouvernement, mais les objectifs évoluent. Il y a dix ans, la plupart des parents se sentaient obligés de construire des maisons pour leurs filles, maisons souvent au-dessus de leurs moyens, mais qui faisaient partie de la dot. Aujourd'hui, même si un « bon bagage » est considéré comme une meilleure dot qu'une maison, de nombreux chantiers sont ouverts. Chaque été, on élève un mur ou on consolide un plancher, et si la maison est construite dans une zone strictement réglementée, alors on travaille seulement de nuit. Ceci est lié au fait que le contrevenant ne peut être pénalisé par la loi que s'il est pris en flagrant délit. Curieuse loi. C'est ainsi que des pans entiers de murs, ou de barrières sont élevés dans l'ombre. Mais il reste tout de même une loi à laquelle aucune construction ne peut échapper : la couverture de l'armature métallique et la pose du toit étant l'ultime étape, aucune taxe n'est exigée tant qu'un bout de métal dépasse. Et c'est la principale raison pour laquelle il y a tant de bâtiments inachevés en Grèce.

VENDETTA

Contrairement au brigandage, qui était répandu dans toute la Grèce, la tradition de la vendetta est spécifique à certaines régions, où les grandes familles, un sens de l'honneur personnel exacerbé et l'amour du combat constituent une trinité maudite. L'Epire est l'une de ces régions, mais c'est le Magne qui était le foyer principal de la vendetta grecque.

William Leake, visitant le village de Vathia en 1805, décida de ne pas y passer la nuit après avoir appris que la querelle faisait rage depuis une quarantaine d'années, *« au cours desquelles ils (les habitants) estimaient qu'une centaine d'hommes avaient été tués »*.

Certains observateurs, dénonçant le « mythe » de la vendetta, prétendirent que ces chiffres étaient exagérés et qu'il y avait eu plus de balles tirées que de sang versé. Mais les rapports du docteur Papadakis, un chirurgien maniote du XVIIIe siècle dont l'activité était, semble-t-il, florissante, décrivent une toute autre situation : des crânes fracassés par des rochers, des membres criblés de balles, des blessures au stylet et à l'épée... *« Et l'un pourchassait l'autre, et l'autre à son tour en pourchassait un troisième / Le voisin frappait son voisin / le koumbaros (le parrain) frappait le koumbaros / Et le frère regardait son frère avec les yeux de Charon. »*

Mais le Magne turbulent décrit dans ce poème est tombé dans un silence désolé. La grande route construite après la guerre a changé bien des choses. Les derniers signes de la vendetta visibles aujourd'hui par le voyageur sont les ruines des tours de pierre derrière lesquelles, il y a moins d'un siècle, les clans rivaux de chaque village se réfugiaient pour s'exterminer les uns les autres.

LES FEMMES

Installez-vous sur une place publique en Grèce et vous verrez défiler tout un monde sous vos yeux : les hommes, les femmes et les enfants. En observant la scène de plus près, vous comprendrez vite que ce n'est pas un univers de femmes. Elles traversent la place avec les symboles de leur condition : un plateau destiné au four du boulanger, ou les sacs des courses, ou encore leurs enfants dans leur poussette. Leur véritable vie semble ailleurs, même celles qui s'arrêtent un instant pour bavarder n'ont pas l'assurance magnifique des hommes, dont chaque geste révèle leur certitude de « conduire le spectacle ». Dans quel monde ces femmes vivent-elles ? Sont-elles confinées dans les coulisses, dans l'antre domestique ?

Le statut de la femme en Grèce varie selon l'individu. Tout dépend de l'endroit où elle habite, si elle est mariée, si elle est jeune ou vieille, si elle est riche ou non, et surtout, des choix qui lui sont offerts. Il est clair que ceux d'une femme de 80 ans sont très différents de ceux auxquels sa petite-fille est aujourd'hui confrontée. Mais en quoi sont-ils différents ; et ces nouveaux choix sont-ils accompagnés de nouvelles contraintes ?

La génération des « grands-mères »

Une vieille femme de 80 ou 90 ans, qui passe ses hivers recroquevillée dans un divan près du poêle et émerge en été pour s'installer sur un tabouret, sur son balcon ou devant sa porte, porte en elle le souvenir d'une vie ponctuée par la guerre et les secousses politiques. En berçant ses petits-enfants et ses arrière-petits-enfants, elle a la conviction que le fil qui relie entre eux tous les événements extérieurs, c'est justement la famille. Mais si elle possède ce sens profond de la continuité, vertu qu'elle tentera sûrement de transmettre aux générations qui l'ont suivie, elle vit dans un monde où la substance même de la vie a été modifiée. Si, comme cela est probable, elle a commencé sa vie dans un petit village (les agglomérations et les grandes villes se sont toutes développées dans le courant du XXe siècle), elle aura vécu le combat *(aghona)* quotidien des paysans dans les champs et la mutation de l'agriculture à travers le développement industriel. Le travail des femmes dans les champs reste l'un des facteurs significatifs de l'économie grecque (et il commence seulement, depuis 1980, à être reconnu grâce à la constitution de syndicats agricoles féminins avec les encouragements du gouvernement socialiste). Mais il n'a plus rien à voir avec le travail dur et intensif qui était imposé aux femmes au début du siècle et qui mettait en danger leur santé, compromettant parfois leurs maternités.

Dans la mentalité traditionnelle, une femme sans maison est aussi incomplète qu'une maison sans femme. L'horizon de la femme moderne s'est élargi et, pour elle, une maison est un bien piètre royaume en héritage, surtout s'il s'agit d'un appartement dans un grand ensemble. Mais jusqu'à présent, ce lien entre

femme et maison est resté une constante de la société grecque. Les maisons de riches marchands du XVIIIe et du XIXe siècles, que l'on peut encore voir à Kastoria ou à Siatista, étaient décorées d'une profusion de fresques représentants des fleurs, des fruits et des paysages nonchalants. C'étaient des cages dorées pour les femmes qui y passaient leur vie.

C'est un lieu commun que de rappeler que les contraintes politiques, qui sont pourtant du domaine public, ont de nécessaires répercussions au niveau des relations homme-femme à l'intérieur de la cellule familiale. Ainsi, quand la Grèce était sous la domination turque, et ce fut le cas pour toute la région nord jusqu'en 1912, les Turcs imposèrent aux Grecs des restrictions, et ceux-ci firent aussitôt de même envers leurs épouses. La modestie des femmes fut d'ailleurs souvent un sujet de rivalité, et parfois l'occasion d'insultes, entre communautés chrétienne et musulmane. Il est vrai que, bien souvent, les Turcs usèrent de violence envers les femmes (plus d'une femme doit son martyre à un pacha dont elle refusa les avances) mais il faut bien admettre que la modestie imposée aux femmes n'était pas seulement une mesure de protection contre l'occupant : les femmes représentaient, et représentent encore de bien des manières, le cœur vulnérable de la famille. Et les hommes mettent leur point d'honneur à les défendre.

Aujourd'hui les vieilles femmes s'offusquent souvent de la façon de s'habiller des plus jeunes, de l'impudeur d'un décolleté ou même d'un bras nu. Le vêtement est un symbole important en Grèce (un symbole de jeunesse ou de vieillesse, de conformisme ou d'excentricité, de joie ou de deuil). Mais dans ses critiques, la vieille génération ne semble pas tenir compte des contraintes cachées que subissent encore beaucoup de jeunes femmes (une femme célibataire, par exemple, doit encore théoriquement obéissance à son père, et ce, quel que soit son âge).

Le rapport qu'une femme entretient avec sa maison, la responsabilité qui est sienne quant à son aménagement et à son apparence, conditionnent sa vie tout entière. Dans plusieurs régions de Grèce (en gros, dans le Sud et dans les îles), c'est la famille de la jeune fille qui procure traditionnellement la maison du futur couple, ainsi que quelques meubles et autres biens domestiques. Ce système de dot a fortement affecté les chances de mariage des jeunes filles et l'équilibre entre filles et garçons dans les familles a longtemps été une cause de réussite ou d'échec économique. Les fils ont sacrifié leur héritage au bénéfice de leurs sœurs ; des jeunes filles ont été acculées au suicide en voyant leur « valeur marchande » s'effondrer à la suite d'une ruine familiale.

De nos jours, on a fait des efforts pour limiter cette pratique. Dans les régions du nord de la Grèce, le système fonctionne à l'inverse.Les garçons vivaient traditionnellement avec leur épouse sous le toit parental où elles étaient soumises au règne, souvent tyrannique de leur *pethera* (belle-mère), qui avait sans doute elle-même souffert de l'autorité de sa belle-mère à l'époque où elle était

jeune mariée. Mais de nouvelles exigences de confort et d'intimité sont apparues. Il arrive encore que le dernier fils marié vive chez ses parents, mais la norme veut que chaque nouveau couple ait sa propre maison ou un appartement. Dans ce cas, c'est le plus souvent la belle-mère qui continuera à superviser l'entretien du ménage et l'éducation des enfants.

La maison, domaine de la femme

Une fois qu'une femme est installée dans sa nouvelle maison, elle y règne. Si vous êtes reçu dans une maison grecque, vous serez sans doute introduit au *saloni,* et les portes seront ouvertes en votre honneur afin de vous permettre d'admirer chaque détail de la pièce. Dans le choix des aménagements comme dans la façon dont laquelle la maison est tenue, c'est la réputation de la maîtresse de maison qui est en jeu.

Si vous vous retrouvez seul un moment, pendant que la « *Kyria* » va préparer du café dans la cuisine, votre regard s'arrêtera sans doute sur ces ouvrages qui représentent des heures de travail de la femme de maison.

Les travaux manuels des femmes grecques ne sont pas un simple passe-temps. Ils sont étroitement liés à la perception traditionnelle du rôle de la femme dans la société et de son destin. Une jeune fille apprend la couture pour être « épousable ». Et cet apprentissage symbolise, obscurément, ses futures obligations. La jeune mariée doit montrer qu'elle est capable d'« installer » sa maison, de lui apporter tout le confort et le décorum qui la mettront en valeur. L'accumulation généralement impressionnante de meubles et de tissus qu'a réalisée la fiancée est alors convoyée jusqu'à sa nouvelle demeure avec une certaine cérémonie, autrefois à dos de mulet, aujourd'hui dans un camion qui traverse bruyamment le village ou le quartier dans un concert de Klaxons et de cris de réjouissance. A la vue de ces merveilles, les autres femmes expriment leur admiration pour les « doigts d'or » de la mariée, mais il est clair que cet étalage ne cherche pas seulement à faire la preuve de ses talents mais aussi de sa vertu. Dans les villes, et partout où l'argent est plus disponible que le temps, ces articles sont de plus en plus souvent achetés tout faits. Mais le linge brodé main reste très prisé et les mères et les grand-mères transmettent à leurs filles des pièces qu'elles ont conservées dans leur coffre de mariage, et qui sont imprégnées de l'odeur du bois de camphre.

Les travaux ménagers sont exécutés avec ostentation et, il faut le dire, avec une certaine virtuosité. Dans les villages comme dans les villes, bon nombre d'entre eux se déroulent à la vue de tous. La femme tient son pouvoir des preuves de son travail. Les vieilles maisons ne sont pas construites ni équipées de façon fonctionnelle et leur entretien demande souvent des efforts disproportionnés au résultat obtenu.

Il y a plusieurs justifications de cette « taxe » symbolique payée par les femmes. C'est d'abord une restauration de l'ordre, face à la saleté et au désordre envahissants. Chaque ménagère balaie devant sa maison et blanchit les arbres et les pavés. Elle délimite ainsi un territoire où l'harmonie est retrouvée, sur lequel sa famille imprime le sceau de la rédemption, au sens mystique du terme, sur un monde déchu. Parallèlement, la grâce divine se manifeste dans les choses matérielles : si le pain lève bien, et si les légumes poussent drus, c'est le signe (pour elle, comme pour les autres membres de la communauté) que sa famille jouit de la protection de Dieu et de tous les saints.

Chaque maison, chaque appartement ou presque, abrite dans un coin, au fond d'une petite niche, l'effigie de ses saints, avec quelques feuilles ou quelques fleurs séchées, vestiges fragiles d'une fête passée, une fiole d'eau bénite provenant d'un pèlerinage et les couronnes de mariage en tissu, fanées depuis longtemps. Ce culte des icônes fait partie de l'entretien du foyer. Les icônes ont besoin de lumière. Un petit verre rempli d'eau et d'huile d'olive, avec une mèche flottante, leur procure un éclairage doré permanent. Ces lampes antiques et sobres sont parfois remplacées aujourd'hui par des ampoules électriques. Mais en période de crise ou avant une fête importante, la maîtresse de maison nettoie et remplit les petites lampes à huile, installe une nouvelle mèche rose et va allumer d'autres veilleuses devant les icônes de l'église locale ou les chapelles du voisinage. Ce sont les femmes qui ont la responsabilité des icônes familiales. Ce sont elles qui vont à l'église et disent les prières. « *Emeis plironoume* », disent-elles (C'est nous, les femmes, qui hions).

Mais c'est l'éducation des enfants qui confère à une femme son véritable statut. Il serait difficile d'exagérer l'importance accordée en Grèce au mariage. Le sentiment qu'il n'existe pas d'autre mode de vie, mieux approprié, pour un adulte, quel que soit son sexe, prévaut généralement. Et l'opinion selon laquelle les moines et les nonnes qui le rejettent explicitement sont en fait victimes d'une déception amoureuse est largement répandue. Le caractère essentiel du mariage dans la vie d'un individu est symbolisé par un curieux rite : quand une jeune femme ou un jeune homme meurent célibataires, ils sont enterrés en habits de noces et coiffés d'une simple couronne de mariage, lors d'une cérémonie poignante qui a lieu avant la fermeture du cercueil.

Le mariage et la valeur de la femme

La pression en faveur du mariage est intense. Les femmes ont moins de temps pour se décider que les hommes. Une femme toujours célibataire après 25 ans est un souci pour ses parents, tandis qu'un homme peut décemment conserver sa « liberté » (les célibataires sont toujours considérés comme des gens « libres ») jusqu'à la quarantaine. Les femmes qui choisissent de ne pas se marier sont confrontées à la conviction bien ancrée que leur célibat n'est pas la conséquence d'un libre choix. L'opinion générale en fait des victimes des circonstances.

Une fois qu'elles sont mariées, la pression se relâche. Momentanément, du moins. L'étape suivante est bien sûr la grossesse. Il arrive que l'angoisse de cet événement soit devancée, quand la jeune fille est enceinte avant le mariage, ce qui est relativement courant dans certaines régions, de nos jours comme par le passé. « Mon père me tuera ! » La menace

n'est pas toujours exagérée, car une grossesse hors mariage est une chose grave partout en Grèce. Mais le concept d'engagement est devenu moins formel (les familles se contentent parfois d'un simple engagement verbal, au lieu du traditionnel échange de bagues et de cadeaux, ou, plus librement encore, les jeunes gens s'engagent mutuellement sans témoins). Et l'on constate à la fois une plus grande tolérance en matière sexuelle et de plus grands risques de malentendus.

Si l'éducation des enfants est leur fierté, les mères grecques évoquent souvent les souffrances qu'elle entraîne. Elles ne concernent pas seulement les douleurs de l'enfantement. Elles s'attendent à vivre dans l'angoisse depuis le jour de la naissance de leurs enfants jusqu'au jour de leur mariage. C'est une souffrance qu'elles partagent avec la *Panhaghia,* la Vierge Marie, la femme-modèle qui leur est explicitement offerte par l'Eglise orthodoxe, et dont les souffrances pour le Christ sont commémorées tout au long de l'année religieuse. Les femmes sont toutes des « Eve », prisonnières des entraves de la sexualité féminine, et dont la seule chance de salut est la procréation.

Enfanter signifie nourrir. La mère assure la subsistance de son enfant pendant la grossesse, mais le processus ne s'arrête pas là. L'amour d'une mère pour sa famille se mesure généralement aux soins qu'elle apporte à la préparation des repas. Si elle propose des pâtes, elle se verra taxer de négligence. Les plats favoris de la famille, *dolmadhes, pastitsio* et *pitta* par exemple, demandent des heures de préparation.

Mais si une mère doit poursuivre cet idéal de mère-nourricière, elle doit également encourager sa famille à jeûner à certaines époques pour se conformer aux critères de pureté religieuse. Dans bon nombre de foyers, le jeûne est aujourd'hui appliqué avec tolérance. Le jeûne strict signifie la suppression de toute viande, de tout aliment d'origine animale et de l'huile. Des plats spéciaux *(ladhera)* préparés à base d'huile et de légumes constituent un jeûne intermédiaire. Dans les familles, il est important de préserver l'équilibre entre valeurs opposées. Car faire jeûner un enfant plus que nécessaire est indéniablement un signe de manque d'amour maternel.

La mort

Le devoir d'une femme envers les autres membres de sa famille s'étend à tous, mais plus particulièrement à ceux qui ont besoin d'aide : les enfants et les morts. Son devoir envers les morts implique aussi, paradoxalement, la préparation de nourriture. C'est en fait une sorte de renversement du processus. Tout au long de sa vie, l'homme a besoin de nourrir son corps pour assurer sa subsistance et sa santé. Après sa mort, il doit laisser son corps dépérir, soulager son âme et se purifier en vue de la résurrection finale. En distribuant de la nourriture aux autres familles, la femme aide le mort dont elle a la charge à se débarrasser, symboliquement, de cette chair superflue. Le Dimanche des Morts (il y en a cinq dans l'année), les cimetières grecs sont envahis de femmes en noir. Elles allument des cierges, astiquent les plaques de marbre autour des tombes, mais surtout elles apportent avec elles des monceaux de nourriture, enveloppés dans du papier aluminium, qu'elles échangent avec leurs voisines. L'offrande est accueillie par les mots : « *Dieu pardonne* ». Chaque femme repartant avec un paquet aussi gros que celui qu'elle avait apporté. Si, pour une raison quelconque, une femme n'est pas en mesure de remplir ses devoirs envers un mort, celui-ci viendra vraisemblablement tourmenter ses rêves. Et quand elle cessera de rêver du mort, c'est que celui-ci n'aura plus besoin de son aide.

Le changement des valeurs

Les critères de vie et de réussite des femmes n'ont guère changé durant la plus grande partie du XXe siècle. Aujourd'hui les valeurs anciennes cohabitent avec les nouvelles : l'importance d'être une femme et une mère avec celle d'être capable de gagner un bon salaire. Et l'on pourrait ajouter que les conditions de cette cohabitation ne sont pas pires que dans beaucoup d'autres pays européens, compte tenu, en particulier, de l'aide non négligeable des mères de ces jeunes femmes, omniprésentes à l'arrière-plan. Ce qui était et qui reste important, c'est ce besoin qu'ont les femmes d'être assurées de leur valeur. Aujourd'hui, on apprécie en elles des vertus plus substantielles, quoique moins visibles ; l'éducation, l'adaptation à la société environnante, les talents de femme d'action *(drastiria)*. Mais ces nouvelles valeurs ne sont pas nécessairement synonymes de liberté et l'on accorde toujours une grande importance à certains indices extérieurs : la façon de danser, de boire, de fumer (et surtout de ne pas fumer). Mais surtout, la femme appartient à sa famille.

C'est ce qui choque le plus les femmes étrangères qui voyagent en Grèce. Ces dernières sont souvent un peu agacées par cette ségrégation entre hommes et femmes.

L'appartenance à la famille

Face aux tentations du sexe, on peut douter de la capacité de résistance de l'un comme de l'autre des deux sexes, et, en conséquence, ce sont les pères et les frères qui assument traditionnellement le rôle de gardien de la sexualité féminine. Et les femmes qui jouissent clairement d'une grande liberté de mouvement et d'une certaine autonomie financière sont soupçonnées de la même désinvolture dans d'autres domaines. En cela, elles ressemblent aux hommes et sont souvent traitées comme tels. On leur offre des cigarettes ou un alcool fort (propositions qui seraient considérées comme une plaisanterie ou une insulte par les femmes des petits villages traditionnels, mais que les citadines acceptent aujourd'hui sans problème). On va jusqu'à leur offrir un siège dans les *kafaneion*. L'acceptation de tels privilèges ne fait que souligner la position particulière dans laquelle se trouvent les touristes.

Les femmes grecques ont tendance à réagir à cette anomalie par une avalanche de questions : « *Mama, baba, zoum ?* » (Votre père et votre mère sont-ils vivants ?) « *Adelphia ?* » (Et vos frères et sœurs ?) ; et désignant l'anneau sur la main droite : « *Andras ?* » (Vous êtes mariée ?). Cela n'a rien à voir avec la routine des conversations de courtoisie. C'est une tentative pour clarifier ce qui est, à leurs yeux, la chose la plus importante pour une femme : le rapport à la famille. Et elles ne résisteront pas à jauger l'étrangère du regard en s'inquiétant de savoir si elle ferait un bon parti pour ce jeune homme de leur connaissance dont elles ont les intérêts à cœur.

Chacune a le choix de sa conduite. Les Grecs sont très sensibles à la forme et cela explique sans doute leur ouverture d'esprit. Ils sont prêts à accepter que les choses se fassent différemment dans votre pays.

XENOMANIE/XENOPHOBIE

En tant que petit pays, la Grèce a toujours dû apprendre à conjuguer avec le *Xenos,* l'étranger. Qu'il soit envahisseur ou simplement visiteur, le *Xenos* a eu un énorme impact sur la conception grecque de l'individu. Un *Xenos* n'est pas toujours un non-Grec, il peut être un Grec d'une autre ville. Autrefois, quand une femme épousait un homme de la montagne, elle épousait un *Xenos*. Et les chansons que l'on chantait à son mariage étaient souvent des lamentations, pour lui souhaiter bonne chance dans « l'autre vie ». Partir pour un autre village ou pour un autre pays était un même exil. Le *Xenos* qui l'emmenait avec lui était considéré avec autant de suspicion qu'un étranger. Aujourd'hui encore, dans bien des régions, un Athénien est autant un *Xenos* que le touriste qui débarque. Mais si la xénophobie était, il y a 50 ans encore, le sentiment dominant, elle a cédé la place aujourd'hui à la xénomanic.

Le tourisme n'a cessé d'augmenter depuis le début des années 60. Sous le régime des colonels (1967-1974), les étrangers furent encouragés, par l'exemption fiscale, à acquérir des propriétés. Et si le PASOK, le gouvernement socialiste en place depuis 1980, n'a pas accordé aux étrangers les mêmes facilités, sa politique prouve qu'il place le tourisme au premier rang de l'économie nationale. En 1985, le tourisme a rapporté au pays presque autant de devises que toutes les autres industries combinées.

Mais cette xénomanie ne va pas sans problèmes. La Grèce n'était pas vraiment préparée à une telle expansion de l'industrie touristique. Le boulanger d'Amorgos, qui peut gagner trois fois son salaire en louant des chambres durant la saison d'été, ne se souciera guère de l'esthétique du port ni des conséquences de cette intrusion dans les mœurs traditionnelles, quand il décidera de faire surélever la maison familiale pour y ajouter quelques chambres. *Xenos* est devenu un terme beaucoup plus ambigu, maintenant qu'il permute librement entre « phobie » et « manie ». D'un côté, c'est grâce au touriste que l'on fait construire cette nouvelle route et que le niveau de vie a augmenté, et d'un autre, c'est lui qui a introduit le sexe, la drogue et le *rock and roll.*

Le Grec répond parfaitement aux besoins matériels de l'étranger, mais s'obstine à garder son rythme de vie. Dans un hôtel chic d'Hydra, on vous servira tous les derniers coktails à la mode, mais le propriétaire refusera absolument de se lever avant 10 h pour servir le petit déjeuner.

La rapidité avec laquelle la Grèce est devenue le paradis des vacances pour toute l'Europe explique que jusqu'à récemment le pays était davantage équipé pour les jeunes routards que pour la clientèle des paquebots de croisière. Mais les Grecs ont compris où étaient leurs intérêts économiques, et la situation est en train de changer. Quant à l'accueil il devrait être moins cyclothymique : ni xénophobe, ni xénomaniaque, mais xénophile.

YAOURT

La plupart des visiteurs en Grèce s'extasient sur les yaourts. Riches, épais et crémeux, dans leur forme commerciale, ou acide et onctueux quand ils sont « faits-maison » *(spitikio),* c'est une nourriture beaucoup plus substantielle que les yaourts aqueux que l'on trouve dans d'autres pays. Le yaourt grec n'est ni une boisson, ni un repas. Il a sa propre fonction culinaire. Telle une parenthèse, il sépare le repas des autres activités de la journée. Il nettoie le palais. Les repas débutent souvent par une assiette de *tsatsiki* (un délicieux mélange de yaourt, de concombre et d'ail) ou se termine par un bol de yaourt agrémenté de miel local et de noix. En préface ou en final d'un repas, le yaourt facilite la digestion par sa consistance. On le considère en général comme un aliment apaisant. En Grec, quand la mer est calme, on dit qu'elle est « comme du yaourt ».

ZORBA

Personne n'a fait davantage pour l'image chaleureuse, passionnée et impulsive de l'hédoniste grec que l'acteur, Anthony Quinn. Nikos Kazantzakis a peut-être inventé Zorba, mais Anthony Quinn a immortalisé ce paysan enjoué et malin. La gloire en revient aussi au metteur en scène, Elia Kazan, qui a su si bien montrer, par les contrastes du noir et du blanc, l'austérité des mœurs sociales tout autant que des montagnes ou de l'architecture d'un village crétois de l'intérieur.

La plupart des gens connaissent le personnage sous le nom de *Zorba le Grec,* mais le titre original du roman qui a inspiré le film est *Alexis Zorba* et Kazantzakis aurait trouvé cet adjectif, le Grec, tout à fait superflu. Zorba a réellement existé, il était originaire, selon certains, d'une petite ville de la péninsule macédonienne, en Chalcidie, et l'auteur l'a rencontré lorsqu'il vint travailler en Crète.

C'était un simple mortel, mais il est devenu un personnage mythique. C'est un stéréotype moderne, certes, mais il descend d'une longue lignée. Les élites européennes ont longtemps considéré les paysans comme de « nobles sauvages » attachés à leur terre, et la littérature romantique comme les récits de voyages abondent d'évocations de ces âmes rustiques, dansant pour échapper à leurs soucis. En Grèce, ces danses ont un charme spécial : les gestes effrénés des paysans et la musique discordante sur laquelle ils dansent rappellent les fêtes dionysiaques antiques. Et Zorba, comme ses prédécesseurs, symbolise une réflexion pleine de gravité sur un très vieux problème philosophique : le pouvoir de la passion et les limites de la raison. Une question qui a toujours été au cœur de l'Eglise orthodoxe dont la puissance rationnelle et temporelle coexiste depuis toujours avec les théologies les plus mystiques. Et cette foi abstraite, étrange, a fleuri dans le paysage sensuel de la Crète natale de Kazantzakis.

Kazantzakis a été préoccupé par des questions d'ordre spirituel pendant toute sa vie. Bien qu'il ait finalement abandonné la foi orthodoxe, il ne fait aucun doute que ses conflits intimes à propos du sexe, et ses thèmes d'inspiration littéraire, sont issus de son expérience religieuse antérieure. Son roman sur Zorba explore le problème de l'âme et du corps, qui l'a toujours obsédé. Le *« Boss »,* dont beaucoup prétendent qu'il s'agit de Kazantzakis lui-même, est un intellectuel piégé dans un monde de mots. Il se protège du péché en réprimant tout sentiment de désir pour les choses défendues. Mais il est totalement incapable d'agir. Cette « paralysie » trouve son antithèse en Zorba, qui assume ses désirs, pour la nourriture, pour le vin et pour les femmes, naturellement, presque avec provocation. Il faut pardonner à Kazantzakis son penchant romantique, car ici le rude paysan n'est pas seulement « noble », mais « sage ». Et c'est l'érudit qui a besoin des leçons de Zorba, l'illettré qui se connaît si bien lui-même.

Il est normal, dans un certain sens, que Zorba soit aujourd'hui pour nous un personnage de cinéma plutôt que de littérature. Les mots ne sont pas son point fort. Lorsque quelque chose de grave se produit —quand il apprend la mort de sa fille, par exemple— Zorba doit danser ! Extase ou désespoir, semble-t-il nous dire, le corps est seul capable de traduire l'ineffable. C'est un peu le même message qui émane du film *Jamais le dimanche,* dans lequel Melina Mercouri joue le rôle de la « putain au grand cœur » et danse joyeusement sur le quai avec de jeunes marins.

Tous expriment quelque chose de l'âme grecque, cette autorité théâtrale devant un public sceptique, les plaisirs et les tensions de la vie en société, la passion et la retenue. Si nous autres, étrangers, nous comprenons rarement ce que signifie pour un Grec, la danse, la fête, et encore moins casser des assiettes, nous trouvons néammoins irrésistible l'exubérance dont nous sommes les témoins. Car, dans Zorba, et ailleurs, nous discernons une spontanéité et une jovialité collectives que nous avons perdues. Si nous tenons tellement à Zorba, c'est parce qu'il nous aide « à retrouver » non seulement les Grecs, mais aussi nous-mêmes.

Diamant
le bon vivant
Signe d'amour Fragonard
12.217
MYCONOS
Diamant
DIAMANT
Diamant

INFORMATIONS PRATIQUES

PREPARATIFS ET FORMALITES DE DEPART

PASSEPORT ET VISA

Les ressortissants des pays de l'Europe de l'Ouest et du Canada, qui sont en possession d'un passeport valide (ou périmé depuis moins de 5 ans) ou d'une carte d'identité peuvent entrer en Grèce et y séjourner pendant 3 mois. Dans ce cas, aucun visa n'est nécessaire. Pour rester plus longtemps, le passeport est obligatoire mais il faut également un permis de résidence dont on peut faire la demande à la Direction du service des étrangers, *9 rue Chalcocondili, (tél.362-83-01)* à Athènes, ou *37 rue Vas. Konstantinou, (tél.417-40-23)* au Pirée. Les ressortissants des autres pays doivent contacter l'ambassade ou le consulat de Grèce le plus proche de chez eux et se renseigner sur les conditions d'obtention d'un visa.

CLIMAT

La Grèce, vue à travers les dépliants touristiques, est présentée comme un pays toujours chaud et ensoleillé. C'est effectivement le cas si l'on se réfère à une moyenne européenne. Mais cette image ne reflète pas l'immense variété du climat grec. Le Nord ainsi que les régions continentales jouissent d'un « climat continental tempéré », ce qui veut dire que les hivers sont relativement froids et les étés terriblement chauds. Par exemple, à Ioannina et à Thessalonique, il n'est pas rare d'avoir de la neige et des températures en dessous de zéro. Dans les régions montagneuses, l'hiver est carrément rigoureux. Les îles du sud, la plus grande partie du Péloponnèse et la péninsule Attique sont plus conformes à l'image méditerranéenne traditionnelle : une longue saison chaude et ensoleillée s'étend de la mi-avril à la mi-octobre. Mais, dans cette région aussi, les hivers sont froids et pluvieux.

En général, le début du printemps (avril-juin) et l'automne (septembre-octobre) sont les moments les plus propices aux séjours. Pendant ces périodes, vous y trouverez des températures agréables, du soleil et peu de touristes. En juillet et en août, vous visiterez une Grèce surpeuplée, et cela dans un climat étouffant. Cependant, des millions de touristes semblent préférer la chaleur et la foule, puisqu'ils choisissent cette période de l'année pour passer des vacances en Grèce.

VETEMENTS A EMPORTER

Si vous visitez la Grèce pendant l'été, vous emporterez des vêtements simples et légers. Prévoyez un pull ou un cardigan, et vous serez paré pour les petits vents frais qui peuvent parfois se lever le soir. Des chaussures légères et des sandales sont ce qu'il y a de mieux. Toutefois, il peut s'avérer utile de se munir aussi d'une paire de chaussures de marche confortables, déjà portées. Si vous avez l'intention de faire des randonnées dans les montagnes ou dans les îles, emportez également des chaussures de randonnée légères. Pour se protéger du soleil intense qui règne au milieu de la journée, il est indispensable d'avoir un chapeau ou une écharpe. En général, les Grecs, comme les touristes, dînent en vêtements simples. Vous n'aurez besoin de vêtements habillés que si vous avez l'intention de vous rendre dans des établissements chics, des casinos, ou pour des rendez-vous d'affaires... Si vous visitez la Grèce en hiver, emportez le même type de vêtements que vous porteriez au printemps au Québec ou en Europe. Attendez-vous alors à avoir de la pluie, du vent et des températures allant de 3 à 16 °C.

Pour entrer dans une église, les hommes doivent porter des pantalons, et les femmes avoir les bras couverts. Très souvent, on vous procurera le nécessaire à l'entrée de l'église, si vous n'en disposez pas. Le fait de ne pas se conformer à cet usage peut être pris pour une insulte venant de votre part. Dans certaines circonstances, il en sera de même si vous souhaitez vous baigner nu. Cela n'est autorisé légalement que sur un très petit nombre de plages grecques, bien que socialement accepté sur beaucoup d'autres. La règle la plus simple que nous vous conseillons est celle-ci : s'il s'agit d'une plage à l'écart ou d'une plage où, d'un commun accord avec les autorités locales, le nudisme est couramment pratiqué, vous ne serez ennuyé par personne et vous n'ennuierez personne en vous y adonnant.

Enfin, pour ce qui concerne l'habillement, vous devrez vous conformer aux règles en usage dans le lieu où vous vous rendrez.

POUR DE PLUS AMPLES RENSEIGNEMENTS

• ADRESSES DES BUREAUX DE L'OFFICE NATIONAL DU TOURISME GREC

Belgique : Office national hellénique de tourisme, *62-66 bld de l'Impératrice, 1000 Bruxelles, tél. 513-0206, 513-2712, tlx. 24044.*

Canada : Office national du tourisme grec, *1233 rue de la Montagne Montréal, Québec H3G 1Z2, tél. (524) 871-1535, tlx. 05560021 ;*

80 Bloor Street, Suite 406 Toronto, Ontario M5S 2V1, tél. (416) 968-2220, tlx. 06218845.

France : Office national hellénique de tourisme, *3 av. de l'Opéra, 75001 Paris, tél. 42 60 65 75, tlx. 680345.*

Suisse : Griechische Zentrale fur Fremdenverkehr, *7 Strasse Gottfried Keller, 8001 Zurich, tél. 251-8487/8/9, tlx. 57720.*

Pour tous les bureaux dont la liste est donnée ci-dessus, le nom de câble est « GRECTOUR » suivi du nom de la ville concernée.

ALLER EN GRECE

PAR AVION

La Grèce est desservie par de nombreuses lignes aériennes internationales qui viennent des cinq continents. Il existe différentes façons de prendre l'avion pour un prix largement inférieur à ceux normalement pratiqués par les lignes régulières (Apex, *stand-by,* places de dernière minute, charters). Vous avez intérêt à vous informer sur les différentes possibilités, leurs avantages relatifs et leurs inconvénients, avant d'acheter un billet. La grande majorité des voyageurs qui arrivent en Grèce par avion débarquent à l'aéroport Hellénikon d'Athènes. Si vous naviguez sur Olympic Airways, vous débarquerez à l'Aérogare Ouest, sinon vous arriverez à l'Aérogare Est. Les deux aérogares sont reliées par un réseau de taxis et de bus qui démarrent toutes les 20 mn.

PAR MER

La grande majorité des touristes qui entrent en Grèce par bateau arrivent par l'ouest, c'est-à-dire par l'Italie. Vous pouvez embarquer à Venise, Ancône, Bari et Otrante. Mais le port le plus couramment utilisé est celui de Brindisi. Des liaisons quotidiennes (quoique moins fréquentes pendant la basse saison) existent entre Brindisi et les trois principaux ports grecs occidentaux : Corfou, Igouménitsa et Patras. Corfou est à 9 heures de bateau, Igouménitsa à 11 heures et Patras entre 16 à 18 heures selon qu'il s'agisse d'un bateau direct ou d'un bateau faisant escale dans les deux ports précédents. Igouménitsa est le port de débarquement idéal pour ceux qui ont l'intention de visiter le centre et la partie occidentale de la Grèce. Patras est préférable si vous désirez vous rendre directement à Athènes ou dans le Péloponnèse. Des bus ou des trains relient régulièrement Patras et Athènes (4 heures en bus). Si vous avez l'intention d'arriver avec votre voiture, vous avez intérêt à faire votre réservation longtemps à l'avance. Sinon, il suffit de vous présenter quelques heures avant le départ - sauf en pleine période estivale, où il vaut mieux avoir prévu des réservations.

L'Italie et l'Occident restent, de loin, le principal canal d'arrivée des voyageurs maritimes. Venant du sud, des bateaux assurent les liaisons entre Alexandrie et Le Pirée tous les 10 à 15 jours. Par l'est, une liaison hebdomadaire relie Le Pirée à Haïfa et à Limassol, et tous les 5 jours à Volo, Chypre et la Syrie, sans compter les nombreux points de rencontre entre les îles orientales de la mer Egée et la côte turque. Par le nord, de nombreux bateaux relient Le Pirée à Istanbul. Durant l'été, des bateaux effectuent deux fois par mois la traversée entre Le Pirée et Odessa (URSS).

PAR LA ROUTE

D'Europe par la Yougoslavie.

La route continentale qui relie l'Europe du Nord-Ouest à la Grèce est très longue (3 082 km entre Paris et Athènes par « l'itinéraire italien » et 3 060 km par « l'itinéraire allemand et autrichien »). Il s'agit en somme d'un parcours long et peu pratique si vous désirez uniquement vous rendre en Grèce pour de courtes vacances, mais cela peut devenir un voyage intéressant si vous faites de ce trajet une partie de vos vacances. En voiture, la route E traverse la Yougoslavie par l'intérieur et pénètre en Grèce juste au-dessus de Thessalonique. Des services d'autocars bon marché - comme le célèbre Magic Bus, *16 rue de Rivoli, 75004 Paris (tél.1/42.71.23.33)* - relient également Athènes et Thessalonique à de nombreuses villes européennes (48 heures au départ de Paris). Les différents trains que vous pouvez prendre dans les villes d'Europe de l'Ouest mettront plus de temps que le bus (environ 60 heures au départ de Paris-Gare de Lyon), coûteront beaucoup plus cher, mais vous permettront d'atteindre la Grèce moins fatigué. Faire du stop est une solution possible, bien que la traversée en stop de la Yougoslavie ne soit pas chose aisée.

En venant d'Asie par la Turquie.

Si vous vous rendez en Grèce venant d'Asie, vous passerez par Istanbul et traverserez l'Evros pour y entrer. La route peut se faire en voiture ou en bus. Elle est bonne et le trajet entre Istanbul et Thessalonique dure environ 15 heures. De nombreuses compagnies d'autocars assurent le service. Le voyage en train a toujours l'attrait légendaire du parcours de l'ancien Orient-Express. Mais, à moins que vous ne soyez un fervent amateur de voyages ferroviaires, la durée du trajet peut rendre ce moyen de transport prohibitif : 25 heures d'Istanbul à Thessalonique. Entre ces deux villes, se situe la fascinante région de Thrace : une merveilleuse aventure, si vous avez le temps et l'envie de la parcourir en stop.

A L'ARRIVEE

DOUANES

Selon la réglementation des douanes grecques, vous êtes autorisé, sans payer de droits, à emmener dans le pays : toutes vos affaires personnelles (vêtements, matériel de camping, etc.) ; nourriture et boissons jusqu'à concurrence de 10 kg ; 200 cigarettes ou leur équivalent en tabac ; 1 l d'alcool distillé ou de vin ; et 2 paquets de cartes à jouer (!).

Vous avez également droit à l'un des objets suivants : un appareil photographique et des films, une caméra et des films, un projecteur, une paire de jumelles, un instrument de musique portatif (transistor, tourne-disque ou magnétophone portatif), une bicyclette, et du matériel de sport (comme des skis, une raquette de tennis, etc.).

Vous pouvez aussi emmener, sans payer de droits de douane, des articles neufs pour la contre-valeur de 150 $ (sauf du matériel électronique), à condition que vous puissiez prouver qu'ils sont destinés à votre usage personnel ou à être donnés en cadeau, mais non à être revendus.

Il est interdit d'apporter des drogues, des médicaments (sauf une quantité limitée prescrite par un médecin pour votre usage personnel), des explosifs, des armes et (mais oui, c'est vrai) des planches à voile - à moins qu'un Grec résidant en Grèce ne garantisse qu'elle sera réexportée.

Pour en savoir davantage sur les restrictions concernant l'importation ou l'exportation d'autres choses comme les animaux, les plantes, les pistolets, les objets d'artisanat et les antiquités, voyez auprès de l'ambassade ou du consulat de Grèce le plus proche de chez vous, ou auprès d'une agence de tourisme.

TRANSPORTS DEPUIS L'AEROPORT

Entre l'aéroport d'Hellénikon et le centre d'Athènes, de nombreux services sont à votre disposition. La course d'un taxi entre l'Aérogare Ouest et Athènes (Syndagma/Omonia) devrait vous revenir à environ 400 drs et prendre à peu près 30 mn. En partant de l'Aérogare Est, il vous en coûtera environ 500 drs pour un trajet un peu plus long. A cela, il faudra rajouter 15 drs par bagage.

Le bus est beaucoup moins cher et fonctionne très bien si vous n'êtes pas pressé. Pour aller de l'Aérogare Ouest à Syndagma, le bus de l'Olympic Airways démarre toutes les demi-heures. Le prix du trajet est de 100 drs. Si vous prenez le bus municipal n° 133, qui est beaucoup plus lent, il ne vous en coûtera que 30 drs. De l'Aérogare Est à Syndagma, le Bus Express jaune n° 18 part toutes les 20 mn. Le prix est de 80 drs.

Allant des deux aérogares Est et Ouest jusqu'au Pirée, le bus Express jaune n° 19 passe par Akti et Tzelepi et, pour 80 drs, vous dépose sur le port. Le même trajet en taxi coûte environ 500 drs à partir de l'Aérogare Ouest, et 350 drs à partir de l'Aérogare Est.

FUSEAUX HORAIRES

La Grèce vit avec 2 heures d'avance sur l'heure donnée par le méridien de Greenwich. Donc, lorsqu'il est midi en Grèce, il est 10 h à Londres, 11 h à Paris, 5 h à New York et 20 h à Sydney.

Comme dans les autres pays du Marché commun, le passage à l'heure d'été entraîne un décalage d'une heure qui permet de profiter au maximum de la lumière du jour.

MONNAIE

On peut apporter en Grèce tout l'argent étranger que l'on veut, en liquide ou en chèques de voyage. Cependant, si vous avez l'intention de quitter le pays avec une somme d'au moins 500 $ en billets de banque (ou l'équivalent dans une autre monnaie étrangère), vous devez le déclarer dès votre entrée en Grèce. Les voyageurs ne peuvent apporter ou remporter plus de 3 000 drachmes grecques.

Toutes les banques et la plupart des hôtels ont le droit d'acheter de la monnaie étrangère au taux de change officiel fixé par la Banque de Grèce. Bien qu'il soit plus prudent de transporter la majeure partie de votre argent sous forme de chèques de voyage, il est parfois intéressant d'avoir sur soi une somme limitée en dollars. Dans certaines circonstances où il vous est impossible de changer des chèques de voyage, vous trouverez toujours un Grec prêt à vous échanger des dollars contre des drachmes.

A SAVOIR UNE FOIS SUR PLACE

HEURES D'OUVERTURE

Toutes les banques sont ouvertes au public entre 8 h et 14 h du lundi au vendredi. Certaines banques ferment une demi-heure plus tôt le vendredi. Toutefois, dans les endroits très fréquentés par les touristes, certaines banques ouvrent leurs guichets de change plus longtemps et même pendant le week-end.

Les horaires de travail des bureaux et des boutiques sont un tout petit peu plus compliqués. Ils dépendent du type de travail et du jour de la semaine. La règle générale veut que les bureaux ouvrent à 8 h le matin et ferment à 14 h 30 le lundi, le mercredi et le samedi et à 13 h 30 le mardi, le jeudi et le vendredi pour ouvrir de nouveau entre 17 h et 20 h 30 ces mêmes jours.

Vous vous apercevrez bien vite qu'en fait les horaires sont très souples en Grèce (qu'il s'agisse de bureaux officiels ou d'affaires personnelles). Pour éviter les déconvenues, donnez-vous toujours une marge de temps plus importante lorsque vous partez faire des courses ou effectuer des démarches administratives. De cette façon, vous comprendrez rapidement la mentalité grecque et apprendrez qu'en affaires, une conversation à bâtons rompus est aussi importante que le sujet pour lequel vous êtes venu discuter.

CARTES DE CREDIT

Les meilleurs hôtels, restaurants et magasins acceptent la plupart des cartes de crédit. Cependant, les pensions ou les tavernes ne le font pas. Renseignez-vous avant d'effectuer votre achat.

JOURS FERIES

1er janvier - Nouvel an

6 janvier - Epiphanie
Lundi maigre - Premier jour de carême
25 mars - Fête de l'Annonciation / jour de l'Indépendance et fête nationale
1er mai - Jour du Travail et fête des Fleurs
vendredi saint
Pâques orthodoxes / dimanche de la semaine sainte et lundi de Pâques
15 août - Assomption de la Sainte Vierge
28 octobre - Jour du Non (rejet de l'ultimatum italien de 1940)
25 et 26 décembre - Noël et lendemain de Noël

POSTES ET TELECOMMUNICATIONS

Les bureaux de poste sont ouverts du lundi au vendredi de 7 h 30 à 19 h 30 et le samedi de 7 h 30 à 13 h. En fait, les horaires sont beaucoup plus restrictifs. Certains services, au sein même des bureaux de poste, comme ceux des lettres recommandées ou de la distribution des paquets, peuvent fermer à 13 h 30. Dans certaines régions, les bureaux ferment au milieu de l'après-midi. Si vous avez quelque chose à porter ou à retirer dans un bureau de poste, vous avez intérêt à vous y rendre le matin.

● LES TARIFS POSTAUX

Changent assez fréquemment, il est donc préférable de vous renseigner dans un bureau de poste. On peut acheter des timbres dans les bureaux de poste et dans de nombreux kiosques *(periptera)* ainsi que dans les hôtels, moyennant une légère majoration. Si vous voulez expédier un paquet, ne l'emballez pas avant qu'un employé n'en ait vérifié le contenu. Dans certains bureaux de poste, vous trouverez sur place, pour quelques drachmes, le matériel nécessaire à l'emballage. Sinon il vous faudra emporter votre propre papier d'emballage, des ciseaux, de la ficelle, etc. Si vous envoyez des articles achetés sur place, faites-le faire par le magasin, car l'expédition de paquets à partir de la Grèce est un vrai casse-tête.

Vous pouvez vous faire adresser du courrier poste restante dans tous les bureaux de poste. Lorsque vous allez chercher des lettres ainsi expédiées, emportez votre passeport.

● TELEGRAMMES ET TELEX.

Pour envoyer un télégramme, il faut passer par l'OTE (voir ci-dessous). Il existe au moins 4 sortes de télégrammes différents que l'on peut envoyer : le normal, l'urgent (qui coûte environ le double du prix du normal), le télégramme de vœux (également deux fois plus cher que le normal), et la lettre-télégramme.

● TELEPHONES.

La plupart des kiosques sont équipés de téléphones à pièces (5 drs. pour une communication). Il y a aussi des téléphones à jetons, souvent de couleur rouge, que l'on trouve dans les cafés, les hôtels, les restaurants et même dans les kiosques. A certains endroits, vous trouverez des stands de téléphone - de couleur bleue pour les communications locales, et orange pour les communications à longue distance.

La plupart des villes grecques de taille moyenne, comme les grandes cités, ont un bureau de l'OTE d'où vous pouvez appeler en longue distance et envoyer des télégrammes. Dans les plus grandes villes, certains bureaux sont ouverts 24 heures sur 24 et d'autres de 7 h 30 à 23 h 30.

Pour avoir la liste des codes d'accès des grandes villes grecques, reportez-vous à l'Annexe.

COURANT ELECTRIQUE

Le voltage est de 220 AC dans toute la Grèce, ce qui signifie que les appareils venant du Canada ne peuvent fonctionner qu'avec un transformateur. De même les modèles européens de prises électriques sont différents des modèles canadiens, il faut donc un adaptateur pour pouvoir effectuer les branchements.

SANTE ET URGENCES

La Grèce n'est pas un pays où l'on peut contracter des maladies particulières autres que celles répandues en Amérique du Nord ou dans le reste de l'Europe. Il n'est donc pas nécessaire de faire des vaccinations spécifiques. En Grèce, l'eau est potable.

On trouve en Grèce certaines pharmacies qui sont ouvertes en dehors des heures habituelles et qui fonctionnent selon un principe de rotation. Si vous avez besoin de médicaments pendant l'une de ces heures, vous pouvez savoir laquelle est ouverte soit en vous rendant à la pharmacie la plus proche pour consulter le panneau affiché dans la vitrine (qui donne les détails des pharmacies de garde), soit en regardant le journal local dans lequel ce type d'information est donné.

Dans le cas d'une urgence médicale requérant une hospitalisation, appelez le 166 si vous vous trouvez à Athènes. Si, pour une raison ou une autre, cela ne marche pas, appelez alors la police touristique, au 171. Si vous vous trouvez ailleurs, reportez-vous à l'Annexe. En principe, la conversation peut se faire en anglais. On vous donnera ainsi les informations nécessaires, par exemple l'adresse de l'hôpital le plus proche ayant un service d'urgences.

Le système de santé grec peut paraître déroutant au touriste qui fait appel à ses services, surtout dans les cas d'urgence. L'une des choses primordiales sera de trouver un interlocuteur compétent, capable de s'exprimer à la fois en grec et en anglais, et de faire appliquer les soins nécessités par l'état du patient, tout en vous informant de ce qui se passe. Si vous êtes démuni de toute aide, tâchez alors d'appeler votre ambassade.

LES MEDIAS

● LA PRESSE ETRANGERE

On trouve plusieurs publications en anglais qui donnent des nouvelles et des informations pour les touristes et pour les résidents en Grèce - *The Athens News* (quotidien avec une page en français), *The Athenian* (mensuel), *Time-In* (mensuel avec pages en français et en allemand). *The Athens News* donne un aperçu des informations couvrant le monde entier, reçues par câble, des informations concernant la Grèce, des publicités et des annonces, ainsi qu'une rubrique souvent bizarre : « From the Police Files ». *The Athenian* propose de nombreux articles sur les différents aspects de la vie grecque (politique, culture, voyages) ainsi que des informations très utiles sur ce qui se passe à Athènes. Le *Athens Organizer* est une double page détachable qui contient une liste assez détaillée de numéros de téléphone intéressants et de services d'urgence. Un nouveau magazine, *30 Days : Greece This Month,* est un autre mensuel qui vaut la peine d'être mentionné, plus spécialisé sur la politique grecque et la vie des affaires. Ces publications sont disponibles dans les kiosques du centre ville d'Athènes ainsi que dans d'autres endroits de Grèce fréquentés par les touristes. Enfin, une publication en français, *Le Messager d'Athènes,* est un hebdomadaire grec qui ne peut s'obtenir que par abonnement.

● RADIO ET TELEVISION

ERT1 et ERT2 sont les deux chaînes de radio nationales grecques. ERT1 est divisée en trois « programmes » différents : le premier (728 kHz) et le second (1385 kHz) diffusent beaucoup de musique populaire grecque ainsi que des informations, quelques disques de musique pop étrangère et occasionnellement, du jazz et du blues ; le troisième programme (665 kHz) diffuse beaucoup de musique classique. ERT2 (98 kHz) ressemble plus aux deux premiers programmes.

Des informations en anglais, français, allemand et arabe sont données sur le premier programme à 7 h 40, tous les jours de la semaine ; en anglais, deux fois par jour sur ERT2 à 14 h et 21 h. Les services internationaux de la BBC ont un bulletin d'informations toutes les heures (en plus d'autres programmes très intéressants). Les meilleures ondes courtes (MHz) sur lesquelles on peut capter la BBC à Athènes sont : entre 3 h et 7 h 30 GMT-9.41 (31 m), 6.05 (49 m), 15.05 (19 m) ; entre 7 h 30 et 18 h 00 GMT-15.07 (19 m) ; entre 18 h 30 et 23 h 15 GMT-9.41 (31 m), 6.05 (49 m). La radio de l'US Air Force (AFRS) diffuse des programmes 24 heures sur 24 sur 1 594 kHz et sur 1 484 kHz avec un bulletin d'informations toutes les heures. Radio-France internationale (RFI) diffuse les émissions du Service mondial en français, donnant des informations d'ordre général, sur deux fréquences pouvant être captées sur les ondes courtes : 6 175 kHz (49 m), de 5 h à 22 h ; et 3 965 kHz (75 m) entre midi et 8 h et entre 17 h et 23 h.

Il y a deux chaînes de télévision nationales en Grèce : ERT1 et ERT2. Ces chaînes donnent souvent des films ou des séries télévisées anglais ou américains qui ne sont pas doublés. Ils sont donc en version originale avec des sous-titres en grec, ce qui est bien commode pour les spectateurs qui comprennent l'anglais.

OU SE RENSEIGNER

● RENSEIGNEMENTS TOURISTIQUES

Si vous souhaitez avoir des informations touristiques concernant la Grèce avant ou pendant votre séjour, écrivez, appelez ou allez à l'Organisation nationale du tourisme grec la plus proche de chez vous - elle est connue sous les initiales GNTO, ou EOT en Grèce. On trouve 15 agences régionales du GNTO réparties sur tout le pays. Reportez-vous à l'Annexe pour en avoir la liste.

Le bureau principal du GNTO se trouve *Place Syndagma* à Athènes à l'adresse suivante :

EOT Bureau d'Informations, Banque nationale de Grèce, *Pl. Syndagma, 2 r. Karageorgi Servias, tél : (01) 322-2545, 323-4130.*

● LA POLICE DU TOURISME

Pour obtenir des renseignements sur les hôtels disponibles ou pour d'autres services de ce genre, vous pouvez également consulter la police du tourisme grec, dans la plupart des grandes villes. Celle-ci peut aussi vous aider à résoudre les problèmes courants que vous rencontrerez ou à répondre aux questions que vous vous posez durant votre séjour.

Pour avoir des renseignements ou une assistance concernant les problèmes routiers, contactez l'ELPA, l'Association automobile grecque, qui aide aussi bien les membres des associations étrangères que ceux qui lui sont affiliés. ELPA, *2-4 r. Messoghion, Athènes Tower B (779-1615)* et *6 r. Amerikis,* près de Syndagma *(363-8632).*

● NUMEROS DE TELEPHONE DE LA POLICE DU TOURISME EN GRECE

Athènes	*(01) 171* et *8221-721*
Egine	*(0297) 22-391*
Agrinion	*(0641) 23-381*
Alexandroupolis	*(0551) 28-424*
Argostolion (Céphalonie)	*(0671) 22-200*
Arta	*(0681) 27-580*
Ayios Nikolaos	*(0841) 28-156*
Cassandra	*(0374) 22-204*
Chio	*(0271) 26-555*
Corinthe	*(0741) 23-282*
Cos	*(0242) 28-227*
Delphes	*(0265) 82-200*
Edessa	*(0381) 23-355*
Halkis	*(0221) 24-662*
Hania	*(0821) 24-477*
Héraklion	*(081) 283-190*
Hydra	*(0298) 52-205*
Igouménitsa	*(0665) 22-302*
Icare	*(0275) 22-222*
Ioannina	*(0651) 25-673*
Itéa	*(0265) 32-222*
Kalamata	*(0721) 23-187*

Kalambaka	*(0432) 22-813*
Kaména Vourla	*(0235) 22-425*
Kastoria	*(0467) 22-696*
Katérini	*(0351) 23-440*
Kavalla	*(051) 222-905*
Kéa	*(0288) 21-200*
Kerkira	*(0661) 30-669 et 30-265*
Kythnos	*(0281) 31-201*
Lamia	*(0231) 23-281*
Larissa	*(041) 227-900*
Lefkas	*(0645) 92-389*
Loutra Ædipsos	*(0226) 22-456*
Loutra Kaïafa	*(0625) 31-706*
Loutra Kyllini	*(0623) 96-267*
Loutra Smokoyon	*(0443) 61-204*
Loutraki	*(0741) 42-258*
Mesolongion	*(0631) 22-555*
Méthana	*(0298) 92-463*
Mykonos	*(0289) 22-482*
Mytilène	*(025) 22-776*
Nauplie	*(0752) 27-776*
Néa Moudania	*(0373) 22-100*
Olympie	*(0624) 22-550*
Parga	*(0684) 31-222*
Paros	*(0284) 21-673*
Pirée (Le)	*(01) 4523-670*
Pirghi	*(0621) 23-685*
Poros	*(0298) 22-462*
Prévéza	*(0682) 22-225*
Réthymnon	*(0831) 28-156*
Roda	*(0241) 27-423*
Samos	*(0273) 27-404*
Serrès	*(0321) 22-001*
Sitia	*(0843) 24-200*
Sparte	*(0731) 28-701*
Spetsaï	*(0298) 73-100*
Spilaia Dirou (Mani)	*(0733) 522-000*
Thasos	*(0593) 22-500*
Thessalonique	*(031) 522-589*
Tinos (Andros)	*(0283) 22-255*
Tripolis	*(071) 223-039*
Volo	*(0421) 27-094*
Vouliagméni	*(01) 8946-555*
Xylokastron	*(0743) 22-331*
Zakinthos	*(0695) 22-550*

COMMENT SE DEPLACER

BATEAUX

Il est difficile d'imaginer un voyage en Grèce sans prendre le bateau au moins une fois. On peut atteindre presque toutes les îles des mers grecques par voie maritime, quel que soit le bateau utilisé : grand ferry transportant des voitures, petit caboteur ne prenant que des passagers ou simple *kaiki* de pêcheur. Le Pirée est la plaque tournante de tout le trafic maritime et il y a de fortes chances pour que vous y passiez au moins une fois.

En général, vous aurez tous les renseignements concernant les ferries auprès de la police du port (au Pirée et dans la plupart des autres ports). Elle est connue sous le nom grec de *limenarhio* dans les bureaux de l'ONHT et dans certaines agences de voyages. Au *limenarhio,* vous trouverez les renseignements les plus complets et les plus récents. Le bureau de l'ONHT sur la *place Syndagma* à Athènes propose un horaire hebdomadaire qu'il vous faudra toutefois vérifier. D'autre part, si vous vous adressez à une agence de voyages, méfiez-vous car on risque de ne vous donner que les renseignements qui concernent la compagnie à laquelle l'agence est affiliée. Pendant la haute saison, les lignes sont nombreuses. Il est donc préférable de regarder un peu partout avant d'acheter votre billet. Il vaudrait également mieux ne pas acheter votre billet trop longtemps avant le départ prévu du bateau, car il arrive parfois, bien que ce soit très rare, que les billets pour ce départ soient en réalité tous vendus, ou, plus fréquemment, que les horaires aient été changés, et vous aurez alors un mal fou à vous faire rembourser. Il est aussi possible d'acheter votre billet sur le bateau. Bien que ce soit parfois plus cher, c'est une solution bien commode lorsque l'on s'y prend à la dernière minute.

Lorsque vous montez à bord d'un bateau au Pirée, assurez-vous que vous êtes sur le bon bateau. Car, compte tenu des nombreux changements de dernière minute, du nombre de retards, etc., il arrive que l'on monte par erreur dans un bateau qui appareille vers une autre destination que celle que l'on a prévue, ou qui ne s'arrête pas sur l'île où on avait l'intention de descendre.

Tout ce qui vient d'être dit doit vous suggérer ceci : gardez une certaine souplesse dans vos prévisions de déplacements lorsque vous voyagez sur les mers grecques. En plus des changements d'horaires, une tempête soudaine peut vous obliger à rester sur une île aussi longtemps qu'elle durera. Des grèves peuvent également survenir pendant l'été, plusieurs jours durant. Toutefois, lorsqu'elles sont prévues, les journaux en parlent à l'avance.

Si vous voyagez en voiture, surtout pendant la haute saison, vous aurez intérêt à prévoir vos déplacements longtemps à l'avance. Car pendant cette période-là, certaines lignes sont entièrement réservées depuis plusieurs semaines. Si vous voulez une couchette pour voyager de nuit pendant la haute saison, il vous faudra également réserver à l'avance. Sinon la troisième classe - connue aussi sous le nom de classe touriste ou pont - est le moyen le plus répandu et le moins cher pour sillonner les mers grecques. On y trouve toujours une place disponible, sous les étoiles, au milieu d'une faune internationale, assis en cercle autour d'une guitare tout en faisant circuler une bouteille. Et si le temps se gâte, vous pouvez toujours entrer à l'intérieur dans l'un des salons, au bar ou dans un coin tranquille.

En dehors du réseau principal de ferries, il y a tout un sous-réseau de bateaux de pêche qui peuvent vous emmener vers des îles plus petites et plus retirées. Quelquefois ces bateaux cherchent des touristes, en mettant des panneaux sur le port. D'autres fois, lorsque votre destination est vraiment peu connue, vous devez demander autour de vous.

Une autre forme de transports maritimes est assurée par les services réguliers d'hydrofoils, appelés les « Dauphins volants », vers certaines îles. Ceux-ci relient Le Pirée aux ports de la région Argo-Saronique (Egine, Poros et de nombreux autres ports, aussi lointains que Monemvasia) ainsi que Volo dans les Sporades septentrionales (Alonissos, Skiathos, Skopélos, etc.). C'est un moyen efficace pour sauter d'île en île : les hydrofoils vont deux fois plus vite que les ferries normaux mais sont aussi deux fois plus chers. Vous arriverez à destination rapidement mais vous ferez un voyage plutôt agité, sauf si vous avez la chance d'avoir l'une des rares places situées à l'arrière.

LIGNES AERIENNES INTERIEURES

Olympic Airlines est la compagnie d'aviation qui a l'exclusivité du trafic intérieur grec. La plupart des régions sont reliées à Athènes par des vols assez réguliers. Quelques liaisons partent également de Thessalonique et d'Héraklion. La moitié au moins du plaisir de voyager en Grèce réside dans le fait de traverser la campagne et la mer grecques, vous ne choisirez donc la solution de l'avion que dans le cas d'une grande traversée à faire rapidement (Thessalonique, Rhodes ou Héraklion par exemple). Les tarifs des vols sont beaucoup plus chers que ceux des bateaux, des bus et des trains (2 fois et 1/2 à peu près), quoique relativement bon marché si on les compare aux prix des vols intérieurs pratiqués dans d'autres pays. Le vol entre Thessalonique et Athènes coûte moins de 30 $. Vous pouvez réserver vos billets dans n'importe quelle agence d'Olympic Airlines. Les tarifs et les horaires sont disponibles dans la plupart des bureaux de l'ONHT ainsi que dans les hôtels. Pour avoir de plus amples renseignements ou pour réserver, appelez le 9616161.

AUTOCARS

Un énorme réseau d'autocars appelé KTEL couvre tout le territoire de la Grèce. Le KTEL est un syndicat de compagnies privées d'autocars dont les tarifs sont bon marché. Ils sont généralement à l'heure et vous emmèneront partout où l'on peut se rendre avec un véhicule à quatre roues. Chez les Grecs, c'est le moyen de transport le plus populaire et le plus fréquenté, vous serez donc en bonne compagnie. Les autocars KTEL ont souvent une petite « touche personnelle » - beaucoup de conducteurs en sont également propriétaires (ou alors quelqu'un de leur « famille »), ils décorent et entretiennent donc leur bien avec beaucoup de soin. Ils sont fiers de leur autocar et de la façon dont ils le conduisent.

La chose la plus importante à savoir en ce qui concerne les autocars du KTEL, c'est que, dans les plus grandes villes, chaque destination est desservie par une station d'autocars différente. Si vous voyagez de Thessalonique à Halkidiki, par exemple, vous partirez d'une station donnée, alors que pour vous rendre à Ioannina, vous partirez d'une autre.

Un autre service d'autocars est asuré par l'OSE, la compagnie nationale de chemin de fer. Seules les grandes villes sont desservies par cette compagnie.

BUS URBAINS

En Grèce, presque tous les bus urbains ont un système de billetterie automatique installée à l'intérieur du bus qui fonctionne avec des pièces de monnaie. Un ticket coûte 30 drs. Ayez toujours l'appoint sur vous, car le conducteur n'a jamais de monnaie.

A Athènes, vous pouvez également vous déplacer en métro. Mais comme il n'y a qu'une seule ligne qui va du Pirée à Kifissia, les endroits desservis sont assez limités. Pour certains déplacements cependant, comme par exemple du Pirée au centre d'Athènes, il est bien pratique.

TRAINS

La chose la plus intéressante concernant les voyages en train en Grèce est leur prix ; cela revient même moins cher que de prendre l'autocar. Toutefois le réseau de chemin de fer grec, appelé OSE, est assez limité, à la fois dans son étendue et dans la fréquence de son trafic. Les trains grecs sont aussi très lents et, sauf si vous faites le voyage Athènes-Thessalonique de nuit dans une couchette, vous apprécierez davantage les trajets en autocar.

Vous pouvez aussi accélérer les choses en prenant un train express, moyennant une surtaxe. Si vous avez un budget serré, vous pouvez réduire les frais en prenant un circuit de train, ce qui vous permettra d'obtenir une réduction de 20% sur le prix normal.

TAXIS

Les taxis en Grèce, surtout à Athènes, mériteraient à eux seuls un guide complet. Il se peut que votre expérience de taxi grec figure parmi les souvenirs les plus mémorables de vos vacances. C'est presque impossible à certains moments de la journée d'appeler un taxi, et probablement pire encore juste avant l'heure du repas au début de l'après-midi. Quand vous hélez un taxi, essayez d'y entrer avant d'annoncer votre destination. Les chauffeurs sont très tatillons et, souvent, ne vous laisseront monter que si vous allez dans la même direction qu'eux. Si vous devez l'énoncer, dites-la fort et distinctement (et avec la bonne prononciation) ou alors ils vous laisseront sur place. Si vous voyez un taxi vide, courez vite, soyez le premier, sinon vous vous ferez prendre de vitesse par un Athénien plus rapide que vous. La course ! Assurez-vous que le compteur est branché lorsque vous démarrez, et non sur « 2 » - ce qui correspond au tarif double qui ne doit être appliqué qu'entre 1 h et 5 h du matin. Une fois à l'intérieur, vous pouvez avoir la surprise d'y trouver déjà quelqu'un. Ne vous paniquez pas. Il est courant qu'un chauffeur s'arrête pour prendre 2, 3, et même 4 passagers individuels, tablant sur le fait qu'ils vont sensiblement dans la même direction. Dans ce cas, notez ce que le compteur affiche. En fait, les taxis étant très bon marché, ils fonctionnent comme un service de minibus. C'est ici que commence l'aventure proprement dite. Embarqué avec une mamma grecque rentrant du marché avec des paniers pleins à craquer, un homme d'affaires bien mis de Kolonaki et un étudiant de style plutôt bohème, vous pouvez vous retrouver au milieu (littéralement) d'une conversation vraiment intéressante. Si, par chance, vous êtes seul vous bavarderez avec un ancien marin qui vous racontera les aventures qui lui sont arrivées lors de son séjour aux USA, ou alors avec un chauffeur qui ne parle pas un mot d'anglais. Si vous avez voyagé avec d'autres personnes, assurez-vous que vous ne payez pas pour la part du voyage effectué avant que vous ne montiez. Sinon le compteur vous donnera le prix exact qui sera à ajuster selon les règles suivantes : Tarif minimum DRS 110. Tarif au km dans la ville 23. Tarif au km hors de la ville 39. Heure d'attente, par heure 240. Surtaxe pour prise en charge dans une gare, un aéroport, un port, une gare routière internationale 30. Tarif de nuit : 5-6 h du matin - Surtaxe 30 1-5 h. du matin - Tarif « 2 » double. Bagage de plus de 10 kg 30. Certains chauffeurs vous feront payer le juste prix, certains essayeront de vous avoir. Si le prix est nettement au-dessus du prix normal, n'hésitez pas à vous défendre, dans n'importe quelle langue, afin d'obtenir un prix plus raisonnable.

Depuis quelques années, des services de radio-taxis ont commencé à s'implanter à Athènes. Ils peuvent venir vous chercher peu de temps après votre appel. Cependant, ces taxis sont souvent plus chers que les taxis ordinaires.

VOITURE

Avoir une voiture en Grèce vous permet d'aller dans un tas d'endroits inaccessibles autrement. En tant que touriste, vous aurez le droit de conduire pendant 4 mois sans avoir à payer les taxes routières grecques. Quand vous entrerez dans le pays avec votre voiture, cela sera mentionné sur votre passeport. Ceci signifie que vous n'avez pas le droit de quitter le pays sans votre voiture. Si pour une raison ou une autre, vous désirez quitter le pays sans votre voiture, vous êtes obligé d'y faire apposer les scellés et de la retirer de la circulation avant votre départ. Attention : ce procédé peut être très compliqué et prendre beaucoup de temps, ce qui est un vrai problème si vous devez quitter le pays rapidement.

Il est recommandé aux automobilistes étrangers d'avoir un permis de conduire international. Ceux-ci s'obtiennent par l'intermédiaire d'un club automobile dans votre propre pays, ou, en Grèce, auprès de l'ELPA, le Touring Club automobile grec.

Les panneaux de signalisation et les contrôles de circulation grecs sont pratiquement les mêmes que ceux du reste de l'Europe continentale. Cependant, dans la pratique, la conduite grecque a peu de chose à voir avec la conduite à Francfort ou à Oslo. Un feu rouge est plutôt considéré comme une suggestion que comme une obligation de s'arrêter. La Grèce a le taux d'accidents le plus élevé d'Europe après le Portugal, conduisez donc prudemment. Dorénavant, la Grèce a adopté une loi qui oblige à porter une ceinture de sécurité. Si vous ne la portez pas, vous risquez une contravention.

LOCATION DE VOITURES

Les locations de voitures sont relativement chères en Grèce par rapport aux autres pays européens. Les prix varient en fonction du type de voiture, de la saison, et de la durée de location mais ne comprennent pas les taxes locales et les droits divers qui peuvent monter jusqu'à 18% du prix de la facture. En général, on peut payer avec la plupart des cartes de crédit. Il est souvent demandé un permis de conduire international (voir plus haut) et vous devez avoir au moins 21 ans. Voici quelques agences de location que l'on trouve à Athènes : Hertz, *tél. 922-0102/0304* ; Avis, *tél. 923-8822* ou *922-3760* ; Hellascar, *tél. 323-3487*. Vous pouvez également faire une réservation par l'intermédiaire de l'Association des entreprises de location de voitures à Athènes, *314 Ave Syngrou, Kallithea*. Si vous faites partie d'un club automobile dans votre pays, vous bénéficierez automatiquement et gratuitement de tous les services d'ELPA. Pour avoir de plus amples renseignements, appelez le *779-1615* à Athènes.

LOCATIONS DE MOTOS, BICYCLETTES, SCOOTERS

Sur la plupart des îles grecques ainsi que dans beaucoup d'endroits touristiques, vous trouverez des agences qui louent des petites motos, des bicyclettes et toutes sortes de scooters. Sur les îles, c'est certainement le moyen de transport le mieux adapté. Pour un prix modique, il vous donne la liberté d'aller et venir où bon vous semble, quand vous en avez envie. Les tarifs sont dégressifs en fonction du nombre de jours de location. Avant de vous mettre en route, assurez-vous que l'engin fonctionne correctement. Demandez à faire un essai le long de la rue. Sinon, vous risquez de vous faire coincer, pire vous pourriez être rendu responsable du mauvais fonctionnement de l'engin lorsque vous le rapportez. Surtout, soyez prudent. Plus d'un séjour de vacances en Grèce a été gâché à cause d'un stupide accident de Mobylette.

LOCATIONS DE BATEAUX

L'un des moyens les plus agréables de « faire » les îles grecques est d'affréter un yacht et d'aller d'une île à l'autre. Ce n'est certainement pas bon marché, quoique louer un bateau pour un groupe d'amis peut très bien ne pas revenir beaucoup plus cher que payer une chambre tous les soirs pour le même nombre de personnes.

Tout dépend de vos aptitudes à la navigation et de votre goût pour l'autonomie, vous pouvez soit prendre le gouvernail vous-même, soit faire appel à un équipage qui le prendra pour vous. Il y a plus de 1 000 yachts à louer en Grèce, tous inscrits et inspectés par le ministère de la Marine marchande. Pour avoir de plus amples renseignements sur les locations de bateaux en Grèce, veuillez contactez :

L'Association grecque des propriétaires de yachts « Bareboat ? », *56 r. Vas. Pavlou, Kastella - Le Pirée (tél.452-5465).*

L'Association hellénique des propriétaires de yachts professionnels, *43 r. Freattydos, Marina Zea, Le Pirée (tél.452-6335).*

L'Association grecque des courtiers et des experts maritimes, *36 r. Alkyonis, P. Phaliron, Athènes (tél.981-6582).*

CROISIERES

Si vous n'avez pas envie de choisir l'itinéraire, ni de piloter le bateau, ni de faire la cuisine, laissez ce soin à d'autres et partez en croisière. Le choix vous est offert entre une vingtaine de croisières différentes sur la mer Egée, qu'elles soient limitées au territoire grec, ou qu'elles aillent jusqu'à Venise ou Port-Saïd. Leur durée varie aussi énormément, d'une balade à la journée dans le golfe Argosaronique à 14 jours complets en Méditerranée orientale. Les noms des compagnies de navigation qui offrent des croisières en Méditerranée ou dans les îles grecques sont répertoriés ci-dessous. Pour avoir de plus amples renseignements, voyez une agence de voyages.

Croisière Chandris ; Cycladic Cruises ; Epirotiki Lines ; K-Lines Hellenic Cruises ; HML (Hellenic Mediterranean Lines) ; Intercruise LTD ; Mediterranean Sun Lines ; Sun Line Cruises ; Viking Yacht Cruises.

LA LANGUE

Il est possible de passer des vacances en Grèce sans connaître le moindre mot de grec. Quelques notions d'anglais seront tout à fait suffisantes pour vous faire comprendre. Les Grecs ont vu défiler chez eux tellement de touristes qui parlaient anglais, et ils ont eux-mêmes des liens tellement étroits avec le monde anglophone (par l'émigration, les médias, la scolarité) que vous trouverez toujours des Grecs qui comprendront quelques mots de ce que vous essayerez de leur exprimer. Ce paragraphe n'a donc pas l'ambition de vous faire acquérir un vocabulaire de « survie » mais de vous initier à une langue pour vous permettre d'établir des contacts entre vous, le touriste étranger et le Grec du pays, afin d'être perçu comme *un ksenos,* un hôte arrivant de l'extérieur, et non comme un *tourista.* Les Grecs sont très fiers de leur langue et sont très flattés lorsqu'un étranger fait des efforts pour essayer de l'apprendre. Précisément parce que les Grecs sauront apprécier vos efforts, c'est sans doute l'une des langues européennes les plus gratifiantes à apprendre. Après quelques leçons et grâce à une pratique assidue, vous aussi, vous serez gagné par cette fierté : *« P'oss émathes tpssp kalà ta ellenikà ? »* Ce qui veut dire, « Comment avez-vous appris à parler le grec aussi bien ? »

Ce qui suit est une liste de mots et de phrases qui peuvent vous être utiles. Vous n'oublierez pas d'avoir toujours avec vous un dictionnaire de poche français-grec/grec-français. Pour ceux qui veulent vraiment apprendre le grec, il y a, à la fin de ce paragraphe, quelques titres d'ouvrages et de dictionnaires qui les aideront.

Expressions de base

oui	*né*
non	*ohi*
d'accord	*en dàksi*
s'il vous plaît	*paralalo*
merci beaucoup	*efharisto para poli*
excusez-moi	*signomi*
ça n'a pas d'importance	*dhen piràzi*
ce n'est rien	*tipota*
certainement	*malista*
bonjour	*kali méra*
bonsoir	*kali spéra*
bonne nuit	*kali nihta*
au revoir	*addio*
souhaits !/« bonne santé »	*yà sou, yà sas*
souhaits !/« réjouissez-vous »	*hérete*
bon voyage	*kalo taksidhi*
bienvenue	*kalos ilthateh*
bonne chance	*kali tihi*
comment allez-vous ?	*ti kanis, ti kanete*
très bien (en réponse)	*kalà*
comme-ci comme-ça (réponse)	*étsi kétsi*
heureux de vous rencontrer (très)	*harika (poli)*
moi aussi	*kai ego*
avez-vous... ?	*éhete... ?*
y-a-t-il... ?	*éhi... ?*
combien coûte ceci ?	*poso kàni ?*
c'est (trop) cher	*ine (poli) akrivo*
combien ? (prix)	*poso ?*
combien ? (nombre)	*posa ?*
avez-vous une chambre ?	*éhete éna domatio ?*
puis-je... ?	*boro na... ?*
quand ?	*pote ?*
où se trouve... ?	*pou ine... ?*
d'où... ?	*apo pou... ?*
d'où venez-vous ?	*apo pou iseliste ?*
comment vous appelez-vous ?	*pos se/sas léne ?*

parlez-vous anglais ?	*milas/milàte anglika ?*
comprenez-vous ?	*katàlaves ?*
quelle heure est-il ?	*ti ora ine ?*
à quelle heure part-il ?	*ti ora tha figi ?*
je veux	*thélo*
j'ai	*ého*
je suis/nous sommes	*ime/imaste*
je comprends	*katalavéno, katalàvo*
je paie	*plirono, ploroso*
je m'en vais	*piyaino, pào*
je dois	*prépi na*
j'ai besoin d'un(e)	*hriàzome ena/mia*
aujourd'hui	*simera*
demain	*àvrio*
hier	*hihes*
maintenant	*tora*
ici/là	*edho/eki*
près/loin	*kondà/makrià*
petit/grand	*mikro/megàlo*
moins/plus	*ligotero/perisotero*
vite	*grigora*
lentement	*argà, sigà*
bon/mauvais	*kalo, oraio/ kako*
chaud/froid	*zesto/krio*
douche chaude	*douz me zesto nero*
hôtel	*ksenodhohio*
lit	*krevàti*
clé	*klidhi*
chambre (avec fenêtre)	*domatio (me paràtiro)*
entrée	*isodhos*
sortie	*eksodhos*
toilettes	*touleta*
pour dames	*ginékon*
pour messieurs	*andron*
magasin	*magazi*
kiosque	*periptero*
ouvert/fermé	*aniktos/klistos*
à quelle heure ouvrez-vous ?	*ti ora anigi/klini ?*
bureau de poste	*tahidromio*
timbre	*grammatosima*
lettre	*gramma*
enveloppe	*fàkelos/postcard kàrta*
téléphone	*tiléfono*
banque	*tràpeza*
boulangerie	*fournos*
ambassade	*presvia*
consulat	*proksenion*
place du marché	*agorà*
pharmacie	*farmakio*
docteur	*yatros*
hôpital	*nosokomio*
police	*astinomia*
gare	*stathmos*
arrêt (de bus)	*stàsi*
bus/train	*leoforio/tréno*
automobile	*aftokinito*
bateau	*karàvi, vapori*
station-essence	*benzinadhiko*
bicyclette/vélomoteur	*podilato/moto-podilato*
à pied	*me ta podhia*
ticket	*isitirio*
route/rue	*dhromos/odhos*
plage	*paralia*
église	*eklisia*
ruines anciennes	*arhéa*
centre	*kéntro*
place	*platia*
mer	*thàlassa*
village	*horio*
printemps	*pigi*

NOMBRES

1	*énna/mia*
2	*dhio*
3	*tria/tris*
4	*téssera*
5	*péndhe*
6	*éksi*
7	*eptà*
8	*oehto*
9	*ennea*
10	*dhéka*
11	*éndheka*
12	*dhodeka*
13	*dhekatria*
14	*dhekatéssera*
etc. jusqu'à 20	
20	*ikosi*
21	*ikosi énna*
30	*trianda*
40	*saranda*
50	*peninda*
60	*eksinda*
70	*evdhominda*
80	*ogdhonda*
90	*enneninda*
100	*ekato*
150	*ekatopeninda*
200	*diakossia*
300	*triakossia*
400	*tetrakossia*
1000	*hilia*

JOURS DE LA SEMAINE

lundi	*deftéra*
mardi	*triti*
mercredi	*tetàrti*
jeudi	*pémpti*
vendredi	*paraskevi*
samedi	*sàvato*
dimanche	*kiriaki*

MOTS INTRADUISIBLES

kéfi être de bonne humeur, en bonne compagnie, passer un bon moment avec ses *paréa*, *paréa* un groupe de très bons amis proches, votre « bande » (reportez-vous au dictionnaire culturel).

Kaimos est dans un certain sens l'opposé *de kéfi,* être triste, affligé par la vie. *Palikàri,* un brave homme (honorable, courageux, intelligent, etc.) ; on peut considérer que *levendi* est un synonyme de *filotimo,* adjectif qui signifie littéralement « amour de l'honneur ». *Màngas* un « dur », un « mec », un macho.
Re abréviation de *moré,* bébé, enfant, pantin ; interjection lancée à une autre personne, à un « pote », quand on s'adresse à lui amicalement, un peu à la façon dont un Marseillais dirait « eh ! con ». *Malàkas* littéralement « branleur » ; très souvent associé au mot re *(re malàkas) ;* peut être employé envers des amis de manière affectueuse ou envers d'autres personnes avec une connotation péjorative.
Paidhià « les garçons », les types, les mecs *alitis* un bon à rien, à peu près l'opposé de *palikàri lipon* bien, donc, et alors *élla !* allez ! allons-y ! *Oriste(?)* puis-je vous donner un coup de main ? *po po po !* Oh ! là ! là ! Voyez-moi-ça ! *Opa !* attention ! ; est également employé dans les taverna où l'on joue de la musique par exemple pour « sens à suivre ! », « d'accord ! » etc.

LANGAGE DES GESTES

Le grec est une langue gestuelle ; vous ne devez donc pas parler en gardant vos mains dans vos poches, ni en restant au garde-à-vous. Le corps et ses mouvements font partie intrégrante du processus de communication. Vous n'apprendrez cet aspect du grec que par une sérieuse observation. Deux des gestes les plus courants sont ceux qui veulent dire oui et non. Non se dit en secouant la tête et le menton d'abord vers le haut puis vers le bas rapidement. C'est souvent un geste imperceptible. Quelquefois même, seulement les sourcils ou les yeux esquissent le mouvement. Oui est un geste beaucoup plus doux, un lent mouvement de la tête vers le bas.

LOISIRS ET SPECTACLES

FETES ET FESTIVALS

● LISTE PARTIELLE DES FÊTES

1er janvier : fête de saint Basile, dans toute la Grèce.

6 janvier : Epiphanie - bénédiction des eaux, dans toute la Grèce.

8 janvier : « *Gynécocratie* » - Hommes et femmes échangent leur rôle : les villages de la région de Komotini, Xanthi, Kilkis et Serrès (village de Monoklissia).

Février-mars : (les 3 semaines qui précèdent le carême). Saison du carnaval dans toute la Grèce. Les villages qui ont des manifestations d'un intérêt particulier sont : Naoussa, Verria, Kozani, Zante, Skyros, Xanthi, Chio (Mesta, Olimbi), Galaxioi, Thèbes, Poligiros, Thimiana, Lamia, Céphalonie, Messène, Sohos, Serrès, Haghiassos (Mytilène), Karpathos, Héraklion, Amfissa, Efxinoupolis (Volo), Haghia Anna (Eubée), Réthymnon, Patras.

Lundi gras :commencement du jeûne de carême. Pique-nique dans la campagne. Envol de cerfs-volants, dans toute la Grèce.

25 mars : jour de l'Indépendance, anniversaire du jour où l'évêque Germanos souleva la révolte contre les Turcs à Kalavryta en 1821, parade militaire dans toutes les villes importantes.

Fêtes de Pâques : vendredi saint, samedi saint et dimanche de Pâques, célébrés dans toute la Grèce.

23 avril : fête de saint Georges, célébrée spécialement à Kaliopi (Lemnos), Arahova, Assi Gonia (près de La Canée) et Pili (Cos).

1er mai : fête du Travail/fête des Fleurs - pique-nique dans la campagne, dans toute la Grèce.

Mi-mai et 2e moitié de mai. Anastenaria : rituel de marche dans le feu à Haghia Elleni (près de Haghia Serrès) et à Langada (près de Thessalonique).

15 août : Assomption de la Vierge, fêtes dans toute la Grèce. Le pèlerinage le plus important vers l'île de Tinos.

Septembre : cricket à Corfou.

28 octobre : « Jour Ohi » - anniversaire de la défaite des Italiens dans leur projet d'envahir la Grèce en 1940 et rejet de l'ultimatum italien auquel Metaxas répondit : « Non » ; parades militaires dans la plupart des villes.

Epoque de Noël : dans toute la Grèce, les petits enfants chantent des chansons à la porte des maisons en échange de quelques pièces de monnaie.

31 décembre : veille de la nouvelle année, beaucoup de chansons, tous les Grecs jouent aux cartes à cette occasion. Célébration spéciale dans la ville de Chio.

● FESTIVALS

Avril-octobre : son et lumière. Représentations de nuit à l'Acropole d'Athènes, au Vieux Château vénitien de Corfou, au palais des Nuits de Rhodes.

Mai-octobre : Rhodes. Théâtre, concerts, danse, etc.

Mai-septembre : danses folkloriques par le groupe Dora Stratou au théâtre Filopappos.

Mai : festival folklorique à Eleusis.

Juin-août : Héraklion, concerts, théâtre, opéra, etc.

Juin-septembre : festival d'Athènes ; théâtre antique, opéra, musique et ballet à l'Odéon d'Hérode Atticus.

Juin : festival du Vin de Réthymnon.

Mi-juin/fin-août : festival du Lycabette. Représentations théâtrales au théâtre de la colline de Lycabette.

Juillet-septembre : festival d'Epidaure. Représentations de théâtre antique au théâtre de plein air d'Epidaure.

Juillet-août : festival de Philippes et Thasos. Représentations de théâtre antique dans les anciens théâtres de Philippes et de Thasos.

Mi-juillet : festival du Vin de *Dafnes* (près de Héraklion).

Fin-juillet : festival de musique, sur l'île d'Ithaque.

Août : festival de Dodone. Représentations de théâtre antique dans l'ancien théâtre de Dodone.

Août : festival d'*Epirotika* - Ioannina. Evénements culturels et artistiques d'*Epirot*.

Août : festival du massif de l'Olympe - près de Katérini. De nombreux événements culturels dans le village de Litochoron et au château de Platamon.

Août : festival d'Hippocrate - Cos, nombreux événements culturels.

Août : Réthymnon. Nombreuses activités culturelles au Fort vénitien.

Mi-juillet/début septembre : festival du Vin de Dafni (près d'Athènes).

Début juillet/mi-août : festival du Vin d'Alexandroupolis.

Début septembre : foire commerciale de Thessalonique.

Octobre : festival *Dimitria* à Thessalonique ; théâtre, musique, ballet, etc.

Informations et billets concernant la plupart des festivals cités ci-dessus peuvent s'obtenir auprès du GNTO (EOT) Bureau des festivals, *2 Arcade Spirou Miliou,* (entrée au 4 r. Stadiou). *Tél : 322-1459 ou 322-3222, Ext.240.*

THEATRE

L'art du théâtre est très vivant à Athènes. Comme la plupart des représentations sont en grec, le choix est assez limité pour les touristes. Cependant, pour ceux qui comprennent l'anglais, des spectacles en anglais sont intégrés à de nombreux festivals (voir les « Festivals de la saison »). Consultez les publications en anglais pour avoir des renseignements précis à ce sujet.

Une initiative culturelle récente est à l'origine de quelques excellents spectacles de théâtre moderne et ancien en anglais dans l'un des théâtres de plein air les plus connus de Grèce, le « Théâtre de pierre » (le Théâtre Petra) à *Petroupolis,* dans la banlieue d'Athènes. Pendant l'été, le Festival de pierre et de roche monte des pièces de théâtre.

Pour vous initier à la forme traditionnelle du théâtre d'ombres de *Karaghiozi,* visitez le théâtre de Marionnettes de la Plaka, *(tél.322-4845),* où des spectacles ont lieu tous les soirs sauf le lundi.

MUSIQUE ET DANSE

La majeure partie des spectacles de danse et des concerts de bonne musique ont lieu au cours des différents festivals (voir les « Festivals de la saison »). A côté de ces représentations, il y en a d'autres tout aussi intéressantes à Athènes comme à Thessalonique. A Athènes, des musiciens de renom, qu'ils soient grecs ou étrangers, se produisent souvent au théâtre Lycabette sur le mont Lycabette, sans oublier les grands concerts qui sont organisés dans les stades de football. On peut aller au théâtre Olympia écouter un opéra interprété par le Lyriki Skini (la compagnie nationale d'Opéra). A Thessalonique, les spectacles de musique, d'opéra, de danse et de théâtre ont lieu au théâtre d'Etat de la Grèce septentrionale. Aussi bien à Athènes qu'à Thessalonique, les instituts culturels (Goethe, British Council, français) patronnent parfois d'intéressants spectacles. Pour avoir la liste des endroits où l'on peut écouter de la musique populaire grecque *rebetika,* voyez l'Annexe.

Athènes propose de nombreux spectacles de danse avec des troupes de ballet, de folklore, de danse moderne, de jazz ou de danse expérimentale. Les différentes troupes sont : le ballet d'Athènes, le groupe de danse contemporaine de Haris Mandafounis, le Petit Théâtre de danse de Lia Meletopoulos, le Théâtre de danse Ilanga, Bouri, le Chorodrame hellénique, les Jeunes Danseurs et Chorégraphes de Katerina Rodiou, le Théâtre de danse de Nafsika, le ballet hellénique de René Kabaladou, le groupe de Dora Stratou.

LA MUSIQUE GRECQUE

La Grèce a donné naissance à une musique incroyable, ou, plutôt, à des musiques allant du folklore à la « musique populaire légère », de la *rebetika* à la chanson byzantine, de Theodorakis et Hazidakis à Dionisios Savopulos (voir aux Chants byzantins, Rebetika et Theodorakis etc. dans le Dictionnaire culturel). Dans le domaine folklorique, gardez l'oreille attentive à la grande variété des musiques régionales qui existent encore de nos jours. La Crète possède l'une des traditions les plus riches, caractérisée par la *lyra* (lyre), la *laouta* (luth) et le *santouri* (tympanon à marteau). L'Epire est également remarquable, caractérisée par l'utilisation étendue du *klarino* (clarinette) et par une tradition extraordinaire de chants polyphoniques en voie de disparition. *Nisiotika* est le nom généralement donné à la « musique des îles » qui a ses propres sons, son propre style et ses propres instruments qui varient d'un groupe d'îles à l'autre (les îles Ioniennes, les Cyclades, le Dodécanèse, etc.).

Si vous voulez vous initier au monde de la *rebetika,* écoutez les plus grands : Vassilis Tsitsanis, Markos Vamvakaris, Sotiria Bellou, Kazantzides, Papazoglou, Papaionaou et Tsaousakis. La meilleure initiation personnelle à la rebetika reste toutefois la consultation des 6 volumes de *L'Histoire de la Rebetika* édités par EMI.

Il vaut mieux être déjà un peu initié si l'on veut apprécier la musique de Mikis Theodorakis et celle de Manolis Hazidakis. Vous entendrez leurs chansons dans les autobus, les bateaux et les avions grecs. La star du folk-rock, Dionisios, Savopulos se situe dans une veine totalement différente. Puisant dans le creuset grec des mélodies de Byzance et d'Asie Mineure, il crée un style musical de folk-rock contemporain qui lui est très personnel. Un autre groupe récent qui puise également son inspiration dans la tradition grecque et produit une musique résolument contemporaine est le Himerini Klimvites (avec un album du même nom édité chez Lyra Records en Grèce).

● QUELQUES ADRESSES A ATHENES

Musique grecque (tavernes, boîtes, clubs) — Voici trois bonnes boîtes où l'on propose différentes sortes de musique populaire grecque et qui se trouvent toutes les trois dans la *rue Tholou à Plaka :* Apanemia au n° 4, Esperides au n° 6 et Sousouro au n° 17.

Les quelques tavernes où vous pouvez écouter de la musique sont : O Pontos - au coin de Achileos et Terpsitheas, à côté de Omonia ; Kortsopon - *68 Pireos,* derrière *Keramikos ;* et To Arkadi - *50, Thivon,* en face du stade de football du Pan Athenaikos.

Clubs de rebetika : Voici les meilleurs dans cette catégorie : Anatoli - *62, Dimosthenous, Kallithea, (tél.959-3696),* plats froids, est ouvert à 21 h 30 et fermé le mercredi ; Kouasimodos - *13, Tsakalof, (tél.361-8339),* vrai menu, la musique commence à 22 h 30, fermé le lundi ; Moratorium - *11, L. Katsoni,* au bout de *Ippokratous* à *Alexandras, (tél.644-8115),* assortiment de plats froids et d'amuse-gueules, est ouvert à 22 h et fermé le mercredi ; Pigi Tou Rembetikou - *102, Ag. Glikerias, Galatsi, (tél.292-1820),* vrai menu, est ouvert à 22 h (allez-y tôt ou bien réservez par téléphone). Rembetiki Nichta - *102, Formionos, Pangrati, (tél.766-9903),* vrai menu, est ouvert à 21 h 30 et fermé le mercredi ; Rembetiki Istoria - *181, Ippokratous, (tél.643-0474),* endroit dont le voisinage est très agréable ; Frankosyriani - *57, Arachovis, Exarchia,* avec Nikos Argyropoulos en vedette, assortiment de plats froids faits maison, la musique commence à 22 h 30, fermé le mardi, beaucoup de chansons de Markos Vamvakaris.

CINEMA

Aller au cinéma en Grèce pendant l'été est un plaisir qu'il ne faut pas manquer. Presque tous les cinémas ouverts l'été sont en plein air. Lorsqu'ils sont entourés d'immeubles, les habitants peuvent suivre les films de leur balcon. Ailleurs, ils peuvent être perchés sur un promontoire au bord de la mer, sous les palmiers, les étoiles et la lune (à Egine par exemple). Les billets ne sont pas chers et la bande son est toujours la bande originale du film. C'est donc un excellent moyen de combattre la chaleur qui règne en Grèce pendant l'été.

VIE NOCTURNE

En Grèce, la « vie nocturne » citadine, c'est-à-dire à Athènes et à Thessalonique, se divise en gros en quatre catégories : les bars, les clubs avec orchestre de jazz ou de rock, les discothèques, et les boîtes, les tavernes et les clubs de musique grecque. D'abord, il faut savoir que, pour la plupart des Grecs, la taverne reste le lieu privilégié pour sortir le soir. Ils peuvent y passer une soirée entière à manger, à boire et quelquefois à chanter avec leur *parea* (voir le dictionnaire culturel). En fait, les endroits où se produisent des musiciens grecs, qui jouent de la musique grecque, sont presque toujours des tavernes où est installée une estrade à leur intention. En général, la jeunesse grecque fréquente plutôt les bars, les clubs de musique et les discothèques.

A Athènes, vous trouverez dans l'*Athenorama* qui paraît toutes les semaines la liste des nombreux spectacles et les lieux où ils se passent. Si vous voulez vraiment savoir ce qui se passe dans la ville, demandez à un ami grec de vous aider à chercher ce qui vous intéresse. Pour avoir des renseignements complémentaires sur la musique locale, vous pouvez aussi vous adresser à la boutique de disques Pop 11, *15 Skoufa, Kolonaki.* Cependant, rappelez-vous que pendant l'été (juillet-août) la plupart de ces endroits sont fermés

● QUELQUES ADRESSES

A Athènes

Bars — Parmi les plus sympas où vous pourriez avoir envie d'aller, vous trouvez :

Glamorous - *1, Akamandos et A. Pavlou, Thission ;* Papakia - *5, Iridanou, Athènes ;* Ramba - *14, D. Vassiliou, Neo Psychico ;* Time Pub - *58, Trikoupi et Akti Moutsopoulou, Zea,* Le *Pirée.*

Les bars homosexuel : Rocambole - *1, Epicharmou, Plaka ;* Vagelis - *9, Tholou, Plaka ;* et Yannis - *18, Tholou, Plaka.* L'un des quelques bars de femmes est le Sirius - *43, Haritos, Kolonaki.*

Clubs avec orchestre (jazz ou rock) — Orchestre de rock : Tiffany's - *134, Andrianou, Plaka ;* Skiachtro - *12, Panourgia, Delfinario, Kastella ;* et Podilatissa - *68, Fthiotidos, Ambelokipi,* qui propose en alternance du jazz, du blues, du soul et du rock. Orchestre de jazz : The Half Note - *56, Michalokopoulou, Llissia ;* et Tzaz - sur la place Rangava, derrière la rue Thespidos à Plaka.

Discothèques — Essayez Disco 14 - *Place Kolonaki ;* Paramount - *Soutsou, Kolonaki ;* Mad Club - *Lissiou, Plaka ;* ABC - *177, Patisson, place Amerikis ;* Vido Disco - *255, Syngrou.* Voici deux discothèques pour homosexuels : Jacare - *13, Tholou, Plaka* et Why Not ? - *3, Hill, Plaka.*

A Thessalonique

Pubs : De Facto - *17, r. P. Mela,* Time Out - *6, r. N. Foka,* Mandragovas - *98, r. Mitropoleos,* Sante - *70, r. Mitropoleos,* Penny Lane - *8, r. M. Iosif.*

Discothèques : Amnesia - près de l'aéroport (en été seulement), Smeraldo - près de l'aéroport.

NATURE ET SPORTS

La Grèce offre la possibilité de pratiquer un grand nombre de sports et d'activités de plein air. Vous trouverez dans la liste ci-dessous les principaux d'entre eux et les endroits où vous pouvez les pratiquer.

● **SKI NAUTIQUE**

Vous pourrez faire du ski nautique à Vouliagméni (sur la côte, au sud-est d'Athènes), Agrinion (sur le lac Trichonis), Volo, Edessa (sur le lac Végorritis), Ioannina, Thessalonique, Corfou, La Canée en Crète, Elounda en Crète, Cythère, Mytilène, Porto-Chelli, Poros, Rhodes, Skiathos, Ghérakini (Chalcidique), (Kallithéa Chalcidique), *Halkidia,* Chio.

● **BATEAU A VOILE**

En Grèce, vous trouverez des bateaux à voile à louer un peu partout. Il y a des écoles de voile, dans les clubs nautiques des villes suivantes : Athènes (Paleo Faliro), Thessalonique, Corfou, Volo, Syros, Kalamata, Alexandroupolis. De plus amples renseignements peuvent être obtenus en s'adressant à la Fédération de voile - *15A, r. Xenofondos, Athènes, (tél.323-5560, 323-6813).*

● **PLANCHE A VOILE**

Sur la plupart des plages grecques fréquentées par les touristes, vous pourrez louer des planches, ainsi que sur les plages gérées par le GNTO. Pour avoir d'autres renseignements, contactez l'Association hellénique de planche à voile - *7, r. Fil Fillelinon, Athènes, (tél.323-0068, 323-0330).*

● **PECHE**

Existe-t-il un endroit en Grèce où l'on ne puisse pas aller à la pêche ? Dans la plupart des îles, vous pourrez louer au village des bateaux équipés pour la pêche. Si vous désirez avoir quelques suggestions, contactez le Club des pêcheurs amateurs et des sports maritimes - Akti Moutsopoulou au Pirée, *(tél.451-5731)* ou le Bureau central du capitaine de port du Pirée, *(tél.451-1311).*

● **PLONGEE**

La Grèce n'est pas un endroit conseillé pour faire de la plongée avec scaphandre : toutes les activités sous-marines utilisant un appareil respiratoire de plongée sont formellement interdites dans toutes les eaux grecques (mers, lacs et rivières), afin de préserver les antiquités immergées qui constituent l'héritage culturel de la nation. Cependant, le masque et le tuba sont permis et agrémenteront certainement vos baignades.

● **TENNIS**

Vous trouverez des courts de tennis dans les clubs de tennis des villes suivantes : Athènes, Glyfada, Kalamaki, Thessalonique, Patras, Corfou, Héraklion, La Canée, Larissa, Ioannina, Rhodes, *Halkida,* Volo, Alexandroupolis, Serrès, Agrinion, Katérini, Verria, Kavalla, Trikala. Vous trouverez également des courts de tennis dans de nombreux hôtels ainsi que dans les stations touristiques.

● **GOLF**

La Grèce n'est en rien un pays pour le golf. Cependant, si l'envie est trop forte, essayez : le parcours du club de golf de Glyfada, *tél.894-6820* (18 trous) ; Le club de golf d'Afandou, Rhodes, *tél. (0214) 51225/6* (18 trous) ; Le club de golf de Corfou, dans la vallée de Ropa, *tél. (0661) 94220/1* (18 trous) ; le parcours de golf de Porto Carras, près de Néos Marmaras, Chalcidique, *tél. (0375) 71381, 71221* (18 trous).

● **Stations thermales**

Vous trouverez des stations thermales proposant des cures d'hydrothérapie dans les localités suivantes : Aedipsos (Eubée), Loutra Eleftheron (Kavalla), *Kaiafa (Illia)* Kaména Vourla Kyllini Kythnos (Cyclades) Langada (Thessalonique) — avec en plus des bains de boue) — Loutraki (Corinthe), Méthana (Golfe saronique) *Platistomo,* Loutra Skomoyon, Karditsa ; Therma, (Icaria) ; les Thermopyles, Vouliagméni, (Attique) Loutra Ypati.

● **STATIONS DE SKI**

La plupart des montagnes grecques sont recouvertes d'une couche abondante de neige qui permet de skier entre décembre et mars, les plus hautes d'entre elles (Olympe, Parnasse et Pinde) étant skiables jusqu'en mai. Les montagnes, dont la liste suit, sont équipées de remonte-pentes et presque exclusivement réservées au ski alpin, bien que certaines offrent des possibilités de location de ski de fond : mont Vermion, Naoussa (télésièges) ; Metsovon (télésièges) ; mont Pélion (télésièges) ; mont Parnasse (télésièges) ; mont Vitsi, Vigla Pissoderiou ; mont Vrondou, près de Serrès ; mont Dirphys, Liri ; mont Lefka Ori, Kallergi, Crète ; mont Mainalon, Ostrakina ; mont Olympe, Vrissopoules ; mont Pangée, Kiladea Orfea ; mont Tymphrestos ; mont Falakro.
Pour avoir de plus amples renseignements, contactez : la Fédération grecque de ski alpin, *7, rue Karageorgie, Athènes, (tél.323-4555).*

● **LES COURSES DE CHEVAUX**

Elles ont lieu au champs de course de Faliron situé près de la mer, au bout de l'avenue Syngrou, à Athènes. Il y en a tous les lundis, mercredis et samedis à 18 h 30. Pour d'autres renseignements, appelez le *941-7761.*

RANDONNEES ET ESCALADE EN MONTAGNE

La Grèce est un paradis pour les randonneurs et les alpinistes, avec un immense réseau de sentiers, équipés de refuges, répartis sur d'importantes étendues de montagnes et de forêts non touchées par le tourisme de masse. Pour avoir des renseignements sur les sentiers, les cartes, les refuges et les excursions, contactez le Club alpin grec à Athènes au *68-70, Eolou, (tél.321-2429),* qui a des bureaux dans la plupart des villes importantes des régions montagneuses ; la Fédération grecque de ski alpin, *7, rue*

Karageorgie, Athènes (tél.323-4555), le Touring Club Grec, *12, rue Politehniou, Athènes, (tél.524-8601) ;* et la Fédération des clubs d'excursions de Grèce, *4, rue Dragatsaniou, Athènes, (tél.323-4107).*

● LISTE ET SITUATION DES PARCS NATIONAUX

Lac Mikri Prespa, préfecture du N-O de Florina aux frontières grecque-albanaise et yougoslave.

Samaria, préfecture de La Canée, Crète (Lefka Ori).

Parnasse, préfecture de Boetia-Phocis Phthiostis.

Pinde (Valia), perivoli Grevenon Epire.

Olympe, pentes orientales au-dessus de Litochoron.

Oeta, préfecture de Phithiotis.

Mont Parnès, à 30 km d'Athènes.

Aïnos, île de Céphalonie.

Gorges du Vicos, Zagoria, Epire.

Pour les randonneurs, la Fédération grecque de ski alpin a aménagé les refuges de montagne dont la liste peut être demandée aux offices de Tourisme.

EXPLORATION SOUTERRAINE

La Grèce est un dédale de grottes. En général, la police touristique locale peut vous renseigner sur les grottes situées dans les environs et comment vous y rendre. Les grottes, dont la liste suit, sont aménagées pour recevoir le public : Koutouki, Péania, Attique ; Pérama, Ioannina ; Drougarati, Céphalonie ; Mélissani, Antiparos, Cyclades ; Glyfada et Aleopotripa à Diros, Laconia ; Kokkines Petres, Chalcidique.

MUSEES ET CURIOSITES TOURISTIQUES

MUSEES, SITES ARCHEOLOGIQUES ET EGLISES

La question primordiale est de savoir quels musées, sites et églises visiter. La Grèce en est tellement truffée qu'à chaque voyage vous ne pourrez en voir qu'une partie. Vous trouverez ci-dessous la liste de la plupart des musées et des sites archéologiques ainsi que quelques églises et monastères intéressants. De nombreux aspects de l'héritage culturel grec ont été nécessairement exclus de cette liste (forteresse, beaucoup d'églises, arches, mosquées, etc.). Cependant, à force de patience et d'observation minutieuse, vous les découvrirez par vous-même petit à petit.

● ATHENES

Site archéologique de l'Acropole, *tél. 3210219.* Ouvert tous les jours de 8 h 30 à 17 h. Prix d'entrée : 300 drs. (y compris l'entrée du musée).

Musée de l'Acropole, *sur l'Acropole, tél. 3236665.* Ouvert tous les jours de 8 h à 17 h, fermé le mardi. Prix d'entrée : 300 drs. (y compris la visite du site archéologique).

Ancien musée de l'Agora dans le portique d'Attale, *entrée sur la place Thisson et 24 rue Adrianou, tél. 3210185.* Ouvert tous les jours de 8 h à 17 h, fermé le mardi. Prix d'entrée : 150 drs. (y compris l'entrée du site archéologique).

Musée de la ville d'Athènes. *7 rue Paparigopoulou, tél. 3230168.* Ouvert les lundi, mercredi, vendredi de 9 h à 13 h 30. Prix d'entrée : 100 drs.

Musée Benaki, *Av. Vass. Sophias, tél. 3611617.* Ouvert tous les jours de 8 h 30 à 14 h, fermé le mardi. Prix d'entrée : 100 drs.

Musée Byzantin, *22 Av. Vass. Sophias, tél. 7211027.* Ouvert tous les jours de 8 h 45 à 15 h, dimanches et jours fériés de 9 h 30 à 14 h 30, fermé le lundi. Prix d'entrée : 200 drs.

Monastère de Daphni, *tél. 5811558.* Ouvert tous les jours de 8 h 45 à 15 h, dimanches et jours fériés de 9 h 30 à 14 h 30. Prix d'entrée : 100 drs.

Collection d'épigraphes, *1 rue Tossitsa, tél. 8217637.* Ouvert tous les jours de 8 h 30 à 13 h 30, dimanches et jours fériés de 9 h à 14 h. Entrée libre.

Musée juif de Grèce, *36 rue Amalias, tél. 3231577.* Ouvert tous les jours de 9 h à 13 h, fermé le samedi.

Musée des Arts des Cyclades et de la Grèce ancienne, *4 rue Neofytou Douka, tél. 7249706.* Ouvert tous les jours de 10 h à 16 h, fermé les mardi et dimanche.

Musée d'Art populaire grec, *17 rue Kidathineon, Plaka, tél. 3213018.* Ouvert tous les jours de 10 h à 14 h, fermé le lundi. Entrée libre.

Musée d'Histoire et d'Ethnologie, *rue Stadiou, tél. 3237617.* Ouvert du mardi au vendredi de 9 h à 14 h, samedi et dimanche de 9 h à 13 h, fermé le lundi. Prix d'entrée : 100 drs. Entrée libre le jeudi.

Monastère Kaisariani, *tél. 7236619.* Ouvert tous les jours de 8 h 45 à 15 h, dimanches et jours fériés de 9 h 30 à 14 h 30. Entrée libre.

Musée Canellopoulos, *rues Theorias et Panos, Plaka, tél. 3212313.* Ouvert tous les jours de 8 h 45 à 15 h, dimanches et jours fériés de 9 h 30 à 14 h 30, fermé le mardi. Dimanches et jours fériés l'entrée est payante : 100 drs.

Musée du Céramique, *148 rue Ermou, tél. 3463552.* Ouvert tous les jours de 8 h 45 à 15 h, dimanches et jours fériés de 9 h 30 à 14 h 30, fermé le mardi. Prix d'entrée : 100 drs. (y compris l'entrée du cimetière du Céramique).

Cimetière du Céramique, *au coin de Ermou et de Pireos, tél. 3463552.* Ouvert tous les jours de 8 h 45 à 15 h, dimanches et jours fériés de 9 h 30 à 14 h 30. Prix d'entrée : 100 drs. (y compris l'entrée du musée).

Musée national, *1 rue Tossitsa, tél. 8217717.* Ouvert tous les jours de 8 h à 17 h, fermé le mardi. Prix d'entrée : 250 drs. (y compris l'entrée des expositions de Santorin et du Musée numismatique).

Galerie nationale et **musée Alexandros Soutsos,** *46 Av. Vass. Sophias, tél. 7211010.* Ouvert tous les jours de 9 h à 15 h, fermé le lundi. Entrée libre.

Histoire naturelle, *13 rue Levidou, Kifissia, tél. 8080254.* Ouvert tous les jours y compris le dimanche de 9 h à 13 h et de 17 h à 20 h, fermé le vendredi. Les dimanches et jours fériés l'entrée est payante : 30 drs.

Collection numismatique, *1 rue Tossitsa, tél. 8217769.* Ouvert tous les jours de 8 h 30 à 13 h 30, dimanches et jours fériés de 9 h à 14 h, fermé le mardi. Entrée libre.

Agora romaine, *au bout de la rue Eolou, tél. 3210185.* Ouvert tous les jours de 8 h 45 à 15 h, dimanches et jours fériés de 9 h 30 à 14 h 30. Prix d'entrée : 100 drs.

Temple de Hephaïstos et ancien agora, *tél. 3210185.* Ouvert tous les jours de 8 h à 17 h. Prix d'entrée : 150 drs.

Olympeion, *Av. Olgas et Amalias, tél. 9226330.* Ouvert tous les jours de 8 h 45 à 15 h, dimanches et jours fériés de 9 h 30 à 14 h 30. Prix d'entrée : 100 drs.

Théâtre de Dionysos, *Av. D. Areopagitou, tél. 3236665.* Ouvert tous les jours de 8 h 45 à 15 h, dimanches et jours fériés de 9 h 30 à 14 h 30. Prix d'entrée : 100 drs.

Musée grec de la Guerre, *Av. Vass. Sophias, tél. 7290543-4.* Ouvert tous les jours de 9 h à 14 h, fermé le lundi. Bibliothèque ouverte du mardi au samedi de 9 h à 14 h. Entrée libre.

● LE PIREE

Musée naval du Pirée, *Akti Themistokleous, tél. 4516822.* Ouvert tous les jours de 9 h à 12 h 30, dimanches et jours fériés de 10 h à 20 h, fermé le lundi. Mardi et vendredi : entrée libre. Prix d'entrée : 100 drs.

Musée archéologique du Pirée, *31 rue Char. Trikoupi, tél. 4521598, 4518388.* Ouvert tous les jours de 8 h 45 à 15 h, dimanches et jours fériés de 9 h 30 à 14 h 30, fermé le mardi. Prix d'entrée : 100 drs.

● AMPHIPOLIS

Site archéologique, *tél. 051224717.* Ouvert tous les jours de 8 h 45 à 15 h, dimanches et jours fériés de 9 h 30 à 14 h 30. Entrée libre.

● ANDROS

Musée archéologique, *tél. 0282-23664.* Ouvert tous les jours de 8 h 45 à 15 h, dimanches et jours fériés de 9 h 30 à 14 h 30, fermé le mardi. Prix d'entrée : 100 drs.

Musée Basile et Elisa Goulandris (Art moderne), *tél. 0282-22650.* Ouvert tous les jours de 10 h à 13 h, 17 h à 20 h, fermé le mardi. Entrée libre.

● ARGOS

Musée, *tél. 0751-288119.* Fermé temporairement. Prix d'entrée : 100 drs.

● CHAIRONIA

Musée, *tél. 0261-95270.* Ouvert tous les jours de 8 h 45 à 15 h, dimanches et jours fériés de 9 h 30 à 14 h 30, fermé le mardi. Entrée libre.

● CORINTHE

Site archéologique de Acrocorinthe, *tél. 0741-31443.* Ouvert tous les jours de 8 h 45 à 15 h, dimanches et jours fériés de 9 h 30 à 14 h 30. Prix d'entrée : 150 drs (y compris l'entrée du musée).

Musée, *tél. 0741-31207.* Ouvert tous les jours de 8 h 45 à 15 h , dimanches et jours fériés de 9 h 30 à 14 h 30, fermé le mardi. Prix d'entrée : 200 drs (y compris l'entrée du site archéologique).

● CRETE

Musée Hag. Nikolaos, *tél. 0841-22462.* Ouvert tous les jours de 8 h 45 à 15 h, dimanches et jours fériés de 9 h 30 à 14 h 30, fermé le mardi. Prix d'entrée : 100 drs.

Musée archéologique de Héraklion, *tél. 081-226092.* Ouvert tous les jours de 8 h à 17 h, fermé le lundi. Prix d'entrée : 200 drs.

Musée de La Cannée, *tél. 0821-20334, 24418.* Ouvert tous les jours de 8 h 45 à 15 h, dimanches et jours fériés de 9 h 30 à 14 h 30, fermé le mardi. Prix d'entrée : 100 drs.

Musée archéologique de Réthymnon, *tél. 0831-29975.* Ouvert tous les jours de 8 h 45 à 15 h, dimanches et jours fériés de 9 h 30 à 14 h 30, fermé le mardi. Prix d'entrée : 100 drs.

Site archéologique du palais Haghia Triada, *tél. 081-226092.* Ouvert tous les jours de 8 h 45 à 15 h, dimanches et jours fériés de 9 h 30 à 14 h 30, fermé le vendredi. Prix d'entrée : 100 drs.

Site archéologique du palais de Cnossos, *tél. 081-231940.* Ouvert tous les jours de 8 h à 17 h. Prix d'entrée : 200 drs.

Site archéologique du palais de Phaestos, *tél. 0892-22615.* Ouvert tous les jours de 8 h à 17 h. Prix d'entrée : 150 drs.

Site archéologique de la ville de Gortyne, *tél. 081-226092.* Ouvert tous les jours de 8 h 45 à 15 h, dimanches et jours fériés de 9 h 30 à 14 h 30. Prix d'entrée : 100 drs.

Site archéologique des villas Tylissos, *tél. 081-226092.* Ouvert tous les jours de 8 h 45 à 15 h, dimanches et jours fériés de 9 h 30 à 14 h 30, fermé le lundi. Prix d'entrée : 100 drs.

Autres sites archéologiques, *tél. 081-226092.* Saint Tite Gournia. Ouvert tous les jours de 8 h 45 à 15 h, dimanches et jours fériés de 9 h 30 à 14 h 30. Entrée libre.

Port vénitien de Héraklion, *tél. 081-286228.* Ouvert tous les jours de 8 h 45 à 15 h, dimanches et jours fériés de 9 h 30 à 14 h 30. Prix d'entrée : 100 drs.

● DELOS

Site archéologique, *tél. 0289-22259.* Ouvert tous les jours de 8 h 45 à 15 h, dimanches et jours fériés de 9 h 30 à 14 h 30. Prix d'entrée : 200 drs. (y compris l'entrée du musée).

Musée, *tél. 0289-22259.* Fermé temporairement.

● DELPHES

Site archéologique, *tél. 0741-31207.* Ouvert tous les

jours de 9 h 30 à 14 h 30. Prix d'entrée : 150 drs. (y compris l'entrée du musée).
Musée, *tél. 0265-82313.* Ouvert tous les jours de 8 h à 17 h, fermé le mardi. Prix d'entrée : 200 drs.

● KATERINI

Site archéologique de Dion, *tél. 0351-53206.* Ouvert tous les jours de 8 h 45 à 15 h, dimanches et jours fériés de 9 h 30 à 15 h 30. Prix d'entrée : 100 drs. (y compris l'entrée du musée).
Musée, *tél. 0351-53206.* Ouvert tous les jours exceptés les lundi et mercredi de 8 h 45 à 15 h, fermé le mardi. Prix d'entrée : 100 drs. (y compris l'entrée du site archéologique).

● EGINE

Temple d'Aphaia, *tél. 0297-32398.* Ouvert tous les jours de 8 h 45 à 15 h, dimanches et jours fériés de 9 h 30 à 14 h 30. Prix d'entrée : 100 drs.
Musée, *tél. 0297-22637.* Ouvert tous les jours de 8 h 45 à 15 h, dimanches et jours fériés de 9 h 30 à 14 h 30, fermé le mardi. Prix d'entrée : 100 drs. (y compris l'entrée au temple d'Apollon).

● ELEUSIS

Musée, *tél. 5546019.* Ouvert tous les jours de 8 h 45 à 15 h, dimanches et jours fériés de 9 h 30 à 14 h 30, fermé le mardi. Prix d'entrée : 100 drs. (y compris l'entrée du site archéologique).

● EPIDAURE

Site archéologique et musée, *tél. 0753-22009.* Ouvert tous les jours de 8 h à 17 h, fermé le mardi. Prix d'entrée : 200 drs.

● EUBEE (EVIA)

Site archéologique et musée, *tél. 0221-62206.* Ouvert tous les jours de 8 h 45 à 15 h, dimanches et jours fériés de 9 h 30 à 14 h 30, fermé le mardi. Prix d'entrée : 100 drs.

● PHILIPPES

Site archéologique, *tél. 051-516470.* Ouvert tous les jours de 9 h à 17 h, dimanches et jours fériés de 10 h à 17 h. Prix d'entrée : 150 drs.
Musée, *tél. 05-516261.* Ouvert tous les jours de 8 h 45 à 15 h, dimanches et jours fériés de 9 h 30 à 14 h 30, fermé le mardi. Prix d'entrée : 100 drs.

● KERKYRA

Musée archéologique, *tél. 0661-30680.* Ouvert tous les jours de 8 h 45 à 15 h, dimanches et jours fériés de 9 h 30 à 14 h 30., fermé le mardi. Prix d'entrée : 100 drs.
Musée d'Art asiatique, *tél. 0661-23124.* Ouvert tous les jours de 8 h 45 à 15 h, dimanches et jours fériés de 9 h 30 à 14 h 30, fermé le mardi. Prix d'entrée : 100 drs.

● COS

Musée, *tél. 0242-28326.* Ouvert tous les jours de 8 h 45 à 15 h, dimanches et jours fériés de 9 h 30 à 14 h 30, fermé le mardi. Prix d'entrée : 100 drs.
Château des chevaliers de Rhodes, *tél. 0242-28326.* Ouvert tous les jours de 8 h 45 à 15 h, dimanches et jours fériés de 9 h 30 à 14 h 30, fermé le mardi. Prix d'entrée : 100 drs.
Anciennes Habitations restaurées, *tél. 0242-28326.* Ouvert tous les jours de 8 h 45 à 15 h, dimanches et jours fériés de 9 h 30 à 14 h 30. Prix d'entrée : 100 drs.
Asclépieion et autres sites archéologiques, *tél. 0242-28763.* Ouvert tous les jours de 8 h 45 à 15 h, dimanches et jours fériés de 9 h 30 à 14 h 30. Prix d'entrée : 100 drs.

● MYTILENE (LESBOS)

Musée archéologique d'Eressos, *tél. 0251-22087.* Ouvert tous les jours de 8 h 45 à 15 h, dimanches et jours fériés de 9 h 30 à 14 h 30, fermé le mardi. Entrée libre.
Musée archéologique de Mytilène, *tél. 0251-22087.* Ouvert tous les jours de 8 h 45 à 15 h, dimanches et jours fériés de 9 h 30 à 14 h 30, fermé le mardi. Prix d'entrée : 100 drs.

● MILO

Musée et site archéologique, *tél. 0287-21620.* Ouvert tous les jours de 8 h 45 à 15 h, dimanches et jours fériés de 9 h 30 à 14 h 30, fermé le mardi. Prix d'entrée : 100 drs.
Catacombes, *tél. 0287-21620.* Ouvert tous les jours de 8 h 45 à 14 h 30, dimanches et jours fériés de 9 h 30 à 14 h 30. Prix d'entrée : 50 drs.

● MYCENES (MYKINAI)

Site archéologique, *tél. 0725-27502.* Ouvert tous les jours de 8 h à 17 h. Prix d'entrée : 200 drs.

● MYSTRA

Site archéologique, *tél. 0731-25363.* Ouvert tous les jours de 8 h 45 à 15 h, dimanches et jours fériés de 9 h 30 à 14 h 30. Prix d'entrée : 200 drs. (y compris l'entrée du musée).
Musée, *tél. 0731-25363.* Ouvert tous les jours de 8 h 45 à 15 h, dimanches et jours fériés de 9 h 30 à 14 h 30, fermé le mardi. Prix d'entrée : 150 drs. (y compris l'entrée du site archéologique).

● NAUPLIE

Musée, *tél. 0752-27502.* Ouvert tous les jours de 8 h 45 à 15 h, dimanches et jours fériés de 9 h 30 à 14 h 30, fermé le mardi. Prix d'entrée : 100 drs.
Citadelle de Palamède, *tél. 0752-28036.* Ouvert tous les jours de 10 h à 16 h 30, dimanches et jours fériés de 10 h à 15 h. Reste ouvert le 25 mars. Prix d'entrée : 100 drs.
Musée d'Art populaire, *tél. 0752-28379.* Ouvert tous les jours de 9 h à 13 h et de 17 h à 19 h, fermé le mardi. Entrée libre.

● **NEMEE**
Musée, *tél. 0746-22739.* Ouvert tous les jours de 8 h 45 à 15 h, dimanches et jours fériés de 9 h 30 à 14 h 30, fermé le mardi. Prix d'entrée : 100 drs.

● **OLYMPIE**
Site archéologique, *tél. 0624-22517.* Ouvert tous les jours de 8 h 45 à 15 h, dimanches et jours fériés de 9 h 30 à 14 h 30. Prix d'entrée : 200 drs.
Musée, *tél. 0624-21529, 22742.* Ouvert tous les jours de 8 h 45 à 15 h, dimanches et jours fériés de 9 h 30 à 14 h 30, fermé le mardi. Prix d'entrée : 200 drs.
Musée historique des jeux Olympiques, *tél. 0624-25572, 22596.* Ouvert tous les jours de 8 h 45 à 15 h, dimanches et jours fériés de 9 h 30 à 14 h 30, fermé le mardi. Prix d'entrée : 100 drs.

● **OLYNTHE (CHALCIDIQUE)**
Site archéologique, *tél. 0373-21862.* Ouvert tous les jours de 8 h 45 à 15 h, dimanches et jours fériés de 9 h 30 à 14 h 30. Entrée libre.

● **OROPOS**
Musée d'Amphiarerion, *tél. 0295-62144.* Ouvert tous les jours de 8 h 45 à 15 h, dimanches et jours fériés de 9 h 30 à 14 h 30, fermé le mardi. Prix d'entrée : 100 drs. (y compris l'entrée du site archéologique).

● **OSSIOS LOUKAS**
Monastère byzantin, *tél. 3213571.* Ouvert tous les jours de 8 h 45 à 15 h, dimanches et jours fériés de 9 h 30 à 14 h 30. Prix d'entrée : 100 drs.

● **PATMOS**
Monastère Haghios Ioannis Théologos, *tél. 0241-21954.* Ouvert tous les jours de 8 h 45 à 15 h, dimanches et jours fériés de 9 h 30 à 14 h 30. Entrée libre.

● **PELLA**
Site archéologique, *tél. 0382-31160, 31278.* Ouvert tous les jours de 8 h 45 à 15 h, dimanches et jours fériés de 9 h 30 à 14 h 30. Prix d'entrée : 100 drs.
Musée, *tél. 0382-31160, 31278.* Ouvert tous les jours de 8 h 45 à 15 h, dimanches et jours fériés de 9 h 30 à 14 h 30, fermé le mardi. Prix d'entrée : 100 drs.

● **PYLOS**
Musée, *tél. 0723-22448.* Ouvert tous les jours de 8 h 45 à 15 h, dimanches et jours fériés de 9 h 30 à 14 h 30, fermé le mardi. Prix d'entrée : 100 drs.
Palais de Nestor, près de Pylos, *tél. 0723-31358.* Ouvert tous les jours de 8 h 45 à 15 h, dimanches et jours fériés de 9 h 30 à 14 h 30. Prix d'entrée : 100 drs.

● **RAMNOUS**
Site archéologique, *tél. 0294-93477.* Ouvert tous les jours de 8 h 45 à 15 h, dimanches et jours fériés de 9 h 30 à 14 h 30. Entrée libre.

● **RHODES**
Théâtre et stade de l'Acropole, *tél. 0241-27674.* Ouvert tous les jours de 8 h 45 à 15 h, dimanches et jours fériés de 9 h 30 à 14 h 30. Entrée libre.
Musée, *tél. 0241-27674.* Ouvert tous les jours de 8 h 45 à 15 h, dimanches et jours fériés de 9 h 30 à 14 h 30, fermé le mardi. Prix d'entrée : 200 drs.
Palais des Chevaliers, *tél. 0241-27674.* Ouvert tous les jours de 8 h 45 à 15 h, dimanches et jours fériés de 9 h 30 à 14 h 30, fermé le mardi. Prix d'entrée : 200 drs.
Remparts de la cité médiévale, *tél. 0241-27674.* Ouvert aux visiteurs sous la responsabilité d'un guide les lundi et samedi après-midi. Les visiteurs doivent se rassembler dans la cour du palais des Chevaliers. Ouvert de 15 h à 17 h. Entrée libre.
Fouilles de Camiros, *tél. 0241-27664.* Ouvert tous les jours de 8 h 45 à 15 h, dimanches et jours fériés de 9 h 30 à 14 h 30. Prix d'entrée : 100 drs.
Acropole de Ialisos, *tél. 0241-27674.* Ouvert tous les jours de 8 h 45 à 15 h, dimanches et jours fériés de 9 h 30 à 14 h 30. Prix d'entrée : 100 drs.
Acropole de Lindos, *tél. 0241-27674.* Ouvert tous les jours de 8 h 45 à 15 h, dimanches et jours fériés de 9 h 30 à 14 h 30. Prix d'entrée : 200 drs.
Musée des Arts décoratifs, *tél. 0241-17674.* Ouvert au public les lundi, mercredi et vendredi de 9 h à 13 h. Prix d'entrée : 100 drs.

● **SAMOS**
Temple d'Hera-site archéologique, *tél. 0273-61177.* Ouvert tous les jours de 8 h 45 à 15 h, dimanches et jours fériés de 9 h 30 à 14 h 30. Prix d'entrée : 100 drs.
Musée Vathy, *tél. 0273-27469.* Fermé temporairement.
Musée Pythagorion, *tél. 0273-61400.* Ouvert tous les jours de 8 h 45 à 15 h, dimanches et jours fériés de 9 h 30 à 14 h 30, fermé le mardi. Entrée libre.
Tunnel d'Eupalinos, *tél. 0273-61400.* Ouvert les lundi, jeudi et samedi de 10 h à 12 h. Entrée libre.

● **SAMOTHRACE**
Site archéologique, *tél. 0551-41474.* Dorion : temple dorique en marbre datant de 260 av. J.-C.
Arsnoeion : construction circulaire datant de 288-281 av. J.-C. Ouvert tous les jours de 8 h 45 à 15 h, dimanches et jours fériés de 9 h 30 à 14 h 30. Prix d'entrée : 100 drs.
Musée, *tél. 0551-41474.* Ouvert tous les jours de 8 h 45 à 15 h, dimanches et jours fériés de 9 h 30 à 14 h 30, fermé le mardi. Prix d'entrée : 100 drs.

● **SANTORIN (THERA)**
Musée, *tél. 0551-41474.* Ouvert tous les jours de 8 h 45 à 15 h, dimanches et jours fériés de 9 h 30 à 14 h 30, fermé le mardi. Prix d'entrée : 100 drs.
Site archéologique, *tél. 0286-22217.* Ruines bien conservées de l'ancienne ville (théâtre, agora, temple, site des gymnastes, maison du gouvernement, fortifications, maisons privées, tombeaux datant des pério-

des archaïques et classiques, reliques des premiers chrétiens). Ouvert tous les jours de 8 h 45 à 15 h, dimanches et jours fériés de 9 h 30 à 14 h 30.
Site archéologique d'Akrotirion Théra, *tél. 0286-81366.* Ouvert tous les jours de 8 h 45 à 15 h, dimanches et jours fériés de 9 h 30 à 14 h 30. Prix d'entrée : 150 drs.

● SICYONE (SIKION)

Site archéologique, *tél. 0742-28900.* Les ruines des murailles de la ville, le stade, le gymnase, la fontaine sacrée, le Bouleuterion, le temple d'Artémis et le théâtre sont tous bien conservés. Ouvert tous les jours de 8 h 45 à 15 h, dimanches et jours fériés de 9 h 30 à 14 h 30. Entrée libre.
Musée, *tél. 0742-28900.* Ouvert tous les jours de 8 h 45 à 15 h, dimanches et jours fériés de 9 h 30 à 14 h 30, fermé le mardi. Entrée libre.

● SOUNION

Site archéologique, *tél. 0292-39363.* Ouvert tous les jours de 9 h jusqu'au coucher du soleil, dimanches et jours fériés de 10 h jusqu'au coucher du soleil. Prix d'entrée : 150 drs.

● SPARTE (SPARTI)

Musée, *tél. 0731-25363.* Ouvert tous les jours de 8 h 45 à 15 h, dimanches et jours fériés de 9 h 30 à 14 h 30, fermé le mardi. Prix d'entrée : 100 drs.

● THESSALONIQUE

Musée archéologique et trésors de la Macédoine Ancienne (Trouvailles de Verghina), *tél. 031-830538.* Ouvert tous les jours de 8 h 45 à 15 h, dimanches et jours fériés de 9 h 30 à 14 h 30, fermé le mardi. Prix d'entrée : 200 drs. (y compris le musée et les trouvailles de Verghina).
Musée du Folklore, *68 rue Vass. Olgas, tél. 031-830591.* Ouvert tous les jours de 9 h à 14 h, fermé le mardi. Entrée libre.
Eglise Saint-Georges (Rotonde), *tél. 031-213627.* Fermée temporairement.
Eglise Saint-Démètre, *tél. 031-270008.* Ouvert tous les jours de 8 h 45 à 15 h, dimanches et jours fériés de 9 h 30 à 14 h 30. Entrée libre.
La Tour Blanche-musée byzantin, *rue Vass. Kostantinou.* Ouvert tous les jours de 9 h à 14 h, fermé le mardi.

● THIVE

Musée, *tél. 0262-27913.* Ouvert tous les jours de 8 h 45 à 15 h, dimanches et jours fériés de 9 h 30 à 14 h 30, fermé le mardi. Prix d'entrée : 100 drs.

● TIRYNTHE (TIRYNS)

Site archéologique, *tél. 0752-27502.* Ouvert tous les jours de 8 h 45 à 15 h, dimanches et jours fériés de 9 h 30 à 14 h 30. Prix d'entrée : 100 drs.

● VERGHINA

Site archéologique, *tél. 031-830538.* Ouvert tous les jours de 8 h 45 à 15 h, dimanches et jours fériés de 9 h 30 à 14 h 30. Prix d'entrée : 100 drs.

● VOLO

Site archéologique, *tél. 0421-25285.* Ouvert tous les jours de 8 h 45 à 15 h, dimanches et jours fériés de 9 h 30 à 14 h 30. Prix d'entrée : 100 drs.

● VAVRONA

Musée, *tél. 0294-71020.* Ouvert tous les jours de 8 h 45 à 15 h, dimanches et jours fériés de 9 h 30 à 14 h 30, fermé le dimanche. Prix d'entrée : 100 drs. (y compris l'entrée du site archéologique).
Site archéologique, *tél. 0294-71020.* Ouvert tous les jours de 8 h 45 à 15 h, dimanches et jours fériés de 9 h 30 à 14 h 30. Prix d'entrée : 100 drs. (y compris l'entrée du musée).

BIBLIOTHEQUES ET CENTRES CULTURELS

Pour ceux qui parlent anglais, on trouve deux centres culturels importants à Athènes, le British Council et le Hellenic American Union. Le British Council, situé sur la *place Kolonaki (tél.363-3211),* possède une bibliothèque très bien fournie en livres, magazines et journaux. Il organise également des conférences, des expositions et des spectacles. Ouvert du lundi au vendredi de 9 h 30 à 13 h 30. Le Hellenic American Union, *22 Massalias, 4e étage (tél.363-7740)* possède aussi une bibliothèque et organise aussi des manifestations culturelles. Il propose également des cours de danse, de cinéma, de langue, de littérature grecs, etc. pour les étrangers. Ouvert du lundi au vendredi de 9 h 30 à 14 h ; du lundi au jeudi de 17 h 30 à 20 h 30.

A Thessalonique, ceux qui parlent anglais trouveront également deux centres culturels, le British Council, au coin des rues *Egniatas et Vas. Sofias (tél.235236)* et l'American Center, dans la *rue Mitropoleos,* qui part de la place Aristotelous *(tél.276347).* Bien que disposant de moyens moins importants, leurs activités sont semblables à celles des centres d'Athènes.

Pour ceux qui parlent français, l'Institut français, centre culturel de l'ambassade de France, se trouve à Athènes, *31 rue Sina, 1680 Athènes. (tél.362-4301).*

POUR LES GOURMETS

LE GOUT GREC

En Grèce, aller au restaurant est avant tout un acte social. Que ce soit en famille ou avec son (ou sa ?) *parea,* ce cercle sacré d'amis, un repas à l'extérieur est une occasion qui doit être célébrée, un moment pour le *kefi.* Ceci peut s'expliquer par le fait que manger au restaurant en Grèce reste une chose abordable et populaire, et pas du tout réservée à ceux qui possède une carte de l'American Express.

Et l'omniprésence de la taverne, ce bastion de la cuisine grecque, est le reflet de cette popularité. Ces établissements simples ont plus ou moins le même style et le même décor dans tout le pays, et le menu qu'on y sert est toujours plus ou moins le même. Ce qui veut dire qu'on n'y trouve aucun ornement tape-à-l'œil ou superflu qui essayerait de faire croire au « client » que cette taverne est différente des autres, spéciale ou distincte. L'endroit, et le fait que vous vous y trouviez est considéré comme quelque chose de normal : vous mangez une bonne cuisine chez Yannis ou chez Yorgos, vous vous amusez bien, sans dépenser des fortunes.

Ceci est représentatif de la moyenne des restaurants en Grèce, en tenant compte toutefois de certaines variantes. La taverne n'est cependant pas le seul endroit où l'on peut manger. Vous trouverez aussi : l'*èstiatôrio,* le restaurant tel qu'on l'entend généralement - plus beau et plus soigné que la taverne, avec une nappe en tissu et des prix plus élevés ; la *psistarîa,* un restaurant style « barbecue » dont les spécialités sont l'agneau, le porc et le poulet servis en brochettes ; le *psaro-tavèrna* spécialisé en poisson ; l'*ouzeri* qui sert principalement des boissons, mais qui, à l'occasion, servira aussi des mezés, entrées de toutes sortes ; le *gyros* qui offre des sandwichs *hiro* et des *souvlâki* avec, quelquefois, des places assises où l'on sert des salades.

En Grèce, on trouve une cuisine régionale d'une extrême variété et vous devriez garder un œil attentif à toutes les spécialités que vous n'avez pas vues ailleurs. Une autre chose que vous apprendrez très rapidement, c'est combien un plat peut être différent d'un endroit à un autre, selon qu'il est bien préparé ou mal préparé, par exemple, le *melat-sanasalata* ou tomates farcies. Il est, par conséquent, préférable de se balader un peu avant de choisir sa taverne (surtout dans les endroits très touristiques), demander au gens du cru de vous guider, entrer dans les cuisines pour regarder la nourriture (c'est une habitude très courante), au lieu de vous trouver coincé dans une trappe à touristes qui vous dégoûtera de la *moussaka* pour le reste de votre séjour.

Voici quelques conseils concernant les habitudes alimentaires grecques. Le repas principal se prend au milieu de la journée, entre 13 h 30 et 14 h 30, il est généralement suivi d'une sieste qui dure jusqu'à 17 h. Le repas du soir peut soit être un autre gros repas, soit un assortiment de mezés. Il se prend souvent à n'importe quelle heure entre 21 h et 23 h. Le petit-déjeuner est par contre plutôt réduit, consistant généralement en pain, beurre, confiture et café.

Les Grecs ne sortent jamais uniquement pour prendre un verre. Même si une soirée entraîne l'absorption de nombreux verres de resina et d'*ouzo,* ceux-ci seront toujours accompagnés de nourriture - une habitude bien enracinée qui minimise les effets (primaires et secondaires) de l'alcool. Quand vous commanderez votre vin, vérifiez s'il vient d'un tonneau (demandez alors un *chima*). C'est un produit local bon marché qui varie d'une ville à l'autre. Sinon vous pouvez choisir parmi les nombreux vins en bouteille, dont les labels les plus connus sont : Rotonda, Cambas, Boutari, Calliga. L'*aspro* est blanc, le *mavro* est rouge et le *kokkinéli* est rosé.

Vous entrerez peut-être dans certaines tavernes qui n'ont pas de menu, ou dont le menu n'affiche pas les prix. Il est alors préférable de demander au restaurateur le prix des plats avant de commander. Et, comme indiqué plus haut, il est toujours possible de savoir quel genre de plats ils servent en allant voir à la cuisine.

LE MINIGUIDE DU GOURMET

La liste ci-dessous est un aperçu des plats les plus populaires que vous trouverez partout en Grèce pendant votre voyage. Dans l'Annexe, vous trouverez quelques adresses de restaurants à Athènes et à Thessalonique.

Hors-d'œuvres et canapés - généralement servis en guise d'apéritif avec du *psomi* (pain) :
kdokithâkia - beignet de courgette, *melitsânasâlata* - caviar d'aubergine, *rossikisalâta* - salade de pommes de terre froides, avec beaucoup de mayonnaise, *târamasalâta* - œufs de poisson fumés à l'huile et à la mie de pain.

Légumes :
andinâria - artichauts, *arakâdes* - petits pois, *bâmies* - okra, *dolmadès* - feuilles de vigne farcies, *fasolakia* - haricots sauteurs, *horiatiki* - salade dans laquelle on trouve olives, feta, oignons, concombres et tomates, *horta* - légumes verts cuits à l'étouffée, *marouli* - laitue, *patzaria* - betteraves, *yemistés* - tomates ou poivrons farcis, *yigantes* - gros haricots.

Différents plats de viande :
Retenez les termes suivants : *psito* - rôti, *sti souvla* - cuit au barbecue sur une brochette, *tiganito* - frit, *sto fourno* - cuit au four, *skaras* - grillé, *vrasto* - bouilli, *kapnisto* - fumé, *arni* - agneau, *biftéki* - bifteck, *brizola* - côtelette de porc ou de bœuf (respectivement *chirino* ou *moschari*), *keftédes* - boulettes de viande, *kokorétsi* - abats farcis rôtis à la broche, *kotopoulo* - poulet, *loukanika* - saucisses, *mialo* - cervelle, *paidakia* - côtelettes d'agneau, *sikotakia* - foie grillé, *souvlâki* - morceaux de porc ou d'agneau rôtis à la broche ou frits.

Plats variés, soupes et spécialités :
avgolémono - bouillon de poulet épaissi avec des œufs et du citron, *fasolada* - soupe de haricots, *moussaka* - aubergines et viande d'agneau hâchée à la sauce blanche, préparées au four et gratinées, *pastitsio* - macaronis gratinés, *patsas* - ragoût de tripes, vendu dans des échoppes spécialisées, *salingaria* - escargots frits à l'huile et aux herbes, *stifado* - toute sorte de ragoût, toute viande cuite en ragoût, *souzoukakia* - rouleaux de viande cuits au four, *yiorvoulakia* - boulettes de riz et de viande.

Fruits de mer :
astakos - homard, *bakaliaros* - morue, *galéos* - « steak » de requin, *garides* - crevettes, *glossa* - sole, *gopes* - petits poissons frits, *kalamaria* - calmar, *ksifias* - espadon, *ktapodi* - poulpe, *pestrofa* - truite, *soupiés* - seiche.

Desserts : on sert rarement des desserts dans les endroits où l'on sert à manger. Vous trouverez plutôt des plats sucrés dans les *zachariplastia* (boutique de sucreries - voir Particularités) ainsi que dans quelques *galaktopolia* (crémeries). Un plat sucré que l'on sert toutefois dans certaines tavernes est le *halva*.

Baklava - pâte feuilletée fourrée au miel et aux amandes, *bougatsa* - flan, *galaktobouriko* - flan plus épais que l'on trouve moins souvent, *kataifi* - amandes mondées entourées de blé concassé et de miel, *krema* - crème renversée au naturel, *loukoumi* - loukoum, *moustalevria* - pudding de raisin, généralement en automne, *rizogalo* - pudding de riz.

Autres casse-croûte :
kalamboki - épi de maïs grillé, vendu dans la rue, *koulouria* - bretzel aux graines de sésame, *kreatopita* - pâté à la viande, *spanakopita* - pâté aux épinards, *tiropita* - pâté au fromage, *tost* - sandwichs grillés vendus sur les stands qui vendent du « grillé ».

Boissons :
bira - bière, *kokkinéli* - vin rosé, *krasi* - vin, *mavro* - vin rouge, *me to kilo, hima* - vin local vendu au litre, *nero* - eau, *resina* - vin au parfum de résine, *ouzo* - boisson anisée, *raki* - alcool de raisin pressé, *tsipouro* - ressemble au *raki*.

Café, thé :
en général, les Grecs boivent leur café et leur thé avec beaucoup de sucre. La phrase à connaître pour tous ceux qui préfèrent leurs boissons chaudes sans sucre est : *horis zahari*, littéralement, sans sucre. Placez cette phrase après toute commande de boisson, par exemple : Nescafé *horis zahari*. Vous pouvez également demander que votre boisson soit *sketos* ce qui signifie la même chose d'une manière un peu moins emphatique. Si vous l'aimez avec un peu de sucre, demandez un *métrio* ce qui veut dire un petit peu. Si vous aimez beaucoup le sucre, ne dites rien et vous aurez votre boisson préférée remplie de plusieurs cuillérées de sucre. *Me gâla* veut dire avec du lait. Nescafé - café lyophilisé. Quand il fait chaud, vous pouvez demander un café frappé, Nescafé froid mélangé à des glaçons dans un shaker ; *elenikô café* - café grec, bouillant et servi avec le marc, dans la tasse. Si vous désirez une grande tasse de café, demandez un *diplôs*. *Elenikô café* est aussi connu sous le nom de *turkikô café* mais cette appellation provoque parfois des sursauts patriotiques ; *tsai* - thé servi soit avec du lait soit avec une rondelle de citron, *me limôni ; kamomili* - camomille, *tsai tou vounôu* - infusion de montagne. (infusion faite avec toutes sortes d'herbes des montagnes comme la sauge. Pas très courant).

Autre vocabulaire utile :*alâti*-sel et *pipéri* - poivre, *boukâli* - bouteille, *potiri* - verre, *piroûni* - fourchette, *koutâli* - cuillère, *mahéri* - couteau, *katâlogo/lista* - menu, *to logaviasmô* - l'addition.

QUELQUES ADRESSES

• A ATHENES

RESTAURANTS

Gerofinikas, *10 Pindarou, tél. 362-2719, 363-6710*. Cuisine grecque cosmopolite offrant également des spécialités d'Istanbul. Poisson frais, caviar d'aubergine, agneau avec des artichauts et des sucreries terriblement tentantes. Ouvert pour le déjeuner et pour le dîner.

Bajazzo, *Ploutarchou et Donokratous, Kolonaki, tél. 729-1420*. Créations uniques qui combinent la nouvelle cuisine et les plats grecs traditionnels. « Festivals de fruits de mer », « Dialogue de veau aux pommes vertes et aux champignons », ainsi que de merveilleux desserts comme une meringue « Montagne flottante », « Tarte forêt noire », gâteau aux *canneberges* et mousse de chocolat blanc. Carte très complète des vins, plutôt chers au vue des prix couramment pratiqués en Grèce, mais bon marché si on les compare avec les prix internationaux pratiqués lorsqu'il s'agit d'une cuisine d'une telle qualité et d'une telle originalité. Bistro de volailles offrant un menu simple et disposant d'un bar à l'étage. Les réservations sont nécessaires. Ouvert pour le déjeuner du lun au ven 12 h-16 h, et pour le dîner du lun au sam 20 h-2 h du matin. Fermé le dimanche.

Kostoyiannis, *37 Zaimi (Pedion Arcos), Exarchia, tél.821-2496*. Grand choix d'amuse-gueules. Parmi les plats principaux, on trouve le ragoût de lapin et la caille. Très bon coing épicé nappé de crème et gâteau aux noix pour le dessert.

Prunier, *63 Ipsilantou, Kolonaki, tél.722-7379*. Cuisine française dans un cadre romantique.

Comilon, *39 Polyla, Ano Patissia, tél.201-0792*. Amuse-gueules originaux comme du porc à la mandarine et des omelettes espagnoles. Très bonnes paella et sangria. Gâteau au fromage pour le dessert. Le soir, à partir de 20 h. La cuisine fermée à 0 h 45. Fermé le lundi.)

Markiza, *41 Proklov (place Varnaya), Pangrati, tél.752-3502*. Connu pour ses boulettes de viande chypriotes et sa tarte à l'oignon.

Themistokles, *31 Vas. Georgiou, Pangrati, tél.721-9553*. Prix d'une bonne taverne dans un joli jardin.

Psara, *16 rue Evechtheos et Erotokritou, Plaka, tél.3250-285*. Un vieil endroit qui fait partie des favoris et qui sert de bons plats de poisson, niché dans un coin tranquille de Plaka.

To Omorpho, *32 rue Ithakis, Halandri (derrière Kifisias, près du Drive In d'Athènes)*. Bonne cuisine de taverne avec cheminée en hiver, jardin en été, et musique d'ambiance.

Terpsi, *au coin de la rue Marmariotisis et de la rue Ethniki Antistaseos, Halandri*. Bonne cuisine de taverne.

Apotsos, *10 rue Panepistimiou (sous les arcades), tél.363-7046*. Restaurant classique d'Athènes pour le déjeuner ; bonne cuisine ; décor grandiose. Ouvert uniquement pour le déjeuner. Fermé le dimanche.

Athinaikon, *au coin de Panepistimiou et de Themistokeous, tél.322-0118.* Autre bonne vieille « ouzeri ». Ouvert pour déjeuner et pour dîner. Fermé le dimanche.

Namelesstaverna, *au coin de la rue Mayromihali et de la rue Voulgaroktonou, Exarchia.* Cuisine traditionnelle pas chère, jardin.

Le long de la rue Mavromihali à Exarchia, se trouvent un certain nombre de bonnes tavernes.

Eden, *3 rue Flessa, Plaka, tél.324-8858.* Bonne cuisine végétarienne, qui vous changera agréablement si vous êtes un peu lassé de la nourriture servie dans les tavernes.

Note : pour avoir une liste complète des restaurants d'Athènes et des tavernes (y compris ceux qui servent de la cuisine espagnole, chinoise, italienne ou autre) reportez-vous au magazine hebdomadaire The Athenian.

● A THESSALONIQUE

RESTAURANTS

Olympos-Naoussa, *5 rue Vas. Konstantinou, (tél.275715).*

Elvetikon, *42 rue Ayios Sofias, (tél.275521).*

Stratis, *19 rue Vas. Konstantinou, (tél.234782).*

Tiffany's, *3 rue Iktinou, (tél.274022).*

RESTAURANTS DE LUXE

Dionysius, *Panorama, (tél.941813).*

Ted's House, *7 rue Mihalakopoulou, Aretsou, (tél.427334).*

TAVERNES

Liopesi, *Platia Navarinou.*

Iordanis, *1 rue Venizelou, Panorama, (tél.941138).*

Klimataria, *34 rue P. Mela, (tél.277854).*

Ta Nisia, *13 rue Koromila, (tél.285991).*

I Folia Ton Filon Tou Falakra, *5 K. Melekinou, (tél.210905).*

Diagonios, *13 P. Mela.*

Anapiros, *20 rue P. Nikolaou, (tél.238269).*

Achileas, *17 rue Filikis Etairias.*

Corfu, *1 rue Stratigou Kazari, (tél.269109).*

PATISSERIES

Agapitos, *57 rue Tsimiski, (tél.279107).*

Ellinikon, *209 rue Vas. Olgas, (tél.411133).*

Hatzifotiou, *37 rue P. Mela, (tél.232166).*

OU SE LOGER

HOTELS

La pension - ou l'hôtel bon marché - où vous trouverez une chambre décente à un prix raisonnable, est le type de logement le plus largement représenté en Grèce. A côté, on trouve toutes sortes d'autres choses, depuis l'hôtel de luxe jusqu'au boui-boui. Ci-dessous, vous trouverez un échantillon des différentes catégories d'hôtels à Athènes et à Thessalonique.

● A ATHENES

CATEGORIE DE LUXE

Acropole Palace, *51 rue Patission, 104 33 Athènes, tél. 52238518-7, tlx. 21-5909.* Ouvert toute l'année. Construit en 1930, refait en 1981. Nombre de chambres : simples 40, doubles 47, suites 18. Air conditionné dans les chambres. 2 bars, restaurant, jardin en terrasse, boîte de nuit, salles de conférences, service de transfert disponible à partir de différents points d'Athènes.

Amalia, *10 Av. Amalias, 105 57 Athènes, tél. 3237301-9, tlx. 21-5161.* Ouvert toute l'année. Construit en 1961. Nombre de chambres : simples 6, doubles 92, 1 suite. Air climatisé en été, chauffage central en hiver, bar, restaurant.

Astir Palace, *au coin de Vass. Sophias et El. Venizelou, 106 71 Athènes, Place Syndagma, tél. 36443112, 8 lignes, tlx. 22-2380, cbl. Astirathen.* Ouvert toute l'année. Construit en 1983. Nombre de chambres : simples 10, doubles 38, suites 28, suites de luxe 2. Air climatisé. 4 canaux d'émission radio dans les chambres et dans les espaces publics. Restaurant de gourmet Apokalypsis, cafétéria Asteria, bar Athos. Toutes les chambres sont équipées de télévision et de vidéo. Kiosque à journaux, sauna, centre de santé, salon d'esthétique. Salles de conférences et de banquets.

Athenaeum Inter-Continental, *89-93 Av. Syngrou, 117 45 Athènes, tél. 9023666, tlx. 22-1554.* Ouvert toute l'année. Construit en 1982. Nombre de chambres : doubles 630 ; air climatisé en été, chauffage central en hiver, 2 bars, 3 restaurants, piscine, salle de conférences équipée de matériel pour traduction simultanée en 4 langues et d'un système interne de télévision. Système téléphonique automatique, télévision couleur dans toutes les chambres avec films disponibles sur place, service de secrétariat, valets, centre de santé, services bancaires.

Athens Chandris Hotel, *385 Av. Syngrou, 175 64 P. Phaleron, tél. 9414824-6, tlx. 21-8112, cbl. Chandrotel-Athnes.* Ouvert toute l'année. Construit en 1977. Nombre de chambres : simples 50, doubles 300, suites 22. Air conditionné en été, chauffage en hiver, 2 bars, 2 restaurants. Restaurant des 4 Saisons « à la carte » accessible également aux non-résidents, cafétéria, service dans les chambres, salles de conférences, salle de bal, piscine, restaurant avec snack-bar, places de parking, navette gratuite entre l'hôtel et la place Syndagma.

Athens Hilton, *46 Av. Vass. Sofias, 106 76 Athènes, tél. 7220201-9, tlx. 21-5808, cbl. Hiltels.* Ouvert toute l'année. Construit en 1963, renové en 1974. Nombre de chambres : doubles 480, suites 24. Air climatisé. 3 bars, 5 restaurants, piscine, salles de conférences, service de secrétariat, service de teinturerie automatique.

Athens Holiday Inn, *50 rue Michalakopoulou, 115 28 Athènes, tél. 7248322-29, tlx. 21-8870.* Ouvert toute l'année. Construit en 1979. Nombre de chambres : doubles 200. Air climatisé en été, chauffage central en hiver. Bar américain, restaurant, cafétéria, discothèque, bowling, salle de réunions et de banquet pouvant accueillir jusqu'à 500 personnes, places de parking. Bistro grec.

Caravel, *2 Av. Vass. Alexandrou, 161 21 Kessariani, tél. 7290721-29, 7290731, tlx. 21-4401.* Ouvert toute l'année. Construit en 1975. Nombre de chambres : simples 100, doubles 316, suites 55. 3 bars, 3 restaurants, jardin sur le toit, piscines intérieure et extérieure, service dans les chambres, cafétéria ouverte 24 h/24. Toutes les opérations hôtelières sont entièrement informatisées. Salle de conférences, de conventions ou de réunions pour tout type d'événements professionnels. Situé à proximité du centre des affaires et du centre historique.

Grande Bretagne, *place Syndagma (Constitution), 105 63 Athènes, tél. 3230251-9, 3250701-9 (72 lignes), tlx. 21-9615, 21-5346, cbl. Hotbritan.* Ouvert toute l'année. Construit en 1862, renové en 1962, réaménagé en 1981. Nombre de chambres : 450 chambres et 25 suites depuis la Junior à la Présidentielle. Air climatisé en été et chauffage central en hiver. 2 bars, 3 restaurants, service dans les chambres assuré 24 h/24. Salles de conférences et de réunions.

King George, *3 rue King George, 105 64 Athènes, tél. 3230651-61, tlx. 21-5296, cbl. Geking.* Ouvert toute l'année. Construit en 1936, rénové en 1978. Nombre de chambres : simples 60, doubles 80, suites 10. Air conditionné en été et chauffage central en hiver, bar, restaurant, service dans les chambres, salles de conférences, service de transfert disponible.

Ledra Marriott Hotel-Athens, *115 Av. Syngrou, 117 45 Athènes, tél. 9525211, tlx. 22-1833, Rés. ligne directe 9324642.* Ouvert toute l'année. Construit en 1983. Nombre de chambres : 258, suites 25. Toutes les chambres sont équipées d'une commande de réglage de la climatisation, radio, télévision couleur, films à votre disposition, minibar, service dans les chambres 24 h/24, ligne téléphonique avec voyant lumineux pour indiquer qu'il y a un message, piscine sur le toit, bassin d'hydrothérapie, bar cafétéria, salon pour cocktail et hall d'attente, bar au bord de la piscine, 3 restaurants, salles de conférences, salle de bal, antichambre à côté de la salle de bal, équipement audiovisuel.

Park, *10 Av. Alexandras 106 82 Athènes, tél. 8832711-19, tlx. 21-4748, cbl. Parxente.* Ouvert toute l'année. Construit en 1976. Nombre de chambres : simples 15, doubles 111, suites 20. Air climatisé l'été, chauffage central l'hiver, cafétéria, pizzeria, jardin sur le toit, piscine, salles de conférences, service dans les chambres, boutique de souvenirs, salon de beauté et garage.

N.J.V. Meridien Athens, *rues Vass. Georgiou A et Stadiou 105 64 Athènes, Place Syndagma, tél. 3255301, 9 lignes, tlx. 21-0568, 21-0569.* Ouvert toute l'année. Construit en 1980. Nombre de chambres : simples 30, doubles 124, suites 28. Air climatisé l'été, chauffage central l'hiver, bar, restaurant, service dans les chambres, toutes les chambres avec minibar, télévision couleur, et vidéo.

Royal Olympic, *28 rue Diakou, 117 43 Athènes, tél. 9226411-13, 9220185, tlx. 21-5753, cbl. Roytel.* Ouvert toute l'année. Construit en 1968. Nombre de chambres : simples 35, doubles 262, suites 8. Air climatisé l'été, chauffage central l'hiver, bar, service dans les chambres, salles de conférences, service de transfert disponible.

Saint George Lycabettus, *2 rue Kleomenous, Dexameni, Kolonaki, 106 75 Athènes, tél. 7290711-19, tlx.21-4253, cbl. Mantzotel.* Ouvert toute l'année. Construit en 1973. Nombre de chambres : simples 21, doubles 128, suites 5. Air climatisé l'été, chauffage central l'hiver, bar, restaurant, service dans les chambres, piscine, salles de conférences, services bancaires, jardin sur le toit, coiffeur, grill-room avec vue panoramique sur l'Acropole.

CATEGORIE A

Astor, *16, rue Kar. Serfias, 105 62 Athènes, tél. 3255555, 3255111, tlx. 21-4018, cbl. Hotelastor.* Ouvert toute l'année. Construit en 1964, rénové en 1983. Nombre de chambres : simples 32, doubles 98, suites 3. Air climatisé l'été, chauffage central l'hiver, bar, restaurant, service dans les chambres.

Attica Palace, *6 rue Kar. Serfias, 105 62 Athènes, tél. 3223006-8, rés. 3237905, tlx. 21-5909.* Ouvert toute l'année. Construit en 1962. Nombre de chambres : simples 9, doubles 69. Air climatisé l'été, chauffage central l'hiver, bar, restaurant, service dans les chambres, snack-bar.

Divani-zafolia Palace, *19-23 rue Parthenonos, 117 42 Athènes, tél. 9229650-9, 9229151-5, tlx. 21-8306, cbl. Dizahotel.* Ouvert toute l'année. Construit en 1977. Nombre de chambres : simples 27, doubles 159, suites 7. Air climatisé l'été, chauffage central l'hiver, bar, restaurant taverne, piscine, salles de conférences.

Electra Palace, *18 rue Nikodimou, 105 57 Athènes tél. 3241401-7, tlx. 21-0896.* Ouvert toute l'année. Construit en 1973. Nombre de chambres : simples 20, doubles 100. Air climatisé l'été, chauffage central l'hiver, bar, restaurant, service dans les chambres, piscine.

Golden Age, *57 rue Michala Kopoulou, 115 28 Athènes, tél. 7240861 (9 lignes), tlx. 21-9292, cbl. Goldenage.* Ouvert toute l'année. Construit en 1975. Nombre de chambres : simples 18, doubles 96, suites 8. Air climatisé l'été, chauffage central l'hiver, bar, restaurant, cafétéria, taverne, service dans les chambres.

King Minos, *1 rue Pireos, 105 52 Athènes, tél. 5231111-18, tlx. 21-5339.* Ouvert toute l'année. Construit en 1964, rénové en 1980. Nombre de chambres : simples 56, doubles 122. Air climatisé l'été, chauffage central l'hiver, bar, restaurant, service dans les chambres, salles de conférences, service de transfert disponible.

Olympic Palace, *16 rue Filellinon, 105 57 Athènes,*

tél. 3237611, tlx. 21-5178, cbl. Olpallas. Ouvert toute l'année. Construit en 1960, rénové en 1965. Nombre de chambres : simples 26, doubles 70. Air climatisé l'été, chauffage central l'hiver, bar, restaurant, service dans les chambres, salles de conférences.

CATEGORIE B

Acadimos, *58 rue Akademias, 106 79 Athènes, tél. 3629220-9.* Ouvert toute l'année. Construit en 1962, rénové en 1975. Nombre de chambres : simples 19, doubles 104. Air climatisé, bar, restaurant, service dans les chambres.

Acropolis View, *10 rues Galli et Webster, 117 42 Athènes, tél. 9217303-5, tlx. 21-9936.* Ouvert toute l'année. Construit en 1971. Nombre de chambres : simples 3, doubles 20. Air climatisé l'été, chauffage central l'hiver, bar, restaurant, jardin sur le toit.

Adrian, *74 rue Adrianou, 105 56 Athènes, tél. 3250454, 3221553, 3250461.* Ouvert de mars à octobre. Construit en 1962, rénové en 1976. Nombre de chambres : simples 22. Air climatisé l'été, chauffage central l'hiver, bar, jardin sur le toit.

Alfa, *17 rue Chalkokondyli, 104 32 Athènes, tél. 3250454, 3221553, 3250461.* Ouvert toute l'année. Construit en 1960, rénové 1984. Nombre de chambres : simples 9, doubles 79, Air climatisé, bar, restaurant, service dans les chambres.

Arethusa, *rues Metropoleos et Nikis, 105 63 Athènes, tél. 3229431-9, tlx. 21-6882.* Ouvert toute l'année. Construit en 1971. Nombre de chambres : simples 16, doubles 72. Air climatisé l'été, chauffage central l'hiver, bar, jardin sur le toit, restaurant, service dans les chambres.

Athens Center Hotel, *26 rues Sofokleous et Klisthenous 105 52 Athènes, tél. 5226110-19, tlx. 21-4488, cbl. Centerotel.* Ouvert toute l'année. Construit en 1976. Nombre de chambres : simples 13, doubles 123. Air climatisé l'été, chauffage central l'hiver, bar, restaurant, jardin sur le toit, service dans les chambres, places de parking.

Athens City, *232 rue Patission, 112 56 Athènes, tél. 8629115-6.* Ouvert toute l'année. Construit en 1985. Nombre de chambres : simples 6, doubles 31, suites 3. 40 chambres et suites avec 2 programmes musicaux, également chambre avec télévision, vidéo, bar, air climatisé, snack-bar, service dans les chambres 24 h/24, places de parking.

Athinais, *99 Av. Vass. Sophias, 115 21 Athènes, tél. 6431133, 6441815, 6461682, 6431240, tlx. 21-9336, cbl. Athinotel.* Ouvert toute l'année. Construit en 1976. Air climatisé l'été, chauffage central l'hiver, bar, snack-bar, restaurant, jardin sur le toit, service dans les chambres.

Atlantic, *60 rue Solomou, 104 32 Athènes, tél. 5235361-6, tlx. 21-5723.* Ouvert toute l'année. Construit en 1960, rénové en 1972. Nombre de chambres : simples 41, doubles 117. Air climatisé dans les chambres doubles seulement, chauffage central, bar, restaurant, service dans les chambres.

Balascas, *rues Liossion et Epirou, 104 39 Athènes, tél. 8835211-5, tlx. 21-0618.* Ouvert toute l'année. Construit en 1978. Nombre de chambres : simples 14, doubles 69. Air climatisé, bar, restaurant.

Christina, *15 rues Petmeza et Kallirois, 117 43 Athènes, tél. 9215353-7, 9215342-4, tlx. 21-9304.* Ouvert toute l'année. Construit en 1975. Nombre de chambres : simples 13, doubles 80. Air climatisé l'été, chauffage central l'hiver, 2 bars, snack-bar, restaurant.

Dorian Inn, *15-17 rue Pireos, 105 52 Athènes, tél. 5239782, 5231753-7, tlx. 21-4779, cbl. Hoteldorian.* Ouvert toute l'année. Construit en 1974. Nombre de chambres : simples 5, doubles 112, suites 29. Air climatisé l'été, chauffage central l'hiver, bars, restaurant, service dans les chambres, piscine, salles de conférences, jardin sur le toit, système d'appel téléphonique direct.

El Greco, *65 rue Athinas, 105 52 Athènes, tél. 3244553-7, tlx. 21-9782, cbl. Grecotel, Apriltd.* Ouvert toute l'année. Construit en 1958, rénové en 1980. Nombre de chambres : simples 17, doubles 75 ; plusieurs chambres sont équipées de l'air climatisé, chauffage central, bar, restaurant, service dans les chambres, snack-bar, cafétéria.

Eretria, *12 rue Chalkokondyli, 106 60 Athènes, Place Kaningos, tél. 3635311 (10 lignes), tlx. 21-5474.* Ouvert toute l'année. Construit en 1966, rénové en 1980. Nombre de chambres : simples 7, doubles 49, suites 7. Air climatisé l'été, chauffage central l'hiver, bar, restaurant, service dans les chambres, cafétéria.

Grand, *19 rue Patission, 104 32 Athènes, tél. 5243156-9.* Ouvert toute l'année. Construit en 1975. Nombre de chambres : simples 8, doubles 91. Air climatisé l'été, chauffage central l'hiver, bar, restaurant, service dans les chambres, salles de conférences.

Ilissos, *72 av. Kallirrois, 117 41 Athènes, tél. 9215371, 9223523-9, tlx. 21-0537.* Ouvert toute l'année. Construit en 1980. Nombre de chambres : simples 16, doubles 80. Air climatisé l'été, chauffage central l'hiver, bar, restaurant, cafétéria, service dans les chambres, salles de conférences.

Ionis Hotel, *41 rue Chalkokondyli, 104 32 Athènes, tél. 5232311 (4 lignes), 5230413 (4 lignes), tlx. 21-8425, cbl. Ionishotel.* Ouvert toute l'année. Construit en 1977. Nombre de chambres : simples 10, doubles 92 ; air climatisé l'été, chauffage central l'hiver, 2 programmes de musique dans les chambres, bar, service dans les chambres.

Palladion, *54 av. El. Venizelou, 106 78 Athènes, tél. 3623291-5.* Ouvert toute l'année. Construit en 1907, rénové en 1974. Nombre de chambres : 1 simple, doubles 57. Air climatisé l'été, chauffage central l'hiver, bar, service dans les chambres.

Pan, *11 rue Metropoleos, 105 57 Athènes, tél. 3237817, tlx. 22-1911, cbl. Panhotel.* Ouvert toute l'année. Construit en 1960, rénové en 1984. Nombre de chambres : simples 6, doubles 46, suites 8. Les pièces communes et la plupart des chambres sont avec air climatisé l'été, chauffage central l'hiver, snack-bar, service dans les chambres.

Plaka, *7 rue Kapnikareas, 105 56 Athènes, tél. 3222096-8, tlx. 22-1020, cbl. Plakotel.* Ouvert toute l'année. Construit en 1960. Nombre de chambres : simples 11, doubles 56. Air climatisé l'été, chauffage central l'hiver, restaurant, service dans les chambres.

Titania, *52 av. El. Venizelou, 106 78 Athènes, tél. 3609611-9, tlx. 21-4673, cbl. Titanotel.* Ouvert toute l'année. Construit en 1976. Nombre de chambres : simples 42, doubles 333, suites 21. Chambres avec air climatisé, musique radio diffusée, 2 programmes dans les chambres, poste de télévision sur demande, restaurant avec spécialités grecques et plats internationaux, snack-bar, piano-bar « Taboo » dans le jardin sur le toit, salles de conférences, garage et places de parking, service de transfert disponible.

Xenophon, *340 rue Acharnon, 111 45 Athènes, tél. 2020310-24, tlx. 21-5294.* Ouvert toute l'année. Construit en 1970. Nombre de chambres : simples 22, doubles 164. Air climatisé l'été, chauffage central l'hiver, bar, restaurant, salles de conférences, garage, places de parking, service de transfert.

CATEGORIE C

Achilleus, *21 rue Lekka, 105 62 Athènes, tél. 3233197, 3225826.*

Achillion, *32 rue Ag. Lonstantinou, 104 37 Athènes, tél. 5225618.*

Albyon, *20 rue Akominatou, 104 37 Athènes, tél. 5231137, 5223058.*

Alma, *5 rue Dorou, 104 31 Athènes, tél. 5240858-9.*

Ami, *10 rue Iras, 117 43 Athènes, tél. 9220820.*

Apollon, *14 rue Deligiorgi, 104 37 Athènes, tél. 5445211, 5245214.*

Arias, *20 rue Karolou, 104 37 Athènes, tél. 5228527-9.*

Aristidis, *50 rue Sokratous, 104 31 Athènes, tél. 5223881, 5223923.*

Artemission, *20 rue Veranzerou, 104 32 Athènes, tél. 5230524, 5230036, 5234959.*

Astra, *46 rue Deligianni, 104 39 Athènes, tél. 8213772.*

Athinea, *9 rue Vilara, 104 37 Athènes, tél. 5243884-5, 5245737.*

Attalos, *20 rue Athinas, 105 54 Athènes, tél. 3212801-3.*

Capri, *6 rue Psaromilingou, 105 53 Athènes, place Koumoundourou, tél. 3252085, 3552091.*

Carolina, *55 rue Kolokotroni, 105 60 Athènes, tél. 3220837-8.*

Crystal, *68 rues Kolonou et Achilleos, 104 37 Athènes, tél. 5231083.*

Delph, *21 place Ag. Konstantinou, 104 37 Athènes, tél. 5222751, 5226549.*

Economy, *5 rue Klistenous, 105 52 Athènes, tél. 5220520-2.*

Elite, *23 rue Pireos, 105 52 Athènes, tél. 5221623, 5223610.*

Epidavros, *14 rue Koumoundourou, 104 37 Athènes, tél. 5230421.*

Evropa, *7 rue Satovriandou, 104 31 Athènes, tél. 5223081.*

Fivos, *12 rue Petta, 105 58 Athènes, tél. 3220142-3.*

Florida, *25 rue Menandrou, 105 53 Athènes, tél. 5223214, 5239712.*

Helicon, *3 rue Dorou, 104 35 Athènes, tél. 5221695, 5228428.*

Hera, *9 rue Falirou, 117 42 Athènes, quartier de Makriyanni, tél. 9235618, 9236682.*

Jason, *3 rue Nikiforou, 104 37 Athènes, tél. 5248031-3.*

Imperial, *46 rue Metropoleos, 105 63 Athènes, tél. 3227617-8.*

Kalypso, *34 rue Epikourou, 105 53 Athènes, tél. 3251451-2.*

Keramikos, *30 rues Keramikou et Iassonos, 104 36 Athènes, tél. 5247631, 5247443.*

Kissos, *6 rue Mezonos, 104 38 Athènes, tél. 5243011-3.*

Kronos, *18 rue Ag. Dimitriou, 105 54 Athènes, tél. 3211601-3.*

Lido, *2 rues Nikiforou et Zinonos, 104 37 Athènes, tél. 5348211-4.*

Marina, *13 rue Voulgari, 104 37 Athènes, tél. 5224769, 5229109.*

Medoussa, *4 rue Evripidou, 176 74 Athènes, tél. 9426216.*

Minion, *3 rue Mezonos, 104 38 Athènes, tél. 5234222-3.*

Morfeus, *3 rue Aristoleous, 104 32 Athènes, tél. 5234601.*

Museum, *16 rue Bouboulinas, 106 82 Athènes, tél. 3605611-3.*

Nafsika, *21 rue Karolou, 104 37 Athènes, tél. 5239381-3.*

Nefeli, *16 rue Hyperidou, 105 58 Athènes, tél. 3228044-5.*

Neon kronos, *12 rue Assomaton, 105 53 Athènes, tél. 3251106-8.*

Nestorion, *8 rue Pentelis, 174 64 Amphithea, tél. 9425010, 9420772, tlx. 22-1427.*

Niki, *27 rue Nilis, 105 57 Athènes, tél. 3220913-5, 3220886.*

Olympia, *25 rue Pireos, 105 52 Athènes, tél. 5222429.*

Omega, *15 rue Aristogitonos, 105 52 Athènes, tél. 3212421-3.*

Orpheus, *58 rue Chalkokondyli, 104 32 Athènes, tél. 5224996.*

Parnon, *rues Tritis Septemvriou et Chalkokondyli, 104 32 Athènes, tél. 4230013-14, 5235196.*

Phedias, *39 rue Apostolou Pavlou, 118 51 Athènes, tél. 3459511-5.*

Pringhipikon, *2e rue Veranzerou, 104 32 Athènes, tél. 5232376.*

Rivoli, *10 rue Achilleos, 104 36 Athènes, tél. 5239714-6.*

Roosevelt, *5 rue Favierou, 104 38 Athènes, tél. 5223413.*

Sans Rival, *2 rues C. Paleologou et Liossion, 104 38 Athènes, tél. 5248675, 5223431.*

Stalis, *10 rue Akominatou, 104 37 Athènes, tél. 5241411-2.*

Theoxenia, *6 rue Gladstonos, 105 77 Athènes, tél. 3600250.*
Troikon, *20 rue Troias, 112 57 Athènes, tél. 8816695, 8217319.*
Zinon, *3 rue Keramikou, 104 37 Athènes, tél. 522811-13.*

CATEGORIE C
Amazon, *7 rue Pendelis, 105 57 Athènes, tél. 3234002-6.*
Annabel, *28 rues Koumoundourou et Satovriandou, 104 37 Athènes, tél. 5243454.*
Argo, *27 rue V. Hugo, 104 37 Athènes, tél. 5225939.*
Art Galery, *5 rue Erechthiou, 117 42 Athènes, tél. 9238376.*
Athens Connexions, *20 rue Ioulianou, 106 82 Athènes, tél. 8213940.*
Christ, *11 rue Apollonos, 105 57 Athènes, tél. 3220177, 3234581.*
Diana, *3 rue Kotsika, 104 34 Athènes, tél. 8223179.*
Dios Couros, *6 rue Pittakou, 105 58 Athènes, tél. 3248165.*
Greca, *48 av. Syngrou, 117 42 Athènes, tél. 9215626.*
Inn Students, *16 rue Kydathineon, 105 58 Athènes, tél. 3244808.*
John's Place, *5 rue Patroou, 105 57 Athènes, tél. 3229719.*
Kouros, *11 rue Kodrou, 105 58 Athènes, tél. 3227431.*
Marble House, *35 rue An. Zini, 117 41 Athènes, tél. 9234058.*
Milton, *4 rue Kotsika, 104 34 Athènes, tél. 8216806.*
Paradise, *28 rue Mesonos, 104 38 Athènes, tél. 5220084.*
Pella Inn, *104 rue Ermou, 105 54 Athènes, tél. 3250598.*
Peter's, *32 rue Nikis, 105 57 Athènes, tél. 3222697.*
San Remo, *8 rue Nissirou, 104 38 Athènes, tél. 5243454.*
Thesseus, *10 rue Thisseos, 105 62 Athènes, tél. 3246960.*
Thonis, *26 rue Zacharitsa, 117 41 Athènes, tél. 9236370.*

● A THESSALONIQUE

CATEGORIE DE LUXE
Makedonia Palace, *rue Meg. Alexandrou, 546 40 Thessalonique, tél. 837520-9, 837620-9, tlx. 41-2162, 41-2164, cbl. Massepal.* Ouvert toute l'année. Construit en 1967. Nombre de chambres : simples 35, doubles 152, suites 7. Air climatisé l'été, chauffage central l'hiver, bar, restaurant, service dans les chambres, salles de conférences.
Electra Palace, *5 a place Aristotelous, 546 24 Thessalonique, tél. 232221, tlx. 41-2590. Bureau d'Athènes, 5 rue Ermou, tél. 3232104.* Ouvert toute l'année. Construit en 1972. Nombre de chambres : simples 32, doubles 93, suites 6. Air climatisé l'été, chauffage central l'hiver, bar, restaurant, grill-room, service dans les chambres, salles de conférences.
Nepheli, *1 rue Komninon, 552 36 Panorama, tél. 942002, 942024, 942068, 942080, tlx. 41-0357.* Ouvert toute l'année. Construit en 1967. Nombre de chambres : simples 10, doubles 55, suites 5. Une partie seulement bénéficie de l'air climatisé l'été, chauffage central l'hiver. Restaurant, service dans les chambres, jardin sur le toit, boîte de nuit, salles de conférences, parking.
Panorama, *14 rue Analipseos, 552 36 Panorama, tél. 941123, 941266, 941229.* Ouvert toute l'année. Construit en 1969. Nombre de chambres : simples 12, doubles 35, suites 3. Chauffage central, bar, restaurant, service dans les chambres, programmes musicaux, cafétéria.

CATEGORIE B
Astor, *20 rue Tsimiski, 546 24 Thessalonique, tél. 527121-5, tlx. 41-2655.* Ouvert toute l'année. Construit en 1973. Nombre de chambres : simples 12, doubles 72, suites 6. Air climatisé l'été, chauffage central l'hiver. Bar, restaurant, places de parking.
Capsis, *rue Monastiriou, 546 29 Thessalonique, tél. 521321-9, 521421-9, tlx. 41-2206, cbl. Capsotel.* Ouvert toute l'année. Construit en 1970. Nombre de chambres : simples 33, doubles 395. Air climatisé en option, chauffage central en hiver. Bar, restaurant, service dans les chambres, piscine, salles de conférences, discothèque, salon de coiffure, sauna, service de teinturerie.
City Hotel, *11 rue Komninon, 546 29 Thessalonique, tél. 269421-30, tlx. 41-2208.* Ouvert toute l'année. Construit en 1972. Nombre de chambres : 210 lits. Air climatisé l'été, chauffage central l'hiver, toutes les chambres ont le téléphone et sont agrémentées d'une véranda. Bar, cafétéria, salon de télévision.
El Greco, *23 rue Egnatias, 546 30 Thessalonique, tél. 520620-30.* Ouvert toute l'année. Construit en 1970. Nombre de chambres : simples 18, doubles 72. Air climatisé l'été, chauffage central l'hiver. Bar, restaurant, parking, service téléphonique automatique.
Metropolitan, *rues Vass. Olgas et Fleming, 546 42 Thessalonique, tél. 824221 (8 lignes), tlx. 41-2380.* Ouvert toute l'année. Construit en 1979. Nombre de chambres : simples 12, doubles 99, suites 8. Les chambres ont l'air climatisé l'été, le chauffage l'hiver. Bar, restaurant, service dans les chambres, arrêt d'autobus de la compagnie Olympic Airways en face de l'hôtel, salle de télévision, liaison téléphonique avec l'extérieur entièrement automatique, parking.
Olympia, *rue Venizelou et 65 rue Olympou, 546 31 Thessalonique,* à 12 km de l'aéroport, *tél. 235421 (5 lignes), 263201 (5 lignes), tlx. 41-8532, cbl. Olympotel.* Ouvert toute l'année. Rénové en 1980. Nombre de chambres : simples 15, doubles 100. Air climatisé l'été, chauffage central l'hiver. Bar, restaurant, cafétéria, cheminée, salon de télévision couleur, salons spécialement aménagés pour les réceptions d'affaires ou mondaines, parking.
Olympic, *25 rue Egnatias, 546 30 Thessalonique, tél. 522131-3.* Ouvert toute l'année. Construit en

1969, rénové en 1975. Nombre de chambres : doubles 39. Chauffage central, bar.

Palace, *12 rue Tsimiski, 546 24 Thessalonique, tél. 270505, 270855, 138838, 225368.* Ouvert toute l'année. Rénové en 1968. Nombre de chambres : simples 33, doubles 25. Chauffage central, bar, restaurant, service dans les chambres.

Philippion, *Kedrinos lofos, à 5 km du centre ville, tél. 203320-22, tlx. 41-0210.* Ouvert toute l'année. Rénové en 1979. Nombre de chambres : simples 18, doubles 70, suites 2. Chauffage central, bar, restaurant, cafétéria, minigolf, pizzeria, piscine, boîte de nuit, discothèque.

Queen Olga, *44 Av. Vass. Olgas, 546 41 Thessalonique, tél. 824621 (10 lignes).* Ouvert toute l'année. Construit en 1969. Nombre de chambres : simples 35, doubles 113. Air climatisé l'été, chauffage central l'hiver, bar, restaurant, service dans les chambres, parking.

Rotonda, *97 rue Monastiriou, 546 27 Thessalonique, tél. 517121-3, tlx. 41-2322, cbl. Hotel Rotonda.* Ouvert toute l'année. Construit en 1966. Nombre de chambres : simples 16, doubles 63. Air climatisé l'été, chauffage central l'hiver, bar, restaurant, service dans les chambres.

Victoria, *13 rue Lagada, 546 29 Thessalonique, tél. 522421-5n tlx. 41-2145.* Ouvert toute l'année. Construit en 1965. Nombre de chambres : simples 9, doubles 58. Air climatisé en partie, chauffage central, bar, restaurant, service dans les chambres.

CATEGORIE C

ABC Hotel, *41 rue Agelaki, Place Sidirvani, 546 21 Thessalonique, tél. 265421 (5 lignes), 221761, 279765, tlx. 41-0056.* Ouvert toute l'année. Construit en 1968. Nombre de chambres : simples 15, doubles 87, suites 5. En partie équipé d'air climatisé, chauffage central, bar, cafétéria, salle de petit-déjeuner avec cheminée et air climatisé, suites avec air climatisé, télévision couleur, minibar, balcon.

Aegeon, *19 av. Egnatias, 546 30 Thessalonique, tél. 522921-3.*

Amalia, *33 rue Hermou, 546 24 Thessalonique, tél. 268321.*

Anessis, *20 rue du 26 octobre, 546 27 Thessalonique, tél. 515505-6.*

Ariston, *5 rue Diikitiriou, 546 30 Thessalonique, tél. 519630.*

Continental, *5 rue Komninon, 546 24 Thessalonique, tél. 277553.*

Delta, *13 rue Egnatias, 546 30 Thessalonique, tél. 516321-7.*

Emborikon, *14 rue Syngrou, 546 30 Thessalonique, tél. 525560.*

Esperia, *58 rue Olympou, 546 31 Thessalonique, tél. 269321-5.*

Haris, *Oreokastron, tél. 696174, 696198.*

Grande Bretagne, *46 av. Egnatias, 546 25 Thessalonique, tél. 530735.*

Madrino, *2 rue Antigonidon, 546 30 Thessalonique, tél. 526321-5.*

Minerva, *19 av. Syngrou, 546 30 Thessalonique, tél. 530844.*

Oceanis, *35 rue Nik. Plastira, Aretsou, tél. 418870.*

Park, *81 rue Ionos Dragoumi, 546 30 Thessalonique, tél. 524121-4.*

Pefka, *Panorama, tél. 941153, 941282.*

Pella, *65 rue Ionos Dragoumi, 546 30 Thessalonique, tél. 524221.*

Rea, *6 rue Komninon, 546 24 Thessalonique, tél. 278449.*

Rex, *39 rue Monastiriou, 546 27 Thessalonique, tél. 517051, 517052.*

Teleioni, *16 rue Ag. Dimitriou, 546 30 Thessalonique, tél. 527825-6.*

Thessalikon, *60 av. Egnatias, 546 27 Thessalonique, tél. 277722, 223805.*

Vergina, *19 rue Monasteriou, 546 27 Thessalonique, tél. 527400-8.*

APPARTEMENTS MEUBLES / HOTELS APPARTEMENTS

CATEGORIE A

Ariane, *22 rue Tim Vassou, 115 21 Athènes, tél. 6466361-2, 6437302-4.*

Ava, *9 rue Lyssikratous, 105 58 Athènes, tél. 3236618.*

Delice, *3 rue Vass. Alexandrou, 115 28 Athènes, tél. 7238311-13.*

Embassy, *15 rue Timoleontos Vassou, 11521 Athènes, tél. 6421152-4.*

Kolonaki, *7b rue Kapsali, 106 74 Athènes, tél. 7213759, 7228412.*

Lion, *7 rue Evzonon, 115 21 Athènes, tél. 7248722-4.*

Perli, *4 rue Arnis, 115 28 Athènes, tél. 7248794-8, tlx. 21-5444.*

CATEGORIE B

Egnatia, *64 rue Tritis Septmevriou, 104 33 Athènes, tél. 8227807.*

Iokastis, *maison 65, rue Aristotelous, 104 34 Athènes, tél. 8226647.*

PENSIONS

● A ATHENES

CATEGORIE A

Blue House, *19 rue Voukouestious, 106 71 Athènes, tél. 3620341.*

CATEGORIE B

Acropolis House, *6 rue Kodrou, 105 58 Athènes, tél. 3222344, 3244243.*

Adam's, *rues Herefontos et Thalou, 105 58 Athènes, tél. 3246582, 3225381.*

Adonis, *3 rues Voulis et Kodrou, 105 58 Athènes, tél. 3249737, 3249738.*

Akron, *16 rue Theras, 112 57 Athènes, tél. 8626220, 8626228.*

Angela, *38 rue Stournara, 104 33 Athènes, tél. 5220216-7.*

Antoniou, *232 rue Patission, 112 56 Athènes, tél. 8629841-2.*

Apostolopoulos, *284 rue Patission et 5 rue Mistriotou, 112 55 Athènes, tél. 2236375.*

Aristofanis, *38 rue Aristofanous, 105 54 Athènes, tél. 3250872.*

Athenian Inn, *22 rue Haritos, 106 75 Athènes, tél. 7238097, 7239552.*

Athens House, *4 rue Aristotelous, 104 32 Athènes, tél. 5240539.*

Byron, *9 rue Vironos, 105 58 Athènes, tél. 3230327.*

Dryades, *4 rue Dryadon, 114 73 Athènes, tél. 3602961, 3622881.*

Elisabeth, *46 rue Arkadias, 115 27 Athènes, tél. 7775448.*

Elli, *29 rue Heyden, 104 34 Athènes, tél. 8823487.*

Feron, *43 rue Feron, 10440 Athènes, tél. 3632831-9, tlx. 21-5077.*

George, *46 rue Nikis, 105 58 Athènes, tél. 3229569.*

Heliki, *4 rue Henianos, 104 34 Athènes, tél. 8822560, 8810627.*

Iokasti's House, *65 rue Aristotelous, 104 34 Athènes, tél. 8226647.*

Iris, *8 rue Sorovits, 112 52 Athènes, tél. 8647442, 8653222, 8654229.*

Kirki, *40 rue Kefalilias, 112 57 Athènes, tél. 8235733.*

Kypseli, *7 rue Skyrou, 113 61 Athènes, tél. 8216232, 8213116, 8219898.*

Lydia, *121 rue Liossion, 104 45 Athènes, tél. 8219980, 8237952, tlx. 21-9786.*

Myrte, *40 rue Nikis, 105 58 Athènes, tél. 3227237, 3234560.*

Nora, *38 rue Antiochias, 112 51 Athènes, tél. 8628876.*

Odysseus, *39 rue Kimothois, 172 36 Athènes, tél. 9700571.*

Oniro, *57 rue S. Trikoupi, 106 83 Athènes, tél. 8832731-3.*

Patissia, *221 rue Patission, 112 53 Athènes, tél. 8627511, 8627512.*

Pnyx, *51 rue Apostolou Pavlou, 118 51 Athènes, tél. 3468859.*

Remvi, *284 rue Patission et 3 rue Mystriotou, 112 55 Athènes, tél. 2024124, 2231405.*

Roy, *15 rue Rodou, 112 52 Athènes, tél. 8615765, 8618763, 8610843.*

Soudan, *47 rue Mavromitchali, 106 80 Athènes, tél. 2605037.*

Steyer, *123 rue Char. Trikoupi, 114 73 Athènes, tél. 3515731.*

Volcan, *10 a rue Ithakis, 113 61 Athènes, tél. 8815385.*

• A THESSALONIQUE

CATEGORIE B

Athos, *20 rue Dagli, tél. 266990.*

Elizabeth Motel, *293 rue Monastiriou, 546 28 Thessalonique, tél. 515712-3.*

Haris Motel, *Micra, tél. 417335.*

CHEZ L'HABITANT

Dans les îles, ainsi que dans beaucoup d'endroits du continent, on trouve des chambres pas chères chez l'habitant *(domatia)*. Celles-ci sont louées par des gens du village et leur prix est contrôlé par la police touristique. En général, quand vous cherchez à vous loger, adressez-vous à la police touristique car elle est là pour vous aider, même en cas d'ennuis.

AUBERGES DE JEUNESSE

En Grèce, il y a aussi un certain nombre d'auberges de jeunesse dans lesquelles vous pouvez vous loger si vous êtes titulaire d'une carte de la fédération, cependant, vous pouvez toujours en acheter une sur place ou alors payer un petit supplément. On trouve des auberges de jeunesse à : Athènes, Mycènes, Nauplie, Olympe, Patras, Delphes, Litochoron, Thessalonique, Corfou, Santorin, et en Crète à : Haghios Nikolaos, La Canée, Héraklion, Saint-Basile (Réthymnon) et Sitia. On trouve également les chambres dans les YMCA et YWCA d'Athènes et de Thessalonique.

CAMPING

Beaucoup de touristes choisissent de se passer du confort auquel ils sont généralement habitués. Ceux qui veulent camper ont à leur disposition un nombre important de terrains de camping aménagés à cet effet, dont certains sont gérés par l'ONHT, d'autres par le Touring Club grec, la majeure partie des campings étant privés. Les plus beaux terrains de camping sont souvent ceux que vous trouverez par vous-même. Bien qu'en général, il soit interdit d'étaler son sac de couchage ou de planter sa tente n'importe où, dans la plupart des cas, vous ne serez pas embêté si vous savez rester discret. Ce qui signifie que vous aurez préalablement demandé la permission de vous installer si vous avez l'impression qu'il s'agit d'une propriété privée, que vous éviterez de constituer un terrain de camping non officiel dans les zones très fréquentées par les touristes, et que vous laisserez l'endroit plus propre encore que vous ne l'avez trouvé en arrivant.

MONASTERES ET COUVENTS

Les monastères et les couvents proposent aussi parfois des chambres pour les voyageurs. Le mont Athos a, bien sûr, une longue tradition d'hospitalité (pour les hommes seulement). Certains autres monastères accueillent les visiteurs pour une nuit selon une formule plus simple. Si vous trouvez un monastère qui reçoit des hôtes pour la nuit, ayez soin de vous habiller en conséquence (pas de short) et de vous conduire correctement. Les portes seront peut-être fermées dès la tombée de la nuit et quelques dons, sous une forme ou sous une autre, seront sans doute les bienvenus.

REFUGES

Il y a deux autres sortes d'hébergement en Grèce qui valent la peine d'être mentionnés : les refuges de montagne gérés par les nombreux clubs grecs de montagne et les maisons traditionelles gérées par l'ONHT. Les refuges de montagne vont du simple petit dortoir de 12 lits, où vous devez apporter vos provisions, jusqu'aux maisons traditionnelles de 100 lits où l'on sert des repas. Les maisons traditionnelles constituent des villages qui appartiennent au gouvernement grec car ils font partie de l'héritage national. Les maisons de ces villages ont été restaurées et sont entretenues par l'ONHT pour recevoir des touristes. Pour le moment, il existe 8 villages, mais d'autres vont être restaurés et développés dans le futur. Ces maisons et villages sont, chacun dans leur genre, extrêmement beaux, et si vous voulez faire une retraite d'une semaine ou d'un mois dans la Grèce rurale, vous y trouverez l'endroit idéal.

Les maisons traditionnelles de l'ONHT sont :
Oia (Santorin), Paradosiakos Ikismos Oias, Oia, Santorin, Grèce, *tél.(0286) 71234.*
Makrinitsa (sur le mont Pélion), *Hotel Xenia, Village de Portaria, tél.(0421) 25922.*
Vizitsa (sur le mont Pélion), *tél.(0423) 86373.*
Mesta (sur l'île de Chio), *Paradosiakos Ikismos, Mesta,* Chio, Grèce.
Ile de Psara, *tél.(0251) 27908.*
Fiskardo (sur l'île de Céphalonie), *Paradosiakos Ikismos, Fiskardou, Fiskardo, Kephalonia, Grèce, tél.(0674) 51398.*
Tour Kapetanakos (Aeropoli, Mani), *tél.(0733) 51233.*
Papingo, Zagorochoria (Epire), *tél.(0653) 25087/(0651) 25087.*
Les réservations peuvent se faire soit aux adresses ci-dessus, soit en écrivant directement à :
L'Organisation Nationale du Tourisme Grec, EOT *Dieftynisi Ekmetalefseos, 2 rue Amerikis, Athènes 10564, Grèce.*

ANNEXE

AMBASSADES ET CONSULATS

Belgique : *3 rue Sekeri, tél. 3617886-7.*
Canada : *4 rue I. Gennadiou, tél. 7239511-9, 7239510.*
France : *7 Av. Vass. Sophias, tél. 3611663-5.*
Suisse : *2 rue Iassiou, tél. 7230364-6.*

BUREAUX DES COMPAGNIES AERIENNES

La plupart des bureaux des compagnies aériennes, situés en ville, sont ouverts du lundi au vendredi, de 9 h à 17 h ; ceux des agents officiels sont également ouverts le samedi de 9 h à 14 h. Le numéro de téléphone du central de l'aéroport est d'Athènes est le *96991.*

Des bus assurant la liaison entre l'aérogare est d'Athènes et l'aérogare terminus situé en ville, *4 Av. Amalias,* partent toutes les 20 mn de 6 h à 12 h, pour le prix de 90 drs. y compris les bagages. Des bus directs reliant l'aérogare terminus du Pirée, Akti Tzelepi, aux aérogares ouest et est d'Athènes partent toutes les 20 mn, de 6 h à 12 h pour le prix de 90 drs. y compris les bagages.
Air Canada (AC), *10 rue Othonos, place Syndagma, tél. 3235143, 3223206.*
Air France (AF) *4 rue Karageorgi Servias, place Syndagma, tél. 3230501-6.*
SABENA - *Belgian World Airlines (SN), 8 rue Othonos, place Syndagma, tél. 3236821.*
Swissair (SR), *4 rue Othonos, place Syndagma, tél. 3231871-5.*

BIBLIOGRAPHIE

GENERALITES

- Guide bleu, *La Grèce,* Paris, Hachette, 1986.
- Cranaki (M), *Grèce et les îles grecques,* Paris, Petite Planète, Le Seuil, 1979.
- Fakinos (A), *Athènes,* Paris, Petite Planète, Le Seuil, 1979.

HISTOIRE ANCIENNE

- Aymard (A) et Auboyer (J), *L'Orient et la Grèce antique,* Paris, P.U.F., 1961.
- Bon (A), *La Morée franque,* Paris, de Broccard, 1969.
- Chamoux (François), *La Civilisation grecque à l'époque archaïque et classique,* Paris, Arthaud, 1963 ; *La Civilisation grecque à l'époque hellénistique,* Paris, Arthaud, 1981.
- Flacelière (R), *La Vie quotidienne en Grèce au temps de Périclès,* Paris, Hachette, 1971.
- Finley (M.I.), *Les Anciens Grecs,* Paris, Maspéro, 1980 ; *Les Premiers Temps de la Grèce : l'âge du bronze et l'époque archaïque,* Paris, Maspéro, 1973.
- Glotz (G), *Histoire grecque,* Paris, P.U.F., 1950 ; *La Cité grecque,* Paris, Albin Michel 1968.
- Mossé (Claude), *La Tyrannie dans la Grèce antique,* Paris, P.U.F., 1969 ; *Histoire d'une démocratie, Athènes,* Paris, Le Seuil, 1971.
- Will (E), *le monde grec et l'Orient, tome I le* V[e] *siècle,* Paris, P.U.F., 1972.
- Will (E), Mossé (Claude) et Goukowsky (P), *Le Monde grec et l'Orient, tome II, le* IVe *siècle et l'époque hellénistique,* Paris, P.U.F., 1975.

HISTOIRE MODERNE ET CONTEMPORAINE

- Svarnos (N.G.), *Histoire de la Grèce moderne,* Paris, P.U.F., 1972.
- Tsoukalas (B), *La Grèce de l'Indépendance aux colonels,* Paris, Maspéro, 1970.

CIVILISATIONS, PENSEES ET RELIGIONS

- Delcourt (M), *L'Oracle de Delphes,* Paris, P.U.F., 1981.
- Grassi (E), *Mont Athos, presqu'île sacrée,* Paris, Nathan, 1981.
- Grimal (Pierre), *La Mythologie grecque,* Paris, P.U.F., 1953.
- Martin (R) et Metzger (H), *La Religion grecque,* Paris, P.U.F., 1976.
- Robert (F), *La Religion grecque,* Paris, P.U.F. Que sais-je ?, 1981.
- Romilly (Jacqueline de), *Problèmes de la démocratie grecque,* Paris, Hermann, 1975.

ARTS

- Charbonneaux (J), Martin (R) et Villard (F), *La Grèce archaïque,* Paris, Gallimard, l'Univers des Formes, 1968 ; *La Grèce classique,* Paris, Gallimard, l'Univers des Formes, 1969 ; *La Grèce hellénistique,* Paris, Gallimard l'Univers des Formes, 1970.
- Chailley (J), *La Musique grecque antique,* Paris, les Belles Lettres, 1979.
- Delvoye (Ch), *L'Art byzantin,* Paris, Arthaud, 1967.
- Demargne (P), *Naissance de l'art grec,* Paris, Gallimard, 1974.
- Martin (R), *Le Monde grec,* Fribourg, office du livre. « Architecture universelle », 1966.
- Papaïoannov, *L'Art grec,* Paris, Mazenod, 1975.

LITTERATURE DE LA GRECE ANCIENNE

- *Homère,* Paris, Gallimard, la Bibliothèque de La Pléiade, 1955.
- *Les Tragiques grecs (2 vol. Eschyle, Sophocle et Euripide),* Paris, Gallimard, la Bibliothèque de la Pléiade, 1967 et 1962.
- *Les Historiens grecs, (Hérodote, Thucydide),* Paris, Gallimard, la Bibliothèque de la Pléiade, 1964.
- *Polybe,* Paris, Gallimard, la Bibliothèque de la Pléiade, 1970.
- *Platon (2 vol.),* Paris, Gallimard, la Bibliothèque de la Pléiade, 1950.
- *Romans grecs et latins,* Paris, Gallimard, la Bibliothèque de la Pléiade, 1958.
- *Les Stoïciens,* Paris, Gallimard, la Bibliothèque de la Pléiade, 1962.
- *Les Pré-Socratiques,* Paris, Gallimard, la Bibliothèque de la Pléiade, 1988.
- Finley (M.J.), *Le Monde d'Ulysse,* Paris, Maspéro, 1969.
- Romilly (Jacqueline de), *Précis de littérature grecque,* Paris, P.U.F., 1980 ; *La Tragédie grecque,* Paris, P.U.F., rééd. 1982.
- Yourcenar (Marguerite), *Pindare,* Paris, Grasset, 1932, *La Couronne et la Lyre,* Paris, Gallimard, 1979.

LITTERATURE

- Cavafy (Constantin), *Poèmes,* traduits par Marguerite Yourcenar, Paris, Gallimard 1958.
- Déon (Michel), *Le Balcon de Spetsai,* Paris, Gallimard, 1961 ; *Le Rendez-vous de Patmos,* Paris, Plon, 1965.
- Lawrence Durrell, *Les Iles grecques,* Paris, Albin Michel, 1979.
- Elytis (O), *Six plus un remords pour le ciel,* Montpellier, Fata Morgana, 1977 ; *Marie des brumes,* Paris, La Découverte, 1982.

- Fakinos (A), *Les Rats de Hambourg,* Paris, Le Seuil, 1976 ; *Les Derniers Barbares,* Paris, Le Seuil ; *Zone de surveillance,* Paris, Le Seuil, 1972 ; *Récit des temps perdus,* Paris, Le Seuil, 1985.
- Kazantzaki (Nicolas), *Alexis Zorba,* Paris, Plon, 1963 ; *Le Christ recrucifié,* Paris, Plon, 1977 ; *La Liberté ou la mort,* Paris, Plon, 1987.
- Lacarrière (Jacques), *L'Eté grec,* Paris, Plon, 1976 ; *Promenades dans la Grèce antique,* Paris, Hachette, 1978 ; *En cheminant avec Hérodote,* Paris, Seghers 1981 ; *En suivant les dieux,* Paris, Lebaud, 1984.
- Miller (Henri), *Le Colosse de Maroussi,* Paris, Le Livre de Poche, 1973.
- Séféris (George), *Journal,* Paris, Le Mercure de France, 1973.

CHRONOLOGIE

(Les périodes indiquées en italique sont celles utilisées en histoire de l'art).

Av. J.-C

4500-2600 Période néolithique

3500 Occupation de la Crète depuis l'Asie Mineure.

2800-1100 Age du bronze : développement des civilisations *cycladique* dans les Cyclades (2700-1400 av. J.C.) ; *minoenne* en Crète, minoen ancien (2600-1900 av. J.-C.) et minoen moyen (1900-1550 av J.C., période des palais, écriture linéaire A) et minoen récent (155-1450 av J.C., écriture linéaire B) ; *hélladique* en Attique, Béotie et dans l'île d'Eubée, hélladique ancien (2600-2000 av J.C.), hélladique moyen (2000-1580 av J.C.) et hélladique récent ou *période mycénienne* (1580-1100 av J.C.).

1200-800 Invasions des Doriens, destruction des cités mycéniennes.

1000-700 Epoque appelée d'après la terminologie céramique : *époque géométrique,* proto-géométrique (1000-900 av J.C.) et géométrique ou *homérique* (900-700 av J.C.). Renversement des monarchies et établissement d'oligarchies dans toute la Grèce, sauf à Sparte où s'instaure un système totalitaire.

776 Premiers jeux Olympiques.

700-480 *Epoque archaïque* (introduction dans l'art grec des éléments orientaux d'origine ionienne).

700-600 Les cités grecques colonisent le pourtour européen de la Méditerranée. Les oligarchies aristocratiques cèdent la place aux tyrannies.

593-560 Réformes sociales de Solon à Athènes. Guerre civile athénienne.

560-510 Tyrannie éclairée des Pisistratides à Athènes.

509-507 Réformes démocratiques de Clisthène à Athènes.

499-493 Révolte des cités ioniennes, soutenues par Athènes, contre les Perses.

492-490 Première guerre médique, victoire des Athéniens sur les armées de Darius, à Marathon en 490.

492-490 Seconde guerre médique. Destruction de l'Acropole d'Athènes par les Perses. Victoires grecques à la bataille navale de Salamine (480) et à Platées (479).

480-338 *Période classique* (apogée de la sculpture avec Phidias Ve siècle et Praxitèle au IVe siècle).

478 Création de la Ligue de Délos par Thémistocle d'Athènes, pour défendre les villes grecques d'Asie Mineure de la menace perse.

454 Le trésor commun de la Ligue de Délos est transféré sur l'Acropole d'Athènes, marquant ainsi l'autorité de la cité.

446-431 Gouvernement de Périclès, apogée économique et culturel de l'Athènes antique.

431 Guerre du Péloponnèse.

421 Trêve de Nicias.

404 Reddition d'Athènes. Sparte impose le gouvernement aristocratique des Trente.

371-361 Hégémonie de Thèbes sur la Grèce.

359 Avènement de Philippe II de Macédoine.

338 Victoire de Philippe II à Chéronée contre une coalition de Thébains et d'Athéniens. Il est élu à la tête de la confédération panhéllénique. Les Grecs déclarent une guerre nationale contre les Perses.

336 Assassinat de Philippe II, son fils Alexandre le Grand lui succède.

338-145 *Période hellénistique* (les conquêtes d'Alexandre introduisent en Grèce le style corinthien et la tendance au colossal).

334-323 Victoire d'Alexandre sur Darius III. Constitution de son empire d'Asie qui s'étend de l'Egypte à l'Inde.

323 Mort d'Alexandre le Grand à Babylone.

323-281 Guerres de succession entre les généraux d'Alexandre.

280-275 Dynastie des Antigonides (descendants d'Antigone le Borgne, général d'Alexandre) en Macédoine et en Grèce.

215-168 Guerres de Macédoine, interventions romaines contre les Antigonides. Victoires romaines à Cynocéphales (197) et à Pydna (168).

146 Sac de Corinthe par Mummius. Suppression par Rome de la Ligue achéenne

	des cités grecques. La Grèce et la Macédoine deviennent provinces romaines.
88-87	Guerre en Grèce entre Rome et Mithridate, roi du Pont.
86	Prise d'Athènes par Sylla.
48	Bataille de Pharsale entre César et Pompée.
42	Bataille de Philippes.
31	Bataille d'Actium, victoire d'Octave sur Antoine et Cléopâtre.
Apr. J.-C.	
50	Mission de saint Paul en Grèce.
125-129	Séjour de l'empereur Hadrien à Athènes.
330	Transfert par Constantin le Grand, de la capitale de l'Empire romain à Byzance. Le christianisme devient religion d'Etat.
381	L'édit de Théodose proscrit le paganisme.
393	Dernière célébration des jeux Olympiques, de l'Antiquité.
395	Incursion des Goths en Grèce. Partage de l'Empire romain, les provinces orientales forment l'Empire byzantin.
577	Invasion des Avars et des Slaves. Installations massives de tribus slaves dans toute la Grèce, essentiellement en Macédoine.
1014	Victoire de Basile II le Bulgaroctone sur les Bulgares, il rend à Byzance la maîtrise de la péninsule balkanique.
1040-1084	Incursions des Normands. Exigences de privilèges commerciaux des cités italiennes, notamment Venise.
1204	A l'issue de la quatrième croisade et de la prise de Constantinople, la Grèce est partagée entre les vainqueurs. Venise reçoit la Crète et des places de commerce dans les îles, et les princes francs instaurent des principautés franques vassales de l'Empire latin de Constantinople : le royaume de Thessalonique, le duché d'Athènes, la principauté de Morée.
1206-1261	Désagrégation de l'Empire latin. Michel Paléologue reconquiert Constantinople.
1387-1453	Progression des Turcs en Thrace, en Macédoine, en Thessalie et en Epire.
1453	Chute de Constantinople
1715	Prise du Péloponnèse par les Turcs, achevant ainsi la conquête turque de la Grèce.
Fin XVIe-début XVIIe siècle	Révoltes grecques.
1797-1815	Les îles Ioniennes affranchies par Venise, passent sous la domination russe, française puis britannique.
1821-1829	Guerre d'Indépendance.
1823-1824	Lord Byron est élu commandant des forces grecques. Il meurt l'année suivante à Missolonghi. Interventions de la France, de l'Angleterre et de la Russie en faveur de la Grèce.
1827	Victoire de Navarin sur les Turcs.
1829	Traité d'Andrinople reconnaissant l'autonomie de la Grèce.
1831	Assassinat de Kapodistrias. La Grèce devient une monarchie avec Othon de Bavière, Othon Ier.
1832	Reconnaissance de l'Indépendance hellénique par la Sublime Porte.
Oct. 1862	Abdication d'Othon Ier après l'insurrection de l'armée.
1863	Le prince danois Guillaume devient Georges Ier, roi des Hellènes.
1877-1878	Guerre russo-turque dans les Balkans, remportée par les Turcs. La conférence de Constantinople restitue la Thessalie et l'Epire à la Grèce.
1882-1883	Creusement du canal de Corinthe.
1896	Reprise des jeux Olympiques à Athènes.
1897	La Crète est reconnue autonome
1909	Coup d'Etat, le Crétois Vénizélos devient président du Conseil.
1912	Formation de l'Entente balkanique (Grèce-Serbie-Bulgarie) contre la Turquie.
1913	Rattachement officiel de la Crète à la Grèce. Le traité de Bucarest double la superficie du pays. Assassinat du roi Georges, avènement de son fils, Constantin.
1916	Le roi germanophile demande la démission de Vénizélos qui fonde un gouvernement militaire et insurrectionnel à Salonique. Avec l'aide des alliés, il renverse le roi qui est remplacé par son fils, Alexandre, en 1917.

1920	Mort d'Alexandre et retour de Constantin.
1922	Guerre gréco-turque, défaite de la Grèce qui perd la Thrace orientale et Smyrne. Echange de population entre les deux pays.
1923	Mort de Constantin, lui succède Georges II qui abdique en décembre.
1924-1928	Succession de coups d'Etat militaires.
1928-1932	Régime parlementaire de Vénizélos.
1935	Restauration de la monarchie.
1936-1941	Dictature du général Métaxas.
Oct. 1940	Attaque italienne, la Grèce entre dans le conflit.
1941-1944	Occupation par les puissances de l'Axe (Italie-Allemagne-Bulgarie). Multiplication des organisations clandestines de résistance.
Sept. 1946	Retour du roi
1946-1949	Guerre civile.
1947-1964	Règne du roi Paul Ier. Succession de gouvernements de droite, le plus stable est celui de Caramanlis (1953-1963).
1964	Avènement de Constantin.
1967	Coup d'Etat et mise en place de la junte des colonels. Départ en exil du roi Constantin.
1972-1973	Manifestations ouvrières et estudiantines (nov. 1973, occupation de l'école polytechnique d'Athènes).
1974	L'intervention turque à Chypre provoque la chute des colonels. Caramanlis est rappelé d'exil et son parti, la Nouvelle Démocratie gagne les élections.
1975	Par référendum, la République est restaurée.
Mai 1980	Caramanlis est élu président de la République.
1er janv. 1981	Entrée de la Grèce dans le marché commun.
Oct. 1981	Le PASOK (parti socialiste) gagne les élections législatives. Andreas Papandreou est nommé Premier ministre.
1985	Démission de Caramanlis qui est remplacé par le candidat du PASOK, Sarzetakis.

CREDITS PHOTOGRAPHIQUES

3	David Beatty
4/5	David Beatty
6/7	David Beatty
8/9	David Beatty
10/11	Michele Macrakis
12/13	David Beatty
14	David Beatty
16	Amanda Eliza Weil
17	Amanda Eliza Weil
18	Eileen Tweedy
19G	Offert gracieusement par le musée Benaki
19D	Offert gracieusement par le musée Benaki
20	Margot Granitsas
22G	Offert gracieusement par l'Ashmolean Museum
22D	Offert gracieusement par l'Ashmolean Museum
23	G P Reichelt
24	Paul Herrmann
25	Offert gracieusement par le musée Goulandris
26	David Beatty
27G	Offert gracieusement par l'Ashmolean Museum
27D	Offert gracieusement par l'Ashmolean Museum
29	Offert gracieusement par le musée Byzantin
31	Amanda Eliza Weil
33	Eileen Tweedy
34/35	Karen Van Dyck
37G	Ethiniki Pinakothiki
37D	Ethiniki Pinakothiki
38	Karen Van Dyck
40	Spiros Meletzis
41G	Karen Van Dyck
41D	Karen Van Dyck
42	Karen Van Dyck
44/45	Offert gracieusement par la Bibliothèque de l'Université de Princeton
46	Offert gracieusement par l'Ashmolean Museum
48	Offert gracieusement par l'Ashmolean Museum
50	Karen Van Dyck
52	Offert gracieusement par l'Ashmolean Museum
53	Offert gracieusement par la Bibliothèque de l'Université de Princeton
54	Offert gracieusement par l'Ashmolean Museum
57	Offert gracieusement par l'Ashmolean Museum
58/59	Amanda Eliza Weil
60	Michele Macrakis
61	Amanda Eliza Weil
62	G P Reichelt
63	Amanda Eliza Weil
64	Susan Muhlhauser
65	David Beatty
66G	Margot Granitsas
66D	David Beatty
68	G P Reichelt
69	Amanda Eliza Weil
70	David Beatty
71	Michele Macrakis
72	Michele Macrakis
73	Michele Macrakis
74	Amanda Eliza Weil
75	Amanda Eliza Weil
76	David Beatty
77G	Michele Macrakis
77D	Michele Macrakis
78	David Beatty
79	David Beatty
80	Susan Muhlhauser
81	Susan Muhlhauser
82	Barbara F Gundle
83	Amanda Eliza Weil
85	Michele Macrakis
86/87	Michele Macrakis
88/89	Tony Stone Worldwide
90/91	Tony Stone Worldwide
92/93	Michele Macrakis
94	Tony Stone Worldwide
96/97	Offert gracieusement par l'Ashmolean Museum
100	Amanda Eliza Weil
101	Amanda Eliza Weil
102	Amanda Eliza Weil
103	Michele Macrakis
104G	Amanda Eliza Weil
104D	Fay Zika
105	Ethniki Pinakothiki
106	Tony Stone Worldwide
107	Dieter Lotze
108	Amanda Eliza Weil
109	Amanda Eliza Weil
110G	Michele Macrakis
110D	Amanda Eliza Weil
111	Amanda Eliza Weil
112	Amanda Eliza Weil
113	Amanda Eliza Weil
115	Fay Zika
118	Michele Macrakis
119	Michele Macrakis
120	Barbara F. Gundle
121	Michele Macrakis
122	Fay Zika
123G	Fay Zika
123D	Aliki Govrdomichalis
124	Fay Zika
125	Fay Zika
126	Karen Van Dyck
127	Karen Van Dyck
128	Margot Granitsas
129G	Michele Macrakis
129D	Gaetano Barone
131	Offert gracieusement par le Victoria and Albert Museum
132/133	Tony Stone Worlwide
135	Paul Herrmann
136	Michele Macrakis
137G	Tony Stone Worldwide
137D	Susan Muhlhauser
138	Paul Herrmann
139	Susan Muhlhauser
140	Michele Macrakis
141	Tony Stone Worldwide
142	Margot Granitsas
143	Barbara F. Gundle
144	Offert gracieusement par le musée Benaki
145	Barbara F. Gundle
148	Tony Stone Worldwide
149G	Offert gracieusement par le musée Benaki
149D	Tony Stone Worldwide
150	David Beatty
151	Dieter Lotze
152	Susan Muhlhauser
153	Susan Muhlhauser
154	Susan Muhlhauser
155G	Ethiniki Pinakothiki
155D	Susan Muhlhauser
157	Susan Muhlhauser
158/159	Tony Stone Worldwide
160	Susan Muhlhauser
162	Michele Macrakis
163	Amanda Eliza Weil
164	Michele Macrakis
165G	Amanda Eliza Weil
165D	Michele Macrakis
166	Offert gracieusement par l'Ashmolean Museum
167	Tony Stone Worldwide
168	Tony Stone Worldwide
169G	Gaetano Barone
169D	Susan Muhlhauser
170	Offert gracieusement par l'Ashmolean Museum
171	Gaetano Barone
174	Tony Stone Worldwide
176	Michele Macrakis
177	Michele Macrakis
178	Michele Macrakis
179	Tony Stone Worldwide
180	Amanda Eliza Weil
181	Michele Macrakis
183	Karen Van Dyck
184/5	David Beatty
188	Dieter Lotze
189G	Susan Muhlhauser
189D	Susan Muhlhauser
190	Amanda Eliza Weil
191	Amanda Eliza Weil
192	David Beatty
193	David Beatty
194	Margot Granitsas
195	Susan Muhlhauser
196	Amanda Eliza Weil
197	Dieter Lotze
198	Susan Muhlhauser
199G	Dieter Lotze
199D	Amanda Eliza Weil
200	Amanda Eliza Weil
201	Dieter Lotze
203	Dieter Lotze
204/205	Tony Stone Worldwide
208G	P. Petrolpoulous

208D	Michele Macrakis	236/237	Xaritatos	267	Amanda Eliza Weil
209	Ben Nakayama	240	David Beatty	268	Barbara F. Gundle
211	Amanda Eliza Weil	241G	Tony Stone Worldwide	269	Margot Granitsas
212	Susan Muhlhauser	241D	Karen Van Dyck	273	Amanda Eliza Weil
213	Amanda Eliza Weil	242G	David Beatty	274	Michele Macrakis
214	P. Petrolpoulous	242D	Amanda Eliza Weil	275	Michele Macrakis
215	David Beatty	243	David Beatty	277	Jane Cowan
216	P. Petrolpoulous	244	David Beatty	278	Amanda Eliza Weil
217	P. Petrolpoulous	245	David Beatty	279	David Beatty
219	Jen Schumann	246	David Beatty	280	Michele Macrakis
222	David Beatty	247	David Beatty	281	Amanda Eliza Weil
223	David Beatty	248	David Beatty	287	David Beatty
224	David Beatty	249	David Beatty	289	Amanda Eliza Weil
225G	Susan Muhlhauser	250	David Beatty	291	Offert gracieusement par la Pinacothèque nationale de Goica
225D	David Beatty	251	David Beatty		
226G	David Beatty	253	David Beatty		
226D	Susan Muhlhauser	254/255	David Beatty	293	Jane Cowan
227	Susan Muhlhauser	258	Barbara F. Gundle	295	Amanda Eliza Weil
228G	Susan Muhlhauser	259	Jens Schumann	299	Michele Macrakis
228D	Susan Muhlhauser	260	Michele Macrakis	303G	Barbara Gundle
229	Susan Muhlhauser	261	G P Reichelt	304G	David Beatty
230	David Beatty	262	G P Reichelt	305	Amanda Eliza Weil
231	David Beatty	263	Jens Schumann	306G	David Beatty
232	Michele Macrakis	264	Jens Schumann	307	Amanda Eliza Weil
233	David Beatty	265G	G P Reichelt	310	Amanda Eliza Weil
234	David Beatty	265D	Barbara F. Gundle		
235	David Beatty	266	G P Reichelt		

Couverture : Photographie de Gérard Champlong, The Image Bank

INDEX